労働契約論の再構成

小宮文人先生古稀記念論文集

淺野高宏・北岡大介 編

法律文化社

謹んで古稀をお祝いし

小宮文人先生に捧げます

執 筆 者 一 同

小宮文人先生 近影

目　　次

第 I 部　労働契約論の再構成総論

人事権に基づく降格（級）・降給に関する判例を
　検討する……………………………………………小宮　文人　3

労働契約に見る約款法理の考察 ………………………辻村　昌昭　21
　──ドイツ労働協約に関する判例法理を素材に

使用者による一方的決定と普通取引約款法理……高橋　賢司　40
　──ドイツ法における賃金・手当に関わる不相当な不利益と透明性の原則

採用内定時の合意による内定取消と
　出向・配置転換 …………………………………中川　　純　58
　──社会福祉士国家試験の不合格時における内定取消に関する合意をめぐって

海上労働契約の構造 ……………………………………南　　健悟　80

第 II 部　労働時間・内部告発・秘密保持から見た労働契約論の再構成

強行法規の趣旨と賃金合意の効力 …………………淺野　高宏　101
　──定額残業代の有効要件を題材として

労働時間性判断をめぐる法的課題と社内規定……北岡　大介　132

内部告発者・公益通報者に対する保護・支援と
　　労働組合の役割……………………………日野　勝吾　151
　　──イギリス・EU における公益通報者保護の動向を踏まえて

秘密保持義務の法的根拠とその有効性に関する考察
　　…………………………松井　良和　171

第Ⅲ部　雇用終了から見た労働契約論の再構成

試用期間中の解雇について ……………………本久　洋一　193

企業の倒産と労働契約の帰趨………………………戸谷　義治　214

第Ⅳ部　非正規雇用・労働者性から見た
労働契約論の再構成

無期転換ルールの再検討 ………………………新谷　眞人　237

自営的就労と労働契約をめぐる法的論点………國武　英生　251
　　──新たな働き方に応じたサポートシステムの必要性をめぐって

中間的就労における労働者性の問題を照らす
　　一筋の希望の光………………………………松岡太一郎　271

第Ⅴ部　集団法から見た労働契約論の再構成

フランスにおける労働契約に優位する
　　企業別協定の憲法適合性論理 ………………小山　敬晴　293

「雇用調整策としての出向・転籍」をめぐる
　労働契約と労働組合の役割 ………………………… 平川　宏　309
　　——鉄鋼業のリストラ策を事例として

小宮文人先生　略歴・主要著作目録
あとがき

第 I 部

労働契約論の再構成総論

人事権に基づく降格（級）・降給に関する判例を検討する

小宮　文人

1　本稿の目的

　企業の人事異動といえば、平行的異動としての配転と出向、垂直異動としての昇進、昇格、降格が上げられる。これらの人事異動は、使用者にとっては、企業の合理的運営に必要不可欠なものであるといえるが、労働者にとっては、しばしば、賃金等の処遇、働き方、企業内の地位、キャリア形成、家庭生活に極めて重大な負の影響を与えるものである。しかし、わが国では、長期雇用を前提に新卒採用して企業内で育成することを原則とし、必要な知識や技能を有する労働者を外部からその都度雇用することは稀な例外とする雇用慣行を前提として、こうした人事異動を決定する権限として人事権が広く認められてきた。

　その典型的な表れは配転に関する判例法理であり、これは、多くの場合、就業規則の配転規定や配転実績に基づき使用者の広範な配転命令権を認め、業務の必要性がなく又はあっても他の不当な動機・目的で行われ若しくは労働者に対し甘受すべき程度を著しく超える不利益を負わせるものである場合に限って、その権利行使の濫用を認めるに過ぎない[1]。

　これに対して、企業内の垂直異動である降格・降級（以下、「降格（級）」とする。）は、労働条件のもっとも重要な賃金の減少や社内での評価の低下を伴うものであるから、配転とは利益状況が著しく異なる人事異動である。また、降格（級）は懲戒処分として行われることもある。さらには、近年、成績主義的人事制度の採用する企業も増加し、従来とは異なる降格（級）の仕組みが導入され、これに関わる降格（級）の効力が争われるようになった。こうした降格（級）に関する法的な問題については、従来から多くの論考が発表されている

ものの、総括的に判例を検討したものは比較的少なかった。

本稿は、降格（級）が、通常、労働契約上もっとも重要な労働条件である賃金の減少を伴うものであるという観点から、上記のような降格（級）・降給及びその制度導入に関する判例を検討して、裁判所がどのような場合にどのような範囲で使用者の人事権の行使としての降格（級）及びそれに伴う降給に法的規制を加えてきたのかを検討して、その当否を考えるものである。

2　人事権の行使としての降格・降給と懲戒処分

ところで、使用者が上記のような人事権の行使としてではなく、懲戒処分として降格を行う場合もある。両者は、理論上区別できるのであるが、いずれも賃金の低下という不利益を伴うものである点では共通しており、使用者自身もどちらのものとして行使しているのが判然としていない場合もあると思われる（社会福祉法人 X 事件・奈良地葛城支判29・2・4労経速2311号20頁）。そこで、どのように区別するかが問題となる。懲戒処分としての降格処分を主張しつつ、予備的に人事権の行使としての降格処分を主張する場合もないわけではないが、一般的に、労働者は懲戒処分であると主張し、使用者は人事権の行使を主張する。使用者が人事権を主張する主な理由は、懲戒処分としての降格が有効とされるためには、制裁処分としてのより厳格な手続が求められたり、処分理由の事後的主張が否定されたりする等（社会福祉法人 X 事件・東京高判平29・7・7労経速2325号27頁）、使用者に不利となる点が多いからである。例えば、東日本高速道路事件（東京地判平29・7・7LEX／DB25547976）では、人事権行使の役職解任には、懲戒処分と同様又はそれに準ずるほどの事情は必要とされないとされた。また、就業規則に懲戒処分としての降格を定めていない企業も多い（星電社事件・神戸地判平3・3・14労判584号61頁、東京芸術大学事件・東京地判平24・8・30LEX／DB25482610等）。判例は、一般に、当事者の主張に沿って判断しているが、使用者が懲戒手続をとる等、懲戒処分の外形がみられない限りは、懲戒処分ではなく（マルマン事件・大阪地判平12・5・8労判787号18頁、全日本トラック協会事件・東京地判平29・2・8LEX／DB255448264）、人事権の行使であるとして、処理している場合が殆どといえる。なかには、就業規則の懲戒処分規定に

降格が定められていなかったものの、就業規則所定の懲戒事由に基づいて、人事権の行使としてなされた降格を有効と認めた判例もある（アメリカンスクール事件・東京地判平13・8・31労判820号62頁）。

このように、当事者がどちらの趣旨で行ったと主張するかによって、懲戒処分か人事権の行使の性質決定をすることになると実質的な目的や性質が懲戒であっても、訴訟になると実質的規制の少ない人事権の行使との主張を許すことになる。これは、普通解雇と懲戒解雇の区別と類似する問題であるが、強行法規の適用に係る問題として、客観的にみて企業秩序違反行為に対する秩序罰の性格を場合には、懲戒処分とみるべきとする見解[2]が、労働者保護の観点からも支持されるべきである。

3　役職（職位）の引下げとしての降格

使用者が人事権に基づく降格であると主張した場合、果たしてそれが認められるか、認められるとして、その行使が人事権の濫用と認めらないかという点については、降格が賃金の低下と結びついていることから、使用者と労働者が、労働契約上、賃金についてどのような取決め（合意）をしているのかによって異なる。通常、この取り決めは、就業規則によるものであるから、当該企業の就業規則がどのような賃金・人事制度を定めているかによって異なることになる。そこで、まず、わが国でもっとも一般的であるとされてきた職能資格制度を採っている企業の場合について、その典型的な制度の概要をみた上で、同制度又はそれに近似する制度を有する企業に関する具体的な降格紛争の判例を検討する。

1　制度の概要

企業が、各種の仕事に要求される職務遂行能力（保有能力）による幾つかの職能資格区分（職能資格等級）を定め、従業員らを、その能力、職務、成果の３つの要素による人事考課を通じて、保有すると認められる職能資格区分に当て嵌め、さらに、その資格保有者の中から、当該職能資格区分に対応する役職（職位）に就く従業員（役職者）を選抜する。役職者（例えば、主任、係長、課長、

次長、部長と呼ばれる者）は、指揮命令系統（ライン）を担うものである。そして、職能給と呼ばれる賃金は、各従業員が実際に行っている職務によってではなく、各職能資格等級によって決まり、役職者には、別途、役職手当が支払われる。したがって、同一の資格等級に該当する従業員には、役職手当を除き、同一の職能給職能資格等級に相当する賃金が支払われる。こうした制度は、従業員の担当する職務が変わっても賃金額に及ぼす影響が少ないから、長期雇用を前提に配置転換を通じて人材育成を図っているわが国の企業には適したものといわれてきた。

2　役職（職位）の降格又は解職

　職能資格制度を採る場合、降格は、職位の引下げ又は解職と職能資格等級の引下げとに分けられる。職位は、企業の階層的各組織の統括責任ポストの決定に関わる会社経営の重要事項である。また、役職手当は、職位の責任に対して支払われるに過ぎないから、責任が免除されれば、役職手当は失われるという関係にある。そこで、判例は、一般的に職位引下げの降格については、就業規則等における降格（解職）の根拠規定がなくとも、使用者は人事権に基づき広範な裁量権を有するとして、人事権行使の濫用のみを問題とする。例えば、ブランド・ダイアログ事件（東京地判平24・8・28労判1060号63頁）において、判決は「一般に、降格処分のうちでも、使用者が労働者の職位や役職を引き下げることは、人事権の行使として、就業規則等に根拠規定がなくとも行い得ると解される。」と述べる。その理由は、労働者を特定の職務やポストのために雇入れるのではなく、職業能力の発展に応じて各種の職務やポストに配置していく長期雇用システムの下においては、人事権は、労働契約上、使用者の権限として当然に予定されていると考えられているからである（東京自動車整備振興会事件・東京高判平21・11・4労判996号13頁。同旨の例として、大阪府板金工業組合事件・大阪地判平22・5・21労判1015号48頁）。したがって、管理職手当は、役職に基づくもので、その役職者の業務を遂行することに対する対価の性質を有するから、その役職を解かれればその支給を受けられなくなるというのである（前掲社会福祉法人Ｘ事件判決）。

　もう少し具体的にみると、例えば、営業所長から支店長付営業社員に降格さ

れて役職手当と職務手当がそれぞれ4万円と6万円減額されたエクイタブル生命保険事件（東京地判平2・4・27労判565号79頁）では、「使用者の自由裁量に委ねられており裁量の範囲を逸脱することがない限りその効力が否定されることはない」とされた。また、部長職から一般職に5ランク降格され、役職手当5万円と職務手当1万円を失った前掲星電社事件では、「誰を管理職たる地位に就け、またはその地位にあったものを何らかの理由（業績不振・業務不適格を含む。）において更迭することは、その企業の人事権の裁量的行為である」とされた。しかし、配転に関しては就業規則等に配転命令の根拠規定が必要とされることに照らし疑問がある。たとえ役職手当の喪失であっても、労働契約上もっとも基本的な要素である賃金の喪失（しばしば大きな金額の喪失）であることに変わりはないものだからである。降格が役職手当の喪失ない減額を伴う場合には、長期雇用システムを理由に黙示的合意があるとするのではなく、少なくとも就業規則等による明示の職位引き下げ規定を要求すべきであろう。

次に、役職の引下げについても人事権の濫用が問題とされることに争いはない。例えば、事務局長代理から経理主任に降格され役職手当が3万2000円減額された前掲東京自動車整備振興会事件において、東京高裁は、「使用者側の人事権行使についての業務上、組織上の必要性の有無・程度、労働者がその職務・地位にふさわしい能力・適性を有するか否か、労働者がそれにより被る不利益の性質・程度等の諸点を総合してなされるべきものである」と判示した（同旨の例として前掲大阪府板金工業組合事件判決等）。これらの考慮要素に加え、「当該企業体における昇進・降格の運用状況等の事情」を加える例（東京厚生会（大森記念病院）事件・東京地判平9・11・18労判728号36頁）もある。また、配転命令権の場合と同様、「差別的な取扱いや嫌がらせなどの不当な目的」（前掲東京都自動車整備振興会事件・東京地判平21・1・19労判996号25頁）、「労働者の人格権を侵害する等の違法・不当な目的・態様」行われた場合も濫用となる（ダイビル・ファシリティ・マネージメント事件・大阪地判平26・9・25LEX／DB25505105、前掲東京都自動車整備振興会事件判決）。

3　職能資格制度下の職能資格の引下げとしての降格

降格が役職引下げ又は解職ではなく、職能部分の賃金の減額をも伴うもので

ある場合には、多くの判例は、そうした降格があることが就業規則に定められている必要があるとする。その理由としては、一般的な職能資格制度のもとでは、「いったん備わっていると判断された職務遂行能力が、営業実績や勤務評価が低い場合にこれを備えないものとして降格されることは……何ら予定されて」おらず（アーク証券（本訴）事件・東京地判平12・1・31労判785号45頁）、「労働者が、一定期間勤続し、経験、技能を積み重ねたことにより得たものであり、本来引下げられることが予定されたものでなく、これを引下げるには、就業規則等にその変更の要件が定められていることが必要である」とする（フジシール事件・大阪地判平12・8・28労判793号13頁、同旨の例として聖望学園事件・東京地判平21・4・27労判986号28頁、前掲全日本トラック事件判決等）。これらは、職能資格は下がらないという了解があること理由とするものである。これに対して、野田教授は、賃金減額については個別に明確な承諾を与えていることを必要とするとする。[3] 常に個別的合意を要求すべきとまでいえないとしても、「賃金の額は雇用契約の重要な部分であるから、従業員の同意を得るか、あるいは少なくとも就業規則上にその要件について明示すべきである」（前掲マルマン事件判決）と考えるべきである。

　判例の中には、渡島信用金庫事件（函館地判平14・9・26労判841号60頁）のように、降格につき賃金引下げ規定がない場合でも減給できないとはせず、被告会社の給与規程に照らし、「資格規定における資格と給与規程における等級との乖離を生じさせておくべきではないと解されるから」、昇格による賃金の漸増額規定を「降格の場合にも類推適用して、いわば漸減的に減給されると解するのが相当である」する例もあるが、根拠規定の欠如を類推解釈で補うことの妥当性は疑わしい。就業規則等に降格の定めがなければ、降格は労働者の同意を要するとすべきである（松山石油事件・大阪地判平13・10・19労判820号15頁）。これに関して、降格後異議を述べず、勤務し、降格された後の賃金を受領してきたことから、自由な意思に基づく同意があったと認めた判例もあるが（社会福祉法人常陽会事件・新潟地判平24・4・20LEX／DB25540564がある）、自由な意思の認定が甘く、妥当とはいえない。[4] また、判例の中には、就業規則に降格規定ないのに職能給の減額をも含めて、上記の役職引下げとほぼ同様の濫用性判断基準一本で処理する例が散見されるが（上州屋事件・東京地判平11・10・29労判

774号12頁、秋本製作所事件・千葉地判平25・3・29労判1078号48頁、前掲ダイビル・ファシリティ・マネージメント事件判決）、妥当とはいえない。なお、就業規則等に降格規定があっても、さらに、降格によって新たな職能資格に位置づけることが人事権の権利濫用に当たらないかが審査されることになることはいうまでもない。そこでは、人事評価制度の運用の公正さが重要な問題となることが多い（後掲第5、6節参照）。

4　能力・成果主義的人事制度における降格（降級）・降給

　最近、労働者の潜在的な職務遂行能力により等級付けを行う職能資格制度が年功賃金に親和的であるとの認識に立って、労働者の顕在的能力を評価しやすい人事制度として、職務等級制度、役割等級制度等を採用する企業が増えた。狭義の職務等級制度は、職務を基準とする人事制度である。これは、従業員の仕事の内容と量を分析して職務を編成し、各職務の難易度や責任の大きさに従って職務の価値を決定して、職務等級（ジョブ・グレード）を決める制度である。そして、各グレードの職務内容は職務記述書として文書化される。給与は職務等級と対応しているから、担当職務が変更すれば処遇も変わり、そうでなければ基本給は同じままとなる。これは職務給制度の変形といえる。職務給制度は、職務毎に従業員を採用する欧米の雇用形態により適した制度といえ、労働契約で合意した職務の幅の中でしか使用者は職務変更を命じることができないから、我が国の雇用には馴染みにくい。英米法上、職務変更には、その都度労働者の合意が必要となる。アメリカでも、職務内容の変動が多いと職務管理が煩雑になることから、ブロードバンド制（職務の幅を広く採る）が採られる場合が増えているといわれる。わが国では、製造大企業の現業部門及び管理職層では職務評価の実績があるが、総合職層では職務評価を困難であるため、職務（職責の内容や重さ）又はその仕事上の役割に着目して、ランク付けする職務等級制度又は役割等級制度を採用する例が多い。これらの職務評価を行わない職務等級や役割等級制度では職務のグレード・アップが職能等級制度の場合と実質的に余り変わらないことになるともいわれる。そもそも、我が国企業の人事制度改革の主な目的が、報酬の年功化を抑えて、成果・業績向上のもモチベー

ション向上を図ることに限定されていることから、各企業がとっている人事・
給与制度は、多様化している。

5 降格・降給制度の導入

　上記のように、労働者の業績の顕在的な能力や成果を反映し易くするための
職能資格等級への降格制度または降級を伴う職務等級制度、役割等級制度等の
導入は、勢い労働者の今まで働き方を変更させ、処遇に対する期待を裏切る結
果をもたらすことになる。[8] そこで、平成10年以降、制度変更のための給与規程
などの変更の有効性が降格・降級との関係で争われることが多くなった。こう
した事例において、判例の中には、例えば、新給与規程は周知されていない
（ラムラ事件・東京地判平28・5・18LEX／DB25543025）、職務給制度の詳細を定め
る文書は、せいぜい説明文書に過ぎず、就業規則とはいえないとして変更の効
力を否定するもの（Chubb 損害保険事件・東京地判平29・3・31労判166号41頁）や
反対に制度変更自体の存在は認めるものの不利益がないとして変更の効力を認
めるもの等も散見される。しかし、その変更自体は争われず、変更後の新規程
の適用の濫用性だけが争われているものが多い（マッキャンエリクソン事件・東
京地判平18・10・25労判928号5頁；同控訴事件・東京高判平19・2・19労判937号175
頁、味の素パッケージング事件・大阪地判平25・5・16LEX／DB25501051、レコフ事
件・東京地判平29・2・23LEX／DB25548066等）。

　これは、降格・降給制度に限らず、就業規則による能力・成果主義的人事制
度への変更について、判例上、その合理性が容易に認められていることに原因
があると思われる。そうした制度変更にいては、一般に、変更の結果賃賃金・
退職金が大幅に減少する場合（みちのく銀行事件・最一小判平12・9・7労判787号
6頁）、賃金原資総額を減少させるものである場合（ノイズ研究所事件・東京高判
平18・6・22労判920号5頁）、一定の年齢層の労働者に不利益に賃金配分するも
のである場合（例えば、キョーイクソフト事件・東京高判平15・4・24労判851号48
頁；クリスタル観光バス事件・大阪高判平19・1・19労判937号135頁）、制度の内容が
導入目的に適わないものである場合（学校法人実務学園事件・千葉地判平20・5・
21労判967号19頁；社会福祉法人賛育会事件・東京高判平22・10・19労判同号5頁）等、

特段の理由がある場合に限られている。

　こうした就業規則よる人事制度の変更の合理性に関しては、学説上、次の二つの見解が有力である。一つは、公正な人事評価制度の整備をもっとも重要な判断基準とする見解であり、その要素として「透明性・具体性のある評価項目・基準の整備と開示、評価の納得性・客観性を保つための評価方法（多面的評価、評価の手順の開示）の導入……、評価のフィードバック」等をあげる[9]。もう一つは、制度導入手続における多数労働者の明確な合意や労使の十分な協議・合意の真摯な追求の存否を重視する見解である[10]。

　ここでは、前者見解の視点から、降格・降給が争われた最近の判例をみると、例えば、あらた監査法人事件（東京地判平27・3・25LEX／DB25540275）では、判決は、「専門的サービスの提供を主たる業務とする企業においては、各従業員の能力ないし業務遂行が、被告の評判・評価に直結することから、人事考課に伴い昇格・降格する旨の規定を設けることで、質の高い業務遂行に対するモチベーションを持続させる必要性は極めて高いといえる」し、また、新設規定の内容も、「人事考課を経た上で、経営委員会による承認を前提とする降格を定めるなど、相当なものといえる」として、その適用を肯定した。また、新就業規則に降格・降給を定める役割等級制度を導入した前掲全日本トラック事件では、東京地裁は、「旧来の年齢や経験年収といったやや形式的な要素に基づいて処遇するのではなく、各職員の能力や意欲、成果といった、より個別的、実質的な要素に基づいて処遇を行い、その反面、職員能力や意欲等の面で不十分な職員に対して降格等の措置を取り得る仕組みを作ることは、処遇の適正化や職員の意識向上を図るといった点で合理的な仕組みということができる」として、その適用を肯定し、人事評価の仕組みの合理性については、別途、適用の効力の検討に譲っている。さらに、専門管理職から一般職への降格を可能にする就業規則の変更がなされたファイザー事件（東京高判平28・11・16労経速2298号22頁）では、東京高裁は、評価の如何によっては、降格前の降級と併せて相当の減給を受けるなど、不利益をもたらす可能性があるが、一定の割合の専門管理職の降格・減給を予定するものでないこと、厳しい経営環境下で公平な原資配分のための公平な処遇が求められているところ、職務遂行状況と無関係な既得権を否定する意味で衡平に適い、職務遂行にモチベーションを与

え、被控訴会社を活性化する合理的な制度であり、新評価制度及び降格ルールは合理的内容のものであるとした。

　確かに、中には、前掲アーク証券（本訴）事件判決のように、「昇減給は社員の事物・能力・成績等を勘案して……年1回ないし2回」行う変動賃金制度（能力評価制度）を導入した就業規則変更の合理性を否定した例もある。しかし、この事件では、会社が整理解雇等を行っていないのに役職員数が大幅に減少していることから、当該制度導入により従業員が安定した賃金収入を得ることができなくなり、大幅に賃金が減額される事態が生じていたことが推認できるとした。当該就業規則変更により具体的に大幅な賃金減額が発生していたことが、変更の合理性を否定する決め手となったものであり、制度の一般的な意味での不合理性を問題とした判例ではない。要するに、杜撰な制度設計をしない限り、人事評価制度の公正さの整備は、新たに降格・降給制度を導入する就業規則の変更の合理性を否定する決め手にはなり難いと思われる。こうした制度変更が労働者の働き方の変更に関わり、かつそれと賃金・処遇変更の関係が事前に明確に知ることが難しいことを踏まえると、制度が公正といえるだけでは足りず、むしろ、多数労働者の明確な合意や労使の十分な協議・合意の真摯な追求の存否を重視する処理が必要と思われる。[11]

6　人事評価制度適用上の濫用

　新人事制度の法的評価は、就業規則の不利益変更の有効性を決定する合理性判断の段階ではなく、むしろ、個別の降格・降級の場面における人事評価制度適用の段階で降格・降給の濫用性判断において、問題とされてきたといってよい。[12]例えば、GCAサヴィアン事件（東京地判平28・8・19LEX／DB25543697）において、判決は、「就業規則等による恣意の排除、公正な評価等のための制度化（能力、成果等の評価基準、評価等の手続等の策定など）の状況、その具体的な権限行使の状況、具体的な評価の基礎となった事情、対象労働者の受ける不利益等を考慮して、制度化された内容自体が不合理である、または裁量権の逸脱もしくは濫用であると認められる時は、降給及び降格は無効になるものと解される。」しかし、その制度の内容の合理性や公正さを否定できるような場合は、

第4節で指摘したように杜撰な制度設計をしている場合に限られるであろう。実際、同事件判決も、人事考課規程などで職位別の業務レベル、考課要素、評価手続等定め、制度内容も恣意を排除し、公正な評価ができるものであり、原告に厳しい評価の内容でフィードバック面接でも伝えられ、多様な視点からの評価に基づきある程度の時間を掛けて勤務状況を観察した結果であり、「本件降格は雇用継続の利益まで奪うものではなく、挽回の機会もあることなどにかんがみれば、なお、本件降格の客観的に合理的な理由又は社会通念上の相当性を失わせるには至らないというべきである」と結論づけている。さらに、「人事制度の仕組み、取り分け、評価基準は一義的に明確なものとはいえな」くとも、「人事制度の仕組みの不合理性を基礎づけるに足りる事情」がみられない限り合理性を欠くとはいえないだろう（国際観光振興機構事件・東京地判平19・5・17労判949号66頁）。

　他方、判例は、人事評価制度の適用としての具体的考課に関しては、使用者は広範な裁量権を有するとしつつも、その裁量権の濫用を認める。制度が不当な動機・目的で運用されていた場合や具体的な評価に十分な裏付けが欠けたり相当性がない場合等がそれに該当する。特に、労働者不利益が特に大きい場合には濫用性が認められやすい。例えば、ベネッセコーポレーション事件（東京地判平24・8・29LEX／DB25500316）では、シニアグレード役割職責Gバンド・報酬レベル9からFバンド・報酬レベル5に降格され、裁量労働制の適用を外され、年収を200万円引き下げられた後、人財部付とされた。被告は、人事評価が2度連続してD評価の場合は、役割職責バンドは一段下がった業務が割り当てられるのが一般であると主張した。判決は、「人財部付に配属された社員は名刺も持たされず、社内就職活動をさせられるほかは、単純労働をさせられたのみであること、人財部付の制度の運用が開始された当初は、配属先が見付かればD評価、見付からなければE評価という運用がなされていたこと、電話にも出ないよう指示されていたこと等を総合すると、人財部付は実質的な退職勧奨の場となっていた疑いが強く、違法な制度であった」として、本件処分を無効とした。判決は、会社の役割職責グレード制の制度としての合理性や人事評価及び制度適用の相当性を審査せず、人財部付自体が退職勧奨のための違法な制度であり、原告を人材部付けにして、その期間を含めた人事評価に基

づき大きな不利益を伴う降格処分を行ったことは人事権行使の濫用になるとしたものである。これは、制度の運用が不当な動機・目的により行われていたと評価したものと考えられる。

　また、東京海上日動火災事件（札幌地判平27・3・18LEX／DB25540068）では、原告は課長代理（役割等級給与ランク4等級31号）から主任（3等級37号）に降級され、同時に札幌第3課から北海道損害サービス部求償コーナーに配転された。被告会社は、コンピテンシー、役割及び成果の3要素で評価を行う役割等級制度を導入し、毎年、役割等級の等級評価と給与ランクを決める評価ランクの決定を行っていた。判決は、「人事権の行使も、無制限にこれが許されるわけではなく、①降級、降格の原因となった評価等に相当な理由がなく、②降級、降格の結果として被る労働者の不利益が大きい場合には、権利濫用法理に基づき、当該人事処分が人事権の濫用として無効になる場合がある」と述べた。そして、原告が、業績評価において中等位以上の評価を得ており、部下への指導等について原告の役割が劣っていたと認められないから組織全体をリードするという役割において適格を欠いていたとはいえず、原告のコンピテンシー総評は不当な評価である。また、組織全体をリードするという4等級の役割に求められる適格を欠いていたと認めるに足りる事情もないから、原告の役割等級を4等級から3等級に降級した本件降級処分は、人事権濫用として無効であるとした。

　さらに、TCBグループ事件（東京地判平26・10・15労判1111号79頁）では、原告は、係長1から主任2に二段階降格され、役職手当が7万円から5万円に、職務給が約25万円から17万円に減額されたが、基本給約19万円は従来どおり支払われた。被告会社は、人事考課で、原告が論理性及びコミュニケーション能力が低いとし、給与規程の職務給変更規定を適用して降格・減給した。判決は、原告の当該能力評価の裏付けとなる具体的な事実についての主張立証がない上、被告委員会のメンバーが日常的に行っていたとする、各部署の所属長からのヒアリングの結果についての内容も何ら明らかにされておらず、本件降格を行うべき、原告の成績不良や職務適正の欠如などの業務上の必要性があったとはいえないのに、職務給と役職手当が大幅に減額されるものであるから、権利を濫用するものとして無効であるとした。この判決は、低評価を裏付ける事

実の立証がないとして業務の必要性を否定したものであるが、労働者の不利益に見合うだけの低評価を裏付ける事実の立証が必要になるというべきであろう。すなわち、労働者の不利益と降格する業務上の必要性との均衡を常に重視するべきである。

7 職務・役割等級引下の場合における賃金減額

　会社が職務等級制度や役割等級制度をとっている場合でも、具体的制度設計上又はその運用上、等級の引下（降級）が当然に賃金の引下げに連動しているとは限らず、また連動していたとしてもその引き下げの幅は多様である。したがって、降格により一律に金額が決まるよう規定されている場合を除いては、減額幅が使用者に与えられた裁量権の範囲内にあるか否かを決定する必要があると解される。

　例えば、前掲東日本高速道路事件では、原告は、3等級から2等級に降格され、賃金も本給45万4000円から39万7000円に減額された。被告会社は、等級制度を改革し、新等級規程は、「社員の等級は職務遂行能力並びに職務の複雑、困難及び責任の度に基づく別報の基準により……それぞれ社長が定める」と規定し、各等級基準も同規程別表で示されており、降格した場合の号給は当該降格後の等級の最高号給とする旨も定められている。人事評価は成果評価と能力行動評価からなり、5段階評価区分で、成果評価は、3等級以上の等級には目標達成評価が実施され、個人目標の設定、自己評価、評価面談の後、一次評価、二次評価、フィードバックを通じて決定されることになっていた。判決は、被告は職責の内容や重さに応じて等級化し、等級ごとに賃金額の給与範囲を定め、毎年一定の時期に査定を行い、それを踏まえて個々の社員の等級を定めており、「本件降格処分を受けて、給与規程13条に基づき、原告の号級を3等級から2等級73号給にしたのであり、本件減額処分は給与規程に沿ってされた処分であると認められる」とした。本件では、降格が有効とされ、2等級では73号給が最高給であったため、減給も当然に有効とされたのである。[13]

　役割等級と賃金額が連動することは就業規則において明確に定められる必要がある。コナミデジタルエンタテイメント事件（東京地判平23・3・17労判1027

号27頁）では、原告（控訴人）は担務変更に伴い役割グレードB-1からA-9に引き下げられ、これにより役割報酬の年俸が550万円から500万円に引き下げられた。一審は、この人事・賃金制度を職務等級制と分類し、年功序列制や職能資格制度と異なる成果主義的制度であり、役割グレードにより報酬グレードが自動的に決まるから報酬引下げは有効としたのに対し、控訴審は、両者の連動を定める条項は存在せず、両者を連動させて引き下げるためには、就業規則に明確な根拠又は労働者の個別の同意が必要であるとした。すなわち、「役割報酬の引下げは、労働者にとって最も重要な労働条件の一つである賃金額を不利益に変更するものであるから、就業規則や年俸規程に明示的な根拠もなく、労働者の個別の同意もないまま、使用者の一方的な行為によって行うことは許されないというべきであり、そして、役割グレードの変更についても、そのような役割報酬の減額と連動するものとして行われるものである以上、労働者の個別の同意を得ることなく、使用者の一方的な行為によって行うことは、同じく許されないというべきであり、それが担当職務の変更を伴うものであっても、人事権の濫用として許されないというべきである。」

　同様に、職務給制度と称しながら、実際の運用上、職務とグレードが直結しない場合には、降給処分が権利濫用となり得る。例えば、前掲Chubb損害保険事件判決では、被告会社は、職務給制度を導入し、グレード手当を設けていた。原告は、数理部から内部監査部へ内部異動させられて職務グレードを7Sから6Sに降格され、グレード手当を7万円から4万5000円に、そして更に人事部付に異動させられて5Sに降格され、グレード手当を3万円に減額された。判決は、「本件職務給制度上、職務とグレードは当然に連動するものではなく、グレードの決定は人事委員会の裁量により決定され、通常の異動の場合、前部署におけるグレードが異動後もそのまま維持されることが認められるところ、被告におけるかかる制度の運用実態に照らすと」、本件の2度の降格は、いずれも、「就業規則及びその他の根拠を欠き、賃金減額についての原告の同意も認められず、かつ降格の合理的理由を欠くものであるから」、人事権濫用として無効であるとした。

　また、CFJ合同事件（大阪地判平25・2・1労判1080号87頁）では、原告は、主任職から一般職への降格により役職手当3000円及び基本給約10万円の減額を受

けた。Y社のジョブグレード制度においては、役職ごとに基本給レンジが3段階で定められていたが、具体的金額は周知されておらず、人事部内の内規として利用されていた。給与規程には、「基本給……は、ジョブグレードごとに月額で定める。」「ジョブグレードは、従業員に割り当てられる職務の内容及び責任に応じて決定する。」「役職手当の額は、ジョブグレード別に次の通りとする。1等級主任月額3000円」の趣旨が定められていた。判決は、「役職手当は主任職という役職に対して支給されていたことが明らかであるから減額は有効であるが、基本給は、その具体的な金額やその幅、適用基準を明らかにすべきであ」り、原告らにその内容を明らかにせず、また「主任職1等級と一般3等級の基本給の額には約10万円もの差があり、原告も約10万円もの減額を受けていることにも鑑みれば、人事権の濫用として許されない」とした。降格が有効であっても、基本給額が当然に決まらず、また、その決定に一定の幅の裁量があるとしても、減額幅が過大であることから、裁量権の逸脱があったと判断したものである。

8 職務・役割等級制度における降格配転の問題

職能資格制度の下でも降格配転はあり得るが、職務・役割等級制度を採る場合には、降級による職務変更と減給が同時に生じる場合が多いと思わる。この降格配転に関しては、最近の多くの判例が前掲東亜ペイント事件最判の配転の有効性判断枠組みを適用して事件を処理しているようにみえる。例えば、日本アムウェイ事件（東京地判平18・1・13労判910号91頁）がある。会社が原告を人事部付けとして資格グレードをM13（管理職）からM11（非管理職）に下げて大幅な減給を行った事件で、その異動と減給が否定されたものである。判決は、仮にある程度の業務上の必要性（原告の仕事の力量や勤務態度の悪さ）があったとしても、大幅な減給を伴う形で成した配転・降格は、不当な動機・目的によるものとした。そして、配転命令は無効であり、給与制度とリンクした降格処分も無効であるとした。

日本たばこ産業事件（東京地判平27・10・30労判1132号20頁）では、降格配転の効力が肯定された。原告は、ある部署のマネジメント職に就いていたが、開発

した新薬が発材され、Gチームが解散し、マネジメント職から一般職に降格され、月額賃金が約14万円減額され、賞与は約100万円以上減った。会社の人事制度は、原告の入社後に職能資格制度から職務資格制度に変更され、一般職とマネジメント職に分けた給与規則があり、職務の大きさに応じた資格（グレード）に分けられ、それぞれのグレードに対応する範囲基本給表が設けられていた。判決は、東亜ペイント事件最判（前掲）を引用して、降格を有効とした。「担当職種に変更が加わればこれに対応してグレード・基本給にも変更が生じることも当然に予定され、これらの点が就業規則・給与規程において具体的に明らかにされ、社員に対する周知の措置が講じられることにより、被告と社員との労働契約の内容をなしていた」。就業規則に基づき「原告の職務の変更が行われ、チームリーダーの地位を失って新たにマネジメント職に相当する職務・地位が割り当てられなかったときには、一般のグレードに位置づけられ、より低額の基本給等を支払われることが就業規則、給与規則上も予定されていた」から、グレード変更と胆務変更を一体のものとして、人事権の濫用を検討する。業務の必要性があり、不当な動機目的はなく、超過勤務手当を考慮すると年間減収は4.5〜9％に過ぎず、職務内容・職責を考慮すると本件配転は有効である。

　確かに、降格配転として配転命令濫用法理を適用するのはごく自然のようにみえるが、従来の判例が予定していた配転法理の適用対象とは大きく異なることに留意する必要がある。元来、配転法理は、職能資格制度の下で賃金変更を伴わない配転を前提としていたのであり、それゆえに、また業務上の必要性を広く認め、労働者の不利益を限定的に認めることが妥当と考えられてきたものと思われるからである。したがって、同法理の有効性判断基準をそのまま降格配転に適用することはできない。降格配転の効力判断に関しては、通常の配転とはことなって地位と賃金の低下を伴うものであるから、その業務上の必要性、すなわち降格の必要性が、より厳格に判断されなければならない。賃金がもっとも重要な判断要素となり、降格の必要性は厳格に判断されなければならない。賃金の減額については、配転で典型的に予定されているような私生活上の「労働者の通常甘受すべき程度を超えた不利益」ではなく、賃金が労働契約上もっとも重要な労働条件であることを踏まえて、判断されなければならない

であろう。[14]

　こうした観点からみると、例えば、製造部の部長及び次長が他部門との不和を理由に職を解かれ営業部長付への異動を命ぜられ、管理職手当をそれぞれ33万円、２万円減額された事件で、判決が、配転の必要性を直ちに否定できないとしつつ、諸般の事情から会社の退職追い込み意思を推認し、配転命令権を濫用したとして、これと不可分の関係にある役職解任も無効とした判決（精電舎電子工業事件・東京地判平18・７・14労判922号34頁）や、ジョブ・バンド制を採用していた会社のシニア・マネージャー（バンドⅢ）であった原告が就いていたプロジェクトの廃止の結果、セクションを異動させられ、マネージャー（バンドⅡ）に降格された事件において、判決は、配転命令は、原告の職位のバンドを低下させる点は、業務上の必要性が乏しく、不当な動機によるものであり、また、通常甘受し難い不利益を受けるものと認められるから、人事権の濫用と評価すべきであり、配転命令のうち職位を低下させる部分と新職務を担当させる部分とは一体のものであり、これを切り離して前者についてのみ従うことが可能とも認められないから、本件配転命令は全体として無効であるとした判決（プロクター・アンド・ギャンブル（本訴）事件（神戸地判平16・８・31労判880号52頁））は、支持されてしかるべきと思われる。逆に、前掲日本たばこ産業事件判決の妥当性は疑問とせざるを得まい。

【注】
　1）　東亜ペイント事件・最二小判昭61・７・14労判477号６頁。この判決の判断枠組みの妥当性については、小宮文人「東亜ペイント最高裁判決の意義と今後の課題」小宮文人ほか編『社会法の再構築』（旬報社、2011年）79頁以下参照。
　2）　水町勇一郎『労働法（第６版）』（有斐閣、2016年）143頁。
　3）　野田進「能力・成果主義賃金と労働者の救済」季刊労働法185号（1998年）65頁以下、71頁。
　4）　山梨県民信用組合事件・最二小判平28・２・19労判1138号６頁。
　5）　笹島芳雄『最新アメリカの賃金・評価制度——日米比較から学ぶもの』（経団連出版、2008年）35-39頁。
　6）　伊藤昌毅「降格・降級」岩村正彦・中山慈夫・宮里邦雄『実務に効く労働判例精選』（有斐閣、2014年）63頁。
　7）　居樹伸雄「事例にみる賃金制度改革の具体策——日本的処理として、能力・成果主義を組合せ再構築する方向」賃金・労務通信64巻１号（2011年）２頁以下。

8) 道幸哲也「成果主義人事制度導入の法的問題(1)～(3)」労働判例938号（2007年）5頁
939号（2007年）5頁及び940号（2007年）5頁以下。

9) 土田道夫「ウォッチング労働法――変化と展望」法学教室237号（2000年）141頁及び
238号（2000年）117頁。

10) 島田陽一「1職能資格制度の下での降格による賃金減額の効力．2成果主義的賃金制
度導入に伴う賃金減額の効力」判例評論506号（2001年）52頁及び盛誠吾「人事処遇の変
化と労働法」民商法雑誌119巻4＝5号（1999年）532-533頁。

11) リオン事件・東京地立川支判平29・2・9労判1167号20頁及び道幸哲也教授の同事件
解説（同号6頁以下）参照。

12) 土田道夫「成果主義人事と人事考課・査定」土田道夫・山川隆一編『成果主義人事と
労働法』（日本労働研究機構、2003年）57頁以下等多くの論文がある。

13) 同様の事例は、前掲あらた監査法人事件である。賃金減額に適用される賃金テーブル
が定められ、従業員の職階・ランクが明らかであれば賃金額は明らかになるようになっ
ていた。

14) 日本ガイダント事件（仙台地判平14・11・14労判842号56頁）は、「賃金が労働条件中
最も重要な要素であり、賃金減少が労働者の経済生活に直結かつ重大な影響を与えるこ
とから、配転の側面における使用者の人事権の裁量を重視することはできない」とする。

労働契約に見る約款法理の考察
──ドイツ労働協約に関する判例法理を素材に──

辻村　昌昭

1　はじめに

1　一般的に企業が一方的に作定する約款を消費者に拘束力をもたらす論拠は何故か、古くから法や法律行為・契約論も含めて各種の議論がなされて来た。[1) その実際のあり方も、「普通約款取引は、多数の契約について法の規定を補完または変更する定めをいい、それは、契約とは別個に定められ、しかも契約内容と異なることもあれば（これが狭義の普通取引約款である）、契約書自体に採りいれられていることもある。[2) との特徴付けがなされて来た。その呼称も、Formularvertrag（定式契約）、Standardvertrag, standardissiereter Vertrag（標準契約）、Massenvertrag（大量契約）などが使われている。また、日本の約款法理の先駆的研究をされた米谷隆三博士も、「約款は、契約の締結前において契約内容として想定されたものである。この約款は、将来の後續契約と離れて法的意義をもつものである。しかも、國家的法とは異り、結局、個々の契約にその内容として採用されるという必然的関係をもつところに特異なる性格をもつものである。かかる約款は、既に法律行為的所産を抜け出ているものであり、在来の契約理論をもってしては容易に把握され得ない性格をもつものである。されば、約款は既成法学上からいえば一つの法学上の謎という外はない」[3) とし、約款を法律行為一般論として解明することの難しさを指摘されている。また、この約款の特性を「契約としての法」（lex contractus）とも定義づけている。

そこで、本稿では、これら解明すべき論点が多い約款をめぐる論議をドイツの協約に関する若干の判例を下に提起するものである。ところで、ドイツで

は、本稿であえて指摘するまでもないが、第一に、事実上の問題として、ドイツの労働契約の実態は、個別に労使間で労働条件を決めることは、日本同様あまりなく、雛形（Vertragsmuster）または、定式労働契約（Fromulararbeitsvertrag）を用いてなされるが、この労働契約の内容として、労働組合の組織率[4]が、日本同様、約20％弱であるにもかかわらず、「引用条項（Bezugnahmeklausel）」などを用いて労働契約内に、労働協約を引用することが大半であるとされる。第二に、この引用条項は、場合によって、普通約款と同様「取入れる」の意味を表す「指示条項（Verweisungsklausel）」あるいは、附合契約の「服従条項（Unterwerfungsklausel）」ともいわれている。これは、普通約款取引で、約款を当該契約関係の本体を成す個別契約に結びつける行為を、「契約」と見るべきか、それとも、企業の客観的法と見、それに対する顧客（附合者）が服従すると解する「法規」と見るべきかの学理上の違いが、労働契約内の協約の引用条項の場合においても論議の対象となることを意味する。

　2　まず、本論に入る前に、すでに言い旧されていることではあるが、BAG（連邦労働裁判所）が、労働契約と労働協約との一般的関係をどう考察して来たかをまず、紹介する。ドイツでは、とくに第二次世界大戦後、労働組合が産業別団体原理（Industrieverbandprinzip）により組織化され、これと関連して「一事業場内一労働組合（ein Betrieb eine Gerwrkschaft）」という労使関係モデルが追求されて来た。ために、BAG vom 29.3.1957-1 AZR 208/55は、協約競合の場合の事案であるが[5]、ニッパーダィ（Nipperdey）の著書を引用しながら[6]「(事業場内) 単一労働協約の原則」（der Grundsatz der Tarifeinheit im Betrieb）を当然のことと謳った。この判決は、日本の労使関係の場合と異なる産業別団体協約が、労使関係を規律し、事実上の機能もそうであることを前提とした。しかし、「(事業場内) 単一労働協約」の原則が、判例法理上、法超越的に形成（eine gesetze übersteigenede Rechtsfortbildung）[7]されて来たとしても、協約法理上看過できない法的問題点を惹起するドイツの協約事情が生じて来た。実際上、一事業場内で一労働組合と使用者との労使関係規範が支配するわけではなく、好景気が続いていた1960年代ならともかく、とりわけ東西ドイツが統合された後の不景気などにより、他労組員、未組織労働者など、その利害法益を特定の一協約に具現化するわけではない従業員の存在が、顕著となった。そ

れは、他でもなく協約競合（Tarifkonkurrenz）および複数協約（Tarifpluralität）の問題である。そして、この協約現象の変化は、法規定にないこの「判例法原則」を BAG 自体、BAG, Urteil vom 7.7.2010 AZR 549/08により破棄するまでに至った。[8]

　そして、第二に、約40年前の1976年12月に制定された約款規制法（Allgemeine Geschäftsbedingungen Gesetz）23条１項（労働法領域への不適用規定）が、2002年１月１日の改正債務法（BGB）の施行とともに削除され、ために労働協約上の規律が個々的な労働契約について補充される場合に、問題が生ずることとなった。[9]以下これら諸現象が、労働契約内の「引用条項（Bezugnahmeklausel）」あるいは「指示条項（Verweisungsklausel）」の解釈にに如何なる変化をもたらしたかを、改正債務法施行（2002年１月１日）前後に時代区分をし、若干の判例を素材に考察する。

2　改正債務法施行前

　上述したように「事業場内単一労働協約の原則」でもって労使関係を支配的に規律し得た場合には、当該協約に拘束されない未組織労働者や別労組員の労働契約に引用されていた労働協約条項はどのように解釈されるべきかが、まさに問題とされた。この協約競合（Tarifkokurrenz）に関しては上述したように判例法理上は決着を見ていたが、複数協約（Tarifpluralität）に関しては、論議があり、これに関する好個の判例から引用条項の解釈の特性を論じて見たい。

　ところで、複数協約とは何か。この成立要件は、事業場内で複数ある協約の内、いわゆる場所的、人的、分野的などの適用領域（Geltungsbereich des Tarifvertrages）中、いずれかが異なる場合である。例えば、イ・二つの労働組合が同じ使用者団体と別個の協約を締結したり、個別の使用者が二つの労働組合と協約を締結した場合、ロ・使用者が異なる使用者団体に二重に加盟し、これらの団体が異なる労働組合と協約上の合意に達した場合がそうである。[10]

　それでは、この「事業場内単一労働協約の原則」に関し、複数協約の場合、労働契約内の引用条項の解釈に関し如何なる法的判断を下したかを以下の二判例を素材に、その法理を検討して見よう。第一例は家内協約（Haustarifvertrag）をめぐって複数協約と事業場内労働協約単一の原則との関係が争われた事案で、第二例は、複数協約と事業場内単一労働協約の原則との関係が争われた事案である。ともに、「事業場内単一労働協約原則」に固執しながら、労働契約内に引用された労働協約の法的効力論を語っている。

　なお、BAG は、改正債務法施行（2002年1月1日）前に締結された労働契約を「古い労働契約（Alterverträge）」といい、同改正後のそれを「新しい労働契約（Neuverträge）」という。[11]

　（i）BAG4. Senat 20. 3. 1991 4AZR 455/90（地位確認請求）：家内協約が関係する協約競合・複数協約事案。[12][13]

　（一）事件の概要

　1・被上告人 X（原告、被控訴人以下 X）は、1981年1月1日に、上告人 Y に採用された。Y（Real-Kauf・被告、控訴人）は、連邦規模で総数36の SB-Warenhaus（セルフサービスの大規模小売店）と幾つかの木材マーケットを経営している。

　2・XY 間では、採用（労働）契約締結時に X の労賃（Tarifgehalt）については、「賃金グループ K II／3 による協約賃金」と合意され、そして、同契約書8号には、「その他、Niedersachsen 州の小売業の従業員の基本協約（Rahmentarifvertrag）の規定が適用される。」との条項があった。X は、HBV（商業・銀行・保険労働組合）の組合員であった。以後、X の雇用関係には、Niedersachsen 州の小売業のその都度効力を有する基本協約の条項（die Regelungen des jeweiligen Manteltarifvertrag）が適用されて来た。1989年7月19日に、使用者団体 Niedersachsen 州小売商組合（以下、甲）と労組 DAG（Deutsche Angestellten Gewerkschaft ドイツ職員労働組合）の Niedersachsen・Bremen 支部及び同 HBV Niedersachsen・Bremen 支部との間で、小売業の MTV（基本協約）が締結された（ただし、発効は、同年1月1日に遡る）。くわえて、同日に一般的効力宣言もなされた。留意すべきは、Y は、この小売業の MTV（基本協約）を結んだ使用者団体甲のメンバーではなく、<u>別使用者団体（以下、乙）のメンバーで上記 DAG と Y 事業場につき「家内協約」（Haustarifvertrag）を締結し</u>1989年4月1日から有効の基本協約（賃金・財形給付）及び同年1月1日から有効の特別手当と有給休暇に関する協約を結んだ。事業場内には複数労組（DAG

〈多数派〉と HBV〈少数派〉）が並存。

3・X は、自らの労働関係には、採用契約通りに Niedersachsen 州の小売業の MTV が適用されるべきで、したがって、賃金も（賃金グループ K II／3 の協約賃金）が支払われるべきと主張。これに対し、Y は、乙と DAG との間で結ばれた家内協約が X 含む Y 労働者全体に適用されるべきと反論した。いわゆる「特別法（家内協約）は、一般法（小売業の MTV）に優先する。」という法原則からの主張である。

4・Niedersachsen 州労働裁判所判決（1990年 6 月14日・Az: 14Sa 1783/89）は、事業場規範（Betriebsnormen・TVG3 条 II 項）に関し、「協約競合」（企業別協約と団体協約〈一般的拘束力〉の競合）を認め、Y 主張の家内協約の効力が優先するとの判断を下した。しかし、内容規範（Inhaltsnormen・TVG4 条 1 項）に関しては、X は、家内協約を結んだ DAG のメンバーでなく、内容規範に関する人的適用範囲が異なっており、いわゆる「複数協約」が生じていると認定。しかも、この問題を処理して来た「単一労働協約の原則」は、実定法の根拠がないとして、Y と DAG が締結をした Y 家内協約の効力を否定し、「(XY) 当事者の雇用関係には、Niedersachsen 州の小売業の基本協約（MTV）が適用される。」と、X の主張を認めた。採用契約の 8 号での引用は、例外規定（abweichenden Bestimmung）がないので、その都度に効力を有する Niedersachsen 州の小売業の基本協約（MTV）の引用ありと看做されるとした。この結論は、まさに Bezugnahmeklausel の意義を積極的に肯定して協約法理を解決せんとする考えが導き出せるし、単一労働協約の原則により法的には捕捉されていない事業場内の少数派労働者の労働契約上の合意を強調する結論となっている。Y 上告。

（二）判決要旨

(1)「Y は、（Niedersachsen）州の MTV（基本協約）の一般的拘束力宣言により拘束されているが、協約競合（Tarifkonkurrenz）は生じてない。」「X は、（家内協約締結労組）DAG のメンバーでは（なく HBV のメンバーなため）、家内協約はその雇用関係には適用されない。」「（むしろ）複数協約（Tarifpluralität）が（生じている）」

(2)「一事業場内単一労働協約の原則により、一労働協約のみが適用され」「特別性の原則から、複数協約の場合も、一労働協約である本件家内協約が X に適用される」。

「XY の労働関係には、Niedersachsen の小売商の労働協約は適用されない。」

(3)「（採用契約第 8 号の意義）契約で協約を引用することは——協約に拘束されていない労働者にとっても——引合いに出された協約の適用という効果が生ずる。したがって、債務法上の取り決めにより、協約に拘束されている労働者も拘束されていない労働者も平等に取り扱うことが達成される。」

　判示の主要な論点は、第一に、複数協約の場合にも、協約競合の場合と同様に、「事業場内単一労働協約の原則」の適用がある旨の結論を下した。第二に、労働契約内の協約の引用条項（Bezugnahmeklausel）を、全従業員の平等取扱い条項（Gleichbestellungsabrede）と解釈したことである。後者は、確かに、使用者が、該協約に拘束されなくなった場合（例・使用者団体脱退）に、該労働者にも、引用された協約条項が契約内容となり、全従業員の労働条件の統一化がなされことが可能となる。また、本件のように、別異の協約の適用化にある労働者にも、該協約が適用となり、その意味では、全従業員の労働条件の統一化が可能となる。しかし、このことは、ぎゃくに、別異の協約（Niedersachsen の小売商の協約の労働条件）の適用を望む労働者は、DAG と Y が結んだ家内協約の適用に服さざるを得ない効果をもたらす。つまり、事業場内少数派労働者の真正の意思とは異なる労働条件の適用に服さざるを得ない結果をもたらす。何れにせよ、いわゆる定式労働契約（Formulararbeitsvertrag）の引用条項（Bezugnahmeklausel）の解釈としては、時代的な類型を画すものである。

（ⅱ）BAG, Urteil vom 4. 9. 1996-4 AZR 135/95[14]：複数協約と労働契約内の協約引用の効力

　（一）事件の概要

　1・X（原告、被上告人）は、Y 会社（被告、上告人）の A/W 支店で、月間労働時間34.67時間で、1989年 3 月31日から1989年12月31日までに、包装係（Abpacherin）として働いていた。X は、HBV（商業・銀行・保険労働組合）のメンバーである。1989年 3 月13日に締結された労働契約の 2 号によれば、X は、〈Niedersachsen 州の co op 企業の従業員協約の「賃金グループⅠ．G1a」〉にグループ化されていた。労働契約10号には、以下の文言がある。

"Auf diesen Vertrag finden (--------) Anwendung (--------) der co op Manteltar-ifvertrag Bereich Einzelhandel und der in Ziff. 2 genannte Gehaltstarifvertrag (jeweils in den gültigen Fassungen)" = 「この契約には（中略）co op 基本協約が、小売業領域に、そして2号で挙げられている賃金協約が（その都度有効な版の）同じく小売業領域に適用される。」

これは、事業所に適用される各労働協約または使用者が拘束される各労働協約を労働契約内に引用するという「大きく変動する引用条項（Große dyna-mische Bezugnahmeklausel）＝協約変更条項（Tarifwechselklausel）」である。

2・Xの職務は、商品をまず詰め直し、棚に揃え、この作業がない場合には、価格表を掛け、しかも棚は、整理する前に、掃除せねばならなかった。同時に、Xは、商品を最低（品質）保持に応じて、目的に適ったかたちで整理することを顧慮しなければならなかった。Xが商品を整理する前に、商品は、若干の例外だが、正札が貼られていた。Xは、正札のほとんどを貼った。

3・HBV労組は、co op 事業者協約共同体（die Tarifgemeinschaft der co op Unternehmen）との間で、1992年8月11日に（5月1日の遡及効）賃金協約を締結した。Yは、co op 事業者。Yは、Nidersachsen/Bremen 州の co op 事業者協約共同体に属していたが同年4月14日の文書でもって、同年4月30日までに、この団体と上部団体である co-op 事業者中央協約共同体に団体から脱退する旨の通告を行った。そして、同年4月1日までに、別使用者団体である Hannover の小売商中央団体に加盟（脱退⇒別団体加入）。そして、①Yは、Xに、とりわけ、職務領域（Tätigkeitsbereich）と百貨店の重要性を記述してある Niedersachsen 州の小売業の一般的効力宣言された賃金協約第6条の賃金グループI〈補充・掃除・洗浄〉に相当するとして1992年5月1日より賃金を支払った（時給は、12マルク88セント）。②他方、co op 事業者協約共同体と HBV との間で締結された上記新賃金協約4条の賃金グループIbで定められているこの職種〈包装・掃除〉時給は、13マルク48セントで、この賃金の方が、0.6マルク高い。

4・また、Yは、1992年9月1日から、12月31日までの間に、Xに1,788マルク（税込）を支払ったが、Xは、〈私の職務は、Niedesachsen 州の小売商の賃金グループIIaに格付けされる〉と賃金グループIとするYの低ランク評

価に異論を唱えこの差額賃金の支払い80マルク2セントの支払いを求めた〉（1993年1月27日文書）。Xにとり、元来、Yが所属していた co op 事業者協約共同体と HBV との協約から見ても、Niedersachsen 州の小売業の協約の賃金額は低く、よしんば Niedersachsen 州の小売業の賃金協約が適用される場合においても、自らの職務が低ランク評価を受けるということに異議を唱えた。

5・ために、Xは、co op 事業者協約共同体と HBV との協約に依拠しながら有利性原則にもとづいて「得べかりし賃金との差額」を請求したのが、本件事案の発端である。その理由を要約するならば以下のとおりである。「1・Niedersachsen 州の co op 事業者の協約共同体に属している企業の1992年8月11日からの賃金協約は、1992年5月1日から、有効に適用される、何故ならその協約は、労働契約上合意されているからである。2・この合意は、解約告知されていない。団体脱退により協約の拘束力を変えたという事実は、労働契約の有効性を妨げない。3・少なくとも、労働契約上合意されている事業場関連規範（betriebsbezogene Normen）が説明されない限り、個々の労働契約上の合意は、それが有利である限り、一般的拘束力のある協約に優先する。4・協約競合の規制は、協約と労働契約との間の競合に適用されないので、本件の場合には適用されない。5・当事者双方の団体帰属性にもとづいて（aufgrund beiderseitiger Verbandszugehörigkeit）適用され、そしてそれ故に、また契約上の言及抜きに（ohne vertragliche Erwähnung）適用されたということは、Yが団体を変えた事実と同じように、あまり重要な役割を果たしはしない。Xの個別契約上の請求は、Yの団体変更に言及されていない。種々様々な規範は、多面的な拘束力により生じた競合する協約により生じるのではないので、問題は協約競合の規制により解決されるのではなく、有利性原則（nach dem Günstigkeitsprinzip）により解決されるべきである。6・これにより、考慮されるべきあらゆる評価基準から、co op 事業者の賃金協約の合意は、Xにとり有利である。6・今の時点では、事業場にとり必要不可欠な統一性（単一労働協約の原則）は、問題とされない。7・協約競合や複数協約が問題ではなく、労働契約上の請求と労働協約上の請求との間の比較が問題である。」（下線部筆者）

6・これに対し、Yは、「①1992年4月1日以来、co op 事業者協約共同体のメンバーから、Hannvor の小売団体のそれに切り替わり、しかも Niedersachsen 州の小売商の賃金協約は、一般的効力宣言がなされたので、わが社には、この協約が適用される。②同一労働組合に二労働協約は適用されないので、有利性原則は、考慮されない。③一般的拘束力宣言の目的である労使関係の統一性（Einheitlichkeit）から、別協約選択の余地はない。一事業場内で、原則的に一労働協約が適用されるべき。④Ｘの職務は、Niedersachsen 州の小売商の賃金グループⅡが記した職務とは一致せず。Ｘの職務は、職業訓練抜き・職業訓練段階抜きの職務〈賃金グループⅠ（補充・掃除・洗浄）〉でしかない。」とＸに反論した。

　７・州労働裁判所は、ＸＹ間では、労働契約10号において、「Niedesrsachsen 州の co op 事業者における労働者の賃金協約が、その都度効力を有する版（各版）の中で適用されることが、明確に合意されていた」ことを根拠にＸの請求を認める。Ｙ上告。

　（二）判決要旨

　(1) Ｙの上告は、理由がない。原告（Ｘ）の訴えは、給付訴訟として許される。Ｘの訴えは、理由がある。

　「Niedersachsen 州の co op 事業者における労働者の賃金協約が、その都度効力を有する版（各版）の中で適用されることが労働契約の中で合意されていたことを理由に、Ｘの請求を認めた州労働裁判所の理由は、十分とはいえない。」

　(2)「（何故なら）co op 事業者協約団体が、1992年８月11日に HBV 労組と新協約を締結する前の同年４月30日に、Ｙは、この協約締結団体（tarifvertragsschließneden Verband）から脱退した」ので、「Ｙは、（原則）この協約に拘束されない。」「Ｙは、他の使用者団体（Hannover の小売団体）の協約には拘束される。」「1991年７月22日の co op 事業者の協約の余後効は（別な協定〈eine andere Abmachung〉）は、一般的拘束力宣言の強行性ゆえ、使用者団体変更の場合も、同一のメンバー性も無く、別労働契約が結ばれた訳でもないので、考察され得ない（TVG5条４項）。」

　「Ｘは、Niedersachse 州の小売商と協約を結んだ HBV のメンバーであるので、少なくとも1992年５月１日より、一般的拘束力宣言と関わり無くこの協約は、当事者の労働関係にも妥当する。」

(3)労働契約第10号は、確かに「当事者 XY は、Niedersachsen 州の co op 事業者の労働者に、賃金協約のその都度の草案を適用すると合意。」また、州労働裁判所が、〈X には co op の事業者の基本賃金協約のグループ 1b〈時給13.48マルク・§4des GLTVco op〉による賃金それ自体の補充するもの（Auffüllen）としての権限がある〉としたことも正しい。しかし、労働契約10号という引用条項（Verweisungsklausel）は、協約競合あるいは複数協約ということにはならない。」「労働契約上の引用条項は、その都度事業場で有効とされる協約の引用が、結果として生ずるべく修正して解釈されねばならない。当該協約を労働契約上引用する条項の意味と目的は、協約上拘束されている労働者と未組織労働者とを平等に取扱うことである。にも拘わらず、このことは、事業場内では、単一労働協約が前提とされる。この場合、この引用条項は、万が一組合所属を問うたりしてはならないがために、労働者の側で、協約上の拘束力があるか無いかに関係なく適用される。（労働）契約上引用する目的は、通例協約に拘束されている労働者に事業場内で協約により適用されているその労働諸条件が統合されているもの（Zusammenfassung）が生ずる。したがって、（労働）契約上の引用は、事業場に関しては、分野的・場所的労働協約が関係せらる場合には、平等取扱条項として看做される。「使用者側で協約の拘束力がないために、未組織者の労働契約が、不備のある（不完全な）ものとなった。事業場内で雇用され協約に拘束されている労働者と平等に取扱う目的が——協約に拘束されている労働者の場合には、（未組織者の場合と異なり）一度たりとも考慮されないが——（協約の）専門的・分野的分野が変更される場合には、（平等目的が）達成され得ない。もしも、労働契約の引用条項が、その意味を充たすこと（平等取扱い）ことになるならば、その（引用条項）は、使用者にとり、その都度に効力を有する労働協約（die für den Arebitgeber jeweils geltenden Tarifverträge）が適用されるように解釈をしなければならない。確かに、本件の場合には、累次的条項で確定された協約（in einer Jeweiligkeitsklausel bestimmte Tarifverträge）で、引用されている。しかし、この条項の意味を、両当事者の仮定的意思（hypothetischen Willen）に合わせることにより、補充的解釈という方法で（im Wege einer ergänzenden Vertragsauslegung）、考慮されなければならない。」「全ての組織帰属性とは無関係に、協約が合意され、そしてされることが問題

ではなく、社会政策上の正義及び使用者が使用者団体の構成員であったことにより、拘束され協約を踏まえて（unter Zugrundelugung）労働関係を単純に処理する（Abwicklung）ことを理由に、あらゆる労働者が平等に取扱われるべきである。」（下線部筆者）

(4)「労働契約の引用条項は、1992年6月4日のNiedersachsen州の小売業者の賃金協約が組織帰属性のみならず、補充的な引用条項（「平等取扱条項」）に基づいて解釈されるべき」

(5)（結論）co op事業者協約共同体とHBVとの協約による時給賃金の差による賃金差額請求権をXは有しない。しかし、1992年5月1日以来有効なNiedersachsen州の小売商の賃金協約の「賃金グループⅠ」ではなく、職務上これより上の「賃金グループ6条のⅡa」に格付け（eingruppiert）されるので、80マルク20セントの請求権は認められる。

　本判示の特色は、1・事業場内複数の協約並存を協約競合かあるいは複数協約の場合の、「事業場内の単一労働協約の原則」から、該協約適用下にある組織労働者と未組織者や別労組員と「平等取扱い原則」を導き出すのではなく、2・仮定的意思論というBGB139条によりながら、労働関係単純処理目的であると引用条項を目的解釈し、「従業員平等取扱」との労働契約の補充的な解釈を行って導き出すという点にその特徴を見出すことが出来よう。その意味で、労働契約内の協約の引用条項に関し、「平等取扱い条項」と解する点では同一でありながら、結論へ至る論理が異なるものである。だが、本判示は、仮定的意思論からの「大きく変動する引用条項」を補充解釈によるにせよ、未組織者や別労組員とを含めた平等条項として解釈することには変わりがなく、該未組織者や該別労組員から見て、契約内容の真意に関し疑念を持たざるを得ない協約内容に拘束されることには変わりがない。一事業場内の単一労働協約原則そのものが、一事業場内単一労働組合という労使関係を理念型とする限りこの類型内に収まり切れない労働者の法益が、まさに検討の課題たるを得ない。これが、以下のドイツ債務法の改正の問題と関連せざるを得ない。

3 ドイツ約款規制法と BGB 改正

　この労働契約内の協約の引用条項をめぐる解釈は、2002年1月1日施行の改正ドイツ債務法施行にともない約款規制法の実体規定が BGB305 条ないし310条に改正移行され、新たなる論議が展開されることとなった。この債務法改正につき種々の関連文献で紹介・解説がなされているので本稿では詳述しないが、改正の法目的は、労働契約当事者の契約意思を真正に保障せんとすることにあるとみてよい。留意すべきは、これらの改正においても、協約、就業規則、服務規律といった集団的労働法上の規律には、約款規制法は、適用されない[17]。個々的な労働契約について、約款規制法の適用が問題となるに過ぎないが、一般的な労働条件について「合意」が成立し、労働協約上の規律がこれを補充する場合に問題となる[18]。つまり、約款使用者が契約の締結に際し、相手方に対して設定する、多数の契約に用いるために予め定式化されたあらゆる契約条件 (eine Vielzahl von Verträge vorformulierten Vertragsbedingungen) を普通取引約款 (BGB305 条 1 項) と定義するがゆえに、まさに労働契約に引用された協約の解釈で問題とされることとなる。

　BGB 改正後、幾つかの判決が下されたが、協約の引用条項が労働契約内にありながら使用者が協約の拘束力を回避した場合 (営業譲渡、使用者団体脱退など)[19] に、まさに本稿のテーマとの関係で論ぜられる点が多いが、使用者がその団体を脱退した事案の判例を検討する。

　(ⅲ) BAG, Urteil vom 18. 4. 2007- 4AZR 652/05[20]：引用条項を協約の拘束力とは関係のない設権的条項と見る見解

　(一)（事件の概要）

　1・X (労働者・原告、被上告人・上告人) は、Y (被告、上告人・被上告人・ドイツ赤十字団体〈Deutschen Roten Kruez〉) に、保母 (Kinderpflegerin) そして、女教師 (Erzieherin) として雇用されていた。当初は、有期であったが、その後「期間の定めのない労働契約」となった。X は、ドイツ赤十字協約の報酬グループ Vc 附則 10aDRK — TV が準用されて報酬を得ている。

　2・他方、Y は、ドイツ赤十字団体の Niedersachsen 州の協約共同体 (DRK

-LTD Nds.）のメンバーである。この州協約共同体は、労組 ver. di（旧・ÖTV＝公務サービス・運輸・交通労組などから成る）と多数の協約を締結して来たドイツ連邦赤十字団体（die Bundestarifgemeinschaft des Deutschen Roten Kreuzes）のメンバーである。

3・1994年12月16日/1995年1月17日の XY 間の労働契約内容には、"3号・労働関係には、DRK（ドイツ赤十字団体）職員、労働者そして職業訓練生に関する労働協約は、その都度効力を有する版（各版）が基礎となる。(3・Dem Arbeitsverhältnis liegt der Tarifvertrag über Arbeitsbedingungen für Angestellte, Arbeiter und Auszubildende des DRK in der jeweils geltenden Fassung zugrunde.)。同6号は、Y の雇用は、公務サービスではない"とあり、これは、2002年5月21日（注・改正 BGB 施行後）に、ほぼ同じ内容で署名。

4・1984年1月31日には、協約当事者間では、DRK の労働諸条件に関しては、イ・（協約交渉と関係のない BAT〈連邦職員労働協約〉）部分とロ・（DRK の協約共同体の部分）からなる協定が締結されていた。2003年1月31日に、公務労働関係部分の報酬に関し労使で、X が所属するグループを含め賃上げが決められた（「報酬協約 No35」、以下 VTV35）が、DRK の協約共同体と ver. di で上記ロ部分の交渉に入ったが、合意に至らないうちに、Y は2003年3月31日までに、協約共団体 DRK-LTD・Nds から脱退し、以後 Y は、脱退を理由に報酬のアップを拒否した。これを、受けて X が、報酬アップ分の支払いを求めた。主張で留意すべきは、「2002年5月21日の労働契約内の指示条項（Verweisungsklausel）は、Y 自体の協約拘束に縛られることなしに、DRK の設権的な合意（eine konstitutive Vereinbarung）[21]を含んでいる。」と X が主張したことである。これに対し、Y は、主として、指示条項は、従業員の平等取扱条項として解されるべしと主張した。

5・労働裁判所（Hannover vom 24. August 2004 11Ca 367/04）および州労働裁判所（Niedersachsen vom 28. Juli 2005 7 Sa 1867/04）ともに、X の請求を一部認容しただけなので、X が上告し、確認訴訟も提起。Y は訴えの完全な棄却を求めて上告。

（二）判決要旨[22]

(1)「X の上告理由は、理由あり（ただし、確認の申立は、一部のみ認容【判示25】）、Y には理由なし。」（【判示22】）

(2)1・「定式労働契約（Fromulararbeitsvertrag）の解釈は—中略—文言から解釈すべき（で）、これは、変動的な指示条項（dynamische Verweisungsklausel）にも当てはまる。」（【判示29】）

2・「2002年5月21日の当事者の労働契約3号の指示条項（Verweisungsklausel）の解釈は、以下のことが明らかになる。つまり各版の DRK-TV の設権的引用[23]（eine konstitutive Bezugnahme auf den DRK-TV in seiner jeweiligen Fassung）が問題とされていること、この各版は、<u>Y の協約の拘束性とは関係がない</u>。したがって、DRK-LTD NDs から Y が脱退したことは、X を DRK-TV の各版に対応しながら取扱う労働契約上の義務に関しては、重要なことではない。」（判示【30】）。

<u>この判断部分は、BGB 改正後に合意された労働契約内の引用条項の解釈の新方針を下したものといえる。とくに、指示条項を使用者（Y）が協約に拘束されていることとは、関係なく設権的引用と解し、一般条項的な、抽象的な従業員の平等取扱条項とする旧来の BAG の考え方を明確に否定した。</u>

(3)「（2002年1月1日以後に）締結された労働契約の指示条項（Verweisungsklausel）の解釈は、まず第一に、「労働契約の（協約の）引用条項にとり、その意味内容は、まず、文に基づいて探し出さねばならない」（【判示37】）、「使用者が（契約）合意時点で協約に拘束されているか否かによる同じ文言の異なった解釈は、さらなる根拠を付け加えることなしには、正当化され得ない」（同）。第二に、「この基準から、2002年5月21日の当事者の労働契約内の引用条項は、Y が拘束されていない DRK-TV とは独自に設権的に関係するものとして、その都度草案で解釈されねばならない」（【判示44】）、「（XY 間の労働契約内容の協約の引用条項の文言）が、X の契約内容として限定されている」とは、「条項から導き出され得ない。」（判示【46】）。

<u>これらの判断部分は、判決(2)部分の要件論を展開をした箇所というべきものである。引用条項の解釈において、契約法理の「意思主義」[24]ともいうべき基本指針を提示したものといえよう。</u>

そして、第三に、【判示63】で、「新しい労働契約」に関する新解釈のルールを以下のように提示した。

「債務法改正が——中略——一定の形によって作られた労働契約の内容コントロールに関しの法状態がまず第一に法典化されたのみならず、これにより認識可能な模範変更（Paradigmenwechsel）行われた。中略。この場合には、労働契約の雛形（Formularen）が、明白に弱くなったばかりでなく、ぎゃくに意思表示の受領者（Empfänger-）ないし利用者（Verbraucher-）の地平で企図された見通しの方法（Sichtweise）のガイドライン（die Leitlinie）が本質的に強化された」と新解釈指針の意義を強調した。第二に、定式契約の使用者（Verwender）により意図されたことは、透明に明白に表現されるべく要請を求め（BGB307条1項2段・Transparenzverbot）、労働契約内容のコントロールの適正化を強調した。そして、第三に、結果として、「労働契約で表明されたもの（Erklärten）と企図されたこと（Gewollten）の違いを労働者の正当な利益から使用者（Arbeitgeber）に負わせて不当に厳しくはない」とする。

(4)（結論）「2002年5月21日の労働契約は、〈新労働契約（Neuverträge）〉故、Xの確認請求は認められる。」（【判示66】）

この(ⅲ)BAG判例の結論は、元来、BGBの特別法である消費者の保護法規である約款規制法が、BGBに法典化されたという法制度変更を契機に、契約・法律行為の「意思主義」の徹底化を、労働契約内に引用された協約約款の解釈を使用者の協約拘束の有無にかかわり無く、さらに推し進めたものといえよう。協約競合や複数協約の場合と係わりは無く生じた、労働者の契約法の真正意思をいかに保護するかという私法一般の「意思主義」復権の流れに存する判断ともいえる。そのためか、その後BAGは、協約の法的性格に疑念を投じたその象徴ともいうべきものが、本稿12で紹介した「事業内単一労働協約原則」を破棄したBAG、Urteil vom 7. 7. 2010 AZR 549/08である。[25]

4 残された課題

以上、BGB改正前後のBAG三判例の基本的思考の差異を検討した。労働契約内の協約の引用条項の拘束力の解釈を、ある面では非契約的・法規説的な考えから、労働契約当事者の「合意」の明確性に重きを置きながらの個人意思を

基盤として拘束力を有するものへの転換がなされたといってよい。その意味では、当事者（約款使用者＝使用者）が、相手方（労働者）に対して、契約（労働）条件を一方的に規定する引用条項が法的効力を持ち得る「法律要件」をより厳しくした。しかし、これで、この問題は解決したといえるであろうか。

まず第一に、本稿で紹介をした三判例は、他でもなく、「団結と労働契約との関係」の効力が、協約を引用する労働契約条項の場での協約の効力が争われた事案である。このため、(iii)判例は、使用者が団体から脱退した後も、該労働者の労働関係を該労働協約が変動的な内容となることとなり、結果的に該使用者の消極的団結の自由が侵害されることとなる。ぎゃくに、この判例により、該協約を締結した労組のメンバーは、ともかく、非労組員や別組合員という該協約に拘束されていない労働者に有利な効果がもたらされる結果となるとの批判がある。[26] 第二に、第一の点とも関連があるが、協約と協約締結労組の「代表制機能」をどう考察すべきかの視点が法的判断から抜け落ちることとなる。これには、労組員が労組に自らの労働生活上の利益につき何らかの授権的要素がある協約による集団的私的自治（kollektiven Privatautonomie）により形成される「労働生活の意味ある秩序（sinnvollen Ordnung des Arebeitslebens）[27]」を、労使という社会関係の中で、如何に実現するかがまさに、法的関係を含めて、問われるはずである。上記（i）判例は、法規説立場であり、（ii）判例は、私法上の目的解釈という補充解釈によりながら、引用条項を従業員の平等取扱条項と解するという法規説でもない、契約説でもない中間的見解を取り、そして（iii）判例は、約款規制法の解釈ツールを取り個人の契約意思を根本的に重きを見る見解を取ったといえる。ある面では、労働協約における集団主義の論理が後退線を描く解釈手法を意味し、協約とは似非的な、企業が一方的に制定する約款類似のものとして解釈されることとなった。[28] そして、第三に、そもそも、独占企業と消費者の大量商品取引を約款により規制すること前提とした約款規制法（AGB）を、たとえ、BGB 改正を迂回して、単なる商品交換とは異なる対抗的な労使の労働契約関係の契約構成に導入するは、無理がある。[29] これで、労働契約の附合的要素が消去されることになるとは思われないし、規範的効力を有する「契約としての法」たる性格を有する協約の労働契約の解釈ツールとしての問題が解決されたとも思われない。たしかに BGB 13条の消費者

労働契約に見る約款法理の考察（辻村昌昭）　37

（Verbraucher）の解釈が問題となるが、労働契約において、労働者はあくまで
も労働力商品所有者であることに留意すべきである。ドイツでは、2015年7月
に労働協約法（TVG）を改正され、その4a条で事業場の代表制機能に係わる
規定が挿入された。この問題と本稿のテーマとの関係は、後日稿を改めたい。

【注】
1）　原島重義「契約の拘束力──とくに約款を手掛かりに」法学セミナー（1983〈昭和58〉
　　年10月号）32頁以下。
2）　石田喜久夫「現代の契約法」（日本評論社、1982年）17頁。同旨・水本浩「契約法」
　　（有斐閣、1995年）6頁以下。
3）　米谷隆三「約款法の理論」（有斐閣、1954年）23頁以下。
4）　「データブック国際労働比較・2018」（労働政策研究・研修機構、2018年225頁。間接引
　　用資料ながら後述する BAG、Urteil vom 18. 4. 2007- 4AZR 652/05（http://lexetius.
　　com/2007, 2166）の判文【40】でも、2004年という東西ドイツ統一直後の IAB（das In-
　　stitutes für Arbeitsmarket-und Berufsforschung der Bundesagentur für Arbeit）の調
　　査によりながら、協約に拘束されていない使用者の40％が、その労働者の労働条件を労
　　働契約において、生じている産別部門の協約で決められているとする。この場合、特定
　　の各版の特定の協約が引用されている、いわゆる「小さく変動する引用条項（kleine dy-
　　namisch Verweisungsklausel）によるとする。シュテフェン・ハインリッヒ「ドイツの
　　労働市場」日本労働研究雑誌2018年4月号29頁。
5）　協約競合（Tarifkonkurrenz）とは、複数の協約が同一の労働関係を規律し、その適用
　　対象（場所的、人的、分野的など）が同じで、規範的部分の矛盾・抵触が生じる場合で
　　ある。二労組が同一の使用者団体と協約を締結した場合や企業別協約が団体協約と競合
　　する場合などである。これは、一般的拘束力による場合もある。Maren Band "Tar-
　　ifkonkurrenz, Tarifpluralität und der Grundsatz der Tarifeinheit" PETER LANG
　　2003 S. 25ff.
6）　判文はいう。"Nach dem Grundsatz der Tarifeinheit ist nicht nur auf ein und das-
　　selbe Arbeitsverhältnis nur ein Tarifvertrag anzuwenden; dieser Grundsatz besagt
　　vielmehr auch, daß in jedem Betirib grundsätzlich für alle in diesem Betrieb begrün-
　　deten Arbeitsverhältnisse nur ein Tarifvertrag anzuwenden ist"（vgl. dazu Hueck
　　Nipperdey,. Lehrbuch des Arbeitsrechts, 6. Aufl. S. 361,463）
7）　この概念は、法に欠缺が含まれており、そしてこの欠缺を埋める場合、裁判上の法形
　　成の限界が遵守されることを必要要件とする法内在的法形成（Gesetzesimmnatenete
　　Rechtsfortbildung）と対比して論ぜられる概念である。法超越的法形成は、法的関係の
　　緊急の必要性、事物の本性あるいは、法的倫理の原則を考慮しつつ、特定の法制度（本
　　件の場合には、一事業場内単一労働協約の原則）を正当化する手法である。Maren
　　Band, a. a. O., S. 105ff.
8）　辻村昌昭「事業場内の単一労働協約原則の破棄と協約法理の新展開」淑徳大学研究紀

要51号（2017年）19頁以下参照。

9）半田吉信『ドイツ債務法と民法改正』（信山社、2009年）264頁以下。
高橋弘市「約款規制に関するドイツ民法の規定」広島法学28巻1号（2004年）73頁以下。

10）Maren Band, a. a. O., S. 40ff.

11）例えば、注（19）で後述するBAG, Urteil vom 14. 12. 2005 4AZR 536/04.

12）http://www.juris.de./jportal/t/r3m/page/juriusw.psml?pid

13）辻村昌昭「外国（ドイツ）労働判例研究——BAG第4小法廷判決（1991年3月20日・4AZR455/90）を素材として」淑徳大学大学院総合福祉研究科研究紀要第22号（2015年）89頁以下参照。

14）http://www.lexrex.de/rechtsprchung/entscheidnugen/ctg10799499599268/1092.ht.

15）熊谷芝青「一部無効法律行為と当事者意思」駒澤法曹1号（法科大学院機関誌）（2005年）13頁以下）。BGB139条は、「一部無効の法律行為の帰趨」を「その無効部分が無くても、実行されたであろうことが認められる」という当事者の意的要素で決する。仮定的当事者意思の探求（「実在しない意思を当事者意思から推定・補充」）し、一部無効の結果、残部行為でもなしたであろう「実在しない意思」を当事者から推定して補充すべきことになる。当事者の仮定的意思を探求して、当事者が残部法律行為でも実行したであろうことが認定されるならば「残部有効」とする。

16）マンフレッド・レービンダー（高橋弘訳）「ドイツ債務法改正による約款法」広島法学28巻1号（2004年）89頁以下。高橋賢司「債権法改正と労働法における約款法理の可能性」労働法律旬報1728号（2010年）30頁、水口洋介「民法（債権法）改正が労働法に与えるインパクト」労働法律旬報1728号（2010年）、深谷信夫「定型約款法制と就業規則法制」労働法律旬報1891号（2017年）巻頭言、矢野昌浩「公序良俗・不実表示・約款規制と労働法」法律時報10月号（2010年）30頁など参照。

17）BGB310(4)参照。

18）ペーター・ヴェッデ（緒方桂子訳）「ドイツ民法における普通取引約款規制規定が労働契約上の基礎に及ぼす影響」日独労働法協会会報7号（2006年）49頁以下参照。

19）BAG, Urteil vom 14. 12. 2005 4AZR 536/04がそうである。https://lexetius.com/2005, 3732. この判例の事実経緯は、労働契約（「小さく変動する引用条項〈Kleine dynamisch Bezugnahmeklausel〉）締結は、1988年6月。会社が営業譲渡（2000年6月1日）された後の、2003年1月1日以来の賃金協約に関する請求権の是非が論点となった。この判決は、その後の（ⅲ）判例の予告ともいうべき判例変更の新指針を論じた。

20）https://lexetius.com/2007, 2166

21）「設権的効力」とは、新たに権利または法律的効果を発生させる効力と解される（山田晟『ドイツ法律用語辞典』（大学書林、1981年）223頁）。

22）主文は、【判示22】であるが、以後各論的展開を行っている。とりわけ各論の第二部分の【判示24】以下は、長い判文構成からなっている。

23）下井隆史教授は、協約の労働条件基準部分は、一般の契約条項とは異なって強行法規に等しい、あるいはそれにきわめて近く、「規範設定契約」であるとする（『労使関係法』有斐閣、1995年）123頁以下）。

24）星野英一教授は、『民法論集　第3巻』（有斐閣、1968年）54頁以下註も含めた論稿で、

旧来の約款論議は、附合契約の契約性の安易な承認、法規説による約款の安易拘束力の肯定および表示主義などの旧来の約款論議を意思主義から批判した。

25) 注（8）引用文献参照。

26) 松井良和「労働契約における労働協約の引照条項（Bezugnahmeklausel）をめぐる諸問題」法学新報29巻第5・6号（2012年）786頁参照。

27) BAG. Urteil vom 7. 7. 2010 AZR 549/08　注（8）引用文献参照。

28) 米谷隆三教授は、「就業規則」を「経営内部の秩序形成、殊に労働関係の劃一的、統一化のための労働約款」であり、「協約」を「契約の自由を取戻すため（の）労働関係の協同的設定（約款）」と定義する。米谷・前掲注（3）68頁。

29) 山下末人「約款と法律行為」法と政治（関西学院大学法学部）39巻4号（1988年）523頁以下。

使用者による一方的決定と普通取引約款法理
―― ドイツ法における賃金・手当に関わる不相当な不利益と透明性の原則 ――

高橋　賢司

1　はじめに

　ドイツ法においては、2002年の民法改正により、従来普通取引約款法で定められていた各種の規制が、民法典のなかに定められた。民法に定められる普通取引約款規制が一方的に定式化される労働契約条件にも適用されることとなった[1]。そして、民法307条1項1文によれば、普通取引約款における規定は、それが利用者の契約当事者に対し信義誠実の原則に反して不相当に不利益を与える場合には、無効である。わが国における不当条項に相当するといわれる。また、民法307条1項2文によれば、「不相当な不利益は、規定が、明確でなく、理解できないところからも生じる」と規定されたが、これは透明性の原則（Transparenzgebot）と呼ばれる。これらの法理が一方的に定式化される労働条件にも適用されるようになった。これらのいわゆる内容審査が労働契約の領域にも適用されることとなったため、労働法の分野で数多くの判例が形成されている。

　ドイツでは、労働協約が協約内職員について賃金、労働時間などの労働条件を規整する。そして、労働協約で定める労働条件を上回る労働条件、いわゆる協約外給付が、一般的な労働条件（Allgemeine Arbeitsbedingungen）ないし統一規整（Einheitliche Regelung）と呼ばれる、使用者によって一方的に定められる規則により、規整される。この部分に対して、主に普通取引約款に関する法原則が適用されている。特に、賃金の引下げにあたる、協約外給付の撤回をめぐっては、上述の民法に基づく普通取引約款規制における内容審査が及ぶようになった。このため、従来とは異なる内容の判例法理が形成されている。特に、

例えば、協約外給付の撤回（撤回の留保の行使と呼ぶ）は、透明性の原則により、無効とされる[2]。わが国とは著しく異なる興味深い判例法理の新たな発展を遂げている[3]。こうした法理は、賃金・賞与、手当に関わる、日独の法理を変革する可能性を秘めた魅力的な法理であると考える。

　そこで、本稿では、1．普通取引約款規制の概観を敷衍しながら、2．内容審査（不相当な不利益禁止の原則と透明性の原則）を検討する。不明確準則については以前に検討したことがあるため、本論文は、不相当な不利益禁止の原則と透明性の原則の適用を取り扱う。最後に、3．比較法的な検討から、わが国における法理との対比において、ドイツ法のこれらの法理の特徴を明らかにするとともに、日本法における法理の問題点を指摘する。

2　普通取引約款規制の概観

　かつて問題になったのは、普通取引約款法[4]が労働法への適用を排除していたことであった（旧普通取引約款法23条）。同法が制定される当時、同時に、労働契約法の草案が策定中であった。普通取引約款法の立法者は、労働契約法により労働者に対する保護を享受できると期待したことから、普通取引約款法の適用範囲から労働法を除外したのであった[5]。ところが、普通取引約款法が公布、施行しても、労働契約法草案は議会を通過しなかった[6]。このため、法の欠缺が生じたのであった。しかし、この立法のプロセスが普通取引約款規制の基本思想の適用を排除するものでない。労働法学説は、普通取引約款法と類似の解決策を模索したが、その法的な基礎として、民法242条の信義則等を挙げていた[7]。判例も、法の欠缺を補充するため、民法134条（良俗）、242条（信義則）、315条（公正な裁量）の規定の適用により、約款規制と類似の解決を図っていた[8]。

　こうした法の欠缺は、2002年1月1日債務法の現代化法制定により解消される。債務法の現代化法は、2002年に、普通取引約款法の諸規定に変更をほとんど加えることなく、これらの規定を民法典に挿入した。この普通取引約款規制は、約款利用者によってなされる契約の自由の濫用が、裁判上の内容審査によって排除されるべきであるという立法者の法思想によって支えられている[9]。

　民法305条1項の1文では、「普通取引約款とは、多数の契約のために予め定

型化されるすべての契約条項であり、一方の契約当事者（約款利用者）が、他方契約当事者に対して、契約締結の際に提示するものをいう」と定義される。その上、ついに、民法は、約款規制の労働契約への適用を認めた。労働協約、事業所協定、雇用上の合意（Dienstvereinbarungen）には、約款規制を規定する章の諸規定は適用されないが、「労働契約の適用にあたっては、労働法に適用される特性は相当に考慮される」と規定された（民法310条4項）。民法307条の内容審査は、労働法上一方的に決定される契約条件に適用されることになるのである[10]。立法者は、判例の統一化を促進するため、民法における普通取引約款規制の保護を労働法に拡張した。

　このように、民法307条以下の内容審査は、労働法上一方的に決定される契約条件に適用されることになる。これに対し、価格条項に対しては、内容の審査が及ばないと解される。なぜなら、価格については、通常、裁判所が定めるべきものではなく[11]、市場力と競争によって定められるべきものであると解されている[12]。但し、新民法典は、従来判例法によって認められてきた透明性の原則（Transparenzgebot）を明文化した。これによれば、定型化された契約条件が可能な限り、明確で、透明なものでなければならない（民法307条1項の2）。

3　内容審査

　普通取引約款法理が適用されるなかで、最も問題になるのは、不相当な不利益禁止の原則と透明性の原則である。ドイツでは、前述のとおり、労働協約が協約内職員について賃金、労働事件などの労働条件を規整している。これを上回る部分の労働条件、いわゆる協約外給付は、一般的労働条件ないし統一規則と呼ばれる、使用者によって一方的に規定される規則に基づいて、規整される。この部分に対して、普通取引約款法理が適用されている。以下では、これらに対する不相当な不利益禁止の原則と透明性の原則の適用を、協約外給付との関係で検討する。

1　不相当な不利益禁止の原則（不当条項）
　民法307条1項1文によれば、普通取引約款における規定は、それが利用者

の契約当事者に対し信義誠実の原則に反して不相当に不利益を与える場合には、無効である。

不利益かどうかが争われた代表的なケースには次のようなものがある。

① 協約外手当の撤回と通勤費の撤回（BAG Urt. v. 12. 1. 2005, NZA 2005, 465)[13]
連邦労働裁判所は次のように判断した。

　「不利益かどうかの利益衡量は、当該事項が労働者に期待可能かどうかによる。これは民法307条に基づき、特に撤回される給付の種類と額によるし、残存する報酬の額、企業における労働者の地位による」。

　「原則的に、使用者は、企業の経済的な発展と労働関係の一般的な進展の不確かさを理由として、一定の給付、特に、『追加的な給付』をフレキシブルに形成する、承認された利益を有している。しかし、これによっては、企業の経済的なリスクが、労働者に転嫁されることは許されない。労働契約の核心部分への侵害は、民法307条2項の評価により適法ではない」。

　「解雇制限法2条による契約内容保護は、基準として役立ちうる（……）。むろん、変更解約告知以前の保護の具体的な回避（解雇制限法の適用可能性）が問題になっているのではない（……）。これによれば、撤回する部分が、全体の報酬の25％ないし30％にあり、協約賃金を下回らない限りでは、撤回留保の合意は、適法である」。

　「不相当な不利益を与えることは許されない。撤回権の合意は、期待可能なものでなければならない。これは、規定が、相当性と期待可能性を認識しうるものでなければならないということを意味している。民法307条1項、2項、308条4文の基準は、条項の文言により、明らかになる。この規定自体からは、撤回が理由なく行われることは許されない」。「留保された変更の要件と範囲は、可能な限り具体化されていなければならない」。

　「民法305条以下は、2003年1月1日以降、当事者の労働関係に適用される。撤回権の合意は、それゆえ、2003年1月1日以降、民法308条4文により、無効である」。

この判例は、重要なリーディングケースになっている判例である。撤回の留保について、理由がまず明らかにされなければならないと説示した。その上、労働条件の変更の範囲について、種類と額が明らかにされていなければならないと判断されている。特に、重要なのは、撤回留保について、撤回する部分、つまり、賃金を削減する部分が、全体の報酬の25％ないし30％になければなら

ず、これ以上の削減が許されないと明確にしたことである。この部分は、他の判例において、引用され、結果的には、全体の報酬の25％ないし30％にわたる賃金削減が、協約外給付の撤回によって行われることを禁止したことになる。[14]

② 通勤費の撤回留保（BAG Urt. v. 11. 10. 2006, NZA 2007, 87）[15]

　この事件では、労働契約2条において、「協約に定められる給付をこえる他のあらゆる給付も、いつでも無制約に撤回し、そして、将来への法的請求権を根拠づけるものではない」と規定していた。原告は、2003年4月まで1751.69ユーロの月の基本給を得て、227.72ユーロの協約外の手当および事業所で労働しているあらゆる労働日について12.99ユーロの通勤費を得ていた。2002年には、倒産債務者が、236000ユーロの額の損失を被った。親企業の倒産の結果、全体の喪失額は、債権の公告（Abschreibung）により、839900ユーロにのぼった。2003年、倒産債務者は、労働契約上合意された撤回留保条項を参照して、協約外手当てならびに2003年5月1日までの通勤費の支出を撤回した。倒産債務者は、経済的な状況により、撤回を根拠づけた。連邦労働裁判所は次のように判断した。

　　①事件の判例を引用しつつ、「双方的な関係に立つ全報酬の撤回部分が、25％のなかにあり、協約賃金を下回っていない限り、適法である（……）。これをこえて、労務の提供への反対給付を意味する使用者の支払いではなく、労働者自らが負担しなければならない費用の保障を意味する、使用者の支払いが撤回される場合、賃金の撤回部分は、全報酬の30％にまで高まる（……）」と説示する。そのうえで、当事者の契約規整は、民法308条4項、307条の形式的な要請に適合しない」とし、「当事者の労働契約は、撤回の根拠をあげていない。むしろ、倒産債務者は、上記の給付を『いつでも無制限に』撤回する権利を有する。変更留保は期待可能ではない」と判断された。被告の上告は棄却された。

③ クリスマス手当の撤回留保（BAG Urt. v. 14.9.2011, NZA 2012, S. 81）[16]

　クリスマス手当の撤回の有効性が争われている。連邦労働裁判所は次のように判断した。

　　クリスマス手当の「喪失が、労働関係における給付と反対給付の関係が、根本的には維持されている限り、適法」である。削減額が報酬全体の25％を超えると、違法となるという確定した判例の判断枠組みに従っている。

「従前の合意外で支払われるべきすでに発生している賃金に対するあらゆる法的請求権の排除は、信義誠実の原則に反して、労働者に不相当に不利益を与えるものであり、そして、民法307条１項１文により無効である。

すでに発生している労働の対価についての法的請求権の排除は、労働契約の目的に矛盾する。使用者には、労働者に対し、義務づけられた給付の完全な提供を請求することが可能になるのに対して、労働者の側では（seinerseits）、義務づけられた反対給付を台無しにすることが可能になる。これによって、法的請求権の排除が、契約の拘束力の原則の実現を排除し、双方の契約当事者の給付の双務的な結合を解き放つ。一部の期間ののち測られる賃金を原則なく、そのつどの宣言なく、中止する可能性が、労働者の利益を基本的に害する」。

連邦労働裁判所は、民法307条１項１文の意味における不利益を与えたと認めている。被告の上告は棄却された。

クリスマス手当は、13か月目の賃金と呼ばれ、日本でいう賞与と類似の機能も果たす。通勤手当等の手当のみならず、基本的な対価部分にあたるクリスマス手当に対しても、裁判所による内容審査が及ぶことになっている。給付と反対給付の関係が維持されている限り、適法であるとし、その関係が維持されるのが削減額の25％ないし30％となっているかどうかであるとした。給付と反対給付の均衡という考え、あるいは、これに類似した考えを、給付の削減との関係でとったことを意味する。このパーセンテージを超えると、労働者の利益を基本的に害するにもつながることになり、このため、民法307条１項の意味における不利益に該当する。

また、前述のように、価格条項に対しては、裁判所の内容審査は及ばないはずである。にもかかわらず、不相当な不利益性の審査や後述の透明性原則の審査はなぜ可能なのかという理論的な問題ないし限界づけの問題は残る。プライス教授は、「給付の有無、契約上の商品、サービスその他の給付の対象、範囲」等の普通取引約款における給付の記載には、審査が及ばないとしている。[17]これに対して、「本来の主たる給付の約束を制限、変更または台無しにする条項」は、変更されうるものであり、「内容審査に服する」と述べる。[18]「この規制内容が価格に影響し、賃金請求権の発生要件を規定したり、または支払い条件を定めたりする条項であるが、かかる条項は、いわゆる価格付随条項（Preisneben-abreden）として、原則的に、民法307条以下により、審査可能である」。[19]特に、

撤回条項と同様、「随意条項（Freiwilligkeitsvorbehalt）は、民法307条３項による内容審査が及ぶ、価格付随条項であり、価格を直接規整する価格条項ではない[20]と述べている。判例が撤回条項や随意条項に対して内容審査を行いうると説明している。

④　呼出労働（BAG, Urt. v. 7. 12. 2005, NZA 2006, 423）

ドイツでは、呼出労働と呼ばれる雇用形態がある。呼出労働は、労働の欠落に応じて労働者に対し業務を命じ、そして、労働の投入を使用者が臨機応変に可能にするというものである。

パートタイム就業促進法12条１項によれば、使用者と労働者は、労働者がその労務の提供を労働の欠損に応じて提供すべきことを合意しうる（呼出労働）。生産容量に即応した可変的な労働時間であるとされている[21]。但し、同法12条１項によれば、合意は、一週および一日の労働時間の一定の長さを定めなければならない。また、週の労働時間の合意がない場合には、週10時間の労働時間が合意されたものとみなされる（同法12条１項３文）。さらに、契約当事者は、最低労働時間を合意しうる。そして、最低労働時間が定められた場合、使用者は、定型化された労働条件における条項によって、合意された最低労働時間の25％を超えて呼出労働させてよいかどうかが争われた。呼出労働については、その超過労働と可変的な労働時間が許されるのかが問題になっている。

そこで、呼出労働について、提供すべき労働時間の範囲が問題になったのが、次の事案である。

連邦労働裁判所は、次のように判断した[22]。

　「使用者によって呼び出しうる、週の最低労働時間を超えた労働者の労働の提供は、週最低労働時間の25％を超えてはならない」。「本件で合意された呼出労働は、この要請に即している。労働契約4.1の１文によれば、通常週労働時間が30時間に達する。被告の要請に応じて、週さらなる10時間を労働すべき、原告の4.2の１文の義務は、原告に対し不相当に不利益を与える（民法307条１項、２項）。合意された呼出労働は、30時間の定められた最低労働時間を出発点とすると、週33.33％に達する。それゆえ、この条項は、民法307条１項１文により無効である[23]」。

まず、呼出労働については、最低労働時間を超えた労働者の労働の提供は、週最低労働時間の25％を超えてはならないと説示したことになる。撤回留保に

関する全報酬の取消しうる部分は、全報酬の25-30％を約してならないとの上記の判例と同様の判断をしている。呼出労働と撤回留保の問題は基本的には異なる問題である。しかし、呼出労働により、最低労働時間を超えて、使用者が随意に労働者を呼び出しうるとなれば、労働時間がまず変動することになり、これに対応して、賃金額が変動してしまうことになる。給付義務が随意に変更されることは、相当な調整を経ているものではなく、労働者の不相当な不利益を意味することになる。[24]

この判例に従い、労働協約においては、呼出労働によるフレキシブルな労働時間が定められているといわれる。[25] このように、週30時間の最低労働時間が定められる場合、呼出労働によりフレキシブルに労働時間を調整する場合、25％である、労働時間は週37.5時間まで延長させることができるということを意味する。合意された週の最低労働時間の週の25％という最長の限界は、労働者の保護をもたらすことになる。[26]

2　透明性の原則

民法307条１項２文では、「不相当な不利益は、規定が、明確でなく、理解できないところからも生じる」と定められる。透明性の原則と呼ばれる。透明性の原則は、ドイツでは連邦通常裁判所（Bundesgerichtshof）の判例によって、内容コントロールの基準として発展してきた原則であったが、上述のように、同原則は、現行法において明文化されている。協約外給付の削減についても、透明性の原則の適用が問題となる。

透明性の原則は、賃金・給与との関係では、不利益禁止の原則と同様に、協約外給付の撤回との関係で問題になる。以下の判例が重要と思われる。

①　協約外の手当と通勤費の支出（BAG Urt. v. 12. 1. 2005, NZA 2005, 465）

（不利益の禁止の原則の①の判例と同じ事案について）連邦労働裁判所は、次のように判断している。

　「留保された変更の要件と範囲は、可能な限り具体化されていなければならない。場合によって何を得るのか労働者が認識できるように、撤回する給付は、種類と額により、明らかでなければならない。この要請を、通常の場合に、労働法の特性を考慮しても、充足させる（民法310条４項２文）。変更の要件には、それゆえ、撤回の根拠

には、撤回が可能であるという方向性が告知させる（経済的な理由、労働者の給付や行為）。いかなる理由であるのか自明ではなく、したがって、そのことは労働者にとって意味がある。」

「当事者の労働契約は、撤回の理由をあげていない。むしろ、被告は、前記の諸給付を『いつでも無制約に』撤回する権利を有する。この変更留保は期待しうるものではない」。「民法305条以下は、2003年1月1日以降、当事者の労働関係に適用される。撤回権の合意は、それゆえ、2003年1月1日以降、民法308条4文により、無効である」。

② 随意条項（Freiwilligkeitsklausel）（任意条項）（BAG Urt. v. 30.7.2008, NZA 2008, 1173）[27]

連邦労働裁判所は、「矛盾する条項は、民法307条1項2文の透明性の原則の意味で明瞭でかつ理解しうるものではない。この規定によれば、不相当な不利益は、規定が明瞭かつ理解しうるものではない、ということからも生じうる。透明性の原則の意味は、条項利用者の契約当事者が、存立する権利の実行を避ける、という危険を防止することにある。……」と定式化する。そのうえで、給付すると約束しておきながら、「使用者が、約束に反して、随意条項（Freiwilligkeitsklausel）により、約束された特別給付に関する請求権を排除する場合には、矛盾している。使用者の特別給付が、定式化された労働契約において、詳細に要件と額の点で、定式化される場合には、これを随意性の留保（Freiwilligkeitsvorbehalt）と結びつけることは、通例、矛盾している。」「かかる定式化された労働契約における矛盾する条項は、民法307条1項2文の意味における明瞭ではなく理解しうるものではない」と結論づけた。そして、「この規定は、労働契約5条1文において規定された合意と矛盾しているという理由から、この規定は、民法307条1項2文の意味において明瞭かつ理解しうるものではない。」と判断する。

賃金やクリスマス手当には、契約上の合意に基づく拘束力がある。約束は守らなければならない、というローマ法上の原則が知られている。②事件では、使用者が、約束に反して、約束された特別給付に関する請求権を排除する場合には、「矛盾している」と説示した。合意と矛盾しているという理由から、この規定は、透明性の原則の意味において「明瞭かつ理解しうるものではない」と説示している。

学説では、ある協約外給付が契約実務において自由に撤回しうると宣言され

る撤回の留保も、透明性の原則によって要求される契約条項の具体化がなされたといえなければならず、このため、透明性の原則のミニマム（最低限）に反するとプライス教授は唱えていた。[28]判例では、こうした学説の影響を受けて、①事件において、撤回権の行使が、透明性の原則違反により、無効であると説示されたものであり、かかる判例は、画期的な意義を有する。以後、②事件のように、こうした判例の定式が一般化していく。撤回条項そのものは、その撤回権行使の段階で、透明性の原則違反を問題とされ、そのうえで、判例が賃金・手当削減が無効とされているという論理にも注目されるべきである。撤回の根拠があいまいに定式化されればされるほど、行使の審査がインテンシブになっていくと指摘されている。[29]

③　クリスマス手当の撤回留保（BAG Urt. v. 14.9.2011, NZA 2012, S. 81）

（不利益禁止の原則の③の判例と同じ事案について）連邦労働裁判所は次のように判断した。

> 「随意性の留保と撤回留保のコンビネーションがある場合には、条項の無効を導く透明性の原則への違反があり、その結果、使用者は随意条項には依拠しえないというラント労働裁判所の見解に従うものである」。「随意性の留保と撤回留保のコンビネーションによって、理解を努力する契約当事者には、この契約の文言によれば、そのつどの将来の拘束力がありえないものであるのか、またはのちになって再び契約上の拘束力から解放する可能性を開くものであるのか、明らかではない。留保なく一定の給付の幾度もの支払いが行われる場合には、法的な拘束力の意思が将来にわたって排除されるかどうかが、認識できるものではない。」

一審被告の上告は棄却された。

これらの事件から、透明性の原則の規範内容が明らかになる。民法307条1項2文の透明性の原則の意味で、明瞭でかつ理解しうるものではないと定められる。

まず、協約外給付の撤回の理由が示されていなければならない。また、「留保された変更の要件と範囲は、可能な限り具体化されていなければならない。場合によって何を得るのか労働者が認識できるように、撤回する給付は、種類と額により、明らかでなければならない」という定式が存在する（①事件）。撤回する給付は、種類と額により、明らかでなければならない。

これにより、協約外給付の撤回の理由が示されない場合（①事件）、協約外給付の撤回そのものが無効となる。随意に常に撤回しうるという条項は、民法307条1項2文の透明性の原則に反して、それゆえ、無効である（①、②事件）。②事件では、給付すると約束しておきながら、「使用者が、約束に反して、随意条項（Freiwilligkeitsklausel）により、約束された特別給付に関する請求権を排除する場合には、矛盾している。」ということを考慮している。

　こうした透明性の原則は市場経済において、どのような機能を果たしうるのか。透明性の原則の実質的な根拠は、市場の一層の透明性を確保し、これによって契約条件をめぐる企業間の競争に配慮すべきである、という点にあるといわれる[30]。自由な競争は、個人が企業間での契約条件の比較・選択をなしうる場合に、はじめて、成り立ちうるからである[31]。つまり、透明性の原則により、労働者がある企業の契約条件を比較し、選択できるのに対して、企業も、契約条件をめぐって競争をなしうる、という機能がありうる、というものである。

　先のプライス教授も、「民法307条1項2文の透明性の原則は、市場の透明性を保障するが、これとともに、核心部分での契約の自由の阻害に対する条件を作り出す[32]」と述べる。つまり、労働市場では、契約条件の透明性を確保することとなるうえに、契約法上、契約の自由の阻害に対して、透明性の原則が、企業に対して、諸条件を明確にさせる、という機能を果たしうると指摘する[33]。

4　まとめ——比較の視点

　最後に、使用者の一方的な決定による賃金・賞与等の引下げに関する日独の判例の差異を指摘して、結びに代えることとする。

1　約款法理と労働法

　改正民法では、労働契約が個性に着目して締結されるため、不特定多数の者を相手方として行う取引でないという理由から、約款規制の労働法への適用を否定した[34]。このため、不当条項の規制等に代表される約款規制が労働法には及ばないとされている。1976年の普通取引約款法において、約款規制の労働法への適用を否定した状況によく似ている。このようななかでも、ドイツ法では、

本文にあるように、信義則（民法242条）、公正審査（民法315条）の適用により、法の欠缺を補充しようと試みられていた。ドイツの現行民法では、普通取引約款に関する民法の諸原則は、労働契約には適用されるため、すでに法の欠缺の問題は解消している。一方的な決定による濫用を防止しなければならないという法状況は、民法と労働法において差異があるわけではないのであるから、こうした解決策は、非常に論理的である。民法と労働法の契約法理の統合、ひいては、労働契約関係の特性も顧慮しつつも私法秩序の再統合が要請されると考える。

2　不相当な不利益

　賃金の引下げ（協約外給付）は、不相当な不利益禁止の原則に照らして判断されている。撤回留保権の行使による賃金・手当の引下げが全報酬の25％以上にわたる場合には不相当な不利益にあたり、かかる引下げが無効とされるのが確定したドイツ連邦労働裁判所の判例である。給付の削減が期待可能かどうかという観点が考慮されており、期待可能性の範囲を超えた場合に、不相当な不利益にあたることとなる。その際、給付と反対給付の関係が維持されているかどうかも、考慮に入れられつつある。これに対して、日本の最高裁判所の判例を明文化したといわれる、労働契約法10条では、就業規則の不利益変更にあたり、「不利益の程度」という要素が合理性判断の一要素として用いられる。しかし、合理性の判断が、裁判例では過度にアド・ホックに用いられている。ドイツ法とは異なり、何％の賃金引下げまで許容するかははっきりとはしない。判例では、33〜46％（原告によって異なる）にわたる賞与を含む賃金の引下げについて、不利益の程度が「大きい」と判断されたことがある。[35] 労働法では規範形成が学説に委ねられているが、労契法上の「合理性」の判断枠組みの支持以外に学説独自の理論の形成は十分にはなされていない。

　労働契約当事者の合意が存在すれば、私的自治の原則の範囲内であるとして許容されるものであったとしても、労働契約の一方当事者によって形成、変更される場合に、その判断の裁量が一定範囲を超える場合には、法秩序としてこれを許容するかである。そもそも、プライス教授は、「内容審査の目的は、実務で利用される普通取引約款を相当な内容にすることに関与することにある。

契約の自由の裁量を普通取引約款によって利用する者は、条項無効の完全なリスクを負担しなければならない。債権関係としての労働関係も、この原則からの例外を許すものではない[36]」と指摘する。

賃金や諸手当の引下げ後も、労働者は依然として同一の労働の提供をなしているのに、これに対する反対給付が著しく不均衡に陥ってよいかという問題は残っているように思われる。給付と反対給付の維持という考えは興味深い視点を提供していると思われる。

3　透明性の原則

ドイツの賃金引下げの主な場面となる、協約外給付の撤回との関係では、透明性原則が重要な役割を果たしていることがわかる。透明性の原則違反の有無は、賃金・手当撤回無効訴訟において、不相当な不利益性の有無の争点とともに、問題になる法的争点である。

透明性原則の意味は、連邦労働裁判所が説示するように、「条項利用者の契約当事者が、存立する権利の実行を避ける、という危険を防止することにある[37]」。ドイツにおける協約外給付は、労働者のモチベーションをあげるために、使用者が労働者に個別的に支給するものであり、能力・成果主義賃金の領域でもある。まず、同原則に関する判例によれば、協約外給付の撤回の理由が示されていなければならない。また、同原則によれば、要件、変更の範囲が明確で理解できるものである必要がある。相当性と期待可能性を認識されるものであることを要請されるというものである。さらに、随意に常に撤回しうるという条項、いわゆる随意条項は、民法307条1項2文の透明性の原則に反して、それゆえ、無効であるとされている。

これと対比すると、わが国の労働契約法理では、契約上の給付やその変更について、根拠、給付の範囲が明示されていなければならないという契約法上の原則が定立していない。私的自治の原則に基づき、合意によって労働条件を形成することができるのはいうまでもない。しかし、一方の当事者によって一方的に給付が決定・変更される場合に、その根拠、給付の範囲や変更の範囲を明示すべきであるという厳格な法原則がないのである。

例えば、国際自動車事件・最三小判平29・2・28労判1152号5頁では、明瞭[38]

でない算式により、労働契約において売上高等の一定割合に相当する金額から労基法37条に定める割増賃金に相当する額を控除したことが問題になった。また、固定残業制においても、一定時間をこえる時間外労働について割増賃金が支払われないとする条項の有効性が問題になる。これらの場合に、時間外労働分の時間と額が明瞭に確定される必要があったといえる。これについては、当該規定が、法的および事実上の期待可能性の枠内で、条項利用者の契約当事者の権利義務を可能な限り、明確で厳密に記載されない限り、当該条項は、信義則上の透明性原則違反になる余地があると解する。民法学においても、透明性の原則の解釈上の定立が唱えられているが、補充的契約準則が皆無に等しい労働契約法の領域では、上のような方法によって給付と反対給付の関係とその範囲を明確にさせる法理が必要である。これにより、給付と反対給付の変動を抑えさせることができるからである。

【注】

1） 2002年の民法改正以前の撤回留保条項をめぐって、土田道夫『労務指揮権の現代的展開』（信山社、1999年）128頁、160頁、緒方桂子「ドイツにおける成果加給制度と法的規整の構造」季刊労働法190・191号（1999年）149頁、高橋賢司『成果主義賃金の研究』（信山社、2004年）176頁の研究がある。

2） BAG Urt. v. 12. 1. 2005, NZA 2005, 465.

3） かつて、この分野の研究を行ったことがある（高橋賢司「ドイツ法における普通取引約款規制と労働法」季刊労働法231号（2010年）154頁、同「ドイツにおける命令権の制限に関する新たな判例法理の展開」季刊労働法251号（2015年）114-130頁）がある。これに対して、本稿は、ドイツ法における賃金の引下げ、つまり、協約外給付に限って考察し、新判例を含めて検討していく。

4） ドイツの普通取引約款法については、河上正二『約款規制の法理』（有斐閣、1988年）、山本豊「付随的契約条件における自律と正義──西ドイツ約款規制論に見る（一・二・完）」法学44巻3号（1980年）88頁・4号（1980年）42頁、石原全「西ドイツ『普通契約約款法規制に関する法律』について」ジュリスト637号（1977年）149頁、高橋弘「普通契約約款と消費者保護──西ドイツの動向を手がかりとして」法律時報47巻10号（1975年）106頁などを参照した。

5） Dietrich, RdA 1995, S. 135. Vgl. Regierungsbegründung, BT-Drucks, 7/3919, S. 41 zu § 11 Abs. 1 des Entwurfs, dazu kritisch Preis, Grundfragen der Vertragsgestaltung im Arbeitsrecht, Neuwied, Kriftel, Berlin, 1993, S. 241 f.（以 下、 Grundfragen der Vertragsgestaltung im Arbeitsrecht と略す）。

6） Preis, Grundfragen der Vertragsgestaltung, S. 243 f.

7） Zöllner, RdA S. 153（158ff.）; Wolf, RdA 1988, S. 270（271ff.）; Preis, Grundfragen der Vertragsgestaltung, S. 224, 226f.; Fastrich, Inhaltskontrolle, S. 187f.

8） Z. B. BAG Urt. v. 7.1. 1971 AP Nr. 12 zu § 315 BGB; BAG Urt. v. 13.5. 1987 AP Nr. 4 zu § 305 BGB Billigkeitskontrolle. BAG Urt. 6.9.1995 AP Nr. 23 zu § 611 BGB Ausbildungsbeihilfe; BAG Urt. 24.11.1993, NZA 1994, S. 759.

9） BT-Drucks. 7/3919.

10） Palandt, Gesetz zur Modernisierung des Schuldrechts, Ergänzungsband zur Palandt, Bürgerliches Gesetzbuch, 61 Aufl., München, 2002, § 310 BGB, Rn. 51.

11） Palandt, a. a. O., Rn. 59. ただし、個別取り決めである場合には、約款規制が及ばない。交渉は「交渉し尽くしている以上」であることを要する。それは約款使用者が、普通取引約款の本質的な内容を明らかに真摯に検討させ、契約の当事者に対し自らの利益を擁護するための形成の自由を与える場合である（BAG Urt. v. 19.5. 2010, NZA 2010, 939）。

12） Canaris, NJW 1987, S. 609（613）.

13） 事実は次のようなものであった。原告は、被告において、電気設置技術者（Elektroinstallateur）として雇用されていた。

定式化されたフォーマットの形で印字された労働契約2条は次のように規定されていた。367.44マルクの協約外の手当てを含む、労働の対価として、3429.44マルクの固定月給を得る。事業所に関連した賃金システムに基づき、合意された月の賃金が、追加的な給付（以下のプレミエ）により、職務の最初の月において、すでに上乗せされていた。ある月の労働時間に対して、追加的に、最初の賃金の15％をプレミエとして、労働時間に応じて支払われる。それは個別のプレミエないしグループのプレミエとして、総額プレミエが支払われていた。企業は、協約に定められる給付をこえる他のあらゆる給付も、いつでも無制約に撤回し、そして、将来への法的請求権を根拠づけるものではないと定める。

原告は、2003年4月11日の被告の文書により、協約外手当ての撤回が、2003年5月1日までに無効であるとの確認を求めた。付随的に、協約外の手当ての撤回に関して2003年5月1日までの効力をもって2003年5月から2003年9月を含む時期に、税込みで1138.6ユーロ、2003年9月を含む2003年5月までの時期についての通勤費税込み1363.95ユーロの支払いを被告に求めた。

14） Hromadka/Schmitt-Rolfes, Die AGB-Rechtsprechung des BAG zu Tätigkeit, Entgelt und Arbeitszeit, NJW 2007, S. 1777（1780）.

15） 事実は次のようなものであった。当事者は、契約上約束された通勤費の支出の撤回の有効性を争っている。被告は、2005年5月1日にその財産について倒産手続きが開始された、K有限会社＆株式会社の倒産管財人である。原告は、倒産債務者のもとで、2000年1月3日以来、エネルギー施設の電気技術者として、Lで、職務にあった。定式化されたフォーマットを用いた労働契約2条には①事件と全く同様の規定が定められている。原告は、2003年4月までで1751.69ユーロの月の基本給を得て、227.72ユーロの協約外の手当、および事業所で労働しているあらゆる労働日についての12.99ユーロの通勤費を得ていた。2003年、倒産債務者は、2003年5月1日までに、労働契約上合意された撤回留

保条項を参照して、協約外手当ならびに通勤費の支出を撤回した。倒産債務者は、経済的な状況により、撤回を根拠づけた。2003年11月3日に労働裁判所での訴えにより、2003年5月1日から12月31日までに提供された128日の労働日について、22.61ユーロの額での通勤費等を請求した。上告棄却。

16) 事実は次のようなものであった。

原告は、1981年9月4日以来、社会福祉職員として、被告の団体で雇用された。労働契約は、1982年8月1日の文書での契約に拠っている。次のように規定されている（抜粋）。

「4条　労働者は、そのつどの月の終わりに支払いうる、3400マルクの額で税込み賃金を得ている。……

本契約において合意されていない使用者の労働者へのその他の給付は、随意にかついつでも撤回しうる。たとえ、使用者がその給付を何度も規則的に提供するとしても、これによっては、労働者は将来にわたって法的な請求権を有しない。……

15条　契約の変更と補充は文書の形式を要する。」

原告は、20年以上、11月に対する賃金のかたちで、13か月目の賃金を得ていた。2006年分については2007年に事後的に12月のレートで支払いが行われた。2007年分については、2008年10月8日のハーナウ労働裁判所の確定力ある判決によって原告は支払いを争った。

2008年11月28日の文書で、被告は、差し迫った経済状況を指摘し、原告には、減額した支払と変更された支払い形態での三つのモデルを提供した。原告はこれを拒否し、これにより、2008年分の支払いは行われなかった。2008年12月11日の文書により、原告は、被告に対して、2008年12月24日までの期限を定めて、支払いを請求した。

事業所の慣習の観点から請求権が生じることを、労働契約4条3項は、排除しないとの見解であった。さらに、本条項は、不明瞭であり、矛盾しているとした。

原告は税込み3956ユーロを利子つきでの支払いを求めた。

労働裁判所とラント労働裁判所は、訴えを認容した。被告の上告は棄却。

17) Preis, AGB-Recht und Arbeitsrecht, NZA-Beil. 2006, S. 115（117）.

18) Preis, a. a. O., S. 117.

19) Preis, a. a. O., S. 117f.

20) Preis, a. a. O., S. 120.

21) Waltermann, Arbeitsrecht, 16. Auf., München, 2012, Rn. 427.

22) 原告は、1998年以来、被告の下で、雇用されていた。彼女は、労働時間に応じて、また、事業所での給付に応じて、報酬を得ていた。1998年7月13日と2000年10月1日の定式化された労働契約において、平日35時間の週の労働時間が合意された。2002年10月1日に、当事者は、被告によって定式化された22ページの包括的な労働契約を締結し、次のように規定されていた。

「4条　労働時間

　　4.1

通常の週の労働時間は、30時間に達している。当事者は、週30時間をこえて労働者が使用者に対する請求権はないということには合意している。……

4.2

　　労働者は、明示的に同意していると宣言し、使用者の要求に応じて、30時間を
超えて労働することを義務付ける。労働は、労働の欠損に応じて一週ごとに事前
に配分される。30労働時間から40時間までの提供された労働時間については、労
働者は、提供された労働時間につき、通常の労働時間と同様の時間給を得る」。

　原告は、2003年2月の疾病まで、7時から15時半まで、22時から7時までの2シフト
で、30分の休憩をその都度含め、労働していたが、実際に提供された週の労働時間は、
2002年10月1日の時期から、2003年3月における疾病の開始時までに、平均35.02時間に
達していた。

　2003年4月14日、労働裁判所でなされ2003年4月19日に送達された訴えによって、原
告は、2002年10月1日の労働契約における労働時間規制が、無効であると主張した。労
働裁判所は、週40時間の範囲での雇用を命じるべき訴えを認容した。被告の控訴により、
ラント労働裁判所は、労働裁判所の判決を一部変更し、その他の訴えを棄却して、被告
に対し週35時間の就労を被告に命じた。双方の当事者に対して認められた上告により、
原告の側も被告の側も上告が棄却された。

　なお、本件は、拙稿・前掲注（3）論文（季刊労働法251号127頁）で取り上げたこと
があるが、重要な判例であるのでここで取り上げざるをえなかった。

23）　これに続いて、無効の効果について、次のように判断される。「労働契約4.2の1文の
無効は、被告の見解に反して、週30時間の通常労働時間を帰結する。要請される補充的
契約解釈により、むしろ、週35時間の通常労働時間が生じる。被告は、その際、原告の
要請により、週40時間までの労働の提供を請求しうる」。

　つまり、無効になった場合、週30時間の通常労働時間とする。しかし、原告の希望に
より、週40時間の労働の提供も請求できるとしたのである。

24）　Müller-Glöge（Hrsg.), Münchener Kommentar zum BGB, 7. Auflage 2016, TzBfG
§ 12 TzBfG Arbeit auf Abruf, Rn. 9.

25）　Müller-Glöge（Hrsg.), a. a. O., Rn. 9.

26）　Müller-Glöge（Hrsg.), a. a. O., Rn. 9.

27）　事実は次のようなものであった。定式化された労働契約5条では以下の規定があった。

　「被雇用者は、協約上の規定によるまたは事業所の合意による、税込みの報酬の額
で、法的な請求権を伴った事業所の請求権として、賞与を得る。

　クリスマス賞与の法的請求権は存しない。かかるものが保障されないとき、使用者の
常に撤回しうる随意の給付を意味している。」

　1996年3月1日による契約5条において下線の引かれた語、「税込みの報酬のクリス
マス賞与」は、機械で記載されて、契約文書に挿入された。原告が2003年2月1日以降
2000ユーロの額で月の基本報酬を得ると文書で2003年1月22日に当事者は合意し、また、
1996年3月1日の被雇用者契約に基づくあらゆる他の合意が、そのまま維持されると合
意された。被告は、原告に対して、1992年から2003年に、他の労働者に対してと同様に、
その都度の税込みの報酬の額でクリスマス賞与を支払った。2004年に、被告はクリスマ
ス賞与を支払わなかった。原告は、被告に対して、2005年1月28日これを請求したが、
棄却された。

28) Preis, Anrechnung und Widerruf über- und außertariflicher Entgelte – vertrags-rechtlich betrachtet, in: Festschrift für Otto Rudolf Kissel, München, 1994, S. 879 (909).

29) Hromadka/Schmitt-Rolfes, a. a. O., S. 1781.

30) Köndgen, NJW 1989, S. 946f.

31) Köndgen, NJW 1989, S. 946.

32) Preis, a. a. O., S. 118.

33) Preis, a. a. O., S. 118.

34) 法制審議会民法（債権関係）部会第98回会議・民法（債権関係）部会資料86-2「民法（債権関係）の改正に関する要綱案の原案（その２）補充説明」。

35) みちのく銀行事件・最一小判平12・9・7労判787号6頁。

36) Preis, a. a. O., S. 122.

37) BAG Urt. v. 12. 1. 2005, NZA 2005, 465.

38) 最高裁判所第三小法廷は、売上高などの一定割合に相当する金額から割増賃金に相当する額を控除したものを通常の労働時間の賃金とすることは、公序良俗に反するとは言えないと判断した。

39) 例えば、日本ケミカル事件・最一小判平30・7・19労判1186号5頁。

40) 潮見佳男『新債権総論Ⅰ』（信山社、2017年）42頁。鹿野菜穂子「約款の透明性と組入要件・解釈・内容コントロール──民法および消費者契約法の改正へ向けて」鹿野菜穂子・中田邦博・松本克美編『長尾治助先生追悼論文集　消費者法と民法』（法律文化社、2013年）3頁（14頁）は、同原則の民法の規定への挿入を提言している。

採用内定時の合意による内定取消と出向・配置転換
——社会福祉士国家試験の不合格時における内定取消に関する合意をめぐって——

中川　純

1　はじめに

　社会福祉学部などを卒業予定で、社会福祉士の受験資格を有し、福祉施設や病院などの医療機関から内定を受けている大学生が、社会福祉士国家試験（以下、国試）に不合格になった場合（不合格があきらかになるのは大学4年次3月15日）に、内定が取り消されることを約定していることがある。このような条件の下で、国試に不合格となった場合、内定が取り消されること、採用されても予定されていた相談業務とは異なる業務を担当させられること、または非正規職員などの不安定な身分とされることがある。医療機関等での相談職の内定取消は今のところ法的紛争にはなっていないが、大学卒業間際または卒業式後に内定が取消されることは、内定者に大きな不利益を生じさせる。そこで、国試の不合格を理由とする内定取消の合意が有効なものと考えられるかについて検討したい。

　本稿では、病院などの相談職に限定して議論するが、一般企業においても、契約時の合意により、一定の条件をクリアできない場合に、内定期間中に採用形態の変更を可能にすることがある。コンサルティング系企業で内定を受けている学生が、内定時に「簿記の試験に合格しなければ、採用後の身分を正規社員から非正規社員の契約に変更する」旨を伝えられたという例がある。したがって、本件で検討する内容は、病院など一部の業界においてのみ特殊なものではなく、今後一般企業でも問題になる可能性があるものと考えられる。

2 相談業務の採用内定と社会福祉士国家試験の実態

　2節では、社会福祉士国家試験の不合格と内定取消の実態をあきらかにする。[1] 採用内定にいたるまでにどのような選考方法がとられているか、内定時に国試不合格の際に内定を取消すことが採用条件となっているか、不合格があきらかになった後、福祉施設や病院がどのような取扱いをおこなっているのか、その結果として契約内容、職務内容、賃金などはどのように変化したのか、などについて調査を実施した。

1　新卒者に対する相談業務の採用プロセス

　X県のA大学では、病院のMSW（医療ソーシャルワーカー）や福祉関係施設で相談員を希望する社会福祉学部などの4年生に対する求人が寄せられる時期は、近時7月上旬から9月中旬にピークをむかえている。かつては、9月または10月くらいから求人が寄せられはじめるのが一般的だったが、近時社会福祉法人や医療法人もマイナビ、リクナビなどの就職支援サイトを活用した選考が多くなっており、早期化の傾向にある。医療機関や福祉関係施設は、それぞれが決めた日程で採用試験を実施するが、国試が終了した後の2月または3月まで続き、随時採用内定を出している。一方、西日本のY県では、9月に大学に求人がもっとも多く寄せられている。また、直接大学教員に求人要請があることが多い（C大学就職支援課）。就職活動のピークは、国家試験への受験勉強が本格化する12月までとなっている。求人時期、求人方法については、中部日本のZ県D大学でも同様の傾向がみられる（D大学実習担当教員）。

　試験内容は、面接に加えて、筆記試験や適性検査をおこなう場合がある。一般企業の就職活動とは異なり、相談職の募集・採用期間が短期間に集中しているわけではないので、1人の学生が複数の内定を受けることは一般的ではない。また、原則として欠員補充の人事であるため、大学の就職支援課などが学生に先決優先で内定を受諾するという指導をおこなっており、通常内定を受けた医療機関や福祉関係施設で働くこととなる。また、Y県では、医療機関の相談職は、大学教員の紹介により決まることが多く、信頼関係に基づく人事で

あるため、複数の内定（内々定）を得ているような場合は少ない。大学に寄せられる求人は、採用形態として正社員、業務内容として MSW または生活相談員であるのが一般的である。正社員としての就労が始まるのは、3月後半から4月1日が一般的であるが、卒業後にアルバイトのような形式で就労を始めている場合もある。

　相談職などを目指す大学4年生が採用内定を受けた場合、事業者に承諾書を返送することによって就職の意思が確認される。一般企業のように10月1日前後に内定式をおこなうことは一般的ではない。一定期日に内定式のような見学会をおこなう場合もあるが、それも頻繁にみられるわけではない。

　一方、国試は、2016年度までは1月下旬、2017年度以降は2月上旬に試験が実施される。合格発表は、毎年3月15日となっている。国家試験を受験するためには指定科目を履修していなければならない。合格率の全国平均は、ここ数年25～30％の間で推移している[2]が、現役学生の合格率は全国平均よりも相当高くなっている[3]。

　社会福祉士は国家資格ではあるが、名称独占の業種であり、相談業務をおこなうにあたって、国家資格を取得している必要はない。また、福祉系学部・学科を卒業している必要もない。ただし、病院が診療報酬を請求する際に入退院支援加算を求める場合には社会福祉士資格を有するものを専従または専任で配置することが求められる。名称独占の業務は、医師や看護師のような業務独占の業種と大きく異なるところがある。多くの医療機関や福祉関係施設では、業務の遂行にあたり専門性を必要とすることから、福祉系学部・学科の卒業生を採用する場合が多く、また医療機関や福祉関係施設からの求人票には「社会福祉士国家試験に合格しない場合には内定を取消す」旨が記載されること、または面接時、内定時にその旨を伝えられることがある。

　医療機関や福祉関係施設から内定を受けるのは、大学4年次の9月から3月までと時間的に大きな幅があるが、「国試に不合格である場合に内定を取消す」というルールは、福祉系学生の立場を非常に不安定なものにする。そのようなルールの下では、内定を受けていても、3月15日の国試の結果如何によっては、卒業後または卒業寸前の時期、または就労開始が迫っている時期に内定が取消される可能性がある。

以下では、医療機関等の求人票において「国試が不合格である場合に内定を取消す」というルールがどの程度一般的なものとなっているのか、また実際に国試が不合格であった場合に福祉系学生がどのような取扱いを受けているかをあきらかにしたい。

2　医療系相談業務の求人票における社会福祉士国家試験の合否と内定取消

　医療機関等の求人票において「国試が不合格である場合に内定を取消す」というルールに関して、X県にあるA大学に寄せられた「医療機関などの求人ファイル」を調べた。過去20年のファイルから、2014年4月から2017年11月25日までの間に寄せられた求人票（複数年にわたって求人票が寄せられている場合には、最新のもの）で、正社員でかつ相談業務（精神保健福祉士、臨床心理士、介護福祉士、一般事務を対象とする求人を除く）を対象とする124件（既卒に限定するものは除く）について、国試不合格時の取扱いを調べた（図表1）。

　項目は、①国試に不合格であった場合に内定を取消すことを記載するもの（業務形態の変更（介護職）2件を含む）、②国試に不合格であった場合でも内定を取消さないことを記載するもの、③不合格時の取扱いについて記載がないもの、社会福祉士国家資格を必須と記載するもの、④不合格時の取扱いが不明なもの、⑤国試合格などを不問とするものに分けている。④には、業種・職種欄に「社会福祉士」となっているものも含まれている。③と④の違いは、求人票で「必須」とする等「社会福祉士」の取得を重視しているか否かである。

　不合格時に内定を取消す①は、30.6％となっている。また、国家資格の取得を必須とする③は、7.3％となっており、これを合わせると37.9％となる。一方、不合格時に内定を取消さない②は、12.1％であり、不問とする⑤の0.8％を合わせても12.9％にすぎない。取扱いが不明な④が、49.2％となっているも

図表1　医療機関の求人票における社会福祉士国家試験の合否の結果と採用後の取扱い

①取消有	②取消無	③資格必須	④不明(カッコ内前年取消有)	⑤不問(カッコ内優遇有)	合計
38	15	9	61(2)	1 (1)	124
30.6％	12.1％	7.3％	49.2％	0.8％	100％

A大学での調査に基づき筆者が作成

のの、不合格時に内定を取消すというルールは医療機関等の求人票のレベルでは珍しいものではないと評価することができよう。

　一方、西日本のY県のB大学に寄せられた求人票（平成30年度採用分）には、国試不合格時における採用内定の取扱いについて明確に記載のあるものは非常に少なかった。そのような記載がみられたのは、社会福祉協議会の嘱託職員の求人のみであった。Y県のC大学の求人票には、過去数年をみれば、国試不合格時に採用内定を取消す旨、国家資格を必須とする旨、必要とする旨が記載されているものが数件あった。求人票における国試不合格時の取扱いの記述には地域差があると考えられる。Y県およびZ県における医療機関の求人票には国試不合格時に内定が取消されることは記載されていないものの、記載する必要がないほどの了解事項となっているとみられる。

　A大学に送付された求人票に記載される選考方法についてみていくこととする（図表2）。面接に加えて筆記試験をおこなう医療機関等が35.5％と比較的少ない。筆記試験は、作文または専門試験、またはその両方によって実施される。筆記による専門試験をおこなう割合は、23.4％であり、それほど高いものとはなっていない。医療機関や福祉関連施設で勤務する職員への調査（13人、15か所（2018年1月18日時点））では、筆記試験の内容は様々である。15か所のうち筆記試験を実施しているのは、8か所であり、小論文および作文が6か所、設問方式が3か所（両方実施している施設があり）であった。小論文および作文に関して主題の傾向は多様であり、「事例検討」のような専門的なものから、「社会における自分の役割」、「自分の長所」、「本の感想文」、「学生時代に力を入れていたこと」など一般的なものであった。また、設問方式についても、「数学・国語の設問」、「国試のような専門的な設問」、「専門用語の漢字テスト・語句説明の設問」など一様ではなかった。

図表2　医療機関等の求人票に記載される選考方法

①筆記試験有	②適正検査	③面接のみ	④言及なし	合計
44	5	66	9	124
35.5%	4.0%	53.2%	7.3%	100%

A大学での調査に基づき筆者が作成

一方、面接は、内容を示さない「不問」を除く、全ての試験でおこなわれている。また、面接のみを実施する医療機関が53.2％と半分以上となっている。

図表3　取消有と筆記試験の有無の関係

取消有	筆記無	筆記有
38	33	5
―	68.0％	13.2％

AODA大学での調査に基づき筆者が作成

面接では、人物評価に比重が置かれる傾向にある。A大学の卒業生に対する調査によれば15か所のうち11か所では専門的な内容について聞かれること（専攻、志望動機や3年次の現場実習の感想を除く）はほとんどなかった。残りの4か所では、面接の一部で「事例問題」など専門的な知識が問われた。質問項目には「家族と患者、または医療専門家との意見が対立した場合、どのように対応するか？」、具体的な事案を設定され、その想定事案について「このような場合にどう対応するか？」、または「虐待の定義」など重要用語についてたずねられていた。専門的な内容の試験は公的色彩の強い病院などでみられる傾向にある（D大学実習担当教員）。

B大学、C大学、D大学の実習担当者または就職支援課担当者へのインタビューでも、一般的な病院などでは専門的な要素を筆記試験や面接で求めない傾向があるとのことであった。この点につき地域差はほとんどないものを考えられる。

A大学の調査で特徴的なことは、不合格時に内定を取消すことを求人票に明記している医療機関のうち、86.8％が筆記試験を課していないことである（図表3）。これは、筆記試験ではなく、面接によって志願者の能力を評価しているか、または専門知識を社会福祉士国家試験にゆだねているか、のどちらかを示すものと考えられる。しかし、面接において専門知識を問わないことが多く、専門知識の習得の度合いは国試によって量る傾向があるといえるかもしれない。

3　内定取消および採用形態変更ルールの受け取り方

求人票や面接時または内定時に「国試不合格時には内定取消」というルールがあることを知った場合、内定を受けた個人はどのような印象をもったかについてみていきたい。聞き取り調査をおこなったのはは4人（合格者2人、不合格

者2人）である。

　採用取消ルールについて、４人のうち３人（合格者２名、不合格者１名）はそのようなルールを疑問なく受け入れていた。そのうち１人については、医療機関で内定を受けた個人であったが、「ルールは当然である」との考えを持っていた。また、別の１人は、「病院では国家資格が求められるのがふつうである」、「がんばれば合格できるだろう」と楽観的に受け入れていた（不合格者）。一方、「納得できないが仕方なく受け入れた」とするものが１人（不合格者）であった。条件付きの内定を受けたことについて、２人は「国試不合格であった場合を想定し、不安であった」としている（合格者１人、不合格者１人）。しかし、そのうち１人は、「国試にむけてモチベーションが上がって合格に結び付いた」と考えていた。また、１人は「とりあえず就職が決まってよかった」と楽観的な印象をもっていた。合格時の反応について２人（合格者）は「ほっとした」、「安心した」と述べている。

　サンプル数が少なく、一般的傾向をみることはできないものの、新卒求職者は、相談職という業種における制限付き内定という実務をあまり疑問なく受け入れている傾向があるといえるかもしれない。しかし、合格者の回顧的印象から、そのようなルールに対し大きなプレッシャーや不安を感じていたといえよう。

　就職支援課職員や実習担当教員は、不合格時に過酷な結果を招く場合があるものの、採用内定取消ルールを仕方のないものと受け入れてるようであった。社会福祉士の国家資格が、第１に、病院という専門家集団の中で専門性を主張し、アイデンティティを感じるためには必要である（C大学実習担当教員）、第２に、社会福祉士国家資格が、病院における医療ソーシャルワーカー職、県や指令市の福祉専門職、社会福祉協議会の職など、法学部などその他学部が受検しづらい、社会福祉学部・学科卒業生に特化したポジションを確保することに役立っている（B大学実習担当教員）と理解していた。また、大学生活を通じて、病院などで働くためには国試への合格が必要であり、それに向けて学生を指導、鼓舞してきたという経緯があり、そのような実務になんら疑いを持っていなかった（B・C・D大学実習担当教員、C大学就職支援課職員）。国試が生み出す利益からその必要性を肯定する一方で、その裏で生み出される不合格者への

不利益は、好ましいと考えてるわけではないが、仕方のないもの（C 大学実習担当教員）と位置づけていると考えられている。

4　社会福祉士国家試験の不合格とその後の取扱い

　社会福祉士国家試験の不合格時の実際の取扱いについてみていくこととしよう。

　第 1 に、求人票に上記記載がある場合、または面接時にその旨が示された場合に、それに従い内定取消、採用拒否となるパターンである。A 大学の就職支援課が確認しているところでは過去 5 年間（2012年度から2016年度）でこのような例が 2 件あった。また、C 大学でも病院で 1 件あったと確認されている。

　第 2 に、求人票に上記記載がある場合、または面接時にその旨が示された場合に、不合格時に事業者から内定辞退を求められるパターンである。B 大学（過去 8 年で少なくとも（実習担当者が把握している限りという意味）1 件）、C 大学（過去10年で少なくとも 2 件）、D 大学（過去 5 年で 2 件）でも確認されている。

　社会福祉士講座担当者や就職支援課がすべてについて確認しているわけではないが、実際に内定取消を受けている例や辞退を求められた例は、存在はするものの、決して多くないとみることができる。これらの中には、いったん採用内定が取消されたものの、事務職員としてあらためて試験を受け、同じ病院で採用された例もある（C 大学卒業生）。

　第 3 に、不合格となった場合に、採用拒否はしないものの、同じ法人内で相談職から介護職や事務職への転換、または内定時の契約どおり相談職に就くものの、正規職員から非正規職員への転換がおこなわれるパターンである（A 大学卒業生 3 名）。また、介護職への転換と正規職員から非正規職員への転換が同時におこなわれることもある。[5] 正規職員の場合には雇用期間に定めがないが、非正規職員の場合には 1 年の期限付きになる。また正規職員の場合には、基本給、賞与、各種手当が支給され、被用者保険の加入が認められるが、非正規職員の場合には、賃金が時給計算となり、各種手当が付かず、賞与も支給されないという取り扱いとなる。社会保険も国保・国年への加入となる。[6] ある高齢者福祉施設では、正規雇用と非正規雇用では、賃金に関し 1 か月あたり総額で 2 ～ 3 万円程度の差があった（A 大学卒業生によるインタビュー）。

第4に、求人票の記載や面接時に「国試不合格時に採用取消」の説明があったとしても、同じ法人で相談職かつ正規職員として採用されるパターンである（A大学卒業生4名の回答）。通常来年度も国試を受けることを確約することによって採用される。待遇面や職務内容は、内定時の契約にしたがい、不利益はない。ただし、施設によって支給される社会福祉士国家資格に対する資格手当は不合格の場合には支給されない。

　第5に、求人票に上記記載がある、または面接時にその旨が示されており、さらに国家試験の自己採点により合格がかなわないと判断し、自主的に内定を辞退するパターンである（B大学実習担当教員）。

　第3の取扱いについて、求人票や面接時に、国試不合格時に採用形態の変更があることを知らされていなかったが、国試不合格を告げたところ、採用形態が変更されたという例が2件あった。この例は、将来相談職になることを前提に一定期間介護職に就くという契約内容（古くからある採用形態）であり、内定時の契約でも新卒の4月からは介護職採用であった。しかし、国試に合格していれば、一定期間の経過後介護職から相談職に就けたが、いったん非正規職員として採用されると、その後国試に合格しても、相談職への転換が、新卒時に国試合格者に比べて数年遅れるという状況が発生していた。

　第4の取扱いについて、複数年にわたって国試に合格しない場合には話し合いがおこなわれることがある。A大学の卒業生には、複数回国試に不合格になった後で上司から叱責を受け、自主退職した例もあった（A大学就職支援課職員）。

3　国試不合格と採用内定の取消の合理性

　3節では、上記の実態調査を踏まえて、国試不合格を解約の条件とする法的構成について、また、国試不合格を理由として採用内定を取消すことが合理的か否かについて検討する。加えて、不合格後の業務内容の変更（相談業務から一般事務、介護職への変更）や採用形態の変更（正規職員から嘱託・臨時職員など非正規職員への変更）について、その妥当性を検討したい。採用内定をめぐる議論では、従来誓約書などに規定される取消事由の合理性そのものについては深く

検討されてこなかった。これは、新たな検討を要する事項であると同時に、労働契約法が念頭に置く「合意」の限界を間接的に議論するものでもある。

1 採用内定の法理における主な争点

採用内定の法理は、従来大学などの新規学卒者が内定通知を受け取った数か月後に内定を取消される事案をめぐって発展してきた。そこでの議論は、内定が取消された者に対する法的救済を前提に組み立てられてきた。内定をめぐる法的な争点はいくつかに分けることができる[7]。

第1に、採用内定の法的性質についてである。これは、内定時点で労働契約が成立していないとみるものと成立しているとみるものに分けることができる。内定時点で労働契約の効力が発生していないとみるものには労働契約締結過程説[8]、予約契約説[9]、無名契約説[10]、停止条件付労働契約説[11]などがある。一方、内定時点で労働契約の効力が発生しているとみるものには、解除条件付労働契約説[12]、解約権留保付き労働契約成立説[13]、留保解約権を緩和しない労働契約成立説[14]などがある。

学説は当初議論が分かれていたものの、大日本印刷最高裁判決[15]を受けて、それ以降は解約権留保付き労働契約成立説が判例、学説において中心的な地位を占める状態となっている。大日本印刷事件において最高裁は、「Yからの募集（申込みの誘引）に対し、Xが応募したのは、労働契約の申込みであり、これに対するYからの採用内定通知は、右申込みに対する承諾であって、Xの本件誓約書の提出とあいまって、XとYの間に、（略）労働契約が成立した」とした。この契約には、卒業直後まで誓約書記載の5項目の採用内定取消事由に基づく解約権が留保されているが、「留保解約権の行使は、解約権の留保の趣旨、目的に照らして、客観的に合理的な理由が存し、社会通念上相当として是認されうる場合のみ許される」とした。具体的には、「採用内定当時知ることができず、また知ることが期待できないような事実」が後になって発覚したような場合には解約権を行使できるとしている。ただし、「留保解約権に基づく解雇は、これを通常の解雇と全く同一に論ずることはできず」、採用内定者の場合には「広い範囲における解約の自由が認められる」と解している。この説への収斂は、解雇制限法理の準用が可能であり、労働者保護的な観点から支持され

やすく、また汎用性も高いことからもたらされたと考えられる。

第2に、採用内容の法的性質の議論が労働契約成立説に収斂されていったことに伴い、採用内定法理を労働契約成立説として一元的に理解すべきとするもの（一元論説[16]）と、多様な就業形態や個別の採用実態に基づきそれぞれ法的性質を反映させたものにすべきとするもの（多元論説[17]）との間で議論が分かれている。

第3に、労働契約成立説を前提として、当事者がいつ合意（採用内定）にいたったかについても議論がある。大日本印刷事件最高裁判決を受けて、申込みの誘引、申込み、承諾という契約成立の大原則を精緻化しようとする議論[18]と、就職活動の実態から内定式の時期を、フィクショナルに求職者と使用者の意思が合致した時期に擬制する議論などに分かれている。

第4に、労働契約成立説を前提として、内定にいたっていない内々定の法的性質に関しても議論されている。これについては、フィクショナルに設定された内定時期に近い時期になされた内々定取消については、労働契約の成立を認めないものの、採用に対する期待権が発生しているとして損害賠償を認めた事案[19]がある。

第5に、労働契約成立説を前提として、内定によって内定者に、労働契約の効力のみが始まっているとする効力始期付き労働契約成立説と内定期間中にも研修などの参加を義務付けられるとする就労始期付き労働契約成立説[20]の間で対立がある。学説の多数説は、就労始期付き労働契約成立説[21]であるとされる[22]が、近時の裁判例は、効力始期付き労働契約成立説を採用している[23]。

第6に、採用取消事由の合理性をめぐる議論である。これについては、誓約書などに記載される内定取消事由への該当性とその合理性に関するもの[24]、誓約書に記載されていないことを理由になされる内定取消の合理性に関するもの[25]、民法627条に基づく解約権と採用内定法理の理論的調整に関するもの[26]がある。

第7に、内定によって発生する労働契約の性質（第5）や内定取消事由への該当性（第6）をめぐって、内定期間中の就業規則適用の有無が問題とされることがある。これについても裁判例、学説ともに採用内定者に就業規則の適用はないという立場が多数説となっている。

2 国試不合格を解除条件（解約事由）とする合意の合理性

(1) 国試不合格を解除条件（解約事由）とする合意（採用内定）の法的性質　　採用内定の法的性質の議論は、上述のように、一元論説と多元論説の間で対立がある。しかし、大日本印刷事件において最高裁は、多元論説に基づく判断をおこなっており、また学説も多元論説が多数派と思われる。そこで、多元論説に基づき、国試不合格の場合に内定を取消す合意（採用内定）の法的性質について考えていきたい。

病院での相談職では、五月雨式に募集がおこなわれるため、同時に2つ以上の病院の試験を受けることは多くない。また、採用試験の結果、採用の旨が伝えられた場合には、複数の採用試験を受けていても、先に受かったほうに就職する先決優先主義を採用している大学が多い。また、通常複数の内定を同時に受けていることは少ない。したがって、求職者である大学生と病院との間での採用をめぐる意思の合致に関しては、一般の大学生の採用に比べて、フィクショナルに内定時期を設定する必要性がほとんどなく、内定式などの時期に意思の合致を擬制する必要はないと考えることができる。特徴的なことは、国試の「合格が必須である」とか、「不合格の場合には内定を取消す」または「取消すことがある」という条件が、求人票に記されていること、または採用面接時または内定時に伝えられることである。このような実態を前提に相談職の採用内定の法的性質を考える必要がある。

このような実態を素直にみれば、以下の採用内定の法的性質のうちのどちらかに基づくものと考えることができる。第1に、解除条件付き労働契約成立説（国試不合格を条件として労働契約を解除することを約する契約）である。不合格時に内定を「取消す」という表現は、内定の意思表示をおこなった時点または誓約書を提出した時点で労働契約が成立しているが、国試の不合格という条件で契約が解除されることを約したものと理解できる。第2に、労働契約成立説によっても説明可能である。国試不合格時に契約を解除する誓約書の内容や面接での合意を解約事由とする労働契約が成立しているというものである。2つの法理のうちのどちらかという明確さを欠く説明になるのは、そもそも解除条件付き労働契約成立説と解約権留保付きなどの労働契約成立説は、理論的にほとんど違いがないことに由来する。2つの違いは、解除条件付きの労働契約成立

説の場合には、条件が満たされた（不合格になった）時点で、使用者の意思表示を要せず、自動的に契約が解除されるのに対し、労働契約成立説の場合には、使用者による解約の意思表示が必要になることである[27]。相談職の採用取消の実態をみると、不合格であることを病院側に伝えたことによって契約が自動的に解約された例はみあたらず、解約されるとしても、病院から内定者にあらためてその旨が伝えられることが多い。この点をとらえると、相談職の採用内定の法理は、労働契約成立説に基づくとするほうが適合的といえるかもしれない。しかし、国試不合格の時点ですでに労働契約が取消されており、病院側の対応はあくまでも契約が取消された後の事後対応とみることも可能である。

　一方、停止条件付の労働契約（国試合格を条件として労働契約の効力を発生させることを約した契約）によって説明が不可能ではないが、「不合格時に内定を取消す」という表現と合致しないと考えられる。また、採用試験において専門性に関する試験をほとんどおこなっていない現状を、募集、採用試験、国試の合格までを含めた契約締結過程とみることも不可能ではない。ただし、このような見方は、内定者の不利益を考慮しない（期待権保護の観点から損害賠償の請求を可能にするにすぎない）ものであり、衡平の観点から受け入れられないだろう。

　(2)　**国試不合格を解除条件（解約事由）とする合意と合理的意思解釈**　　病院の相談職の採用内定を解除条件付きの労働契約または解約権留保付きの労働契約と理解する前提で、不合格時に内定取消すことの合理性について検討する。

　合理性を検討する前提として、解除条件や解約事由の効力発生要件について考えてみたい。不合格時に内定を取消す旨の条件または解約事由は、合意により根拠づけられると考える。まず、民法上解除条件の内容は、不法条件や不能条件、または条件に親しまない行為を除いて、どのようなものでもかまわないとされている。したがって、上記のような条件設定も合意によって当然許容されると考えることができる。上記解約内容が記載されている誓約書に署名することや面接などで解約内容に直接合意することによって、内定によって成立する労働契約の内容となるとも考えられる。ただし、そのような合意は、内定者の「自由な意思」に基づくものであることが求められる[28]。

　しかし、採用過程における使用者と新卒内定者の力関係の大きな差を前提とすれば、採用内定時に内定または内内定と引き換えに一方的に伝えられた内容

を「自由な意思」に基づく合意とみなすことは困難である。そのような合意の内容は、労働法政策的な観点から合理的に解釈される必要があり、合意された条件や事由がそのまま契約の内容にならない場合があると考えられる。また、この合意は、相談職の内定者全員に適用されるものであり、求人票の記載や面接時の意思表示など、受験者・内定者にとってはほぼ許諾の自由のない状態でなされたものとなっていることから、個別のものというよりも、就業規則に準ずるような性質のものと評価するほうが実態に即している。

　誓約書記載の解除条件または解約事由の内容が合理的か否かについては、合意内容の合理的解釈という観点から検討すべきである。上記のような合意の内容の合理性は、合意の性質からして、就業規則法理を準用して考えることができよう。内定者に就業規則の適用がないという解釈が一般的であり、また就業規則を新規作成する場合には労働契約法10条の適用はないことから、就業規則法理の準用することは否定的にとらえるかもしれない。しかし、合理的な就業規則が契約内容になるという法理は、画一的に適用される解除条件や解約事由の合理性を考える場合にも応用できると考えられる。就業規則の不利益変更においては、変更後の条項が拘束力を有するか否かは、主に就業規則の変更によって労働者が被る不利益の程度と労働条件変更の必要性の比較考量によって判断される。これを採用内定の議論にあてはめると、①または合意された解除条件または解約事由によって内定者が被る不利益と②病院がそのような条件または事由を設定することの必要性、を比較考量することによって、誓約書記載の解除条件または解約事由の合理性が判断できると考えられる。

　まず、病院の相談職の内定者にとって、国試不合格によって内定が取消された場合の不利益は、第1に病院で相談職に就くという、内定者の希望にもっともかなった就職の機会を逃すこと、第2に内定取消が卒業年度の3月15日以降であり、別の就職の機会に恵まれたとしても、卒業翌年度はじめからの就職が困難になること、第3に同じ法人に別の業種で採用された場合でも、相談職に就くには数年かかるなどの制約が課されること、などである。一般的な採用内定取消の事案でも内定取消時期が遅いほど、内定者の不利益は大きなものとなるが、卒業間際または卒業後の内定取消はより深刻なものとなろう。

　次に、相談職を採用する病院が国試不合格の場合に内定を取消すことを契約

の内容とすることを正当化する理由として、病院は、第1に社会福祉士の国家資格を有していない相談職を配置していても診療報酬の入退院支援加算が得られる体制を整備できないこと、第2に国試に合格していないにもかかわらず、採用されることによって他の新卒職員との間で不平等な取り扱いを生み出すこと、第3に相談職が、医師、看護師、理学療法士、作業療法士などの他の業務独占の専門職と協働する上で信頼関係を得られないこと、第4に病院内での相談職の地位向上につながらないこと、などを主張することができる。

　病院の相談職に対する内定取消をめぐっては双方に不利益（利益）があるが、解約事由が合理性を有するか否かを判断する場合に、これらを比較考量する際に審査基準の合理性の高さ（厳格さ）をいかに設定するかが問題となる[29]。緩やかな合理性判断基準を適用する場合、国試不合格を解約事由とすることを正当化するなんらかの事由があれば、解約事由に合理性があるとみなされる。一方、厳格な合理性判断基準を適用する場合には、病院がそのような解約事由を設定することがやむにやまれぬ利益に関連している場合にのみ合理性を有することとなる。判例における就業規則の合理的判断基準をみると、賃金、退職金など労働者にとって重要な権利、労働条件については合理性判断に求められる厳格さが高いとされている[30]。解雇などの労働契約の終了の場合には、賃金などと同様か、またはさらに厳格な基準が要求されると考えることができる。したがって、誓約書などによる内定取消条項に対しては、緩やかな合理性基準が採用されると考えることはできず、やむをえない程度とはいえないまでも、相対的に厳格さの高い基準が採用されるものと考えられる。

　上記を踏まえて、双方の不利益（利益）を比較考量してみたい。第1に、病院が入退院支援加算を請求するために、看護師や社会福祉士などの施設（職員配置）基準を満たすことが求められるが[31]、それが採用内定者に社会福祉士の国試合格という条件を課すことに合理性が見い出せるかである。入退院支援加算によって得られる病院の利益は決して小さくない。一般病院入院基本料等の場合、患者1人につき600点（6,000円）、療養病棟入院基本料等の場合、患者1人につき1,200点（12,000円）が加算されることとなっている。これらは、加算額が大きく、病院にとっては大きな収入源となると考えられる。このような病院の方針を軽視すべきでなく、上記のような職員の配置体制を整備することには

合理性があると考えることができる。しかし、その重大性は病院の置かれている状況によって異なる。病院の規模や相談職の人数の関係で、病院によっては、入退院支援加算を得るため、職員体制を整備する予定がない場合や、将来適正な配置体制を整える予定があっても直近の課題となっていない場合がある。したがって、国試不合格による内定取消条項が合理性を有するのは、そのような職員体制を整備する必要があるだけでなく、さらに現在直近の課題として整備に努めているような場合に限定されるであろう。一方、配置体制を満たすために、病床数に応じて社会福祉士資格を有する専任または専従の職員を配置することが求められるが、すでに勤務している相談職の多数が社会福祉士の国家資格を有している場合には、その必要性は高いものとはいえ、国試不合格を理由とする採用内定の取消は合理性を欠くこととなる。いずれにせよ、具体的な事情を考慮せず、国試不合格を理由として病院で一律に内定を取消すことができると考えることは、適切ではないと考えられる。

　第2に、国試に合格していない新卒者を採用することによって、同時期に採用された社会福祉士の国家資格を有している新卒者を相対的に不利益に取扱う状態が発生することが、病院にとって不利益となり、内定を取消す合意に合理性が見い出せるといえるかもしれない。これに関しては、病院などの医療機関や福祉施設では国家資格を有している労働者に別途国家資格手当を支給している場合が多く、国家資格の有無による労働条件に差が設けられていることから、条件面での不公平感は大きくないということができよう。したがって、このような不利益を避けるという合理性が、国試不合格となった内定者の内定が取消されるという不利益に優先されるとまでは考えにくい。

　第3に、国家資格を有していない相談職が病院で働くことが、国家資格を有している医師、看護師、理学療法士、作業療法士などからその専門性を疑われ、チームとして協働を行う上での信頼関係を築けないことから、内定を取消す条項に合理性が見い出せるといえるかもしれない。たしかに医師、看護師等の業務独占の職種で働く専門職にとって国家試験の合格が病院で就労する絶対条件であり、国家資格を有していない相談職を信頼しづらいことは、医療現場の世界の常識からすれば、理解できなくはない。しかし、専門性の有無は採用試験によって確認することができ、実質的にみて十分な専門性を有している新

卒者に内定を出しているとすれば、国家資格の有無という形式にこだわること
に合理性を見出すことは難しいと考えられる。

3 国試不合格と別業務・形態での採用

2節で述べたように、社会福祉士国家試験の不合格に伴って、相談職から介
護職などへの職種の変更、または正規職員から契約期間に定めのある非正規職
員などへの契約内容への変更がおこなわれることがある。このような合意や措
置の合理性について検討していきたい。

問題は2つに整理できる。1つは、内定を取消す旨の条件に合理性がある場
合である。この場合には、国試不合格の場合に内定取消は有効となるので、そ
の後どのような内容の契約を結びなおすかは当事者の自由、裁量の問題である
と考えられる。

もう1つは、国試に不合格となったとき配置転換または出向がおこなわれる
場合である。この場合にはいくつかのオプションがある。第1に、国試不合格
の際に病院の相談職から同系列の福祉施設の相談職に出向させる場合である。
裁判例および学説の多くが採る具体的規定説[34]は、業務上必要があることが就業
規則などで労働契約の内容となっていることに加えて、出向の対象企業、出向
先の労働条件、服務関係、出向期間、復帰の際の労働条件の調整について労働
者に配慮した規定がある場合に、出向命令権が根拠づけられるという。これを
当該合意に準用して考えてみよう。業務上の必要性について、内定取消の際に
求められるほどの合理性の厳格さは求められず、病院に入退院加算を得るため
に職員体制を整備する必要性があれば、その要件を満たすとみなすことができ
るといえよう。いいかえると具体的とまではいえないが、将来職員体制を整備
する予定であれば、そのような措置には合理性があると考えられる。また、出
向先での労働の内容が相談職であり、労働条件が、出向元である病院でのそれ
と大きな変化がなく、翌年に国試に合格した際には出向元に復帰できること、
勤続年数の通算が可能なこと、などが明確に合意されるならば、このような出
向命令は有効なものとなると考えられる。内定時などにこのような出向の合意
があり、合意の際に労働条件などについて具体的な内容が示されているのであ
れば、有効になると考えられる。

第2に、国試不合格になったときに、福祉系施設において相談職とは職種が異なる介護職へ配置転換がおこなわれる場合である。東亜ペイント事件最高裁判決[35]によれば、配置転換が権利濫用になるか否かは、業務上の必要性の有無、不当な動機・目的の有無、配転に伴う不利益の程度により判断される。業務上の必要性についてみると、福祉の業界では相談業務をおこなうためには介護現場を知る必要があり、その経験が将来の相談職での業務に活きることがあると信じられており、一見合理性があるものと思われる。実際、古くからある事業所の中には将来相談職に就くことを前提とした労働者に一律に一定期間介護職に従事させるところもある。しかし、相談職と介護職は専門性が大きく異なり、介護職の経験は相談職のキャリア形成に必ずしも貢献しないこと、介護技術が十分でない労働者を介護職に従事させることは利用者の安全を妨げることが社会福祉士の業界では一般的に理解されている。このように考えると、介護職への配転の業務上の必要性は、全くないとまではいえないものの、低いとみなすことができる。より重要なのは、このような配転が不合格者に対する懲罰的な性格を有している可能性が高いことである。上述のように、相談業務をおこなうにあたって社会福祉士の国家資格を有している必要はない。それにもかかわらず、介護職に配置転換することは、業務上の必要性に基づかない動機・目的に基づくものと推定される。これは、介護職への配転が国試不合格者にのみになされている場合に典型的である。このような配置転換は権利の濫用に該当する可能性が高いものといえよう。

第3に、国試不合格になったときに、正規職員から非正規職員に契約内容が変更される場合である[36]。このような措置は、国試不合格に伴う出向、または相談職から介護職や事務職への配置転換に付随しておこなわれる。しかし、相談職としての本来の労働契約の成立（内定）に伴い、上述のような出向または配転に合意がなされている場合でも、上記調査からその内容について具体的に提示されていることはないといってもよい。通常、国試不合格があきらかになった後に使用者から、変更された契約内容を知らされており、卒業間際または卒業後の状況で大幅に変更された内容を受け入れるか否かの選択が求められる（内定者は、追い詰められた状況で、かつ指導教官の推薦などがあるため、通常受け入れざるをえない）。使用者は、このような措置を内定者に対しセカンドチャンス

を与えるための温情的なものと考えており、非正規雇用の期間中に国試に合格すれば正規職員として相談職を担当させることを約束する（ただし、このような合意がただちに履行されるかは使用者によって異なる）。このような状況を前提に、内定取消に合理性がない状況において大幅な契約内容の変更が可能であるかについて検討する。

結論をいえば、国試不合格を理由とする大幅な契約内容の変更には合理性がないといえるだろう。雇用の維持、調整や業務上の必要性のために、本来の労働契約の内容を極力維持しながら弾力的に契約内容を変更できるとするところに配置転換や出向命令の合理性を見出すことができる。しかし、正規職員から非正規職員への転換は、変更内容の規模の大きさから、配転や出向の法理により説明することは困難である。このような変更が認められるのは、内定取消に合理性がある場合、または「自由な意思」の下に合意解約がなされる場合である（ただし、内定者側に合意解約に応じるメリットはない）。加えて、内定取消、または合意解約が正当なかたちでなされた後で、新たな契約として当事者が合意する場合に限られるだろう。これは、翌年度等に国試に合格した場合に正規職員として労働契約が結びなおされるという合意がある場合であっても、内定取消などの解約に合理性がない限り、同様であると考えられる。

4 おわりに

契約時の合意により、一定の条件をクリアできない場合に、内定期間中に採用形態の変更を可能にすることは、使用者にとって、必要な労働力を十分確保しつつ、後から契約形態を変更する根拠になりうる。当事者の意向を労働契約の内容に反映させることが労働者（内定者）の利益にかなうことは否定できないが、立場の弱い内定者の意思をいかに汲みとるかが今後の課題となろう。

（付記）本研究は、2017年度「東京経済大学個人研究助成費」による研究成果の一部である。

【注】

1) 調査は、3県4校で実施した。第1に、東日本のX県にあり、社会福祉系学部を有している A 大学の就職支援課、および卒業生に対し聞き取り調査実施した（求人票の調査については、A 大学で2017年11月24・25日に実施した。また、A 大学就職支援課職員には、2017年11月24日聞き取り調査を実施している。卒業生などに対する聞き取り調査は、2017年8月から2018年3月にかけて直接またはメールなどを利用して実施した）。第2に、西日本のY県にあり、社会福祉系学部を有している B 大学の実習担当教員および就職支援課に対し聞き取り調査をおこなった（2018年3月5日）。第3に、同じくY県にあり、社会福祉系学科を有している C 大学の実習担当教員、就職支援課長、卒業生に対して聞き取りをおこなった（2018年3月6日）。第4に、中部日本のZ県にあり、社会福祉系学部を有している D 大学の実習担当教員に対して聞き取り調査をおこなった（2018年3月25日）。

2) 社会福祉士国家試験の合格率は、第30回30.2%（2018年）、第29回25.8%（2017年）、第28回26.2%（2016年）、第27回27.0%（2015年）、第26回27.5%（2014年）となっている。この合格率は、医師国家試験のそれが90%を越え（2019年度は92.4%）、看護師国家試験のそれが90%前後（2019年度は89.3%）であることと比較すると、相当低い。

3) 現役学生の合格率は、合格率の平均よりも相当高くなっている。第30回社会福祉士試験の現役の合格率は54.6%であるのに対し、既卒者のそれは15.5%であった。調査対象とした大学の現役合格率の結果をみると、A 大学が60%以上、B 大学が60%以上、C 大学が45%以上、D 大学が70%以上となっている。

4) 「正規職員」、「正社員」の記載が求人票にない場合には、雇用契約期間の定めの有無、賞与の有無、賃金が基本給に基づくこと、通勤手当・住宅手当などの支給の有無、社会保険料などの支払い義務が医療機関や福祉関係施設にあることを基準に判断している。

5) 国家試験の不合格時に、同じ職場で職務内容および採用形態が変更される例は、看護師、言語聴覚士（ST）でもみられる。看護師の場合には、看護助手として採用され、翌年度に看護師国家試験に合格した際には正規の看護職員として採用されることが合意されているというものであった。

6) 非正規職員として就労する場合でも、加入の目安である週30時間を超え、正規職員と変わらず週40時間労働を行い、さらに残業をしている場合がほとんどであるため、健康保険・厚生年金への加入は制度上認められるべきである。

7) 採用内定の法的性質の学説の動向については、大内伸哉「採用・試用・採用内定(2)」季刊労働法252号（2015年）133頁、萬井隆令『労働契約締結の法理』（有斐閣、1997年）154-228頁、木村五郎「採用内定」蓼沼謙一・横井芳弘編『労働法の争点』（有斐閣、1979年）186-187頁、山口浩一郎「試用期間と採用内定」労働法文献研究会編『文献研究労働法』（総合労働研究所、1978年）2頁、8頁以下他を参照のこと。

8) 有泉亨『労働基準法』（有斐閣、1963年）91頁以下。

9) 後藤清「採用内定者の法的地位」季刊労働法53号（1964年）140頁。

10) 大日本印刷事件・津地判昭47・3・29労旬808号57頁。

11) 木村・前掲注（7）185頁。

12) 外尾健一「採用内定の法理」季刊労働法71号（1969年）33頁。

13) 宮島尚史「資本主義労働契約の複合的構造について」学習院大学法学年報1号（1965年）135頁、160-174頁。

14) 毛塚勝利「採用内定・試用期間」日本労働法学会編『現代労働法講座　第10巻　労働契約・就業規則』（総合労働研究所、1982年）84頁、94頁以下、小宮文人「内定・試用法理の再検討──判例の動向を踏まえて」山田省三ほか編『毛塚勝利先生古希記念　労働法理論変革への模索』（信山社、2015年）89頁、94頁以下。

15) 大日本印刷事件・最二小判昭54・7・20労判323号19頁。

16) 毛塚・前掲注（14）86頁。

17) 山口・前掲注（7）13頁、水町勇一郎「労働契約の成立過程と法」日本労働法学会編『講座21世紀の労働法　第4巻　労働契約』（有斐閣、2000年）41頁、50頁以下、谷本義高「採用内定の多様と判例法理」西村健一郎ほか編『新時代の労働契約法理論』（信山社、2003年）107頁、117頁。

18) 川口美貴『労働法』（信山社、2015年）402頁以下、西谷敏ほか編『別冊法学セミナー・新基本法コンメンタール労働基準法』（緒方桂子執筆分）（日本評論社、2012年）346頁。

19) コーセーアールイー（第2）事件・福岡地判平22・6・2労判1008号5頁。

20) 電電公社近畿電気通信局事件・最二小判昭55・5・30民集34巻3号456頁。

21) 小宮・前掲注（14）95頁。

22) 大内・前掲注（7）146頁。

23) 宣伝会議事件・東京地判平17・1・28労判890号5頁、X社（アイガー）事件・東京地判平24・12・28労経速2175号3頁。

24) 大日本印刷事件、前掲注（15）。

25) 電電近畿事件、前掲注（20）468-469頁。

26) 谷本・前掲注（17）115頁以下。

27) 萬井・前掲注（7）192頁以下。

28) 山梨県民信用組合事件・最二小判平28・2・19民集70巻2号123頁。

29) 大日本印刷事件の最高裁判決の判示は、合理性基準の厳格さそのものを緩和するものと解することも不可能ではないが、一般労働者の解雇事由に比して、採用内定の解約事由の幅を広げているという意味と理解できる。この点について、裁判例および学説も、「広い範囲における解約の自由」について、解約事由の合理性の厳格さと解約事由の幅の広さを混同した議論をおこなっている。

30) 大曲市農協事件・最三小判昭63・2・16労判512号7頁。

31) 入退院支援加算以外にも、施設整備に社会福祉士の専従職員を配置することを求めているものに回復期リハビリテーション病棟の入院料がある。実際、X県にある、福祉施設を傘下に置く医療法人グループでは、回復期リハビリテーション病棟の施設基準を整備し、入院料を得るために、これまで病院で就労していた社会福祉士国家資格のない相談員を老人保健施設などに移動させ、福祉施設で就労していた有資格の相談職を病院に配置転換する措置をとっている例もある（A大学卒業生（元MSW））。

32) 200床未満の場合には専任の社会福祉士を配置し、200床以上の場合には専従の社会福祉士を配置しなければならない。「専任」は、他の業務を部分的に兼ねることができるが、「専従」は、退院支援に特化しなければならない職員をいう。

33) 社会福祉士国家資格手当は病院によって大きく異なる。1か月5,000円から1万円程度が相場といえるかもしれないが、Y県の病院では2万円または5万円の手当が支払われている例もあった。

34) 菅野和夫『労働法（第11版補正版）』（弘文堂、2017年）692頁、荒木尚志『労働法（第3版)』（有斐閣、2016年）424頁、土田道夫『労働契約法（第2版）』（有斐閣、2016年）437頁、他。

35) 東亜ペイント事件・最二小判昭61・7・14労判477号6頁。

36) 正規職員から非正規職員への移行に伴う契約内容の変更にはさまざまなバリエーションがあるが、ここでは期間の定めのない契約から1年更新の契約へ、また基本給に基づく賃金および賞与を受け取る契約から時給に基づく賃金へ契約の変更を想定して、検討する。

海上労働契約の構造

南　　健悟

1　はじめに

1　海上労働の特殊性

　労働法の世界には特定の産業の分野を対象とした法制が存在し、その一つとして、船員法が挙げられる[1]。船員法の対象である海上労働には陸上労働とは異なる特殊性を有していることから、陸上労働法規である労働基準法とは別に船員法が定められている。それでは、その船員法が定められている背景ともなっている海上労働にはどのような特殊性があるのだろうか[2]。一般的には、第一に、船舶という限られた空間で、限られた乗組員が揺れる船上で労働を強いられることである（危険な労働環境）。そして、職場環境の危険性には、職場たる船舶そのものの危険性のほか、船内作業の危険性や船内居住における危険性が挙げられてきた[3]。第二に、数ヶ月にも及ぶ乗船により、家庭から離れ（離家庭性）、また社会の状況や情報とも隔絶されること（離社会性）である。第三に、一度出港すれば、陸上からの応援を求めることは困難であり、船舶が故障するような事態が生じても船員自身のみでそれに対応しなければならない（自己完結性）。より具体的に言えば、限定された乗組員による目的港までの運航が連続的になされる航海当直や機関当直などの労働、諸設備連続運転のための保守等の労働が存在しているといわれる[4]。第四に、乗組員全員が常に海上の危険と向き合い、他方で一人の乗組員の過失が船舶及び乗組員全体の人命に影響を及ぼす（運命共同体）とも指摘される[5]。そして、第五に、仕事と生活の場が同じである（職住一致）ことが挙げられる。したがって、このような特殊性を背景に、陸上労働に適用される労働基準法は船員については一部の規定を除いて適

用されず、別途、船員法が適用される（労基116条1項。また、労働契約法においても一部の規定は適用されない（労契20条参照））。

　他方で、これらに加えて、海運産業における雇用形態の特殊性も挙げられる。古くは、一杯船主（船舶を一隻しか所有していない船舶所有者）のもとでは、ある特定の船舶を下船すれば、次に乗船する船舶は異なる船主の船舶となる、いわゆる属船主義が採用されていた[6]。ところが、明治期より定期船の運航停止を回避するためと優秀な職員を確保するために専属雇用（会社形態の船舶所有者に採用される雇用形態）が採用され、その後、戦時統制システム[7]を媒介にして、戦後は専属雇用が原則的となってきた（更に、便宜置籍船等が増えてくると期間雇用形態の船員も増えていくことになる[8]）。詳細は後述するが、もともと船員の雇用形態は属船主義が採用されていたことから、会社（船主）に採用されているのではなく、乗り組む船舶に採用されているかのような前提で法制度が成立しているといわれる。そのため、伝統的な船員雇用においては、「雇入契約の締結＝乗船」・「雇入契約の雇止め＝下船」という関係が成り立っており[9]、現行の船員法も一応、それを前提としているものと考えられる。ところが、戦後の専属雇用の一般化によって、端的に表現すれば、船員は乗り組む船舶に採用されているのではなく、陸上労働者と同様に会社（船主）に採用され、採用後に特定の船舶に配乗するよう求められると、当該船舶に乗り組み、航海が終了すれば、当該船舶を下船し、次の配乗を待つといった形が普及したことから、このような雇用形態を船員法の下でどのように説明するかが問題となったといえる。本稿も、このような雇用形態をいかにして説明するかについて扱うものである。

2　雇入契約に関する諸規定

　船員法の構造は陸上労働法とは異なる制度をいくつか採用していることから、海上労働契約の構造を明らかにする前に、今一度、船員法における雇入契約関係について概観する。

　まず船員法が適用される「船員」とは、「日本船舶又は日本船舶以外の国土交通省令で定める船舶に乗り組む船長及び海員並びに予備船員」を指す（船員1条1項）。そして、ここにいう「海員」とは、「船内で使用される船長以外の

乗組員で労働の対償として給料その他の報酬を支払われるもの」とされ、また、「予備船員」とは、「〔日本船舶等〕に乗り組むため雇用されている者で船内で使用されていないもの」とされる（船員2条1項、2項）。船員の労働契約[10]は、労働者である船員と使用者である船舶所有者との間で締結され、それを「雇入契約」と呼んでいる（船員31条等参照）。この表現は、1879年に施行された西洋形商船海員雇入雇止規則に端を発する[12]。なお、「雇入」及び「雇止」という用語法は、後の雇用契約の締結及び解除とは異なる意味を持つ船員法特有の表現である[13]。また、船員法31条括弧書きによれば、予備船員と船舶所有者との契約は「雇用契約」であることが示されている。なお、同規定では31条、32条、33条、34条、58条、84条及び100条が適用される場合には、雇入契約に雇用契約が含まれるとされる[14]。つまり、船員法上、船員のうち船長及び海員については、船舶所有者との間で「雇入契約」を締結し、他方で、予備船員については、船舶所有者との間で「雇用契約」を締結することになっていることとされる。そうすると、形式的には、少なくとも予備船員制度を採用している船舶所有者の場合、船舶所有者に採用され配乗が決まるまでは、船員は船舶所有者と予備船員として雇用契約を締結し、配乗が決まり特定の船舶に乗り組むことになった場合には、船員として雇入契約を締結することになる。また航海が終了した場合には、雇止め（雇入契約の解除）がなされ、予備船員としての雇用契約のみ存在することになると説明される[15]（二重契約構造）。

　ところで、船員と船舶所有者との間で雇入契約が成立すると、遅滞なく、一定の事項を記載した書面を船員に交付しなければならず（船員36条）、また船長又は船舶所有者は、遅滞なくその旨を国土交通大臣に届け出なければならないとされる（船員37条。なお、成立時だけではなく、雇止めや雇入契約の更新又は変更の場合も届出が必要）。国土交通大臣は、当該届出がなされたときは、その雇入契約が航海の安全又は船員の労働関係に関する法令の規定に違反するようなことがないかどうか及び当事者の合意が充分であったかどうかを確認する（船員38条）。かつては公認制を採用していたが、2005年より届出制に変更された。この制度趣旨は、雇入契約の締結の有無や内容を国が審査し、国が後見的に監督することで、船員を保護しようとするものである[16]。

　他方で、雇入契約の終了については、契約期間の満了や船員の死亡に加え、

法定終了事由（船員39条、43条1項）、雇入契約の船舶所有者からの解除（船員40条）及び船員からの解除（船員41条）が規定されている。法定終了事由としては、船舶の沈没又は滅失と全く運航に堪えなくなったときと、相続その他の包括承継の場合を除く船舶所有者の変更があったときが挙げられている。船舶所有者からの雇入契約の解除については、①船員が著しく職務に不適任であるとき、②船員が著しく職務を行ったとき又は職務に関し船員に重過失があったとき、③海員が船長の指定する時までに船舶に乗り込まないとき、④海員が著しく船内の秩序を乱したとき、⑤船員が負傷又は疾病のため職務に堪えないとき、そして、⑥これらの場合を除いて、やむを得ない事由のあるときが挙げられている。一方、船員からの解除については、①船舶の雇入契約の成立時の国籍喪失、②雇入契約により定められた労働条件と事実とが著しく相違するとき、③船員が負傷又は疾病のため職務に堪えないとき、④船員が国土交通省令の定めるところにより教育を受けようとするときが挙げられている。なお、雇入契約が終了した際には、一定の失業手当ないしは雇止手当の支給がなされる場合がある（船員45条、46条）。

3　従来の学説と問題の所在

　上述したように、海上労働契約の構造は、一見すると、雇入契約と雇用契約の単純な二重契約構造になっていると説明することができるように思われる。しかし、そのように捉えた場合であっても、いくつかの疑問が生じる。例えば、船員の乗船＝雇入れ、下船＝雇止めと捉えられている節もあるが[17]、しかし、雇入契約は当初から物理的な上下船により効力が生じる要物契約として考えられているわけではなく、民法の雇用契約と同様に諾成契約であると考えられていることと矛盾するようにも思える[18]。

　そして、本稿が扱うより重要な問題は、そもそも船員法の定める雇入契約と雇用契約の二重契約構造そのものの妥当性である。この点、長崎地判昭30・10・14労民集6巻5号721頁〔藤中水産等船員雇止事件〕では、予備船員制度を採用している船舶所有者については雇用契約を締結し、さらに特定の船舶に乗船するに当たって雇入契約を締結するという二重契約構造は妥当する一方、予備船員制度を採用していない船舶所有者については雇入契約のみ締結すると

の一般論が展開されたのである。そして、従来の学説においても、雇入契約と雇用契約との関係をどのように捉えるべきかが争われてきたが、基本的には、上記長崎地裁判決が示したような説明は、伝統的な学説においてもある程度受容されてきたといってもよいと思われる[19]。そして、その実質的根拠を海上労働契約の特殊性に求め、海上労働契約は、極めて特殊かつ苛酷な労働を内容とするものであり、そこに合意が法的に要求される根拠があって、乗船する毎に一回一回の合意を媒介にして、適法性が付与されることに求められていた[20]。

　しかし、一方で海上労働契約の構造に対しては、学説上、このような立場に立たないものも少なくない。まず、船員として船舶所有者に雇用される関係を創設する契約は、いわゆる雇用契約のみなのであって、雇入契約なるものは、雇用契約と別個独立の契約ではなく、乗船命令という企業内の指図に従うことについての船員からの確認的同意にすぎず、一般的な乗船中の労働条件は、雇用契約の中において既に確定され、具体的な乗船中の労働条件の確定を個別的乗船後の確認的同意に関らしめる旨の合意が雇用契約においてなされているとする見解がある[21]。

　他方、別の見解として、船員は、実際上二つの契約を締結しているわけではなく、一つの契約を締結するに過ぎず、予備船員制度を有する船舶所有者との間に、従属関係に入り、不特定の船舶において労務を提供することを内容とする一つの契約を締結するのみであるとし、法はあくまで船員の雇用関係のうち、特定の船舶における労務の提供をとらえて、この関係を雇入契約とし、その他を雇用契約として規制していると述べるものも有力に唱えられている[22]。すなわち、この見解は、船舶所有者と船員との間には船員労働契約という一つの契約が締結され、それを立法技術的に便宜上、乗船時の関係を雇入契約、下船時の関係を雇用契約として規制しているに過ぎないと考える立場である。

　加えて、予備船員制度を採用している船舶所有者が海員を雇い入れる場合には、雇用（入社）契約を締結し、次いで具体的に船舶について雇入契約を締結すると述べつつ、その実態に鑑みて、両者は一個の契約として連繋されており、乗船中は雇入契約と名付けられているものの、それは雇用契約の内容が積極的に実現される一方、予備船員中についてはその履行をしなくてもよい履行停止の状態であるとする立場もある[23]。

しかし、このような学説の展開は見られるものの、専ら予備船員の法的地位をどう位置づけるのか、予備船員と船長・海員との異動をどのように捉えるのか、という説明のための議論が中心であったように思われる。そこで、本稿では単に説明のための議論ではなく、2つの問題意識から、この問題を捉え直すこととした。すなわち、第一に、船員の雇用終了に着目し、雇用維持という観点から、船員についても陸上労働者と同様に解雇法理を適用するための理論的枠組みを提供したいと考えている。船員の場合に、実質的に解雇を緩和してもよいという理論的素地も今のところ見当たらないことからすれば、この点については陸上労働者と同様の法的関係を形成させるための理論的枠組みが必要になるであろう。もちろん、予備船員制度を採用してない船舶所有者については比較的解雇が容易であると考えられるかもしれない。しかし、海上労働の特殊性から船員法が定められているとはいっても、それは船舶という労働環境の特殊性に起因するものであって、賃金が支払われ、労務を提供するという労働契約たる性質を有する雇入契約を締結する船員について、陸上の労働者よりも容易に解雇できる理由はないように考えられる。第二に、従来の学説は、あくまで船長・海員⇔予備船員という船員法の中での異動を想定した議論がなされているが、大手の海運会社等（船舶所有者）においては、船員となる可能性として採用されたものの、しばしば陸上労働者としても労務を提供する場合も存在する。そうすると、船員として労務を提供するだけではなく、陸上労働者として労務を提供する場合の法律関係をどのように捉えるのか、ということも問題となる。そこで、本稿では船員の雇用終了時の法律関係と海上労働者⇔陸上労働者という異動の法律関係を軸に、海上労働契約の構造について検討することとする。

2　船員の雇用終了時の問題

1　長崎地裁判決の枠組み

前掲長崎地判昭30・10・14〔藤中水産等船員雇止事件〕や伝統的な学説においては、予備船員制度を採用している船舶所有者か否かによって二重契約構造か単一契約構造かを分けて考えている。本件は、遠洋漁業を営む船舶所有者で

ある合資会社Y社にXらが船員として雇用され、漁撈作業に従事していたところ、Y社は、Xらが漁撈を終えて根拠地港に帰港した際に、Xらを雇止めしたことに対して、当該雇止めは無効であると主張した事案である。同判決は「長崎における以西底曳網漁業を営む会社に雇傭されて漁撈に従事する船員の中には先ず『飛乗』と『常乗』との二種類の船員があり前者は従来の乗組員が病気その他の事由に因つて下船し、臨時に欠員が生じた場合、特に当事者が短期の乗船期間を定めて臨時的に雇傭契約を取結ぶいわば臨時乗組員とでも称する船員であり、後者はそれ以外の船員を指称し」、「船員各自の所持する船員手帳には雇入期間につき一漁期又は切揚げまで或は翌年六月までと記載されている事実、行政官庁に対する雇入、雇止の公認手疏も右期間に従つてなされている事実、これらの記入された事項について従来船員側より何等の苦情もなかつた事実、申請人等についても夫々の船員手帳には雇入期間は切揚までとの記入があつてこの点Xらから異議がなかつた事実及び船員の中には自ら希望して転船した者その他身体の欠陥等個人的な事由によつて漁撈に従事することを希望しない者等については雇止の手続がとられただけで雇傭契約の消滅については当事者間に別段の意思表示がなされず、右雇止によつて雇傭契約も当然終了したものと考えられている事実等が各疏明される」とした上で、雇入契約と雇用契約との関係について「船員法上の雇入契約は元来民法上の雇傭契約とは同一の観念ではなくて継続した雇傭契約の存続期間中特に一定期間を限つて乗船労務に服することを内容とする乗船契約に外ならず、然るが故に航海の安全等の見地から行政官庁の後見的監督に服せしめることを必要とすると解せられるのであるが、それは船員の予備員制度を採用している大企業の場合にはそのまま妥当するとしても本件における如く予備員制度を採用していない中、小企業の場合においては、必ずしも右と同一には論じ得ず、却つて前記疏明事実に徴すれば船員法のいわゆる乗船契約と民法上の雇傭契約とは併合し一本化しているものと認めるを相当とする。従つてXらの雇傭契約は乗船契約と同じく漁期の終了或いは切揚までの期間の定めのあるものと解せざるを得ない。」との一般論を展開した。つまり、一般論として、予備船員制度の採用の有無によって、雇入契約と雇用契約との関係を検討し、予備船員制度を採用していない場合には、雇入契約のみが、予備船員制度を採用している場合には雇用契約と雇

入契約との二重契約制が認められるとする。なお、直接この点について判示したものではないが、最判昭36・2・9民集15巻2号189頁〔駐留軍用船BD606号事件〕においても「本件雇入契約解除及び雇用契約解除の各申入は権利の濫用であるとすべきではないこと原審の判断のとおり」としており、二重契約構造を前提としたかのような判示がなされている[24]。

2 雇用保障のための方策

上記、長崎地裁判決や伝統的な学説を前提とした場合、雇用保障という観点から捉え直すと一つの疑問が生じる。それは、予備船員制度を採用している船舶所有者については、船員が雇止めされ予備船員となったとしても、船舶所有者との間では雇用契約が継続していることから、当該予備船員を解雇する場合には、基本的には解雇法理の適用は可能であろう。しかし他方で、予備船員制度を採用していない船舶所有者の場合には、雇止め＝解雇ということになることから、契約期間の定めのない雇入契約の場合であれば、船員法42条による雇止めの手続さえ履践するだけで比較的容易に雇止め（＝解雇）することが可能となる。そこで、特に後者のような場合に、解雇法理の適用関係について平仄を合わせるためにはどのように考えればよいだろうか。

(1) **単一契約構造として把握した場合**　まず、考えられる方策として、42条に基づく雇止めについて解雇法理を適用ないしは類推適用するという方法が考えられる。しかし、このような方法にはいくつかの疑問が生じる。これは、船員の労働関係を雇入契約のみで把握することで生じる問題とも重なる。船員法においても陸上労働者と同様に有給休暇制度が存在するが（74条以下）、実務上、有給休暇の取得は雇止めとして扱われている[25]。つまり、有給休暇の取得も雇止めとなるが、雇入契約のみで把握した場合（単一契約構造）、有給休暇取得中については船舶所有者と船員との間で法律関係が存在しないことになってしまうのである[26]。しかしながら、このような指摘に対しては、有給休暇の取得は雇止めには当たらず、有給休暇取得中もまた雇入契約期間であると指摘する見解も有力に唱えられている[27]。そのような見解に従えば、海上労働契約を雇入契約のみで把握でき、雇入契約の雇止めにつき42条に解雇法理の適用を考えればよいようにも思われる。しかしながら、実務との乖離もさることながら、他の

条文との関係においても単一契約構造で把握するには困難な点も存する。船員は、職務上負傷又は疾病のため職務に堪えないときは雇止めされ（40条5号）、職務上負傷等の場合、船舶所有者は、療養のため作業に従事しない期間及びその後30日間等において当該船員を解雇することはできない（44条の2）。つまり、本条は船員が雇止められて下船した場合であっても、雇用関係が存することが前提とされているようにも読めるのである[28]。そうであるならば、従来の二重契約構造として捉える方が条文解釈として素直であるように思われる。したがって、前掲長崎地裁判決とは異なり、予備船員制度を採用していない船舶所有者の場合であっても、船員と船舶所有者との契約は二重契約構造で把握すべきではないか、ということになる。このように把握できれば、後述するように雇用契約の解除については解雇法理が適用されることから、雇用保障にも資する。

(2)　**二重契約構造として把握した場合**　　上述したように、二重契約構造として把握した場合、解雇法理の適用の仕方は、船員の雇止めは42条により認められるが、単に雇止めされて下船するだけで、船舶所有者との間では雇用契約が引き続き存在することから、当該雇用契約の解除（解雇）について解雇法理を適用することができるかが問題となる。従来、前掲昭和36年最判では労基法上の解雇制限が予備船員には適用されないとされ[29]、前述したように、予備船員を含む船員には、原則として、労基法が適用されないことから、同法上の保護が与えられない可能性は現行法でも考えられる（ただし、当時と異なり現行法は予備船員に対する解雇制限等が定められている）。また、解雇法理は、平成20年改正前労基法18条の2において定められていたときには予備船員の解雇については適用されない可能性もなくはなかった（平成20年改正前労基法116条1項参照）[30]。ただ、現在の労契法16条については船員についても適用されることに鑑みれば、予備船員の解雇には解雇法理が適用されることは明らかである。しかし、問題は予備船員制度を採用していない船舶所有者においても同様の二重契約構造が認められるのかである。条文上は上述したような44条の2との関係等からも説明できそうであるが、より理論的な説明をしなければならないと思われる。

　この問題を考えるに当たって重要な点は、そもそも予備船員とはどのような者かということである。そこで、まずは予備船員の歴史的変遷を考察し、予備船員の法的意義について検討した上で、予備船員制度を採用していない船舶所

有者においても同様に二重契約構造が認められるのかを考える。

(3) **予備船員の意義**[31]　　もともと商法及び船員法は船員雇用の属船主義を前提としており、雇入契約の締結＝乗船、雇止め＝下船という構造で充分だったと思われる[32]。ところが、いわゆる予備船員制度が戦前から採用されるようになると、船舶に雇われるのではなく、船舶所有者に雇われるという、属社主義ともいうべき状況が見られ、そのような構造では把握しきれなくなった。予備船員制度については、船舶職員と部員とで異なる沿革を有するといわれる。前者については、明治期に既にその萌芽が見られる。明治8年（1875年）の三菱商船学校の設立により職員層の養成が開始されたものの、極めて貧弱で海運業の発展に対応しきれなかった。そこで、日本人職員の質・量の確保をはかるべく、職員の優遇措置の一環として、日本郵船では職員を常用社員として採用し、その身分を安定化させた。その後、明治35年（1902年）に同社は職員に対して「船舶役員予備規則」を定め、待命中、請暇中又は停職中の者を予備船員として取り扱った。他方、大阪商船においても、明治24年（1891年）頃から予備船員制度が採用され、このような社船においては、船舶職員については、陸上社員と同様に常用形態の下におき、下船中においても給料・手当を支給して、職員の自社への確保をはかったといわれる[33]。他方、部員については、第一次世界大戦後の船員不足により、新たな船員獲得競争が激化したことを背景に予備船員制度が普及したとされる。第一次世界大戦後の船員不足を背景に、多くの船主がボーレン[34]を利用して船員を確保しようとした。ボーレンの隆盛の背景として、属船主義の雇用形態では、雇用の断続が必然的に発生するため、雇用が途切れている間の生活をボーレンが補っており、また雇用の斡旋も行っていたことが挙げられる。しかし、ボーレンの搾取的性質[35]と、ボーレンが乗組中の部員に対してまで好条件で勧誘し、引抜き行為をしていたことから、社船等がそれに対抗する形で誕生したといわれている[36]。このような形で、徐々に属船主義の雇用形態から属社主義の雇用形態へと変容を遂げていった[37]。このような変容が、法令に現れるのは、昭和13年船員法施行規則50条2項で「海員ガ船舶所有者ヨリ予備員ト為ルコトヲ又ハ場所ニ勤務スルコトヲ命ゼラレタルトキハ雇止アリタルモノトシ、予備員又ハ船舶外ノ場所ニ勤務スル者ガ船舶ニ乗組ムコトヲ命ゼラレタルトキハ雇入アリタルモノトス」と定められたことが最初である。

その後、戦時中における船員労働力の国家統制が加わることで、予備船員制度が義務付けられていく。昭和15年（1940年）の船員使用等統制令、さらに昭和17年（1942年）の戦時海運管理令に基づき船員徴用が行われるとともに船舶運営会が設立され、全船舶を国が借り受け、船舶運営会がその運航に当たる仕組みが採用されることになり、同令に基づき、逓信大臣は予備船員を徴用することができるとされた[38]。そして、「被徴用予備船員規程」が設けられ、予備船員を「被徴用予備船員トハ下船中ノ被徴用船員並ニ船舶運営会ノ運航船舶ニ乗組マシムル為採用シタル船員ヲ謂フ」と定義づけ、その中で、甲種予備員は、①配置の都合で下船を命じられた者、②職務上傷病の治癒後の乗船可能者、③その他特に指定された者とし、乙種予備員は、①公暇終了又は下船が必要な事故が終了し出勤した者、②新規採用者で待命中の者、③新規採用者で養成所入所中の者、④公暇下船者、⑤職務上傷病で下船療養中の者、⑥海事審判のため下船を命じられた者、⑦兵役関係のため下船させられた者、⑧故意又は重過失によらない職務外傷病により下船療養中の者とし、丙種予備員は、甲種・乙種予備員以外の予備員を指した。そして、戦後においても船舶運営会の下で戦時中に確立した予備員制度が維持されることとなる[39]。戦後の船舶運営会の予備船員規程によれば、「本会ノ所属船舶ヨリ下船シタル者及同上船舶ニ乗船セシムル為新ニ採用シタル船員ヲ謂フ」とし、艤装員、待機員、公暇員、在学員、派遣員、傷病員、故障員（同規程2条）を掲げた[40]。他方で、運輸省は、日本国憲法制定の制定を受けて、新たな労働立法の必要があるとし、昭和21年（1946年）に船員法改正の立案諮問機関として臨時船員法令審議会が設置され、船員法の全面改正が議論の俎上にあがった。そこで、予備船員の地位についても検討され、予備船員を船員法の適用対象者と位置づけ、正面から予備船員について規定を設けたのである。すなわち、昭和22年改正船員法では、予備（船）員を「船舶に乗り組むため雇ようされている者で船内で使用されていないもの」と定義したのである。そして、この改正により、はじめて雇入契約の外に雇用契約概念を取り入れた（昭和37年改正前船員法118条参照）。つまり、昭和22年改正船員法により、雇入契約と雇用契約の二重契約制が船員法で現出することとなったのである。

こうした流れを踏まえて、予備船員制度について見ると、予備船員は大規模

な社船等で生まれた雇用慣行だったものが戦時中の労働統制により公式化していき、結果的に船員法へと組み込まれたことがわかる。そして、従来、形式的に意義づけられてきた予備船員が戦後の船員法改正により、抽象的な定義が置かれた結果、予備船員に当たるか否かは実質的に判断されることとなったと読み取ることができる。つまり、従前は予備船員を制度として採用していれば、ある者が予備船員に当たるか否かを判断することができたが、戦後の船員法改正によって実質的判断が要求され[41]、制度から実質へと変更したものと考えられるのである。例えば、有給休暇を取得し下船した者は、たとえ、その船舶所有者において予備船員制度が採用されていなかったとしても、船員法2条2項にいう予備船員になるものと解される[42]。なお、このことを前提にすれば、前掲長崎地裁判決の一般論は適切ではなかったであろう[43]。

したがって、昭和22年改正によって、予備船員に当たるか否かは実質的に判断されることとなり、予備船員は制度ではなくなったということができるものと思われる。つまり、例えば、海員組合との労働協約等において予備船員制度を採用しているか否かということと、船舶所有者と船員との間の海上労働契約がどのようになっているのか、ということとは切り離して考えるべきであろう。このことが妥当するのであれば、予備船員制度の有無によって海上労働契約の構造を違えるのではなく、法文との整合性から二重契約構造として把握した方が自然であり、また、特に、船員を解雇する場合には、解雇法理を難なく適用しうるものと思われる。ただし、実際に解雇法理を適用するとしても、事業場たる船舶が全くなくなってしまうような場合については、事業場閉鎖に伴う解雇として考えることになり、別途、検討しなければならないかもしれない。

3　船員の陸上勤務と海上労働契約

そうすると次の問題は、どのような者が予備船員に当たるのか、ということになる。前述したように、従来は形式的に予備船員を待機員や休暇員等、個別具体的に捉えていたが、昭和22年改正により実質的な判断が必要とされるようになったといえる[44]。したがって、「船舶に乗り組むため雇用されている者で船内で使用されていない者」とはどのような者か実質的に判断しなければならな

い。改正当時の学説においては、「待機休養中の者[45]」として捉えられており、基本的には改正前と同じように考えられていたようである。それでは、予備船員に当たるか否かはどのように判断されるのか。一つは形式的に、昭和22年改正前の各種規定に鑑みて、例えば、下船し労働に従事していない休暇員や待機員は予備船員として扱うことに問題はないように思われる。問題は、船員となる予定はあるものの、陸上労働に従事している者（陸勤船員）も予備船員として扱うことができるかということである。なお、改正当時、この問題の背景には、予備船員について、昭和22年改正時には解雇制限規定がなく、また、労働時間規制等の労働法規制の多くが適用されなかったことがある[46]。そして、この問題は、船員が下船して、陸上労働に従事する場合に、船員法を適用すべきなのか、それとも労基法を適用すべきなのか、という問題に繋がる。

大手の海運会社等においては、海技免状を有し、船舶職員として採用する一方、その者を社内における配置転換等によって陸上勤務に従事させる場合がある。このような場合、海上労働者と陸上労働者との異動ということになるが、この場合、当該労働者について船員法を適用させるのか、それとも労基法を適用させるべきなのかということが問題となる。この点、従来の学説上、予備船員を実際に船舶に乗り組むことが予定され、いつでも船舶に乗り組み得る状態にある者と狭く解し、陸上労働に従事する者については、予備船員ではなく労基法が適用される労働者と位置づける見解も見られる[47]。より具体的に述べれば、予備船員に当たるのは、あくまで次の配乗までの間の休暇員や待機員等、実質上労務を提供していない者と考えるべきであろう。他方で、現行船員法は、予備船員に対する解雇予告（44条の３）や労働時間規制（60条以下）等の労働者保護制度が存在していることから、あえて労基法適用の陸上労働者として位置づける必要はないというのも一つの方向性としてあり得るかも知れない。しかし、同じ陸上勤務であるにもかかわらず、適用対象が一方は船員法で他方は労基法というのも平仄があわない。そうであるならば、陸勤船員については、労基法上の労働者として扱うことで問題ないように思われる[48]。

しかし、問題は、海上労働者である船員が陸上勤務となった場合、それを予備船員として扱わず、陸上労働者として扱うとするならば、その異動を法的にどのように把握すべきか、ということになる。従来の学説は、二重契約構造だ

と把握する立場も単一契約構造だと把握する立場も、いずれも船長・海員⇔予備船員との間の異動を想定しており、船員⇔陸上労働者との間の異動についてはほとんど説明がなされていないといってよい。船員⇔陸上労働者との間の異動について、もし単一契約構造だと把握する立場からすれば、例えば、一度、雇止め（＝解雇）をして、更に陸上労働者として新規に採用するというように考えることになるように思われる。少なくとも、雇入契約とは、一定の対価を得て一定の労働条件の下に船内労務を供給する旨を約する契約とされていることからすれば、陸上労働を行うことはその契約内容に含まれていないことになることから、予備船員にも当たらない陸勤船員との契約は別個独立した契約を締結したと見なければならない。実際、やや文脈は異なるものの、前掲長崎地裁判決においても類似の判断枠組みをとっている。すなわち、「Y社に最初漁船乗組員として雇傭せられた際、当事者の間には雇傭契約は期間の満了とともに終局的に終了せず、当然更新される旨の暗黙の合意が成立していたものと認めるのが相当である。そうだとすると……Xらは前記疏明の時より夫々Y社に雇傭され切揚毎に雇傭契約が更新されてきたもので唯漁期の期間中と休漁期間中に提供される各労務の内容の相異によつて供与条件を異にするだけで休漁中と雖も依然雇傭関係そのものは更新により存続して来た」と判示し、本件のY社では予備船員制度を採用していないにもかかわらず、従来のY社の雇用慣行から雇止めがされた後も雇用契約の更新について暗黙の合意があったとした。つまり、単一契約構造を前提とするならば、休漁期間の船員については別の雇用契約があり、それは黙示の合意により契約が認められるとするのと類似する。

　他方で、二重契約構造だと把握する立場であればどうか。陸勤船員があり得る場合には、まずは船舶所有者に採用される者は、通常の陸上労働の労働者と同様に基本の雇用契約が締結され、その内容として海上労働に従事する場合も陸上労働に従事する場合もあることが含まれているものと見ればよい。そして、海上労働に従事する場合、すなわち船員となる場合には、更に雇入契約を締結し、船員法の適用対象者となるというように解することになるものと思われる。そして、逆に雇止めにより船員が下船し、予備船員ではなく陸勤船員となった場合には、その基本の雇用契約（労働契約）のみが存続するということになると考えられる。なお、雇止めが有給休暇取得の場合や待機員となるため

である場合には、予備船員となり、このような場合には船員法の適用対象者として扱われるであろう。換言すれば、雇止めの理由（有給休暇取得や待機員になる場合等なのか、それとも陸勤のためなのか）によって適用対象となる法が異なることになるものと解される。

　以上の観点に鑑みれば、陸勤船員について海上労働契約の実態に鑑みれば、単一契約構造として把握するよりも二重契約構造として把握した方が適切な説明が可能であり、また法の適用関係について、より実態に即した判断が可能であるように考えられる。

4　むすびにかえて

　本稿は、海上労働契約の構造について、船員の雇用保障という観点と陸勤船員へ（から）の異動という観点から分析した。いずれの観点においても、海上労働契約の構造について、単一契約構造として把握するよりも、二重契約構造として把握した方が条文との整合性と結果の妥当性を図ることができるものと思われる。雇用保障という観点から、雇用契約の解除という法律構成をとった上で、解雇法理の適用を認めると説明することが、他の条文との関係から望ましく、また、陸勤船員へ（から）の異動についても、一旦、契約関係が途切れると考えるよりも適切ではないだろうか。[50]

　（付記）本研究は JSPS 科研費 JP18H00805の助成を受けたものです。

【注】
1）　濱口桂一郎「船員の労働法政策」季刊労働法255号（2016年）159頁。
2）　海事法研究会編『海事法（第10版）』〔世登順三〕（海文堂、2017年）21頁、石井照久『海商法』（有斐閣、1964年）193頁も参照。
3）　武城正長『海上労働法の研究』（多賀出版、1985年）36頁。なお、このような海上労働の危険性を軽減することなどを目的に自動運航船の開発も進められているが（船員の失業という問題も同時に懸念されている。南健悟「無人船・自律船舶に係る法的問題」海法会誌復刊60号（2016年）115頁以下参照）、自動運航船使用時の船員法適用をどのように考えるかも今後の課題となろう。
4）　船員問題研究会編『現代の海運と船員』（成山堂書店、1987年）7頁。

5) 伝統的には、海上労働の特殊性として、海上労働関係は危険共同体を前提としており、船舶共同体の安全確保の面から、様々な船員法制度について説明が行われてきた（石井照久「海上労働に関する法的規整の発達（一）」法律時報13巻1号（1941年）5頁以下参照）。ただし、その後は、船舶共同体論を前提とした船員法制に対する説明については、やや懐疑的な見解が出されている（武城・前掲注（3）74頁以下、武城正長「船員法の基本問題」日本労働法学会編『現代労働法講座　第9巻　労働保護法論』（総合労働研究所、1982年）307頁参照、照井敬『船員法がわかる本』（成文堂書店、1998年）4頁）。

6) 海事法研究会編『海事法（第6版）』〔武城正長〕（海文堂、2009年）56頁。

7) 戦時体制下における労務統制により、船員職業紹介法に基づき海事共同会に行わせていた船員職業紹介が、1940年に逓信省に移管され（後に厚生省国民職業指導所に移管）、その雇用形態も、船員は下船後についても雇用関係を維持し給与を払い続ける予備員という形態を義務付けられることになった。1942年には、被徴用予備船員規定が定められ、乗り組まない場合であっても、予備船員として給料の全額を支払うことが義務付けられた（濱口・前掲注（1）166-167頁参照）。

8) 武城・前掲注（6）56頁。

9) 濱口・前掲注（1）160頁。

10) 本稿では、後述する雇入契約及び予備船員についての雇用契約等を総称して、海上労働契約と呼ぶ。

11) 船舶所有者以外にも一部の規定については、船舶賃借の場合には船舶借入人、船舶共有の場合の船舶管理人（平成30年改正前商法699条、同改正後商法697条参照）等にも適用されるが（船員5条）、本稿では使用者を船舶所有者に限定して論じる。

12) 同1条では「西洋形商船……ニ於テ海員ヲ雇入又ハ雇止ヲ為ス時ハ総テ此規則ノ條款ニ準拠スヘシ」と定める。

13) 濱口・前掲注（1）159頁。

14) 31条は船員法の強行的・直律的効力について、32条は雇入契約締結前の書面交付説明義務について、33条は賠償予定の禁止について、34条は貯蓄金の管理等について、58条は歩合報酬について、84条は未成年者の行為能力について、そして、100条は就業規則の最低基準効について規定されている。裏を返せば、これらの規定以外の雇入契約については予備船員の雇用契約は含まれないこととなる。

15) 照井・前掲注（5）71頁。

16) 神戸大学海事科学研究科海事法規研究会編著『概説海事法規（改訂版）』〔根本到〕（成山堂書店、2015年）92頁。古くは、無知の海員に対し契約の条項を熟知させ、もって船員の保護を図るために設けられたものと説明されてきた（松本烝治『海商法（第25版）』（有斐閣、1930年）95頁）。なお、届出（公認）が行われなかった場合の雇入契約の効力について、通説は、あくまで公法上の手続問題であって、私法上の効力に何らの影響を及ぼさないとする（小町谷操三『海商法要義　上巻』（岩波書店、1932年）218頁、住田正二『船員法の研究』（成山堂書店、1973年）162頁、大判明41・10・6民録14輯20巻958頁も参照。反対、藍田環『船員論』（厳松堂書店、1911年）177頁、土井智喜『日本海運と船員』（成山堂書店、1959年）137頁）。

17) 山戸嘉一「船員の労働関係」日本労働法学会編『労働法講座 第6巻 労働法特殊問題』（有斐閣、1958年）1502頁、照井・前掲注（5）71頁図参照。

18) 松本・前掲注（16）95頁、森清『海商法原論（全訂改版）』（有斐閣、1941年）119頁。

19) 石井・前掲注（2）180頁、田中誠二『海商法詳論（増補3版）』（勁草書房、1985年）208頁。なお、山内忠吉「船員の雇入契約と雇用契約」労働法律旬報253号14頁（1956年）は「互に関連する二つの契約が併列する」と述べる。

20) 武城・前掲注（3）111-112頁。

21) 谷川久「長崎地判昭和30年10月14日判批」我妻栄編集代表『海事判例百選（増補版）』（有斐閣、1973年）61頁。

22) 住田・前掲注（16）153-154頁。

23) 山戸嘉一『船員法——解説と研究』（海文堂、1954年）87頁、89頁、中村眞澄・箱井崇史『海商法（第2版）』（成文堂、2013年）138頁。

24) 調査官解説においても同様の指摘がなされている（白石健三「最判昭和36年2月9日判解」最高裁判例解説民事編（昭和36年度）30頁（1962年））。

25) 実際、国土交通省作成の雇入等届出書の雛形では、雇止め理由に「有給休暇」が存在する（http://wwwtb.mlit.go.jp/shikoku/content/000003417.pdf, last visited 10/05/2018）。

26) 濱口・前掲注（1）171頁は、雇入契約の一環として有給休暇制度があるにもかかわらず、その有給休暇を取っている者はその外枠におり、雇入契約を雇止められた者として扱うのは奇妙であるとしつつ、船員の世界ではそういうことになっているとしかいいようがないと述べる。

27) 住田・前掲注（16）238-240頁。

28) 武城・前掲注（3）112頁参照。また、従来の行政解釈によれば、①新船舶の艤装員及び出勤・自宅待機員の者、②特別休暇等の者、③傷病員及び療養休暇中の者、予備船員制度をもたない機帆船等において、雇用関係が成立してから、船名、職種、乗船日時及び場所等を明示した具体的乗船指図に対する応諾があった時までの者を予備船員としている（昭和38年6月1日員基95号参照）。

29) 当時は、二重契約構造として把握すると、予備船員の雇用契約については船員法上の保護が与えられないことを理由に、疑問を呈する見解もあったが（久保敬治「最判昭和36年2月9日判批」民商法雑誌45巻3号（1961年）22頁、早稲田大学大学院労働法ゼミナール「東京地判昭和31年9月24日判批」季刊労働法23号（1957年）74頁以下参照）、現在では雇用契約と労働契約は同一のものと考えられ（土田道夫編『債権法改正と労働法』〔水町勇一郎〕（商事法務、2012年）15頁）、また予備船員も労契法上の労働者であると考えられることから、基本的には同法上の保護等が与えられよう。

30) ただし、実際には、もともと解雇法理は権利濫用の法理（民1条3項）を応用したものであることに鑑みれば（菅野和夫『労働法（第11版補正版）』（弘文堂、2017年）737頁）、予備船員の解雇についても解雇法理が適用されることになったであろう。

31) 予備船員制度の歴史的変遷については、主として、海事産業研究所『船員雇用の研究』（海洋産業研究所、1979年）1頁以下、小門和之助「予備員制度の理論的考察」『船員問題の国際的展望』（日本海事振興会、1958年）333頁以下、山本泰督「予備員制度にかん

する一考察」国民経済雑誌103巻 3 号（1961年）61頁以下、小林正彬『海運業の労働問題』（日本経済新聞社、1980年）79頁以下、小林正彬『戦後海運業の労働問題』（日本経済評論社、1992年）122頁以下、濱口・前掲注（1）161頁以下を参照した。

32) 山本・前掲注（31）61頁。

33) 同上63頁。

34) ボーレンとはボーディングハウスが訛ったもので、下船して無一文となった失業船員を下宿させ、乗船するまでの下宿料、食費、小遣いを貸し与え、乗船させた上は相当の紹介手数料にそれまでの貸金に高利を含めたものを、火夫長や水夫長を通じて給料から天引きするものである。なお、これに対抗する形で、海員掖済会が誕生したものの、掖済会の宿泊所の不人気により、ボーレンは第一次世界大戦後に最盛期を迎えた（濱口・前掲注（1）162頁）。

35) ボーレンの搾取的行為については、小門・前掲注（31）336頁参照。

36) 小林『海運業の労働問題』・前掲注（31）80頁。

37) ただし、船員自身の意識は属船主義が強かったとの指摘も見られる（海事産業研究所・前掲注（31）22-23頁、小林『海運業の労働問題』前掲注（31）87頁）。

38) 濱口・前掲注（1）166-167頁。

39) 同上168頁。

40) 小林『戦後海運業の労働問題』・前掲注（31）142頁、海事産業研究所・前掲注（31）95頁。

41) このことは、山戸・前掲注（23）42頁においても、労働協約において艤装員・待機員・休暇員を予備船員としたとしても、労働の実態から判断することを示唆している。

42) 土井智喜『海上労働講座』（成山堂書店、1967年）52-53頁参照。

43) 萩沢清彦「長崎地判昭和30年10月14日判批」我妻栄代表編集『運輸判例百選』（有斐閣、1971年）91頁、土井・前掲注（42）53頁参照。

44) 小林茂勝『新船員法の解説』（日本海事振興会、1947年）17頁。

45) 山戸・前掲注（23）41-42頁。

46) この時期における議論について、今成秀三郎「船員法の問題点（上）」海運292号35頁（1952年）参照。

47) 住田・前掲注（16）115頁。

48) 武城・前掲注（6）31頁参照。

49) 山戸・前掲注（23）86頁。

50) なお、このように雇用保障及び海上勤務と陸上勤務との異動との関係で、海上労働契約を二重契約であると捉える立場に対しては、他の見解でも整合的に解することができるのではないか、との疑問も生じうる。しかし、船員と予備船員制度を有している船舶所有者との間は一つの契約を締結しているにすぎず、法はあくまで船員の雇用関係のうち、特定の船舶における労務の提供をとらえて、この関係を雇入契約とし、その他を雇用契約として規制しているとする見解との関係では、そもそも予備船員制度を採用しているか否かによって構成を変える必要はないであろう。また、乗船中は雇入契約と名付けられているものの、それは雇用契約の内容が積極的に実現される一方、予備船員中についてはその履行をしなくてもよい履行停止の状態であると捉える立場との関係では、

陸上勤務の際には、少なくとも船舶所有者（使用者）に対して労務を提供しており、別内容の雇用契約を履行しているとみなす必要があるように思われる。

第 **II** 部

労働時間・内部告発・秘密保持から見た
労働契約論の再構成

強行法規の趣旨と賃金合意の効力

——定額残業代の有効要件を題材として——

淺野　高宏

1　はじめに

1　定額残業代の意義

　そもそも労基法37条は、労働者の時間外労働、休日労働、深夜労働（以下では総称して「時間外労働等」という。）について使用者に割増賃金の支払義務を課しているが、使用者が賃金計算の簡略化（労務管理上の便宜）を図る等の目的から、毎月一定時間までの時間外労働等の対価として（時間外労働がその一定時間に満たない場合でも）定額の時間外賃金を支払う旨を労働者と合意し又は就業規則でその旨を定めるという取扱いがなされることがある。このような取扱いを一般的に定額残業代あるいは固定残業代などと呼んでいる。定額残業代の支払方法には、基本給に時間外労働等の対価を組み込んで支払う「定額給制」と基本給とは区別された固定的な手当を時間外労働等の対価として設定する「定額手当制」とがあるが、以下では両者を総称した名称として、「定額残業代」と呼称する。

2　定額残業代の機能と弊害

　定額残業代は、一定の範囲で時間外労働等が恒常化していたり、実際の時間外労働等の時間数の確定が困難な場合に、使用者の労務管理上の便宜を図る制度として取り入れられてきた。たとえば、外回りの多い営業担当従業員に対して営業手当を支給することで時間外労働等の割増賃金の支払いに代えるといった取扱いである。もっとも、「この制度が、爆発的に利用され、これをめぐる紛争や裁判例が続出し出したのは最近のことである」と指摘されている（岩出

誠「みなし割増賃金をめぐる判例法理の動向とその課題」荒木尚志・岩村正彦・山川隆一編『菅野和夫先生古稀記念論集　労働法学の展望』（有斐閣、2013年）339頁以下[2]）。

　その背景には、①この制度により能力ある労働者は、早く仕事を切り上げて一定の収入を得ることができること、②月額の固定給を見かけ上、相対的に高額（基本給とみなし割増手当が加算されて高額となる）に見せることにより、採用上の訴求力を高めるメリットがあること、③みなし割増手当で大方の残業等がカバーされている場合には、割増賃金清算事務の軽減を図ることができること、④みなし割増手当が、割増賃金の基礎から外れることにより、割増賃金の肥大化の抑制が図れることにあったと指摘されている（前掲岩出339頁）。

　しかし、定額残業代が「爆発的に」広まったのは、何時間働いても定額で設定された範囲でしか割増賃金を支給せず、あたかも割増賃金の上限を画する手当として位置付けて（いわば完全定額残業代制と呼ぶべきもの）、人件費抑制手段として利用されるようになったことが最も大きな要因であろう。

　こうした定額残業代の不適正な利用の在り方は、裁判例においても意識されるようになってきた。たとえば、ニュース証券事件（東京地判平21・1・30労判980号18頁）は「割増賃金を基準内賃金に含まれるとすると、通常の労働時間に対する賃金部分と割増賃金部分との比較対照が困難であり、労働基準法所定の割増賃金額以上の支払があるのかどうかの判断が不可能であるため、労働基準法37条の規制を潜脱するものとして違法であると一般に解されている」と指摘し、日本ケミカル事件控訴審判決（東京高判平29・2・1労判1186号11頁）では「いわゆる定額残業代の仕組みは、定額以上の残業代の不払の原因となり、長時間労働による労働者の健康状態の悪化の要因ともなるのであって、安易にこれを認めることは、労働関係法令の趣旨を損なうこととなり適切でない。」としている。加えて、あまりに長時間の時間外労働を前提とする定額残業代の合意をすることは、その運用状況も含めて考慮されたときに、合意の成立や有効性が否定されるリスクがあるという点も、裁判官の意識として広がってきている[3]。

　また労働事件専門部の裁判官の実感として、定額残業代に関しては就業規則等の規定面などが整理されてはいるものの、基礎賃金を最低賃金ギリギリの金額としたり、非常に長時間分の時間外手当として設定している事案、実際の勤

務状況に照らしても長時間労働を強いる目的で定額残業代を設定したとみられる事案、定額残業代込みの賃金であることを労働者が引くに引けなくなった雇用契約締結段階で初めて不意打ち的に明らかにする事案など不適切な利用例が散見されることから、その有効要件を厳しく考えるという立場への共感が吐露されている点は、定額残業代の有効性をめぐる論点や裁判例を検討する上でも有用な視点となる[4]。

3 定額残業代の「トリプルパンチ」[5]

ところで近時、割増賃金請求訴訟において定額残業代が裁判において争点化されることが多いが、その理由については次のように指摘されている。すなわち、「固定残業代が否定されると、使用者は残業代として支払ったとする弁済の主張はすべて認められないばかりか、労働者の主張する使用者にとって高い基礎単価を前提とした割増賃金の支払を余儀なくされ、さらには裁判所から労基法114条の付加金の支払を命じられる可能性もありうる[6]」ことから、定額残業代の有効性は労働者側にとっても、使用者側にとっても訴訟の結果に極めて大きな影響を与える問題であり、いきおいその有効性が大きな争点となる。こうした使用者が受ける不利益のリスクは、「残業代のダブルパンチ」や「トリプルパンチ」とも呼ばれ、労働法上のコンプライアンスリスクにつき注意喚起がなされている[7][8]。

2 定額残業代をめぐる最高裁判決の立場と論点の整理

1 最高裁の判断枠組み

定額残業代については、上述のように様々な問題やリスクも指摘されているところではあるが、その有効性については、リーディングケースとされる高知県観光事件（最二小判平 6・6・13労判653号12頁）以来、多くの裁判例が通常の労働時間の賃金に相当する部分と割増賃金に当たる部分とを判別することができること（以下「判別要件」という。）が定額残業代の有効要件であると判示し、テックジャパン事件・最一小判平24・3・8労判1060号5頁でも事例判断の中で判別要件が必要となる旨を判示した。そして、以下に述べるように、近時出

された一連の最高裁判決[9]において、一般論として判別要件が定額残業代の有効要件であることを明示し、この点は繰り返し確認されていることから、判別要件が定額残業代の有効要件であることは判例法理として確立されたといえよう。

　具体的には、国際自動車事件最判がこれまで事例判断として示されてきた定額残業代の判断基準を一般論として判示し[10]、さらに医療法人社団康心会事件最判は、定額残業代（歩合給組み込み型、基本給組み込み型）について、従来の最高裁判決を引用しつつ、予め割増賃金を基本給や諸手当（本判決では、これらを「基本給等」と総称している。）に含めて支払う方法が有効と言えるには、割増賃金にあたる部分が法定計算額以上でなければならず（以下「金額適格性」という。）、その検討の前提として、労働契約における基本給等の定めにつき、通常の労働時間の賃金に当たる部分と割増賃金に当たる部分とを判別することができることが必要である（判別要件）との規範を示した。

　これは基本給組み込み型だけではなく、別手当として定額残業代を支給する場合についても同様にあてはまる。なぜなら、医療法人康心会事件最判は予め割増賃金を基本給や諸手当に含めて支払う場合の要件として判別要件と金額適格性要件を判示したものと読めるし、別手当として定額残業代を支給するケースについて判示した日本ケミカル事件最判も、正面から判示はしていないものの、医療法人康心会事件最判を参照しながら、使用者は労働者に対し、雇用契約に基づき、時間外労働等に対する対価として定額の手当を支払うことにより、労基法37条の割増賃金の全部又は一部を支払うことができるとしているからである[11]。

　他方で、最高裁が割増賃金にあたる部分が法定計算額以上であるべきこと（金額適格性）を定額残業代の有効要件と位置づけているのか、また仮に有効要件であるとしても金額適格性要件が具体的に果たす機能やその違反の効果がどうなるのか明確でない点もある。そのため、現状では、金額適格性について最高裁において触れられてはいるものの、判別要件のように確立した判例上の要件とは一応区別しておくことが必要だろう。

　また、通常の労働時間の賃金に相当する部分とそれ以外とを判別するにあたっては、定額残業代が実質的に時間外労働の対価としての性格を有している

かという点も争点となっている（イーライフ事件・東京地判平25・2・28労判1074号47頁、DIPS（旧アクティリンク）事件・東京地判平26・4・4労判1094号5頁等）。

　使用者は、労働者に対し、雇用契約に基づき、時間外労働等に対する対価として定額の手当を支払うことにより、同条の割増賃金の全部又は一部を支払うことができるということは異論をみないが、ある手当が実質的にみて時間外労働の対価として設けられたものであるのかという点（「対価性」の要件）は判別要件の充足性判断の前提問題といえる。対価性について日本ケミカル事件最判は、「雇用契約においてある手当が時間外労働等に対する対価として支払われるものとされているか否かは、雇用契約に係る契約書等の記載内容のほか、具体的事案に応じ、使用者の労働者に対する当該手当や割増賃金に関する説明の内容、労働者の実際の労働時間等の勤務状況などの事情を考慮して判断すべきである」と述べており、対価性の認定判断の在り方について、①契約書への記載や使用者の説明等に基づく労働契約上の対価としての位置づけ、②実際の勤務状況に照らした手当と実態との関連性・近接性[12]といった一定の判断枠組みを確立しつつある[13]。

　加えて、定額残業代が法定割増賃金に満たない場合の差額分の支払義務を使用者において果たすこと（精算合意や精算実績）を、最高裁が定額残業代の有効要件とみているかについては見解が分かれている[14]。

2　判別要件の根拠（刑罰法規から労働時間規制の実効性確保の要請へ）

　さらに、医療法人康心会事件最判が判別要件の根拠を労基法37条の趣旨に求めた点も定額残業代の有効要件の解釈に一定の影響を与えることが予想される。

　すなわち、同最判の意義はいくつか指摘することができるが[15]、解釈論上最も注目すべき点は、判別要件が要請される根拠として労基法37条の趣旨を挙げた上、同条の趣旨に「時間外労働等を抑制」することが含まれるとした点にある[16]。

　従来、労基法37条の趣旨については、本判決が引用する静岡県教職員事件（最一小判昭47・4・6民集26巻3号397頁）は「労働時間の原則の維持を図るとともに、過重な労働に対する労働者への補償を行おうとするものである」として

いたところ、医療法人康心会事件最判では、さらに「時間外労働等（の）抑制」を挙げており、従前の最高裁の判断よりも一歩踏み込んだ判断を行った。[17]

　では、労基法37条の趣旨に「時間外労働等（の）抑制」が含まれることが明らかにされ、同条が使用者に対して「労働時間に関する同法の規定を遵守させる」ことを目的にしているとされたことの意義は何か。筆者は、次の4点が重要であると考える。

　第1に、労働条件の明示の程度や定額残業代についての労使の理解度が重要な争点となることである。なぜなら、過重な労働に対する労働者への補償を行うという観点からは、労働者自身が支給された給与の中に残業代が組み込まれていることやどの程度の時間外労働等の対価として支給されているのかが検証可能であること（具体的には、労働条件明示の程度や使用者からのわかりやすい説明等）が求められるし、時間外労働等の抑制の観点からは、使用者においても労働時間規制遵守に向けた真摯な対応（たとえば定額残業代の内容の周知等労働者への適正かつ的確な情報提供や日頃の労働時間の適正管理等）が求められるからである。

　特に後者の点では実際の時間外労働時間数がどの程度であるのかといった就労実態や労務管理の態様が同条の趣旨に適ったものとなっているかという点も議論されることになる。

　第2に、あまりに長い労働時間を想定した定額残業代が設定された場合には労基法37条の趣旨（時間外労働等の抑制により、使用者に労基法の労働時間規制を遵守させる）に照らして当該定額残業代の合意が無効あるいはそのような合意をしたとは認定できないなどとされる余地が生じ、そうした解釈上の根拠として労基法37条の趣旨が重要な役割を果たす。

　かつて判別要件が要求される根拠は、支給されている割増賃金込みの賃金が法所定額以上の割増賃金を含むものか否かの取締上のチェックが不可能であってはならないという点に力点が置かれていたようであり、[18]これは判別要件の根拠を労基法の取締法規ないし刑罰法規としての性格に求める立場と評することができる。[19]

　判別要件が要求される根拠を労基法の刑罰法規としての性格に求めると、判別要件の充足性は刑罰法規違反の有無の判定に重きが置かれ、判別の在り方も

やや形式的あるいは硬直的にとらえられがちになる。また、割増賃金規制との関係では、結果として割増賃金の不払いという違法な結果が生じているかどうかが重視されるために差額精算の点が重く評価されやすいといえよう。

これに対して医療法人康心会事件最判のように判別要件の根拠を労基法37条の趣旨に求めると、類推適用を許さない刑罰法規の解釈とは異なり、法規の趣旨を勘案しつつ適合的な解釈を行うという民事的な解釈基準にシフトすることとなり、判別要件の充足性評価が刑罰法規違反の有無の判定に比べれば、やや柔軟になるといえる。

しかし、他方で、時間外労働を抑制する労基法37条の趣旨を踏まえて判別要件を理解するならば、労働契約締結時の説明内容や労働条件明示の在り方、労働時間を中心とした労働実態が労働時間規制に適合しているか、さらには労働契約締結後の使用者の労務管理の状況といった多様な要素の総合判断が可能となり、かえって判別要件の充足性の判定要素が多岐にわたることになり、定額残業代の有効性の予見可能性は低くなることが予想される。加えて、労基法37条の趣旨に適合しているかどうかは総合判断になるため、時的にも労働契約の締結時はもとより、その後の契約の展開・変更の各過程を含めて総合判断する傾向が生じやすい。このことは労働者、使用者のいずれかにとって有利、あるいは不利であると一概には言えないだろう。同様に、判別の程度についても、総合判断ゆえに予測可能性が低くなり、使用者に厳しく判断される場合もあれば、労働者にとって厳しい判断となる場合も生じる。もっとも判別の程度については、割増賃金相当部分と通常の労働時間に対応する賃金によって計算した割増賃金とを比較対照することができるような定め方がされ、労働者において同条の要求する最低額が支払われているのかどうかを検証することが可能となっていることを要求するものであるというコンセンサスはあると思われ、画一的な基準を立てられないとしても、このような検証が可能な程度に労働条件を明示する必要がある。[20)21)]

また、第3に、立証との関係では、契約内容を探究する上で重要な、求人票の記載、[22)]労働条件通知書、労働契約書、就業規則の記載の検討が基本となる。これに加え給与明細の記載内容も参考にしつつ、これらの書証についての説明の程度も問題となる。加えて、口頭合意の場合には定額残業代についての説明

内容に加えて、書面化されなかった事情も検討すべきことになる。なぜなら、これにより使用者の労働時間規制遵守の姿勢の有無や程度が推認できることから、時間外労働等の抑制により、使用者に労基法の労働時間規制を遵守させるという労基法37条の趣旨の適合性を検討する上で重要な事情となるからである。

第4に、その他として、労基法37条の趣旨の適合性を検討する上では、使用者に労働時間規制を遵守する姿勢がみられるかという観点から、使用者と労働組合との間で定額残業代について取り決めをしている場合には労働協約の有無や労使協議の状況[23]、定額残業代を採用する必要性や合理性（業務の特殊性、実際の時間外労働等の実態）及び労働者側の定額残業代についての理解促進を裏付ける事情の有無（定額残業代の内容について説明を求めたり、内容を確認したことの有無とこれに対する使用者の態度等[24]）を踏まえる必要があろう。加えて、長時間労働抑止に向けた使用者の自助努力や精算合意ないし実績も間接事実として考慮していくことになろう[25][26]。

こうした使用者からの説明内容や態様、実際の就労実態（特に労働時間の長さ）等については、上述したとおり日本ケミカル事件最判が対価性の認定判断との関係で総合考慮的な判断枠組みを示している。同最判の対価性の判断基準が総合考慮式の基準となっているのも、判別要件の根拠が労基法37条の趣旨に求められ、ケースごとの事実関係を総合考慮した上で、労基法37条の趣旨への適合性を検討する必要があることと関連しているものと思われる。

3　検討を要する論点

以上のように、判別要件の根拠が労基法37条の趣旨に求められることを踏まえると多様な論点が生じることが予想されるが、近時は特に次の点で議論が深化している。

具体的には、①判別要件を備えるべき時期の問題、②定額残業代についての説明のあり方や判別の程度の問題、③定額残業代の金額に対応する労働時間数と合意の効力、④労働時間比例と定額残業代の効力、⑤定額残業代合意による時間外等の割増賃金請求権の放棄の肯否、といった問題である。これらの争点については、下級審の判断も分かれており、昏迷状態にある。以下では紙幅の

関係から①から③の各論点について裁判例の状況を概観し検討を行う。中でも
③の論点が本論文の問題関心の中心的テーマといえる。なお④及び⑤について
は判例について簡単に紹介するにとどめる。

3　①判別要件を備えるべき時期の問題

　まず①の問題について、最高裁は、「労働契約における基本給等の定めにつ
き」判別可能であることを要求していることから、労働契約における賃金の定
めとして、判別可能であるかどうかを問題にしている。そのため、契約上も支
給される賃金のうち、割増賃金部分とそれ以外とが区別して規定されているか
が問われることになる。そして、労働契約における基本給等の定めをめぐって
は、（ⅰ）労働契約において割増賃金を基本給等に含める合意が認められるか
という問題と、（ⅱ）割増賃金を基本給等に含める合意が存在することを前提
に労働契約成立時において判別要件を満たすか、が問題とされている。

　従来の裁判例でも定額残業代が労働契約の内容となり労働者に了解可能なも
のになっているかという問題意識は見られた。しかし、労働契約の成立時点を
時的要素として明確に意識して、上記（ⅰ）と（ⅱ）の問題を区別して論じて
はいなかったように思われる。

　たとえば藤ビルメンテナンス事件（東京地判平20・3・21労判967号35頁）は、
能力給を時間外割増賃金の趣旨で支給していたことが労働者に対して明示され
ていたかが争われた事案であるが、裁判所は次のように判示して就業規則や賃
金規程のみからは、能力給の中で時間外割増賃金分がいくら含まれるのかが明
示されていないとして定額残業代の有効性を否定した。「そもそも、給与条件
は労働者の最も重要な労働条件の一つであり、労働者が日々の勤務した労働の
対価として受け取るものであることからすると、自分の給与が月々の労働時間
数や作業量との関係でいくらになるのかを労働者自身が概括的にでも自覚・理
解できる程度に明確かつ一義的なものでなければならないものというべきであ
る。そのために、就業規則や賃金規程において使用者である会社の給与体系が
予め明示され、労働契約の内容となっているのが通常である。そして、月給制
の場合なら月々の給与明細等と上記賃金に関する規定とを照合してみて、当月

の労働時間数、そのうちの時間外労働時間、休日労働時間、深夜労働時間との関係で労働者の賃金がいくらになるのかを同人自身が概算でも分かる程度に明示されていることが求められる」。

　その理由は「**賃金の支払は債務者である使用者による契約の履行そのものであること**からすると、**債権者である労働者が能力給の中に時間外労働の割増分が仕組みとしてどのように含まれているのかは最低限理解できる程度に明らかにされていなければならない。**」という点に求めていた。

　そして、労働者にとって「能力給の中に時間外労働の割増分が仕組みとしてどのように含まれているのかは最低限理解できる程度」として想定される、具体的な説明の程度としては「使用者が労働条件の一つである賃金なり給与制度において、何から何まで説明あるいは周知徹底しなければ当該制度を有効に導入、運用できないというわけでは必ずしもない。」とし、「社会的実態としては、給与の制度自体は賃金規程等により理解できることを前提に、日々あるいは月々受領する給与明細を見ていくら支給されているか知ることができれば当面の労働の対価としての条件及び結果の提示に欠けることはないものと考えられているのが一般的であるかも知れない。」と判示した。

　そのため、労働者が「受け取る給与の内容・金額から賃金の支給条件の詳細にまでは給与明細等の内容において明示されていなくとも黙示には使用者との間で給与条件内容について合意が形成されているものとし、労働者が必ずしも計算式や係数等についてまで知悉している必要まではない」とし、「必要なら給与計算部署の担当に問い合わせるなりして詳細を知ることができるのであるから支給された金額について例えば**今月は自分が働いた時間数との関係で足りないのではないかと疑問を持てるかどうかおおよそにおいてチェックできれば問題は特にない**」と判示していた。しかし「少なくとも労働者が自分が当月働いた分についてどれだけの時間外労働がなされ、それに対していくらの割増賃金が出ているのかを概算的にでも有効・適切に知ることができなければ、労使の合意に基づいた労働条件の中身としての賃金なり給与条件の合意が成立したことにはならない」としており、明示や説明の時期は一先ず措くとしても、労使において契約上の債務の履行が適切に行われているかがチェックできる程度の明示や説明を行う必要性については意識されていたといえる。

そして、こうした判別可能性の程度に関しては、労働契約締結時における説明と締結後の説明のあり方をわけて考えることで、後述のように具体的な対応のあり方につき深化した検討が行われるようになっている。また、労働条件通知書や労働契約書の有無、就業規則や賃金規程等の人事労務管理文書の整備状況如何によっても判別要件の充足性を判断するにあたっての考慮要素が変わってくる。

4 ②─1 定額残業代についての説明のあり方

1 労働契約の締結時における定額残業代の説明

⑴ **人事労務管理文書がないケース**　労働者と使用者との間で、労働契約書、労働条件通知書その他の労働条件の内容を明確に示す書面は作成されていない事案で定額残業代の効力が問題となった、Apocalypse 事件（東京地判平30・3・9労経速2359号26頁）では「**原告らと被告との間で労働契約が成立したことに争いはないが、賃金の金額や計算方法を明示する労働契約書や労働条件通知書は作成されていない。このようなときは、求人広告その他の労働契約の成立に関して労働者と使用者との間で共通の認識の基礎となった書面の内容、労働者が採用される経緯、労働者と使用者との間の会話内容、予定されていた勤務内容、職種、勤務及び賃金支払の実績、労働者の属性、社会一般の健全な労使慣行等を考慮して、補充的な意思解釈で明示又は黙示の合意を認定して賃金その他の契約内容を確定すべきである。**」とした。同様に東京港運送事件（東京地判平29・5・19労判1184号37頁）も、原告が被告に対して残業代等を請求するにあたり、原被告間の労働契約の具体的内容が問題となり、上記と全く同じ判断基準に基づき定額残業代の合意の有無を認定している。人事労務管理文書が存在していない場合であっても、労使間で何の取り決めもなく働いて、労働者にとって毎月の賃金がどのような計算に基づいて支払われているのか全く見当もつかないという事態はそれほど多くはなく、詳細はよく理解できなくとも、労使間である程度の共通の認識が形成されているのが通常である。中小企業には労務管理が十分に行われていないものの、業種や職種、同業他社の賃金の定め方、勤務実態や賃金の支払実績等から一定の残業代を含めた賃金であること

が労使の共通認識であったといえる場合も存在する。こうした「共通理解」を何かしらの書面や採用経緯、会話内容、担当業務・職種、労働者の属性や労使慣行等を踏まえて検討することこそが重要であり、単に、労働契約書や労働条件通知書の記載のみで定額残業代の判別要件の充足性を判断することはできない。もっとも、こうした「共通理解」の主張立証責任は、労基法15条の趣旨や労契法4条1項を踏まえると使用者側で果たすべきであろう。

　他方で、Apocalypse事件では、給与明細書での「基本給」「皆勤手当」「技能手当」「定額残業手当」「家族手当」の区分は、「既に労働契約が成立して、労働条件が確定し、実際の勤務も始まった後に被告が一方的に決定したものに過ぎないから、労働条件を変更する効力を有するものではなく、「定額残業手当」の区分を設けることで所定労働時間内の勤務に対応した賃金を実質減額し、その分を残業代に振り替えることは許されない。労働契約の定めによる区分ではないから、明確区分性の要件を満たすことにもならない。」とした。この判示は、定額残業代についての労使の共通理解があるとは言えない中で、給与明細のように既に労働契約関係が展開した後に作成、交付されるようなもので説明を行っても時機を失しているということを示唆するものであり、労働契約成立段階での労働条件の説明の重要性も示している。あくまで重要なのは定額残業代を労使で明示又は黙示に合意していたという実態にあったか（労使の共通理解がどうだったか）という点にあり、事後にアリバイ的に人事労務管理文書の記載や体裁を整えただけでは、定額残業代の有効要件は満たされないといえる。

(2)　**人事労務管理文書が存在するケース**　　この点、鳥伸事件（大阪高判平29・3・3労判1155号5頁）は、雇用契約書には「月給250000円残業含む」と総額が記載されているのみで、その内訳が明らかにされていないから、これをもって残業手当が想定した時間外労働時間を示した記載であるとは認められないとし、労働契約時において、給与総額のうち何時間分の割増賃金代替手当が含まれているかが明確にされていたとは認められないとして、判別可能性がないとした。なお、「青少年の雇用機会の確保及び職場への定着に関して事業主、特定地方公共団体、職業紹介事業者等その他の関係者が適切に対処するための指針」（平27・9・30厚労省告示406号）、「求人票における固定残業代等の適切な記

入の徹底について」（平26・4・14厚生労働省職業安定局　各都道府県職業安定部長宛事務連絡）では、定額残業代に関する求人票の明示及び記載の適正化を求め、定額残業時間数と金額の明示を求めている。鳥伸事件大阪高判は判別要件の充足性判断について、使用者に厳しい立場をとっているが、すでに指摘したとおり、最高裁（前掲日本ケミカル事件）は「雇用契約においてある手当が時間外労働等に対する対価として支払われるものとされているか否かは、雇用契約に係る契約書等の記載内容のほか、具体的事案に応じ、使用者の労働者に対する当該手当や割増賃金に関する説明の内容、労働者の実際の労働時間等の勤務状況などの事情を考慮して判断すべきである。」としており、日本ケミカル事件最判を前提とすると、鳥伸事件大阪高判よりは柔軟な解釈も許容されるように思われる。もっとも、日本ケミカル事件最判が判示した要素は契約締結段階において使用者が定額残業代についてどのような点に留意して説明すべきかを考えるにあたって重要であり、人事労務管理文書がある場合であっても、文書の記載のみならず、使用者の説明や実際の勤務状況に照らした手当と実態との関連性・近接性といった観点からも判別要件の充足性の有無を判断すべきであるということを忘れてはならない。

　さらに、定額残業代の条件明示のあり方については、時間外労働を抑制する労基法37条の趣旨を踏まえて判別要件を理解するならば、割増賃金相当部分と通常の労働時間に対応する賃金によって計算した割増賃金とを比較対照することができるような定め方がされ、同条の要求する最低額が支払われているのかどうかを検証することが可能となっていることという要請を満たす程度に労働条件を明示する必要がある。

　この点は上記藤ビルメンテナンス事件東京地判が指摘しているように**給与条件について労働者が概括的ではあれ自覚・理解できる程度の明確かつ一義的な説明**が要求されているといえよう。その理論的根拠は、労基法37条の趣旨と労基法24条の趣旨に求められる。なぜなら賃金については労基法24条が賃金全額払いの原則を定め労働者が労働の対価を余すところかなく確実に受領できるように規制しており、労基法37条は割増賃金の支払を使用者に義務づけることで長時間労働を抑制し労働時間規制を遵守させ、労働者への金銭的な補償を行うという企図していることを踏まえると、使用者には労働契約に伴う信義則上の

義務として、割増賃金の支払が完全かつ確実に実行されるような対応（説明や体制整備など）が求められるはずだからである。[27]そのため信義則（労契法3条2項及び4項、4条1項）に則り、労働者が従事する職種・勤務内容、労働者の属性、社会一般の健全な労使慣行等を考慮し、わかりやすい説明が求められる。

また日本ケミカル事件最判の判示を踏まえると、労働契約締結後の事情や精算合意ないし実績も、実際の労働時間等の勤務状況と定額残業代に組み込まれた時間外労働時間数とのかい離の有無や程度を検証する間接事実として考慮していくことになろう。

2　労働契約の変更時における定額残業代の説明

就業規則や労働契約において「残業代は基本給に含む」、あるいは「残業代は月額給与に含む」との規定があり、使用者としては定額残業代を支給しているつもりになっていたところ、労働基準監督官による行政取締が行われ、判別要件を満たさないとして使用者に対して、割増賃金の支払及び労働時間管理に関する取扱いについて是正勧告がなされるという例は少なくない。また残業代請求訴訟等で裁判所から判別要件の不充足を指摘されて和解を促されたり、定額残業代の有効性を否定する判決が出されることもある。こうした場合、是正勧告や裁判所の心証開示ないし判断を受けたことを契機に、会社自ら又は弁護士や社会保険労務士に依頼して、就業規則及び賃金規程又は労働契約書の見直し等を行う例がみられる。これは基本給組み込み型に限らず「○○手当は、固定残業代として支給する。」といった定額手当型の場合も同様にあてはまる。

では判別要件の不充足を補正する目的で定額残業代に関する労働契約の定めや就業規則又は賃金規程の条項を変更する場合、使用者にはいかなる説明や手続きが求められるのか。

リーディングケースとしては、ワークフロンティア事件（東京地判平24・9・4労判1063号65頁）がある。同事件は、定額給制を採用していた会社（Y）において判別要件の不充足を労働基準監督官から指摘され是正勧告を受けたことを契機に、社会保険労務士に就業規則及び賃金規程の見直し業務等を依頼したというケースである。規定変更に際してYから労働条件通知書を提示したところ、当該通知書には基本給の項目に賃金額が明記されるとともに基本給には

「※時間外労働45時間分の固定割増賃金」として一定額が含まれている旨の記載があり、さらに同書面の最下段には「上記の労働条件に同意します。」と記載されていた。原告となった労働者ら（Xら）は一部の者を除き、Yから求められるがままに労働条件通知書に署名しこれを提出したが、後日、賃金について労働条件通知書に署名したとしても固定割増賃金に関する合意は無効であることなどを主張して本訴訟提起したという事案である。なお同事件では、その他に過去の割増賃金の清算条項の有効性（割増賃金請求権の放棄の意思表示の有効性）も問題となった。

　裁判所は、労働条件通知書記載のとおり、基本給の中に固定割増賃金を含める旨の個別合意が成立しており、かつ、それらの個別合意は有効であると解するのが相当であるとした。

　しかし、近時の裁判例の中には、定額残業代の定めの変更に関しては、労働者が自由意思により合意したと認めるに足る合理的理由の客観的存在を要求したり、就業規則の不利益変更法理（労契法10条）を厳格に適用しているものがみられる[28]。特に定額残業代導入に労働者が同意したかどうかが問題となる場合には、山梨県民信用組合事件（最二小判平28・2・19労判1136号6頁）の判断枠組みを用いて、定額残業代についての条件内容が記載された書面（雇用契約書や雇用条件通知書など）に使用者から求められるままに労働者本人が署名押印しただけで定額残業代の有効性を認めるのではなく、具体的な不利益の有無及び程度、変更内容について正確かつ適切な説明や情報提供がなされているかという点を慎重に判断する傾向にある[29]。

5　②―2　定額残業代の判別の程度

1　基本的な視点

　定額残業代の判別の程度については、割増賃金を基本給や諸手当に含める合意があることが前提となり、このような合意を認定できるかが第一のポイントとなる。この点は前掲藤ビルメンテナンス事件東京地判が判示していたように、「少なくとも労働者が自分が当月働いた分についてどれだけの時間外労働がなされ、それに対していくらの割増賃金が出ているのかを概算的にでも有

効・適切に知ることができなければ、労使の合意に基づいた労働条件の中身としての賃金なり給与条件の合意が成立したことにはならない」という視点に依拠して判断していくのが合意の成否の問題処理として妥当といえる。

そして、第二のポイントは、一応、割増賃金を基本給や諸手当に含める合意があることを前提としても、さらに判別の程度が判別要件を満たすか否かの指標をどのように考えるべきかという点である。これは主に時間外労働時間数や定額残業代の金額内訳の明示の要否と関連して議論されている。

最高裁の確立した判例法理に照らして、おそらく異論をみないのは、判別要件が労基法37条の趣旨から導かれ、それゆえに割増賃金相当部分をそれ以外の賃金部分から明確に区分することができ、割増賃金相当部分と通常の労働時間に対応する賃金によって計算した割増賃金とを比較対照することができるような定め方がされ、同条の要求する最低額が支払われているのかどうか検証することが可能となっている必要がある（計算可能性）という点だろう。[30]

2 判別の程度に関する裁判例

問題は計算可能性の前提となる時間単価の算出の関係で、定額残業代に含まれる割増賃金の種類及び時間数の特定、さらには計算式の明示といったことが求められるのかという点である。前掲テックジャパン事件最判の櫻井補足意見では、判別要件の充足のために支給対象となる時間外労働時間数と、残業手当の額が労働者に明示されることを要求し、アクティリンク事件（東京地判平24・8・28労判1058号5頁）は、諸手当の形で定額残業代を支給することが許されるのは①実質的にみて、当該手当が時間外労働の対価としての性格を有していることはもちろん、②支給時に支給対象の時間外労働の時間数と残業手当の額が労働者に明示され、定額残業代によってまかなわれる残業時間数を超えて残業が行われた場合には別途清算する旨の合意が存在するか、少なくともそうした取り扱いが確立していることが必要不可欠とした。[31]

もっとも近時公表されている裁判官執筆にかかる文献では、この問題は基本給組み込み型の定額給と諸手当の形で支給する手当型に区分して、判別の程度に差を設けているようである。すなわち、定額給の場合には、定額給の固定残業代に含まれる割増賃金の種類及び時間数の特定が割増賃金が支払われている

か検証できる程度に労働条件が明示されている必要性の観点から最低限必要に
なる（山本デザイン事務所事件・東京地判平19・6・15労判944号42頁、ファニメ
ディック事件・東京地判平25・7・23労判1080号5頁）が、支給時ごとに支給対象
となる時間外労働の時間数及び残業手当の額を明示することを要求する必要は
ないとする。また「基本給30万円には、1か月20時間分の時間外労働分に対す
る固定残業代が含まれる」旨の就業規則上の規定が判別要件（明確区分性）を
満たすには、1か月の固定残業代分（割増賃金部分）を導き出す計算式が少な
くとも周知されていて、現実に、これに基づき賃金計算がなされていたような
事情を要するという見解も示されている。他方で定額手当の支給については主
に対価性の点が問題となり、判別の程度については「時間外労働、深夜労働及
び休日労働が単一項目の手当で支払われるとしても、法に定める割増率を基に
労基法所定の割増賃金が支払われているかは検証可能であり」、当該手当が時
間外労働、深夜労働又は休日労働のいずれの手当であって、どれだけの労働時
間数に対応するかの明示は定額残業代の有効要件とはならず、この点が定額給
制との違いであると指摘されている。

　裁判例でもX社事件（東京高判平28・1・27労経速2296号3頁）は、定額手当
制の固定残業代については、いわゆる定額給制の固定残業代とは異なって、計
算可能性及び明確区分性を確保するうえで時間外労働等の時間数を特定する必
要はなく、労基法37条が定額手当制の固定残業代の対象となる時間外労働等の
時間数を特定することを要請しているとは解されないとしている。

3　判別の程度の議論は労基法37条の趣旨を具現化する視点が必要

　この判別の程度に関する議論は、定額残業代の合意の成否という前提論点と
も関連するが、労基法37条の趣旨を踏まえた労働契約の修正的解釈が行われる
必要性があることに留意すべきである。そのため定額給制の場合は時間外労働
等の時間数を特定する必要があるが定額手当制の場合は一応明確に区分がなさ
れているので時間外労働等の時間数を特定は不要と単純に割り切ることはでき
ない。

　前述のように労基法37条の趣旨は、①時間外労働等を抑制し使用者に労働時
間規制を遵守させること、②労働者へ過重な労働を行ったことについて補償を

行うこと、であるとされている。

　後者（②）の観点からすると、前掲藤ビルメンテナンス事件東京地判が判示したように労働者において「必要なら給与計算部署の担当に問い合わせるなりして詳細を知ることができるのであるから支給された金額について例えば今月は自分が働いた時間数との関係で足りないのではないかと疑問を持てるかどうかおおよそにおいてチェックできれば問題は特にない」ともいえよう。しかも定額手当制については一応通常の労働の対価と区別した形で割増賃金が手当として設定されていることから、「給与の制度自体は賃金規程等により理解できることを前提に、日々あるいは月々受領する給与明細を見ていくら支給されているか知ることができれば当面の労働の対価としての条件及び結果の提示に欠けることはない」と見ることもできる。

　しかし、①の時間外労働等を抑制して、使用者に労働時間規制を遵守させるという目的に照らすと、定額給制か、定額手当制かで使用者に求められる労働法（労働時間規制）コンプライアンスの対応に違いがあるのか疑問である。特に働き方改革法に基づく労基法36条の改正により、36協定で定めなければならない事項が整理・追加され（改正労基法36条2項）、時間外労働の上限規制が全面的に見直されたこと、従前は労働時間を適正に把握管理すべき義務について法律上の直接の根拠規定がなく、通達（平29．1．20基発0120第3号『労働時間の適正な把握のために使用者が講ずべき措置に関するガイドライン』）を根拠として、使用者は労働時間把握の責務を負うとされてきたが、働き方改革法に基づく安衛法改正によって、2019年4月1日から、産業医による面接指導の前提として、事業者は、厚生労働省令で定める方法により、労働者（高度プロフェッショナル制度の対象者を除く。）の労働時間の状況を把握しなければならない（改正安衛法66条の8の3）と定められ、使用者の労働時間把握が法律上の義務となった評価できることを踏まえると、労基法37条はこうした労働時間規制を適正に遵守させるという趣旨を含むものと理解すべきだろう。そうすると、長時間労働を抑制し、労働時間の絶対的上限規制の枠内に時間外労働等がおさまるようにすることは使用者の義務であり、使用者も労働者も、何時間分の時間外労働等の想定された賃金体系が採用されており、賃金額と時間数の内訳が適正に配分されているのかという点の認識を共有することは労基法37条の趣旨に応える上で

必須の要件といえるだろう。労基法37条が強行法規として割増賃金規制を行っている趣旨には、労働者と使用者との間の情報力格差・交渉力格差の解消し、労働者の生命や健康に危険が生じるような合意を禁止することも含まれるはずである。[37]そのため、日頃使用者から指揮命令を受けて労務を提供するという労働者の従属性を踏まえ、交渉上の実質的な対等性を回復できるような配慮のもとに十分な労働条件明示及び情報提供がなされ、労働時間が適正に把握管理されることは不可欠の要請といえよう。こうした観点からは判別要件の充足に関しては、定額給制、定額手当制の支給方法にかかわらず基本的には時間外労働等の時間として賃金に組み込まれている労働時間数の明示や設定された賃金額の特定及び内訳の説明が必要であり、仮にそうした明示や特定が不十分である場合には、明示や特定が十分でなかったとしても労基法37条の趣旨を害さないような特段の事情を使用者側で主張立証していくことが求められると考えるべきであろう。

6   ③定額残業代の金額に対応する労働時間数と合意の効力

定額残業代の金額に対応する労働時間数があまりに多い場合に当該定額残業代に関する合意の効力については、裁判例では、その効力を否定するもの（ザ・ウィンザー・ホテルズ・インターナショナル事件・札幌高判平24・10・19労判1064号37頁、マーケティングインフォメーションコミュニティ事件・東京高判平26・11・26労判1110号46頁、穂波事件・岐阜地判平27・10・22労判1127号29頁等）と、労働時間数は定額残業代の効力に直接影響しないとするもの（X社事件（東京高判平28・1・27労経速2296号3頁、イクヌーザ事件・東京地判平29・10・16労経速2335号19頁等）がある。

こうした中で、イクヌーザ（東京高判平30・10・4労判1190号5頁）は原審東京地判を取り消した上で「固定残業代の定めの効力」について、次のように判示しており注目される。

　「本件固定残業代の定めは、基本給のうちの一定額を月間80時間分相当の時間外労働に対する割増賃金とすることを内容とするものである。ところで、…厚生労働省は、業務上の疾病として取り扱う脳血管疾患及び虚血性心疾患等の認定基準（平成22

年5月7日付け基発0507第3号による改正後の厚生労働省平成13年12月12日付け基発第1063号）として、発症前1か月間ないし6か月間にわたって、1か月当たりおおむね45時間を超えて時間外労働が長くなるほど、業務と発症との関連性が徐々に強まると評価できること、発症前1か月におおむね100時間又は発症前2か月間ないし6か月間にわたって、1か月当たりおおむね80時間を超える時間外労働が認められる場合は、業務と発症との関連性が強いと評価できることを示しているところである。このことに鑑みれば、1か月当たり80時間程度の時間外労働が継続することは、脳血管疾患及び虚血性心疾患等の疾病を労働者に発症させる恐れがあるものというべきであり、このような長時間の時間外労働を恒常的に労働者に行わせることを予定して、基本給のうちの一定額をその対価として定めることは、労働者の健康を損なう危険のあるものであって、大きな問題があるといわざるを得ない。そうすると、実際には、長時間の時間外労働を恒常的に労働者に行わせることを予定していたわけではないことを示す特段の事情が認められる場合はさておき、通常は、基本給のうちの一定額を月間80時間分相当の時間外労働に対する割増賃金とすることは、公序良俗に違反するものとして無効とすることが相当である。」

そして同判決では規定ぶりも現実の勤務状況も月間80時間に近い長時間労働を恒常的に行わせることが予定されていたとして、本件固定残業代の定めは、労働者の健康を損なう危険のあるものであり、公序良俗に違反するものとして無効とすることが相当であるとした。

さらに、会社側が、本件定額残業代の定めが公序良俗に反すると判断される場合であっても、月45時間の残業に対する時間外賃金を定額により支払う旨の合意があったと解することが当事者の合理的意思に合致する旨主張した点については「実際に、本件雇用契約の締結から控訴人の退職に至るまでの間に、控訴人と被控訴人との間で、月45時間の残業に対する時間外賃金を定額により支払う旨の合意がされたことを基礎付けるような事情は何ら認められないのであって、本件告示において、労働基準法36条1項の協定で定める労働時間の延長につき、1か月につき45時間の限度時間を超えないものとしなければならないこととされていることを踏まえても、被控訴人主張のような合意についてはこれを認定する根拠に欠けるというほかなく、同主張を採用することはできない。また、本件のような事案で部分的無効を認めると、…控訴人が主張するとおり、とりあえずは過大な時間数の固定残業代の定めをした上でそれを上回る場合にのみ残業手当を支払っておくとの取扱いを助長するおそれがあるから、

いずれにしても本件固定残業代の定め全体を無効とすることが相当である。」
とした。この点は前掲ザ・ウィンザー・ホテルズ・インターナショナル事件札
幌高判のように過大な時間数の固定残業代の定めを45時間分の定額残業代とし
て限定解釈するという立場を採らないことを明言したものといえる。

　固定残業代の金額に対応する労働時間の多さを問題視し、その効力を否定す
るアプローチとしては、①固定残業代の合意そのものを不合理な合意であると
して、その存在を認定できないとすること、②固定残業代の合意の存在自体は
認めるが、不合理な時間数の部分の合意は認められないので、結局、何時間分
の合意であったのか認定できないとすること、③その時間数と本給部分が最低
賃金に近いなどの過小さを認める事情と併せて、労基法37条の潜脱として合意
を無効とすること、④端的にその時間数が過労死などの健康を損なう可能性が
高まる時間数であることを取り上げて、合意を民法90条に違反するとして無効
とするなどの手法があると整理されている。

　医療法人社団康心会事件最判が判示した労基法37条の趣旨（長時間労働を抑制
し、使用者に労働時間規制を遵守させる）を踏まえると、あまりに多い時間数を見
込んだ定額残業代の効力は否定すべきという方向になるものと思われる。他
方、これに対しては現実に定額残業代に含ませた時間どおりに労働をさせるこ
とは意図しておらず、給与額の補塡等を考えての合意であるから、時間数の多
さを問題とすることは適切ではないという批判もあろう。しかし労働者にして
みると、定額残業代において想定されている労働時間数の労働が求められてい
ると理解し、直属の上長もそのような理解のもとで業務指示をすることが想定
される。したがって、あまりに多い時間数を見込んだ定額残業代は労基法の労
働時間規制の趣旨には合致しないし、労基法改正により時間外労働についての
絶対的上限規制が取り入れられたことで、イクヌーザ事件東京高判の判示が前
提とする労働時間規制の法的基盤が強固に整備された。こうした状況のもとで
は、今後、益々強行法規ないしその趣旨が労働契約（賃金合意）の効力にどの
ような影響をもたらすのかという点は重要な解釈上の論点になることが予想さ
れる。また、その際に、適用される条文は民法90条（公序良俗違反）なのか、
労基法13条（強行的直律的効力）から直截的に合意の効力を否定することになる
のではないかという点も検討課題となる（後述の割増賃金債権放棄の合意を否定す

る医療法人康心会事件（差戻後）控訴審の判旨が参考となる）。また多くの場合は賃金規程において定額残業代を定めて、これが労働契約の内容となっていることを考えると、改めて労基法と就業規則法理における合理性（労契法7条）の解釈問題を検討する必要が生じているといえよう。その場合に、本論文で指摘してきた判別要件充足のための説明の在り方や情報提供の在り方が、就業規則の周知（労契法7条、労基法106条、労規則52条の2）や労働条件の明示・説明（労契法4条1項、労基法15条）の解釈にどう影響するのかも改めて問い直す必要がある。

7　④労働時間比例と定額残業代の効力

最高裁は、タクシー乗務員の歩合給から時間外・深夜労働等の割増賃金を控除し時間外・深夜労働等を行っても賃金が同額になる賃金規則の適法性が争われた事案において、①判別要件と②金額適格性要件を満たす必要があるとした上で、この点の審理を原審に差し戻した（国際自動車事件最判平29・2・28労判1152号5頁）。同事件において最高裁は「労働基準法37条は、労働契約における通常の労働時間の賃金をどのように定めるかについて特に規定をしていないことに鑑みると、労働契約において売上高等の一定割合に相当する金額から同条に定める割増賃金に相当する額を控除したものを通常の労働時間の賃金とする旨が定められていた場合に、当該定めに基づく割増賃金の支払が同条の定める割増賃金の支払といえるか否かは問題となり得るものの、当該定めが当然に同条の趣旨に反するものとして公序良俗に反し、無効であると解することはできないというべきである。」と判示していた。差戻控訴審では、本件賃金規則は①判別要件、②金額適格性要件をともに満たすとともに、労基法37条の趣旨に反するものではないとした（国際自動車（差戻審）事件・東京高判平30・2・15労判1173号34頁）。この点については学説上、差戻控訴審の判断に対する批判も強く、いまだ議論が流動的であり、差戻後控訴審についての上告審の判断が待たれるところである。

8　⑤定額残業代合意による時間外等の割増賃金請求権の放棄の肯否

　賃金請求権の放棄については労働契約に基づく賃金請求権の放棄と、労基法等強行法規に基づいて発生した賃金請求権（たとえば労基法37条に基づく割増賃金請求権）の放棄の２種類があり、前者については使用者のプレッシャーにより労働者の利益が害されるおそれがあるし、後者については、これに加えて強行法規が保障しようとした法の趣旨も損なわれるので慎重な対応が必要であると指摘されている。従来、既発生の賃金債権の放棄については北海道国際航空事件・最判平15・12・18労判866号14頁が、放棄の意思表示が労働者の自由な意思に基づくことが明確でなければならないとしており（結論として否定）、前掲テックジャパン事件最判の傍論では、労働者の自由意思に基づく将来の割増賃金請求権の放棄も理論的にはありうるという判示がみられた（結論として否定）。

　確かに賃金（退職金）債権を放棄する旨の意思表示の有効性が争われたシンガー・ソーイング・メシーン（最判昭48・1・19民集27巻1号27頁）事件において、労働者の当該意思表示が「自由意思に基づいてされたものであると認めるに足りる合理的理由が客観的に存在」することが必要であるとされている。もっとも、当該事案は退職時において退職金規定を根拠として一回的に生じる退職金債権についての判断であり、労基法37条を根拠とする賃金債権の放棄をも射程範囲とするかは疑問である。またより根本的な問題としては、労基法37条によって認められる割増賃金請求権の一部放棄の合意を予め労働者の自由意思を媒介として認めてよいかという問題もある。この点について医療法人康心会事件の差戻控訴審（東京高判平30・2・22労判1181号11頁）では割増賃金請求権の放棄を認めることは労基法13条の趣旨に反するとしており、妥当な見解といえよう。

9　おわりに

　定額残業代の有効性の問題は、使用者の賃金支払債務を確実に履行させると

いう要請と一歩間違うと労基法の規制の潜脱になりかねない危険をはらむ仕組みをどのように労働契約の内容に取り込むかが争点となっており、労基法という強行法規の趣旨を踏まえた合意の形成のあり方が問われている。したがって、この問題の検討にあたっては労働者と使用者との①交渉力格差・情報力格差、②労働者の賃金請求権の確保、③労働者の生命・健康の確保という視点が重要である。さらに労働時間規制の順守は労働者個人の問題にとどまらず職場全体の問題であることから職場全体の適正な就業環境確保の視点も要請される。

　上記の基本的視点に立ちつつ、契約の成立、変更において使用者の適切な対応が求められており、合意内容も労働者の納得を得られるよう正確な情報を適切に説明して労働条件を明示することに加えて、強行法規の趣旨に反しないような合理性（たとえば健康を害するような時間外労働を許容するような合意を認めない）が求められていると言えよう。

　さらに、前述のイクヌーザ事件東京高判のように、定額残業代合意内容が業務命令としての時間外・休日労働命令（労働者から見るとその義務）との関係でいかなる影響を持つかを踏まえて公序良俗違反（民法90条）が問われるということになれば、時間外労働命令の有効要件の解釈の見直しも同時に議論する必要がある。すなわち、日立製作所武蔵工場事件（最判平3・11・28労判594号7頁）は、就業規則の内容をなす36協定が時間外労働の上限を規定し、かつ、一定の事由を定めている場合につき、就業規則の合理性を認め、時間外労働義務を肯定している。これは就業規則上の規定が合理的なものであれば労働契約の内容になるとの判例（秋北バス事件最大判昭43・12・25民集22巻13号3459頁、電電公社帯広局事件最判昭61・3・13労判470号6頁、労契法7条参照）に従い、基本的には包括的同意説の立場を採用したものと理解されている。もっとも同判決は、36協定が時間外労働の時間を限定（延長する時間外労働時間は原則月40時間以内、緊急やむを得ず超過する場合の手続も規定）し、かつ、時間外労働事由を限定していた点を踏まえて、就業規則規定を合理的なものと判断している点に留意が必要である。近時の学説には、時間外労働義務について、36協定を前提に、判例のように時間外労働の内容の合理性を労働義務の発生要件と解しつつ「合理性」の内容を労基法36条の趣旨により合理的に限定しようとする見解もある

（土田道夫『労働契約法（第 2 版）』（有斐閣、2016年）327頁から328頁、土田道夫『労働法概説（第 4 版）』（弘文堂、2019年）131頁から132頁）。特に土田教授は「改正法36条の下では、同条が強行規定としての性格を有し、限度時間に適合しない36協定を無効とする効果を有することを前提に考えるべき」とされ、限度時間に適合しない違法な36協定を前提とする就業規則は、合理性の有無を問わず契約内容補充効を有せず、労働者は時間外労働義務を負わないとし、36協定自体は限度時間に適合し、適法に締結・届出されたとしても、実際の時間外労働命令が当該限度時間を超えて行われた場合は限度時間を超える時間外労働は契約上の根拠を欠き、労働者は労働義務を負わないと解されると述べている。この点については、日立製作所武蔵工場事件最判の第一審（東京地八王子支判昭53・5・22労判301号）が個別同意説の立場を否定しつつも、長時間労働抑制といった法定労働時間規制の趣旨を踏まえて36協定の要件を厳格に解釈し「三六協定で定める時間外労働の内容が一般的・抽象的であって、時間外労働をさせる必要のある具体的事由、労働に従事すべき時間、労働者の範囲、労働の内容等が明確ではなく、あるいは残業の具体的必要性が未だ発生していないのに、将来予想される事態を概括的網羅的に定め、協定の内容から労働者がいかなる場合にいかなる残業をなすべきであるのか、具体的に予測することが困難であって、**結局残業の必要性の有無あるいは残業の内容が使用者の判断に委ねられているような場合には労働基準法の趣旨に照らし、たとえ形式的には適法な三六協定が締結されていても個々の労働者に時間外労働に従事すべき雇用契約上の義務を生じさせる効力はないものと解するのが相当である。**」と判示していたことも参考となる。また改正労基法36条では、前述のように36協定を締結する際に、「事業場の業務量、時間外労働の動向その他の事情を考慮して通常予見される時間外労働の範囲内で」、上限時間を超えない時間を定めることが必要であり（改正労基法36条 3 項）、残業の有無や必要性について労働者の予測可能性を確保しようとしていることも、単純な包括同意説の妥当性が失われつつあることを示すものといえる。本稿では労基法37条の趣旨と定額残業代（賃金合意）の有効要件を中心に検討したが、この議論は今後、改正労基法の趣旨を踏まえた業務命令の根拠や効力（労働契約上の根拠及び効力）をどう理解するかという点にも波及していく可能性があるといえよう。

【注】

1) 白石哲「固定残業代と割増賃金請求」白石哲編著『労働関係訴訟の実務（第2版）』（商事法務、2018年）117頁、土田道夫『労働契約法（第2版）』（有斐閣、2016年）332頁等。

2) 木下潮音・小川英郎・山本圭子「早春鼎談　今後の労働時間のあり方」（労働判例1168号（2017年）5頁以下）の木下弁護士発言（35-36頁）でも大庄ほか事件（大阪高判平23・5・25労判1033号24頁）が出たころに、人手不足や採用の難しさと労働実態の過酷さとをある程度ドレッシングする形で高い給料で雇っているけれども、実は残業が長い業界が増え始めたこと、それ以前は事業場外労働のみなし労働時間制を先行的にやっている程度で、労使ともに満足しており、定額残業代に極端な時間外等の労働時間数を組み込むようなものではなかったとの指摘がなされている。

3) 髙田美紗子「合意による労働条件の変更(2)」須藤典明・清水響編『労働事件事実認定重要判決50選』（立花書房、2017年）73頁。

4) 西村康一郎「固定残業代の有効要件」須藤・清水・前掲注（3）178頁。

5) 同上171頁。

6) 白石・前掲注（1）118頁。

7) 須藤・清水・前掲注（3）171頁、同上118頁。

8) 木下・小川・山本・前掲注（2）木下弁護士発言（36頁）において、定額残業代制度は使用者にメリットがあるものとは言えず導入は勧めない旨が指摘されている。

9) 国際自動車事件・最三小判平29・2・28労判1152号5頁、医療法人社団康心会事件・最二小判平29・7・7労判1168号49頁。なお日本ケミカル事件・最一小判平30・7・19労判1186号5頁は医療法人社団康心会事件最判を労基法37条の趣旨及び定額の手当を支払うことで時間外労働手当の全部または一部を支払うことができるとする点でそれぞれ参照しており、基本的な判断基準としては同様の立場に立つことを明示しているように読める。

10) 竹内（奥野）寿「［労働判例研究］通常の労働時間の賃金算定における割増賃金における割増賃金相当額の控除の適否―国際自動車事件―最三小判平成29・2・28」ジュリスト1509号（2017年）116頁。

11) 定額の手当として定額残業代が支給される場合にも基本給組み込み型と同様に判別要件を必要とする下級審裁判例が示されていたが、その有効要件を明確に判断した最高裁判決はなかった（淺野高宏「最新判例からみる労働法重要論点　Ⅱ　定額残業代の適法性――テックジャパン事件ほか」法学教室（2017年）436号17頁）。

12) 水町勇一郎「［労働判例速報］定額残業代の割増賃金該当性の要件――日本ケミカル事件」ジュリスト1523号（2018年）5頁。同評釈では最高裁として本文に引用した①及び②を要件とする判断枠組みを提示したものであり、この判断枠組みによれば、契約書への記載や使用者の説明が不十分な場合は契約上の位置づけ要件（①）を欠き、また、手当の性質や額が時間外労働等の実態と関連・近接していない場合には実態要件（②）を欠くとして、割増賃金の支払とは認められないことになるだろうとしている。もっとも、最高裁が①及び②を定額残業代の有効要件として判示したとまで言えるのかは、さらに検討が必要なところだろう。筆者としては、原審が定立した判断枠組みが判別要件によ

らずに独自の厳しい基準を立てたことから、最高裁としては原審の基準がいささか硬直に過ぎることを指摘し、定額残業代として設定された手当かどうかの事実認定上の重要な判断の視点ないし考慮要素を提示し、原審の硬直的な基準に拘泥する必要がないことを確認したものと解している。

13) なお、日本ケミカル事件最判の示した判断枠組みが、これまでの判別要件とは異なる独自の判断基準を定立したり、判別要件を緩和するような判断基準を示したものと理解する必要はないだろう。この点は判別要件の前提問題（東京地判平30・9・10LEX/DB文献番号25561766）ないしは時間外等の割増賃金の対価として支給されていること（対価性）が明確に判別可能かどうかを検討する際の判断視角の一つとして理解すべきもの（たとえば、WIN at QUALITY 事件・東京地判平30・9・20労経速2368号15頁）と考える。

14) 白石・前掲注（1）122頁から123頁、國武英生「時間外労働手当——高知県観光事件」村中孝史・荒木尚志編『労働判例百選（第9版）』（有斐閣、2009年）80頁。なお阪急トラベルサポート（派遣添乗員・就業規則変更）事件（東京高判平30・11・15労判1194号13頁）は、最高裁は精算合意が固定残業代の有効要件であるとの判示はなされていないとの理解に立っている。

15) 淺野高宏「勤務医に対する残業代込みの年俸支給の有効要件～医療法人社団Y（割増賃金）事件・最二小判平29・7・7労判1168号49頁、判時2351号83頁、判タ1442号42頁、労経速2236号3頁～」法律時報1127号（2018年）136-139頁。

16) 本判決の意義について、労基法37条の制度趣旨を再確認し判別要件を当該制度趣旨の下に位置付けたことにあると分析する文献として、渡辺輝人「固定残業代に関する今後の実務のあり方——医療法人社団康心会事件・最二小判平二九・七・七の検討」労働法律旬報1893号（2017年）34頁から35頁。労基法37条の趣旨に時間外労働等の抑制が含まれることを明らかにした点に注目する評釈として、上記渡辺論文34頁、水町勇一郎「高報酬（年俸一七〇〇万円）の勤務医の定額残業代の労基法三七条違反性——医療法人康心会事件」判例時報2353号（2017年）167頁（判例評論708号19）、國武英生「年俸制の医師に対する割増賃金支払義務の有無——医療法人康心会事件」重判解説（2019年）223頁、中山慈夫「医師の高額な年俸に割増賃金を含めるための要件」労働法令通信2456号（2017年）30頁がある。

17) この点について、本判決が参照した最高裁判決から一歩踏み込んだ判示をしたと評釈するものとして、渡辺・前掲注（16）34頁、國武・前掲注（16）223頁。

18) 東京大学労働法研究会『注釈労働時間法』（有斐閣、1990年）509頁は、定額手当の場合は手当が基本給と分離されており、25％増以上の手当（法所定額以上の手当）が支給されているか否かのチェックが可能であるが、基本給組み込み型の定額給制の場合は当該定額給が所定何時間に対する基本給と、何時間の時間外労働に対する割増賃金を定めたものであるか不明であるために、当該定額給が法所定額以上の割増賃金を含むものか否かのチェックが不可能となる点で、定額手当にはみられなかった問題が存すると指摘している。ここでいうチェックの主体は明らかではないが、25％増以上の手当の支給のチェックを問題にしているところからすると、行政取締上の観点あるいは刑罰法規違反の有無のチェックという観点に重きを置いているようにも読める。少なくともチェック

の主体を労働者において未払割増分の有無を検証して時間外労働等の補償を請求できるように判別すべきであるという視点は希薄であったように思われる。

19) テックジャパン事件最判の櫻井龍子補足意見はこうした立場を端的に表しており、労基法の法定労働時間規制及び割増賃金規制に違反した場合に罰則が科せられていること（労基法119条1号）を指摘した上で、「使用者が割増の残業手当を支払ったか否かは、罰則が適用されるか否かを判断する根拠となるものであるため、時間外労働の時間数及びそれに対して支払われた残業手当の額が明確に示されていることを法は要請しているといわなければならない。そのような法の規定を踏まえ、法廷意見が引用する最高裁平成6年6月13日判決は、通常の労働時間の賃金に当たる部分と時間外及び深夜の割増賃金に当たる部分とを判別し得ることが必要である旨を判示したものである。」と指摘していた。

20) 佐々木宗啓ほか編著『類型別 労働関係訴訟の実務』（青林書院、2017年）128-129頁。

21) 手当として支給された定額残業代に時間外労働の時間数と残業手当の額が明示されていることが必要であるとするものとして、アクティリンク事件（東京地判平24・8・28労判1058号5頁）、イーライフ事件（東京地判平25・2・28労判1074号47頁）等がある。他方、定額残業代に時間外労働の時間数の明示は不要とするものに、X社事件（東京高判平28・1・27労経速2296号3頁）などがある。

22) 「青少年の雇用機会の確保及び職場への定着に関して事業主、特定地方公共団体、職業紹介事業者等その他の関係者が適切に対処するための指針」（平27・9・30厚労省告示406号）、「求人票における固定残業代等の適切な記入の徹底について」（平26・4・14厚生労働省職業安定局 各都道府県職業安定部長宛事務連絡）において固定残業代に関する求人票の明示及び記載の適正化を求めており、固定残業時間数と金額の明示を求めている。

23) 国際自動車（差戻審）事件（東京高判平30・2・15労判1173号34頁）では、賃金規定の合理性との関係で労使協議の状況等を認定しているが、この判断部分は判別要件との関係でも議論されるべきものと言えよう。

24) 国際自動車（差戻審）・前掲注（23）はタクシー事業の業態の特殊性を考慮している。また富士運輸（割増賃金）事件・東京高判平27・12・24労判1137号42頁は設定された運行手当と各種割増手当（定額残業代）が配送ルートごとで走行距離等を踏まえて金額を設定し、その点についての労働組合との協議状況や労働者側の知識・経験に照らした定額残業代についての理解も考慮した上で有効性を判断している。これらの判断は、労働時間数の明示の点よりも、業務の特殊性等を踏まえて合理的な金額として定額残業代が設定されているか、また、その点について労働者側に説明を十分行っていたか、労働者側でも内容を了解していたかを問題にしていると言える。

25) 労働安全衛生法66条の8、労働安全衛生規則52条の2・3等。各事業場に設置される労働時間設定改善委員会や安全衛生委員会により健康管理の観点から時間外労働等の縮減に向けた努力をしたり、事業場で法律上の義務よりも、より時間外労働等の縮減に向けた取り組みを行い、自主的に設定した時間外労働時間（たとえば月60時間など）を超えた場合に産業医への面接を促す等の措置をしていたといった事情の有無を念頭に置いている。

26) 定額残業代の精算合意ないし精算実績を有効要件とみる見解もあるが、本判決からは
そのように理解することは難しく、むしろ精算合意や精算実績の存在は使用者が労働時
間を適正に把握して労働時間規制を遵守しようとする使用者の姿勢の表れとして、労基
法37条の趣旨への適合性を肯定する方向での間接事実として位置付けることが妥当であ
ろう。

27) 労働者保護法規（強行法規）が労基法13条を介して労働契約の内容になること（労働
契約を規律すること）に伴って労基法の遵守義務に内在する義務が信義則上の義務にな
るという解釈を認めるものとして、土田・前掲注（1）340-342頁参照。具体的には、同
書16頁では、「労働保護法は、労働条件に関する使用者の恣意的決定を排斥し、労働条件
の最低基準を確保することによって、労働契約の適正な運営を促進する役割を営む。す
なわち、労働保護法は、労働者が保護法規制をバックに、よりよい労働条件を個別的・
集団的合意を用いて追求することを可能とする基盤を成すという意味では、労働契約の
適正契約規範であると同時に、交渉促進規範を提供する法と解し得る」とする。そして
同書340頁以下では、労働時間管理・把握義務を取り上げ、これは労基法上の労働時間規
定（労基法32条・35条）から生ずる労働契約上の義務であるとともに、信義則上、賃金
支払義務に付随する注意義務と構成することが適切であるとしている。この点について
は淺野高宏「労働時間管理義務に関する実務上の諸問題」小宮文人ほか編『社会法の再
構築』（旬報社、2011年）124頁以下も参照。

28) 労働者からの残業代請求に対して、会社が①雇用契約締結時から基本給額に割増賃金
が含まれていることについて原告の同意を得ていた、②就業規則変更も従来の運用を明
確化しただけに過ぎず、変更の際には説明会も開催し、原告も変更後の条件を記した雇
用契約書に押印しているとして残業代請求は認められないと主張したビーダッシュ事件
（東京地判平30・5・30労経速2360号21頁）では、契約締結時に交付された雇用通知書に
は「基本給400,000円（月額）」との記載しかなく、割増賃金に相当する額又は時間外労
働として想定されている時間数はもちろん、割増賃金が含まれていることすら記載され
ておらず、被告代表者自身も固定残業代は何時間分の残業を想定しているのかを意識し
ていなかったことから固定残業代制度に労働者が同意したとは言えないとした。その上
で、労働者が固定残業代制度を採用する新賃金体系（就業規則変更）に同意したかとい
う点については、社労士及び被告代表者は総支給額に変更はなく形式的に基本給が減少
するにとどまるという説明を行ったところ、これは割増賃金の基礎となる基本給が減少
し、発生した割増賃金についても固定時間外勤務手当分は既払となるので総額として支
給額が減少することがないという説明は誤りであるとした。そして、新賃金体系への変
更は、原告に著しい不利益をもたらすものであるところ、原告に対してなされた説明内
容は不正確かつ不十分なものであったことから、原告が本件雇用契約書（新賃金体系を
反映したもの）に押印したとしても、これが原告の自由な意思に基づいてされたものと
認めるに足りる合理的理由が客観的に存在したとは言えず、原告による有効な同意は認
められないとした。

　また、定額残業代の取りやめによる賃金の不利益変更を伴う労働契約変更の有無が争
点となったApocalypse事件（東京地判平30・3・9労経速2359号26頁）は労働者の同
意を慎重に判断すべきで当該行為が労働者の自由意思に基づくと認めるに足る合理的理

由が客観的に存在するか否かという観点から判断されるべきであるところ、こうした合理的な理由が客観的に存在するとは言えないとして変更合意の存在を否定している。

29)　たとえば、グレースウィット事件（東京地判平29・8・25労経速2333号3頁）では雇用契約書の内容では残業代を出向手当とは別途清算するとされ、そのような労働契約が成立しているとした上で、出向手当は定額残業代としての性質を有するとの会社の主張に対して、出向手当を固定残業代とすることは、従前、基本給及び出向手当から構成されていた所定労働時間の賃金を基本給のみに切り下げる労働条件の不利益変更に当たるから、その賃金減額が有効となるためには、労働者の同意があり、かつ、その同意が労働者の自由な意思に基づいてされたものと認めるに足りる合理的な理由が客観的に存在すること（労働契約法8条、最判平28・2・19民集70巻2号123頁参照）、又は従前の労働条件を変更する就業規則を労働者に周知し、かつ、その労働条件変更が合理的なものであること（同法10条参照）のいずれかを要するとした。その上で、就業規則の内容に加え、不利益変更の内容、その理由等に関する適切な説明や協議がされて、労働者が労働条件の不利益変更が生じることを正確に理解した上で、署名押印したことを示すなど、合理的な理由の客観的な存在を認めるに足りる的確な証拠はない。サインリストには、『私どもが会社の最新就業規則の内容について、会社の通知と説明を十分に受け、理解した上で了承しました。』との不動文字による記載があるが、これのみでは合理的な理由の客観的な存在を認めるには足りないとした。また労働条件変更の合理性を認めるに足りる主張立証もないとして、出向手当が固定残業代の性質を有するというに足る労働契約上の根拠があるということはできないと判示した。

30)　佐々木ほか・前掲注（20）127-128頁参照。

31)　同旨を指摘するものとしてイーライフ事件・前掲注（21）。判別要件（明確区分性）の程度に関する議論については淺野高宏「定額残業代の適法性──テックジャパン事件ほか」（法学教室436号（2017年）16頁以下）も参照。

32)　佐々木ほか・前掲注（20）128-129頁。

33)　白石・前掲注（1）133-134頁。

34)　佐々木・前掲注（20）129-130頁。また定額手当の場合に対価性が主な争点となることを指摘するものとして西村・前掲注（4）174-176頁。

35)　泉レストラン事件・東京地判平29・9・26労経速2333号23頁も同旨。また泉レストラン事件は「タイムカードを用いるなどして時間外労働等の時間数を正確に把握し、賃金の支給時にその時間数等を明示するような労務管理を行うことは望ましいとはいえるものの、そのような労務管理を行うこと自体が、固定残業代を有効たらしめるための要件を構成するとはいえない」とする。

36)　さらに進んで使用者には労働時間の適正把握・管理義務があるとの解釈が展開されてきたことについては前掲注（27）参照。

37)　労働法の強行法規性を基礎づける根拠の分析につき、水町勇一郎「強行法規はなぜ必要か？（下）──労働法における強行法規と自由意思」法律時報90巻9号（2018年）151頁以下。

38)　日本ケミカル事件・東京高判平29・2・1労判1186号11頁。

39)　マーケティングインフォメーションコミュニティ事件・東京高判平26・11・26労判

1110号46頁。

40) トレーダー愛事件・京都地判平24・10・16労判1060号83頁。この類型の延長として法律行為の一部無効の手法ないし合意の合理的限定解釈の手法により月45時間分の定額残業代の合意を認めたものとして、ザ・ウィンザー・ホテルズ・インターナショナル事件・札幌高判平24・10・19労判1064号37頁。

41) 穂波事件・岐阜地判平27・10・22労判1127号29頁、イクヌーザ・東京高判平30・10・4労判1190号5頁。

42) 佐々木・前掲注（20）132-133頁。

43) 大庄ほか事件・前掲注（2）は直属上司や労働者の理解を中心に定額残業代合意が実際の時間外労働指示に与える影響について考察している。

44) 水町・前掲注（37）153頁。

労働時間性判断をめぐる法的課題と社内規定

北岡　大介

1　問題の所在

　労働時間規制の中核たる労働基準法（以下、労基法）32条は、使用者に対し、1日8時間、週40時間の法定労働時間を超えて「労働させてはならない」という「不作為義務」を定め、罰則をもって義務付けている。この規制の例外として、労基法36条に基づく労使協定届（いわゆる36協定）の範囲内で法定時間外労働を命じうるが、当然に同延長時間数を超えて「労働させてはならない」。また労基法37条は法定労働時間を超えて「労働させた」場合、時間外割増賃金の支払い義務を課している。このように現行の労働時間規制は使用者に対し、労働させてはならないという「不作為義務」を課すことを規制の中核としているが、不作為義務を履行したか否かの判断をめぐり課題が多い。本稿ではこの不作為義務の履行に係る法的課題を確認した上で、同課題への対処として、労働時間性判断と社内規定との法的関係を明らかにすることを目的とする。

2　労基法32条等の労働時間性判断をめぐる法的課題

1　裁判例・行政通達における労働時間性判断の基準

　労基法32条、同37条における「労働時間」は、三菱重工業長崎造船所事件最高裁判決（最一小判平12・3・9労判778号14頁）において、以下の規範が示されている。「労働時間とは、使用者の指揮命令下にある時間のことをいい、使用者の明示又は黙示の指示により労働者が業務に従事する時間は労働時間に当たること」。その上で、労働時間性判断は「労働契約、就業規則、労働協約等の

定めのいかんによらず、労働者の行為が使用者の指揮命令下に置かれたものと評価することができるか否かにより客観的に定まるもの」であるとし、客観説を採用している。具体的なあてはめにおいては、「労働者の行為が使用者から義務づけられ、又はこれを余儀なくされていた」等の状況の有無等から、個別具体的に判断されることを明らかにしている。

　厚労省の行政解釈も同様の判断基準を示している。平成29年1月20日付け「労働時間の適正な把握のために使用者が講ずべき措置に関するガイドライン」（基発0120第1号）では「労働時間とは、使用者の指揮命令下にある時間のことをいい、使用者の明示又は黙示の指示により労働者が業務に従事する時間は労働時間に当たること。なお、労働時間に該当するか否かは、労働契約、就業規則、労働協約等の定めのいかんによらず、労働者の行為が使用者の指揮命令下に置かれたものと評価することができるか否かにより客観的に定まるものであること。また、客観的に見て使用者の指揮命令下に置かれていると評価されるかどうかは、労働者の行為が使用者から義務づけられ、又はこれを余儀なくされていた等の状況の有無等から、個別具体的に判断されるものであることを示したものであること」とする。

　最高裁判決および行政通達ともに、労働時間性判断の中核たる指揮命令下につき「労働者の行為が使用者から義務づけられ、又はこれを余儀なくされた」かどうか、個別具体的に判断することとするものである。この「義務づけ、又は余儀なくされたか否か」の判断は、場所的・時間的拘束の下、上長による指揮命令に基づき就労している工場での製造工程業務では極めて明瞭である。労基法32条の不作為義務を履行する際も、使用者は製造工程から、時間的・場所的に労働者を解放し、その他就労を命じないことをもって、同法上の義務は履行されたこととなる。

2　判例・行政通達にみる労働時間性判断基準と使用者の「指示」

　他方で、労働時間性判断をめぐり、問題となってきたのが、いわゆる「周辺時間」の取り扱いである。工場の製造工程業務においても、作業着・安全靴・安全帯などを適正に着用するための更衣時間、手待ち時間さらには研修に要する時間などの「周辺時間」が生じうる。このうち更衣時間が労働時間に当たる

か否かがまさに争われたのが、前述した三菱重工業長崎造船所事件最高裁判決に他ならない。同判決では「作業服及び保護具等の装着を義務付けられ、また、右装着を事業所内の所定の更衣所等において行うものとされていたというのであるから、右装着及び更衣所等から準備体操場までの移動は、上告人の指揮命令下に置かれたものと評価することができる」とし、使用者の「義務づけ」があったことを認め、労働時間性を認定した。近年、厚労省は前記ガイドラインにおいて、労働時間に該当する具体的な例として次の3例を挙げ、使用者に対し労働時間として取り扱うよう周知啓発・指導を行っている。

> ア　使用者の指示により、就業を命じられた業務に必要な準備行為等（着用を義務付けられた所定の服装への着替え等）や業務終了後の業務に関連した後始末（清掃等）を事業場内において行った場合
> イ　使用者の指示があった場合には即時に業務に従事することを求められており、労働から離れることが保障されていない状態で待機等している時間（いわゆる「手待ち時間」）
> ウ　参加することが業務上義務付けられている研修・教育訓練の受講や、使用者の指示により業務に必要な学習等を行っていた時間

　以上のとおり、三菱重工業長崎造船所事件最高裁判決および行政ガイドラインは、更衣時間等の労働時間性判断に際し、いずれも「義務づけ」「使用者の指示」が重要な考慮要素と挙げられているが、そもそも如何にして認定しうるのであろうか。

3　下級審裁判例における「更衣時間」の労働時間性判断

　前述した三菱重工長崎造船所事件最高裁判決以降、更衣時間の労働時間性が正面から争われる裁判例自体さほど多くないが、労働時間性を肯定するものと否定するものが見られ、事案ごとの判断がなされている。まず更衣時間の労働時間性を認めたものとして、ビル代行事件（東京地判平17・2・25労判893号113頁）がある。同事件は警備員として勤務する原告に対し、会社側が始業時刻前に朝礼の出席と警備員としてのユニフォーム着用を義務づけていたものであるが、判決では「始業時刻前に制服に着替えることを義務づけられていたこと、原告らは更衣に少なくとも5分間を要したことが認められる」とし、朝礼10

分、更衣時間5分の15分間について、別途労働時間であったことを認定した。同判断の前提としては、警備員として相応しい制服の着用と朝礼参加が厳格に義務づけられていたことがある。

その一方、更衣時間の労働時間性を否定した最近の下級審裁判例として、オリエンタルモーター事件（東京高判平25・11・21労判1086号52頁）がある。同事件は入社1年あまりで会社を退職した営業社員が残業代等の請求を行ったところ、判決では、まずICカードによる入退場記録は「施設管理のためのものであり、その履歴は会社構内における滞留時間を示すものにすぎず、同履歴により直ちに時間外労働が認められるものではない」とした。その上で事業所における着替えについては、「指定された更衣所で着用することが義務づけられていたと認めるに足りる証拠はない」（1審）、「被控訴人主張の着替え……が義務づけられていたことを認めるに足りる証拠はない」（2審）ことから、労働時間性が否定された。更衣所という場所が指定され、ここで制服の着用が義務づけられていない場合には前記判断と異にする場合がありうる。以上のとおり、事案ごとに「義務付け」の有無が客観的に判断され、労働時間性が決せられるものであるが、この「義務づけ」の有無は使用者からの明示の指示のみならず黙示によるものも含まれ[1]、その予測可能性は必ずしも明瞭とはいえない。

4　事務系労働特有の労働時間性判断判断の難しさ

また事務系労働の中には、所定労働時間中も時間的・場所的拘束が曖昧であり、業務遂行方法や時間配分を労働者本人に委ねる場合も見られる。そのことが典型的に問題となったものとして、ドリームエクスチェンジ事件（東京地判平28・12・28労経速2308号3頁）がある。同事件では、社内での私的目的を含むチャットが1日2時間程度に及び、その内容も会社の名誉毀損、パワハラ・セクハラ等、職場秩序を著しく乱す内容が含まれていた社員が終業時刻後の在社時間が労働時間であると主張し、残業代請求を行ったものである。所定外の私的チャット中の時間を含む労働時間性が認められているが、重要であるのがその判決理由である。同判決では同社における時間外労働につき「所属長（部長）への申請が不要という扱いをしており、残業することについて、何ら異議を述べていないことからすれば、居残り残業時間については、黙示の指揮命令

に基づく時間外労働にあたる」とした上で、私的チャット等に対し会社側がこれまで指導注意をしたことがなく、私的・業務目的が混在していたこと等から同結論に至っている。同事案が典型的に示すとおり、事務系労働の中には、業務と私的活動が混在化し、労働時間性の判断の曖昧さが問題となることがある。今後、在宅勤務、サテライトオフィスでの勤務など時間的・場所的拘束が緩やかとなる労働が広がっていく可能性があるが、なおのこと当該時間の労働時間性判断が困難になる恐れがある[2]。

5 健康確保のための時間規制と労基法32条

また近年、労働時間規制が社会的に強く求められる背景として、労働者の健康障害防止が挙げられる。労基法32条、37条が規制する「労働時間」は前記のとおり、使用者の指揮命令の有無をもって判別するが、使用者の安全配慮義務違反の観点から見れば、過重労働は必ずしも労基法上の労働時間数をもって判別する必要はない。電通事件最高裁判決（最二小判平12・3・24民集54巻3号1155頁）における職場内の度重なる徹夜も労基法上の労働時間と捉えるまでもなく、会社の安全配慮義務違反が是認された典型例であるが、労災認定上の「業務過重性」も同様に拡張される傾向が見られる。例えば、脳心臓疾患の労災認定に係る裁判例では労基法上の労働時間に該当しえない QC サークル活動時間（豊田労基署長（トヨタ自動車）事件・名古屋地判平19・11・30労判951号11頁）、技術士試験勉強のための自宅学習時間（国・さいたま労基署長（鉄建建設）事件・大阪地判平21・4・20労判984号35頁）などの時間を明確に労災認定上の過重性評価に加えている[3]。

平成31年4月1日に施行された改正労働安全衛生法では長時間労働者の面接指導を適切に行わせるべく、新たに事業者に対し「労働時間の状況を省令で定める方法により把握しなければならない」ことを義務付けることとした（法66条の8の3）。省令で定める方法としては、使用者による現認や客観的な方法による把握を原則としている。ここで把握すべき時間が労基法上の労働時間であるのか、または労災民訴・労災認定の「過重性評価」に含まれうる時間を指すのかは法文上、判然としない。

3　労働時間判断と補助線としての社内規定

1　有力学説における労働時間性判断方法

このように裁判例、実務において労働時間性判断が課題となる中、学説では三菱重工業長崎造船所最高裁判決等を受け、労働時間性判断に係る緻密な議論が展開されている。まず菅野和夫東大名誉教授は労働時間か否かについては、使用者の作業上の指揮監督とともに、「当該活動の「業務性」も前記の「指揮監督」を補充する重要な基準となると思われる」とされる。その上で更衣時間の労働時間性等につき、次の学説を示している。[4]「労基法上の労働時間の起算点は……作業衣への着替えや保護具（安全靴・安全帽）の着用は、義務的で、しかもそれ自体入念な作業を要する場合を除いては業務従事の準備にすぎないといえよう」「労働時間の終了時点については……入浴、着替えなどは特段の事情のないかぎり業務従事とはいえない。」

以上のとおり菅野和夫名誉教授は更衣時間などの準備行為が労働時間に該当するか否かは「義務的」で、かつ「それ自体入念な作業を要する場合」であるか否かをもって判断する。なお同著注34では、前記最高裁判決について次のコメントが記されている。「判例は、義務付けの性格の強い更衣・安全保護具の着用と更衣所から作業場への移動時間・資材の受け出しに要する時間を労働時間と解しつつ、入場退場門から更衣所までの移動時間および休憩中の作業服の着脱時間に関しては、未だ指揮命令下にある時間とはいえず、労働時間に当たらない」とされる。

さらに荒木尚志東大教授は労働時間性判断につき、「相補的2要件説」を展開しているものであるが、[5]最近の体系書では自説につき以下の要約を行っている。[6]労基法上の労働時間概念は「使用者の指揮命令に代表される使用者の関与要件（労基法32条の労働「させ」たといえるか）と活動内容（職務性）要件（当該時間が「労働」といえるか）という2要件から構成されて」いるとし、「労働時間性が問題となるのはいずれか一方の要件が希薄である場合で、実際の労働時間性判断は両要件の充足度が「労働」「させ」たと客観的に評価しうる状況に至っているか否かによる」とする。更衣時間についても、同立場からは「指揮

命令ないし使用者の関与要因（使用者による義務づけ）に加えて「業務の準備行為」や「労働契約上の役務の提供」という職務性をも考慮して判断されることとなる。

同学説は前記三菱重工業長崎造船所事件最高裁判決における客観的な「指揮命令」の有無のみでは、労働時間性判断が困難であるという課題を克服すべく、「業務性」ないし「職務性」の観点も加味し、同判断の明確化を指向するものである。同学説の意義を高く評価する一方、最近の学説として、長谷川珠子准教授は相補的2要件説における「関与性」「職務性」につき「2つの要件の具体的な中身に加え、それぞれの「充足度」を測るための判断基準が示される必要がある。今後の議論が待たれるが、評価を伴う複雑な判断を要することとなり、判断する者により結論にばらつきが生じるのではないかという危惧がある」とされる[7]。確かに労働時間性判断における「関与性」さらには「職務性」の測定方法が十分に確立されているとはいえず、如何にして同判断基準を明確化していくかが問われている。

2　労基法32条の即時的な労働時間規制と履行確保の困難性

以上のとおり、学説では労働時間性判断に関し、精緻な議論が展開されている。労働時間性判断が困難な事案も多々あろうが、残業代請求等の形で争われた場合には、裁判所は前記学説などを参照しつつ、個別事案の解決を図ることとなる。このため事後的救済の見地からいえば、前記課題があるものの、司法は最終的に労働時間性判断を行い、当該事案の解決を図ることとなる。

しかし忘れてはならないのが、労基法32条が定める労働時間規制である。同労働時間規制自体はそもそも即時的な規制であり、今そこにある「1日」、「週」、「月」そして「年」単位での労働時間規制を行うことを目的としている。さらに平成31年4月から施行される改正労基法は、特別条項を設けた場合であっても許されない単月および2ヶ月乃至6ヶ月平均、さらに年単位の上限規制を新たに盛り込んでいる（労基36条5項・6項参照）。法改正によって即時的な労働時間判断とその不作為義務履行の重要性が一層高まることとなるが、労働時間性判断が容易でない場合、前記のような上限規制が絵に描いた餅となる。また労働基準監督署の監督指導についても同様の課題が存し、労基法32条

の不作為義務違反に係る履行確保が困難な状況にある。[8]

3　労基法32条の不作為義務と在宅勤務ガイドライン

　前記のとおり、周辺的な労働さらには場所的・時間的拘束等含め指揮命令が曖昧になりがちな事務系労働は労働時間性判断に不明確性さが残り、即時性を求める労基法32条の規制を損なう状況にある。とりわけ今日的課題として指摘しうるのが在宅勤務である。この場合、場所的拘束は存せず、「業務内容・業務態勢」が労働者本人任せになれば、労働時間性判断がとりわけ不明瞭になりうる。この問題について、平成30年2月、厚労省は在宅勤務に係るガイドライン[9]を示した。同ガイドラインはテレワークの労務管理上の留意点として、様々な論点につき検討を行っているが、この中でとりわけ目を引くのが「労働時間制度の適用と留意点」に係る記述である。

　テレワークでは、労働者側が会社に無断で、さしたる必要がないにもかかわらず時間外や深夜、休日に業務を行う事態も生じ得る。この場合も労働時間に該当し、時間外割増賃金等の支払いを余儀なくされるとすれば、企業側としてテレワークの導入に躊躇せざるを得ない。この問題について、同ガイドラインでは、就業規則等により時間外等に業務を行う場合には事前に申告し使用者の許可を得なければならず、かつ、時間外等に業務を行った実績について事後に使用者に報告しなければならないとされている事業場において、労働者からの事前申告・報告等がない場合（ガイドラインでは詳細な要件を示している）には、「当該労働者の時間外等の労働は、使用者のいかなる関与もなしに行われたものと評価できるため、労働基準法上の労働時間に該当しないものである」ことを明らかにした。

　また同ガイドラインでは、在宅勤務中の中抜け時間・移動時間さらには前述した事前許可のない在宅での時間外労働等につき、「テレワークの導入にあたっては、いわゆる中抜け時間や部分的テレワークの移動時間の取扱いについては、上記の考え方に基づき、労働者と使用者との間でその取扱いについて合意を得ておくことが望ましい」（下線部筆者）とする。当該合意の在り方として、ガイドラインでは「テレワークの制度を適切に導入するに当たっては、労使で認識に齟齬のないように、あらかじめ導入の目的、対象となる業務、労働

者の範囲、テレワークの方法等について、労使委員会等の場で十分に納得のい
くまで協議し、文書にして保存する等の手続きをすることが望ましい」としている。当該協議・合意による文書の整備を強く推奨するものであるが、そもそも当該文書は如何なるものを指し、これが労働時間性判断に際し、どのような意義を有するものであろうか。私見では、労働時間性判断は、前記のとおり、使用者の労務提供に係る義務付け等の有無を客観的に判断するものであるが、在宅勤務など場所的・時間的拘束等が緩やかな事案については、「社内規定」等の文書が当該判断をなす上で極めて重要な補助線となることから、前記記載に至ったものと考える。以下ではこれまでの裁判例の分析を通じて、同社内規則の存否が労働時間性判断において如何なる考慮がなされうるのか検討を行うこととする。なお、ここでいう「社内規定」等は、就業規則・労働協約・雇用契約書のほか、社内内規・労使確認書・業務マニュアルなど会社側が策定し、労働者に周知した業務に関わる書面を指すこととする。

4　裁判例における社内規則と労働時間性判断の関係について

1　労務提供義務の明確さを求める近時の裁判例について

まず在宅勤務に類似するものとして、本務外の全社員販売・WEB学習の労働時間性が争われたものとして西日本電信電話ほか事件（大阪高判平22・11・19労経速2327号13頁）がある。同事件ではまず従業員が友人知人等に対し、自社商品を販売（インターネット回線等）することを推奨しており、当該販売の労働時間性が問題となった。これについて控訴審判決は傍論ながら次の判断を示しており注目される。

　　「前記認定事実によれば……従業員にとっては、全社員販売を行うことは使用者の業務命令によるものであるとの認識をもつに至ったとしても致し方ない面もあったと考えられ、<u>本来は、Yは、使用者として、それが業務命令であるのかどうかを従業員に対して更に明確にすべきであったもので……Yは、この点で相当に曖昧な態度をとり続けたものであって、法律上の労使関係の配慮に欠けた不明瞭で不誠実な扱いをしていたものといわざるを得ない</u>」（下線部筆者）。

控訴審判決は結論として全社員販売の労働時間性を否定したものであるが、前記下線部のとおり、場所的・時間的拘束含めて義務付けの有無が定かでない諸活動について、「業務命令であるのかどうかを従業員に対し更に明確にすべき」とする。私見では、この明確化の方法として社内規定の整備があると考えるが、規定のあり方として、社内規定等で「労務提供を義務づける」ものと、「労務提供を義務づけない」ものの2通りが存しうる。以下では労働時間性判断において社内規定等が考慮要素とされた裁判例につき、「労務提供を義務づけるもの」「労務提供を義務づけないもの」の2通りに分け、各々の労働時間性判断について検討を行う。

2　社内規定等を基に労働時間性を肯定した例

　会社側が前もって社内規定等で「業務命令性」を明らかにしていた場合、如何に判断されるべきか。まず当該規定が存し、かつ使用者側も労働時間性を自認する場合には労働時間性が争われる余地はないが、問題となるのは、使用者側が労働時間性を否定する一方、社内規定等に労務提供を義務づけるような文言が見られる場合である。その一例として挙げられるのが、旅行添乗員の労働時間性が争われた阪急トラベルサポート事件（最二小判平26・1・24裁時1596号45頁等）である。同判決は事業場外みなし労働の適用を否定した点が著名であるが、ここでは国内外の添乗業務中の空き時間等に係る労働時間性等に係る判断を取り上げる。同争点につき、同控訴審判決（東京高判平24・3・7労判1048号6頁等）では概略以下の判断がなされた。まず飛行機での移動時間は、出発直後及び到着直前（1時間）を除き、それ以外の時間は「添乗員が行うべき作業をする必要性が皆無に等しく実質的に上記のような義務付けがされていない」とし、労働時間性を否定した。同じく鉄道等の就寝時間帯についても労務提供の義務付けがないとし、労働時間性を否定したが、他方でバス・鉄道の移動時間、食事時間、自由行動時間（8時間と推認）は労働時間に該当すると認定した。その根拠として控訴審判決が挙げたのは、「添乗業務がツアー参加者に常に同行するという業務の特質」と「始業から終業時刻までの時間帯においては、常にツアー参加者からの要望に適切に対応することが求められている状態」であった。この「顧客からの要望への適切な対応」については、会社側が

労働者側に事前に「指示書等」を交付していたものであるが、同書に「顧客からの要望に適切に対応しなければならない」旨の記載があった点が認定されている。また顧客からのアンケート・日報をもって、顧客からの要望への対処を把握しうることからも、判決は当該時間の労働時間性を肯定したものである。

　また職住近接型のマンション管理人の労働時間性は、大林ファシリティーズ事件（最一小判平14・2・28民集61巻7号2555頁）で争われたが、同差戻審（東京高判平20・9・9労判970号17頁）では、病院や犬の散歩など、外出していた時間を除き、午前7時から午後10時まで勤務マニュアルに記載されていた指示業務等をなすべく管理人室に場所的拘束を受けていた等と事実認定がなされている。このことを理由に、管理人室にいる間は、晩酌・プラモデル製作などがなされていたとしても、労働の義務づけがあったものとし、労働時間性が肯定されている。このように、時間的・場所的拘束が不分明な事案については、「勤務マニュアル」「指示書」などの社内規定に「労務提供を義務づける」内容の記述があることをもって、労働時間性判断の一助としている。

3　社内規定上、労務提供を義務づける文言が存するが、労働時間性を否定した例

　他方で社内規定上、労務提供を義務づけるような文言等があるが、労働時間性が否定されたものとして都市再生機構事件（東京地判平29・11・10労経速2339号3頁）がある。同事件では、会社側が特定公園施設の運営管理等を行っていたところ、総務課長（非管理職）たる原告Xに携帯電話を貸与していた。また同社のマニュアルには、公園等で事故が発生した場合に総務課長として取るべき対応（「〔連絡〕〜3時間　総務課長は現地に集合」）とともに、「土日祝日も同様とする」等の記載が存した。原告Xは当該マニュアルの記載などを根拠に、事故等の連絡を受けてから3時間以内に現地に赴くことができるよう、休日も自宅またはその周辺に待機しており、当該時間は全て労働時間に当たるし、時間外割増賃金等の請求を行ったものである。これに対し、判決ではマニュアル等の当該記載を認定する一方で、あくまで当該記載は事故等が起きた場合の対応の目安であり、会社側が原告Xに対し、休日に3時間以内で公園に集合できるよう待機を指示したものとはいえないとした。また過去の実績を見ても、

１件も連絡が必要となる事故等は起こっていなかったことからも、「業務の性質としても待機が必要なものとはいえず、待機の指示があったものとはいえ」ず、原告の主張する時間外労働は労働時間とはいえないと結論づけた。このように、社内規定等において、労務提供を義務づけるような文言が含まれていたとしても、そのことのみで労働時間が決せられるものではなく、労務提供の実態が、皆無に等しい実態があれば、労働時間性はやはり否定される。

4　社内規定等を基に在社時間の労働時間性を否定した例

　それでは次に当該社内規定において、「労務提供義務が存しない」ことを明らかにしていた場合、当該時間の労働時間性は如何に考慮されるべきであろうか。この点で参考となるのが、ヒロセ電機事件（東京地判平25・5・22労経速2187号3頁）である。同事件は労働者本人の在社時間と自己申告時間との間に乖離が生じており、その乖離時間の労働時間性が争われた。会社側は前もって時間外勤務命令書（実労働時間を本人が自己申告）を設け、これを基に労働時間管理を行っていたところ、同判決ではまず一般論としては、労働者が事業場内にいる時間は、特段の事情がない限り、労働に従事していたと推認すべきとする。他方で、同社では就業規則において時間外勤務は上司からの指示によるものとし、無断残業を禁止していた上、前述の時間外勤務命令書において毎日個別に残業命令がなされていた点を重視する。また福利厚生の一環として、業務外の会社設備の利用（居室、休憩室、パソコン等）を認めていた事などから、時間外勤務命令書に記載された「命令時間」を加算した時刻を過ぎた入退館記録があるとしても、そのことだけをもって、未払分の残業代（未把握分の時間外労働）は認められないとし、従業員側からの残業代請求を退けた。このように残業の事前申請制、無断残業禁止などの社内ルールとともに、時間外勤務命令書による残業命令の実態などを勘案しながら、労働時間性の判断を行ったものである。

5　社内規定等に労務提供免除を定めていたが、労働時間が肯定された例

　他方で「労務提供を義務づけない」旨の社内規則が策定されているものの、使用者側の労働時間管理が杜撰である場合、この社内規則が労働時間性判断に

如何なる意義を有するのか。同問題についてAタクシー事件（福岡地判平25・9・19判時2215号132頁）が参考となる。同社は自社のタクシー運転手に対し、あらかじめ車庫以外での5分を超える駐停車時間を非労働時間（休憩時間）とする旨、社内的に示し、タコグラフ等で記録された運転手の運行状況から当該駐停車時間が認められれば、実労働時間から控除する取扱いを行っていた。同取扱いが違法であるか否かが争われたところ、結論として労働者側が勝訴している。判決では労基法上の労働時間性判断に係る理由中、次の注目すべき判示がなされている。

　まず「タクシー運転手の休憩時間は、場所、時間帯や気候等の諸条件により乗客獲得見込みが異なるため、一定程度、タクシー運転手の判断に委ねざるを得ず、使用者において把握することが困難な特質があることに鑑みると、経営上の必要性から、使用者により事前に、客待ち時間の制限や客待ち場所等の指定等の指導がされ、使用者の指導を超えた駐停車時間を、休憩時間と評価する就業規則等を定めることも、一定の合理性がある」とする。その上で、同合理性の判断基準として、「①当該指導の内容が使用者の経営方針やタクシー営業の実態に鑑みて合理的であると認められること、及び②使用者から当該指導の内容について、職場の見える場所に掲示して周知する他、点呼等の際に、タコグラフ等によって把握できる各タクシー運転手の勤務状況に応じて、当該指定が遵守されていないタクシー運転手に対し、使用者の指定を遵守するよう個別に指導をする等、従業員であるタクシー運転手に対し、一般的な注意に止まらず、指導を超えた駐停車時間が休憩時間と評価されることが実質的に周知されていると認められることが必要であるとするのが相当」とした。社内規則の遵守に係る周知・運用状況が不十分である場合、当該規則の存在のみをもって、労働時間性判断がなされないことを明らかにした。社内規定の内容自体の合理性とともに、その周知・運用の適正性がなければ、労働時間性判断において考慮されないことを明らかにしたものといえ、示唆に富む。

5 労働時間制ガイドライン策定・運用における労使合意と労働時間性判断

1 労働時間ガイドラインの可能性

以上のとおり、在宅勤務、事業場外勤務など、事務系労働を中心に時間的・場所的拘束が緩やかになる中、行政通達さらには近時の裁判例では、社内規定等が労働時間性判断にあたり、一定の考慮要素に取り込まれていることを確認した。今後ますます労働時間性判断が困難となる中、労働時間性明確化のために如何なる社内規定が考えられるのか。外勤営業社員向けの社内規定例として以下図を示す。

図表1　外勤営業における労働時間ガイドライン（一例）

労働時間となるもの				指示があれば勤務時間となるもの	
商談	30分以内	クレーム対応	個別	移動時間	個別
製品納入	同上	営業会議	30分以内	研修教材視聴	個別
製品メンテ	同上	部下評価面接	個別	社内資格試験	個別
契約書作成	10分以内	採用面接	30分以内		…………等々
見積書作成	同上	会議研修	個別	**勤務時間とならないもの**	
商品発注	同上	評価面接	30分以内	休憩時間	
日報作成	同上	手待ち時間	個別	中抜け時間（社外）	
経費精算	同上				
入金処理等	同上		…………等々		
棚卸し	個別				…………等々

外勤営業等で如何なる活動をしているのか、その活動の労働時間性、さらには労働時間・休憩時間に対する標準所用時間を明らかにしたガイドラインを策定し、これを基に各対象社員から労働時間の自己申告さらには上司チェックを行うことが考えられる。もちろん想定を超えた業務が生じることもあり、この場合は、部下はあらかじめ上司に承認、または事後的に確認を取り、当該業務に要した時間を労働時間として把握する必要がある。

2 同ガイドラインの策定・運用プロセスと労働時間等設定改善法

同ガイドラインが労働時間性判断の補助線となるためには、前記裁判例のと

おり、勤務実態がこれに反しないこととともに、内容の合理性および周知・運用の適切性が求められることとなる。このために重要といえるのが、ガイドラインの策定および周知・運用プロセスであるが、この点につき、参考となるものとして労働時間等の設定の改善に関する特別措置法（以下、労働時間等設定改善法）がある。[10]

　同法は労働時間の短縮、長時間労働是正など労働時間等の設定改善を目的としたものであり、同目的を達するために、概ね以下4点で構成されている。

　①労働時間等の設定の改善　労働時間、始業・終業の時刻、休日数、年次有給休暇の日数等の労働時間等に関する事項の設定を、労働者の健康と生活に配慮するとともに、多様な働き方に対応したものに改善すること。そのために事業主は必要な措置を講ずるよう努めるとともに、国が必要な援助、施策等を推進することが努力義務とする。

　②労働時間等設定改善指針の策定　事業主等が労働時間等の設定を改善するという努力義務に適切に対処できるよう定めるもの（後述）。

　③労働時間等設定改善委員会　労使間の話し合いの機会を整備するために設置するよう努力義務とするとともに、一定の要件を充たす委員会には、労使協定代替効果、届出免除といった労基法の適用の特例を設ける。

　④労働時間等設定改善実施計画　2以上の事業主が共同して作成し、大臣承認を受けた場合、内容の独禁法違反の有無を関係大臣が公正取引委員会と調整する。

　また②のとおり、同法に基づき「労働時間等設定改善指針」が示されている。同指針は使用者等に対し、労働時間の短縮を含め、労働時間等に関する事項を労働者の健康と生活に配慮するとともに多様な働き方に対応したものへ改善するための自主的な取り組みを促進するよう求めており、このうち使用者が講ずべき一般的な措置として以下項目等を挙げている。

・実施体制の整備　自己の雇用する労働者の労働時間等の実態を適正に把握の上、労使間の話し合いの機会を整備すること。
・業務内容等の見直し　前記労使間の話し合いおよび個別の要望・苦情処理等を踏まえ、業務内容や業務態勢の見直し、生産性の向上等を進める。
・計画の策定とPDCAサイクル　労働時間等設定改善に係る計画を労使間の話し合

い等を進めながら策定し、当該計画策定後には随時その検証、見直しを行う。その他、労働者の抱える多様な事情および業務の態様に対応した労働時間等の設定、年次有給休暇を取得しやすい環境の整備など。

さらに平成30年6月末に改正法が成立しており、新たに勤務間インターバルの普及促進とともに、企業単位での労働時間等の設定改善に係る労使の取り組みの促進として、企業全体を通じて一の労働時間等設定改善企業委員会の決議をもって、年次有給休暇の計画的付与等に係る労使協定に代えることができる特例を設けることとされた（平成31年4月施行）。

3　労働時間ガイドラインと労働時間等設定改善委員会

以上のとおり、労働時間等の設定改善を目的に、労使が参集し、労働時間等設定改善委員会を設け、労使自治のもとで、労働時間等設定に係るルールを定める枠組みが設けられている。現行法では、同法に基づく労基法の特例適用としては、いわゆる36協定、計画年休に係る労使協定などに限定されているが、労使自治上、定めることができるのは、当該法令に基づく協定等に限定されるものではない。まさに前記の労働時間ガイドラインは、労働時間等の設定そのものに関わるものであり、労働時間等設定改善委員会において現場の労働時間の実態に精通した労使が協議の上、納得性の高い労働時間のガイドラインを策定することがその合理性を担保する上で望ましい。その上で、これを各対象社員に実質的に周知せしめた場合、労働時間の把握が元々困難である社員に係る労働時間把握の社内規則としては十分に合理性あるものと思われる。また前述の通り、個々の状況によって、平均時間を上回る労働時間も当然に生じ得るが、同確認作業を各部門において上司、部下が毎月繰り返すことが重要である。例えば、見積もり書の作成が当初想定の所要時間10分を上回っている実態があれば、上司が現状把握の上、何が原因か確認する。その原因が仕様書書式にあるのであれば、顧客のニーズを確認しながら書式の省略化をなす等の改善活動の継続（検証・見直し）が可能な枠組みといえ、新たに創設される企業単位での同委員会の展開可能性を期待しうる。

4 社内規則の法的意義とその立証上の位置づけ

　前記のとおり就業規則もしくはこれに準じた社内マニュアル等による社内規則をもって、労働時間性判断を明瞭にする方法論を検討してきたが、あくまで同社内規則は労働時間性判断の一助と位置づけられる。そもそも労働時間は労働実態における指揮命令の有無をもって判断されるべきであるが、時間的・場所的拘束が緩やかであり、「義務づけの有無」を容易に判別しがたい場合、社内規則が労働時間性判断の一考慮要素となる。予防法務の観点から言えば、当該社内規則の事前策定・周知が、労働時間をめぐる労使紛争回避・迅速解決に際し、重要な役割を果たしうるものといえる。

　労働時間性判断の立証においては、労働者側による労働時間の主張に対し、使用者側がその反証として、社内規定を提出することが考えられる（他方で社内規定上、労働を義務づけている場合には、労働者側が労働時間性の証明資料の一つとして提出）。これに対し、労働者側が社内規定の不知や、その内容の不合理性、さらには運用不徹底等を主張した場合、会社側は労務実態とともに事前に策定し、周知していた社内規則とその運用状況の適切性を主張することとなろう。

5 労働時間性判断の困難事案と割合的解決

　さいごに残業代請求に係る民事裁判例において、社内規定もなく、会社側の労働時間管理体制に問題がある一方、労働者側の労働時間性に係る主張に説得性が欠ける事案が少なからずみられる場合、裁判例の中には以下の判断が見られる。例えばタイムカード等の的確な証拠が欠ける中、「ある程度概括的に時間外労働時間を推認するほかない」としたり（ゴムノイナキ事件・大阪高判平17・12・1労判933号69頁）、さらには「出勤後退勤までの間は……少なくともそのうちの8割については実労働時間とみるべき」（ネットブレーン事件・東京地判平成18・12・8労判941号77頁）などと割合的解決を試みるものが散見される[11]。これは労働実態の判断が難しいとともに、社内規定などの整備もなく、裁判所としても苦慮した上で割合的解決を行ったものと評価できる。事案ごとの解決妥当性はあろうが、その割合的調整の根拠が定かでないうらみがある。本来的には、当該事案については、賃金請求よりも不法行為構成での解決が妥当である。

6 さいごに

　本稿では労働時間性判断をめぐる今日的課題を確認した上で、「社内規定」の観点から、労働時間性判断の明確化をめぐる法的検討を行った[12]。事務系労働の中には、在宅勤務・サテライトオフィスなど多様な働き方が推進されることに伴う労働時間性判断の困難性が高まっており、この困難性を直視した上での新たな労働時間性判断の枠組みを構想すべき時を迎えているものと思われる。現状では、裁判例・学説の蓄積もまだ少ないが、今後は厚労省ガイドライン等に触発され、労使による労働時間ガイドライン等の策定が進んでいく可能性がある。それに伴い法的課題が表面化する懸念がある中、本稿が参考になるところがあれば幸いである。なお紙幅の関係上、本稿では裁量労働制などの多様な労働時間法制は触れながったが、同制度が前提とする労働者の自律性と労使自治は本稿に共通する問題であり、今後の課題としたい。

【注】
1) 黙示の指示につき、終業時刻後に労働者が事業場にいる時間は「一般論としては……特段の事情がない限り、労働に従事していたと推認すべき」とするものとして、ヒロセ電機事件（東京地判平25・5・22労判1095号63頁）。ただし同事件は後述のとおり、終業時間後に業務に従事していないものと認定され、労働時間性は否定。また黙示の指示から、事前の所属長承認がなくとも労働時間が肯定するものとして昭和観光事件（大阪地判平18・10・6労判930号43頁）等。
2) 事務系労働等を中心に、近時の労働時間性判断をめぐる裁判例を詳細に分析し、筆者と同様の課題認識を提示するものとして、淺野高宏「働き方改革時代の労働時間の認定判断と適正把握に向けての課題」季刊労働法260号（2018年）150頁以下。
3) 詳細については拙稿「精神障害の労災認定における過重性評価——時間外労働時間数を中心に」季刊労働法237号（2012年）74頁以下参照。
4) 菅野和夫『労働法（第11版補正版）』（弘文堂、2017年）478頁以下。
5) 荒木尚志『労働時間の法的構造』（有斐閣、1991年）258頁以下。
6) 荒木尚志『労働法（第3版）』（有斐閣、2016年）183頁以下。
7) 長谷川珠子「労働時間の法理論」日本労働法学会編『講座労働法の再生　第3巻　労働条件論の課題』（日本評論社、2017年）129頁以下。なお長谷川准教授は同論考中、労働時間性判断に係る意欲的な試論として「原則的指揮命令下説」を展開される。同説は指揮命令下にあることが明らかであり、労働者に負担が生じている（「負担性」がある）

場合は、職務性の有無・程度にかかわらず、労基法上の労働時間性が推定するとされるが、前述のとおり労災認定等の過重性評価として当該推定は是認されるとしても、労基法32条、37条の労働時間性判断基準（刑事・民事双方）として是認しうるか否かは、なお議論の余地がある。

8）　詳細については拙稿「労働時間規制と行政上の履行確保」季刊労働法256号（2017年）38頁以下。

9）　平成30年2月22日付「情報通信技術を利用した事業場外勤務の適切な実施及び導入のためのガイドライン」。

10）　同法制定時の立法経緯と制定時条文解釈については労働新聞社編『労働時間等設定改善法の法理と実務』（労働新聞社、2006年）参照。

11）　淺野高宏「文書による労働時間管理義務──労働契約と労働時間〈Ⅱ〉」道幸哲也・開本英幸・淺野高宏編『変貌する労働時間法理』（法律文化社、2009年）96頁以下。

12）　本稿脱稿後、渡邊岳「割増賃金請求訴訟における労使協定を用いた実労働時間数の推定方法に関する一考察」季刊労働法264号（2019年）100頁以下に接した。

内部告発者・公益通報者に対する保護・支援と労働組合の役割
──イギリス・EU における公益通報者保護の動向を踏まえて──

日野　勝吾

1　はじめに──笛を吹いて警鐘を鳴らす人（whistleblower）がいる社会

　我が国において「企業統治」（Corporate Governance）、「内部統制」（Internal Control）、「法令遵守」（Compliance）を謳う企業が数多く占めるようになって久しい。それは、会社法制（企業統治等の関係法令）をはじめとした法令上の規制や各業界団体の自主的規制等[1]による影響が大きいといえる。しかし、こうした法整備等がなされてきたにもかかわらず、これまで世に広く喧伝された企業不祥事[2]は枚挙に遑がない。例えば、近年を振り返ってみても、2017（平成29）年では株式会社神戸製鋼所の製品検査データの改ざん、2018（平成30）年ではヤマトホールディングス株式会社の引越し費用の不適切請求、日産自動車株式会社の会長報酬に関する有価証券報告書の虚偽記載等が挙げられよう。

　こうした企業統治や内部統制等の考え方に違背する企業不祥事の多くは、労働者個人による内部告発[3]や公益通報[4]を端緒としており、公益通報者保護法（以下、「公通法」という）施行後も、いうなれば「正直者が馬鹿を見る」（Honesty doesn't pay）事態が生じている。具体的には、内部告発者・公益通報者が閑職に追いやられたり、職場内での陰湿な嫌がらせを受け、やむを得ず自己都合による退職に至るケースが散見される。内部告発・公益通報の法的価値を再認識し、そして、内部告発・公益通報を行おうとする者の要保護性・要支援性を思慮し、改めて公通法の実効性を問うことが、今まさに求められている[5]。

　ところで、日本労働法学会において初めて公通法に関して論議されたのは、公通法が制定された2004（平成16）年に開催された第108回大会（於：日本大学）であった。ここで登壇された小宮文人教授は「内部告発の法的諸問題──公益

通報者保護法に関連させて」と題し、今後の公通法の方向性を次のように論じられている。

　すなわち、公通法の内容を発展させ、内部告発に関するより包括的な労使の行為規範を提示する役割に徹するか、あるいは企業側に一定の法令のコンプライアンスを励行させるため、公益通報者の保護に留まらない不正行為是正の行政措置や手続を課するか、この2つの方向性を提示された[6]。小宮教授の提示は、公通法の立法趣旨・目的に立ち返り、「この法律が何を目指すのか」を示唆したものと考えられ、現在、内閣府消費者委員会（以下、「消費者委員会」という）で行われている公通法の議論状況に鑑みれば、まさに正鵠を射るものであるといえる。

　なお、2006（平成18）年に施行された公通法の附則2条は、施行後5年を目途として、公通法の施行状況について検討を加え、その結果に基づき必要な措置を講ずる旨を規定している。そのため、公通法施行後13年が経過した現在に至るまで、衆議院・参議院内閣委員会で採択された公通法案に対する附帯決議[7]にて示された点を中心に、公通法の施行状況を踏まえた具体的検討等が同法を所管する消費者庁、また消費者委員会において数多く開催されてきた[8]。これまでの議論の中心となってきた主な論点としては、通報者の範囲、通報対象事実の範囲、外部通報の保護要件、通報を裏付ける資料の収集行為に関する責任、不利益取扱いに対する行政措置、刑事罰の可能性・あり方、不利益取扱いが通報を理由とすることの立証責任の緩和等であった。

　近時、発出された消費者委員会公益通報者保護専門調査会の報告書によれば[9]、公通法の保護対象に退職者や役員を含めることや企業に対して内部通報体制の整備義務を課すこと、外部通報に関する保護要件の緩和等の法改正の方向性を打ち出していることなどから、公通法の改正を見据えつつ、立法事実を踏まえた個別論点の整理が一定程度進んだものと評価できるが、実効性のある法改正へと前進したかどうかはいまだ不透明である。

　このように公通法のあり方に関する諸検討によって公益通報者保護をめぐる環境の再整備が始まろうとしている。とはいえ、労働者が不正行為を発見し、単独で内部告発・公益通報を行うにあたって、多くの障壁が立ちはだかっているといえる。つまり、企業統治や内部統制の観点から、本来的には企業自身が

自浄作用を及ぼして自発的に不正行為を是正し、適正な企業活動に努めるべきところ、これを一労働者の正義感に委ねて、内部告発・公益通報をめぐる代償すべてを労働者に背負わせること自体に大きな問題があり、法制度上の欠陥であると指摘できる。とすれば、労働者（内部告発者・公益通報者）個人に頼る内部告発・公益通報から労働組合（集団）を介した内部告発・公益通報のあり方や、内部告発者・公益通報者（労働者）を確実に支援する労働組合のあり方を検討する余地があると考える。そのことがひいては「笛を吹いて警鐘を鳴らす人」（whistleblower）がいる健全な社会形成につながるといえるのではないか。

そこで、本稿では、我が国の労働組合の存在意義や役割を整理しつつ、内部告発に関わる組合活動をめぐる裁判例の動向を一瞥し、その判断枠組みを振り返りながら考察する。その上で、公益通報者保護に関するイギリスと欧州連合（European Union、以下、「EU」という）の動向等を通覧しながら、労働組合の関与を踏まえた内部告発・公益通報のあり方と内部告発者・公益通報者の保護・支援のあり方について、試論的に考察することとしたい。

2　我が国における内部告発・公益通報をめぐる労働組合の意義と役割

1　労働組合による内部告発と労働組合の本来的機能・役割

労働組合による内部告発は、かつては使用者批判の言論活動の論点を中心に、団体交渉の過程において交渉が難航するなかで労使交渉戦術の一環（経済的機能）として行われてきた。多くの学説・判例は、集団的労使関係をめぐる組合活動（情宣活動等）として、組合活動における正当性判断の判断枠組みに基づいて検討されてきたといえよう[10]。しかし、内部告発が「公共」や「公益」に資する所為の性格上、労働組合による内部告発の正当性を検討するにあたっては、本来的に内在する労働組合の機能と役割に立ち返って個別具体的に考察すべきと考えられる。この点につき、これまで学説上、種々の議論が展開されてきた。

労働組合には、一般的に経済的機能、政治的・文化的機能、相互扶助機能、雇用保障機能を有するとされている。各機能は、憲法28条による団結権・団体交渉権・団体行動権の保障や労働組合法において具体的な労働組合の法的保護

（1条2項、7条、8条他）に裏付けられているところ、とりわけ経済的機能は、労働者に共通する労働条件基準の確立という中心的な役割を担うとともに、労働者生活のなかで、国家政策に大きく依存するその他の経済的諸要素（社会保障、税金、物価、住宅、環境問題等）の比重が増していることなどに鑑み、労働者の地位向上に向けた派生的な諸活動も是認されなければならない。[11]

　また、労働者や労働組合は企業外において言論・表現の自由（憲21条）を有しており、企業の利益に反することになったとしても、「公益」を一企業の利益に優先させる見地から、一定の範囲内における企業・使用者の批判等を目的とした内部告発は保護されるべきである。[12]

　さらに、現代社会において労働者は、被害者である側面と労働者が闘うべき社会的責務を担う側面を持っており、労働者である前に一市民であることを重視する立場からしてみても、[13]「公共」や「公益」のための諸活動は一定程度容認されなければならないと思われる。つまり、労働組合が企業（経営者）に対する監視・点検を行うという社会的役割を担っていると考えるならば、[14]企業の法令遵守（コンプライアンス）の実現のために内部告発を行う主体となるべき地位に位置づけられよう。[15]

2　労働組合による内部告発に関する判例の趨勢

　労働組合による内部告発に関する判例の趨勢に鑑みれば、主に労働組合の言論活動の一環として捉えられており、労働組合による内部告発を組合活動の正当性の判断枠組みに照らして判断するものが多いといえる。[16]つまり、多くの判例は、あくまで組合活動と位置づけて、その正当性として判断しており、必ずしも内部告発の正当性を主な論点として判断しているわけではない。

　しかしながら、具体的には内部告発に関する内容の真実（相当）性を基軸としながら、内部告発の目的や態様、告発による影響等の諸事情を総合考慮して判断するに至っている。前述の通り、労働組合による内部告発は「公共」や「公益」のために企業の違法・不正行為を糺すもので、単なる企業（使用者）の経営批判や人事労務管理に関する批判とは異にしている。要するに、結果として労働組合の内部告発によって「公共」や「公益」に資することにつながるという点をどのように評価するかが重要である。以下、具体的な事例を挙げなが

ら検討を進めることとする。

　例えば、新聞社の労働組合が、市民団体とともに自治体による百万都市推進
は公害発生や住民の負担増等をもたらすとして、これを批判する記事を掲載し
たビラを一般市民に配布したことにつき、組合委員長らが懲戒解雇に該当する
かが争われた事案では、「労働組合は……労働者の労働条件を維持改善する目
的を達成するための情報宣伝活動を行なう自由を有していることはもちろん」
「組織外の労働者或は一般市民に対して支援を呼びかける対外的情宣活動をな
すことも許される」とした上で、「会社の経営、編集方針を批判することによ
り真実の報道を守る新聞を製作するとの目的に結びつくものであり、これは新
聞製作に従事する労働者にとつて広い意味における職業的利益ともいいうる余
地が存するから、本件ビラ配布は組合活動の範囲に属するものと解すべき」と
した。[17]

　次に、組合員が工場廃液の不完全な処理により水稲に被害が発生しているこ
となどを記載したビラを地域住民に配布したことが懲戒解雇に該当するかが争
われた事例では、「企業内組合の場合においてはその基礎の脆弱さをカヴァー
し、使用者に対抗するため広く地域住民の支持と共感をえようとしてその労働
条件、職場環境等の実情を外部に訴えることは極めて当然」である。「地域住
民の最大の関心事である工場廃液処理等公害問題に及ぶこともこれまた自然の
勢いであつて、地域住民も公害防止責任の一翼を担う以上……企業内部の実情
を知ることをひとしく期待しているということができ」、「公表された実情が真
実に基づくときは、使用者は当然これを受忍すべきものと思われる。」「けだし
企業活動において公害源となるべき事実は職場の安全衛生等直接間接労働条件
に関連することが通例であつて、労働組合としてはその立場上無関心でありえ
ず、これを企業外部に公表してもつて労働条件の改善をはかる実益があり、
……使用者としても、単に取締法規を遵守するにとどまらず、広く公害源とな
るべき企業活動を抑制し、公害防止に協力すべき社会的責務を負うのであるか
ら……公害の一因であることが客観的に推認される事実が労働組合に限らず企
業内外から指摘されたときは謙虚にこれに耳を傾け、その除去に努めて社会的
疑惑を早期に取り除く道義的責任を負担すると解されるからである」とした。[18]

　また、米の銘柄等の偽装に関するダイレクトメールを顧客に送付した行為が

退職金不支給事由に該当するか否かが争われた事例では、「米の販売行為が、不正行為であり、顧客に対する背信行為であるといわざるを得ないこと……を考えると、支部組合員が、組合活動の一環として、支部の方針に従って、これらの集会又は要請行動等に参加すること自体は……背信行為であるとまではいえない」と判示した。[19]

さらに、労働組合が会社経営者らによる資産の私物化等の不正行為に関するビラ配布をしたことに対する損害賠償請求事案につき、「ビラの配布は表現の自由の一環であ」り、「団結権の一環として許容される余地がある」ものの、「本件ビラの摘示する事実の真実性、真実と信じるについての相当性、表現活動の目的、態様、影響等の事情を考慮して、その許容性を判断する」としている。[20]

一方、労働組合による診療費不正請求に関する内部告発に疑義を抱いた使用者が、内部告発によって病院経営が危機に瀕する旨の発言をしたことにつき、労働組合の名誉・信用毀損行為に該当するかが争われた事例では、使用者が「職員に対し、本件内部告発で指摘された問題の事実関係、現在でもそのような問題があるかどうか……の対応をせずに」、労働「組合が本件内部告発をしたと断定の上、問題とすべきは本件内部告発の対象となった病院の行為ではなく本件内部告発という行為そのものであるとして、本件内部告発をした……（労働）組合に責任があると」したものであり、労働「組合の名誉・信用及び団結権を侵害する違法なものと評価せざるをえない」と判示している。[21]

3 労働組合による内部告発と組合活動の正当性判断

先述の通り、労働組合による内部告発の多くは、労働者個人による内部告発・公益通報とは異なり、労働条件の維持・改善に向けての労使交渉戦術の一環（経済的機能）として行われる。そのため、上記の判例のように、純粋に企業内の不正行為等の内部告発を行った事例は少なく、労使交渉をめぐる諸問題と抱き合わせて使用者側に圧力をかける「交渉カード」として内部告発が位置づけられ、実務上、取り扱われてきたといえよう。[22]

そうした点を踏まえて、判例は組合活動の重要な一部分（団体行動権の行使）として内部告発を構成し、正当な組合活動として使用者の受忍義務を負うとい

う、組合活動の正当性判断の枠組みに沿って判断してきたものと考えられる。一般的な情報宣伝（情宣）活動の正当性判断にあたっては、労働条件の維持・改善に向けての団結目的に合致していること及び活動内容について真実（相当）性があることを中心に考慮している[23]。

　一方、労働者個人による内部告発に関しては、告発内容の真実性、目的の正当性（公益性）、告発手段・方法の妥当性、組織にとっての告発内容の重要性という判断要素に基づき、内部告発の正当性を判断している[24]。また、公通法では労働者（公務員を含む）が、不正の目的でなく、労務提供先等について「通報対象事実」が生じ又はまさに生じようとする旨を「通報先」に通報すること（２条）を理由とする解雇無効や不利益取扱い禁止（５条）等を規定する[25]。

　このように労働者個人の内部告発・公益通報の保護に関する判断要素と法律要件は、「公益性[26]」に着目した上で、真実（相当）性等を判断しているが、労働組合による内部告発に関する判例は、特に「公益性」に着目することなく、組合活動の正当性判断の枠組みの下で、真実（相当）性を特に重視しているところに特徴が見いだせる。この点、判例はあくまで労働組合による内部告発が労使交渉戦術（「交渉カード」）として位置づけられているからこそ、目的の「公益性」の判断に触れることなく判示しているものと考えられる。

　労働組合による内部告発は、労働組合や労働者個人による表現の自由（憲21条[27]）の行使であって、かつ、団結権や団体行動権（憲28条）の行使でもあると思われる。前掲の判例の多くは、労使交渉戦術の一環（労働者の労働条件の維持・改善）としての組合活動を前提としつつ、消費者や地域住民、一般市民等の生命・身体の保護、財産的利益の擁護、環境保全に関わる公益性の高い注意喚起情報の発信について、正当な組合活動として認容している。この背景には、生存権保障（憲25条）を基盤としながら、労働者は消費者であり、地域住民、一般市民でもあるという表裏一体性を意識しながら、告発行為が団結目的の範疇である限りにおいて許容しているものと考えられる[28]。

　この点、私見としては、単なる企業（使用者）批判ではない公益性の高い内部告発は、いわゆる情報宣伝（情宣）活動における組合活動の正当性の判断枠組みによって、使用者の受忍義務との比較衡量を争点化すべきではないと考える[29]。上述の労働組合の機能と役割から鑑みて、内部告発の真実（相当）性を認

めることが可能であれば正当性を是認すべきと思料する。具体的には、労働組合による内部告発の真実（相当）性の判断にあたっては、名誉棄損罪の特例（刑230条の2第1項）を参考にしながら、告発内容の真実（相当）性が認められるのであれば、正当な組合活動として取り扱われるべきである。[30] 要するに、労働組合による内部告発の目的が「公益を図ること」である以上、真実（相当）性の要件が具備さえすれば、不法行為（名誉棄損）責任も免責されると考えられる。なお、内部告発にまつわる組合活動の正当性にあたって、どの程度の真実（相当）性が確保されなければならないかといった真実（相当）性の範囲の論点については、前掲の判例が示す通り、「事実の真実性」に限られず、「真実と信じるについての相当性」（前出インフォーマテック事件判決）を含めて幅広く認められるべきであり、当該事実の根幹部分において真実相当性が認定できれば正当な組合活動として認められるべきものと思われる。[31][32]

　付言しておくとすれば、労働組合が主体となった内部告発の他、労働者個人による内部告発・公益通報に関する労働組合の支援についても検討を要する重要な論点であると考える。[33] 現状では、我が国の労働組合がこれに属する内部告発者・公益通報者に対して何らかの支援を施している事例は皆無に等しい。[34] 本来であれば、先述した通り、経済的機能を有する労働組合が内部告発・公益通報に関する事実を踏まえて、労使コミュニケーションの一環として対応すべきである。仮にそうでなくとも、団結権を根拠とした勤労者の職業生活を支え、労働者の権利を擁護する立場から内部告発者・公益通報者の支援が求められる。

　この点、後述するイギリス・EUの例を参考にしながら、金銭的援助や相談窓口の充実化等、我が国における労働組合による内部告発者・公益通報者（労働者）の支援のあり方に関する再検討が急務であろうと思われる。

4　企業の不正行為等のチェック機能としての労働組合の役割

　上述の通り、労働組合は労使交渉戦術の一環（労働者の労働条件の維持・改善）として、内部告発を「交渉カード」と位置づけて組合活動を展開し、内部告発を通して、消費者や地域住民、一般市民等の生命・身体の保護、財産的利益の擁護、環境保全に関わる注意喚起情報の発信をしてきた。この点を踏まえ、以下では公通法の改正を含めた制度設計の見直しにあたって、私見として、内部

告発・公益通報をめぐる労働組合の役割を触れておきたい[35]。

　近時の企業不祥事の多くは不正行為が長きにわたって隠蔽され続け、労働者個人が労働組合へ相談したにもかかわらず取り合わない結果、やむを得ず労働者個人によって内部告発・公益通報を行わざるを得ないケースも生じている[36]。前述の通り、労働組合は労使交渉等を通して、企業（経営者）に対する監視・点検を行うという機能を内在しており、社会的に有用で安全な商品・役務（サービス）を開発・提供し、消費者・顧客の満足と信頼を得るための消費者志向経営を使用者に対して要求可能な団体であろう。また、労働組合は労働者の生存に重きを置く団結目的の下、労使交渉を進める地位にある一方、労働者は消費者であり、かつ、住民（市民）の立場でもある。これらの点を踏まえれば、労働組合が企業における公益性の高い不正行為を監視する役割はもちろん、公通法の趣旨・目的や、労働者個人の交渉力・情報力等の不均衡・格差に鑑みても、国民の生命・身体・財産を保護するという法的価値の観点から、労働組合（集団）としての内部告発は有用である。

　したがって、労働組合による内部告発が、当該事実の真実（相当）性が認められた場合、正当な組合活動として取り扱われる考え方からすれば、労働組合が個々の労働者からの内部告発に関する事実を真実（相当）性のフィルターを通してチェックし、その上で、企業内の内部通報制度へ通報することが企業内の自浄作用をより高める効果を生じさせると思われる。仮に当該企業の自浄作用効果が及ぶ期待が不可能な場合は、次の段階として、労働組合が労使コミュニケーション[37]の観点から労使交渉において当該内部告発に係る事実調査を要求するとともに法令遵守（コンプライアンス）体制整備も併せて要求することも可能となる。公通法の立法審議過程で示された企業の自浄作用に期待するという、外部通報よりも内部通報の保護要件を緩和する通報先別の段階的な保護要件とも整合的であろうと思われる[38]。

　なお、とりわけ国民（消費）生活に直結する消費者被害[39]に関わる労働組合による内部告発の場合には、行政機関の他、消費者団体との連携[40]が必要である。特に差止請求に関する事案や被害回復が求められる事案等、消費者契約をめぐって全国的に発生している事案については、適格消費者団体や特定適格消費者団体とも連携することが重要であろう。

3 イギリスとEUにおける公益通報者保護に関する趨勢と分析[41]

1 イギリス公益開示法（Public Interest Discloser Act 1998）の改正とそのインパクト

我が国の公通法のモデルとなったイギリスの公益開示法（Public Interest Discloser Act 1998、以下、「PIDA」という[42]）は、民間部門の労働者と公務員とを問わず、すべての労働者（worker）に適用される包括的な公益通報者の保護法として1999（平成11）年に施行された。我が国の公通法と同様、外部通報よりも内部通報の保護要件を段階的に緩和する規定を有し、企業に対して内部通報制度を整備するインセンティブを与えて、企業の自浄作用に期待しつつ、公益に関わる情報を労働者が「メッセンジャー」として提供することを法的に許容するものであるといえよう[43]。

こうした法制度整備にもかかわらず、PIDA施行後も多数の企業不祥事が発生した。例えば、病院内での医療事故（Mid Staffs Hospital, Gosport Hospital）、有名企業の脱税（Luxleaks scandal）、排ガス規制の不正（Volkswagen emissions）等、数多くの企業不祥事やスキャンダルが公益通報により発覚し、それらの実態を白日の下に晒すこととなり、PIDA改正の機運が高まりをみせたのである[44]。

そこで、PIDA施行後、14年が経過した2013（平成25）年、企業規制改革法（Enterprise and Regulatory Reform Act 2013、以下、「ERRA」という）により、また、2015（平成27）年には小規模事業雇用法（Small Business, Enterprise and Employment Act 2015、以下、「SBEEA」という）によりPIDAは改正された[45]。こうした法改正は、各関係者よりいわばパッチワーク的であると批判されてきたが、法の抜け穴（the legal loophole）を除去する目的から、ERRAの改正によりPIDAで保護された開示（protected disclosure）の法律要件（43条A）であった「誠実性テスト」（good faith test）を廃止して、「公益性テスト」（public interest test）を新たに導入した（17条）[46]。

こうした「公益性テスト」の導入により、原告側である通報者が公益性の証明を必要とすることになり、自らの通報が公益に資することを立証する責任が

課せられたことになる。なお、後記のイギリスにおける公益通報者保護支援団体である Protect（旧 Public Concern at Work（PCaW））は、「公益性テスト」の導入によって通報者を困難な局面に直面させたと指摘している。

　これに加え、ERRA の改正により、情報の開示（disclose）が誠実に行われていなかったことが裁判所によって明らかとなった場合、裁判所は通報に至る状況や手続等を考慮し、労働者の請求について25％以下の減額をすることができることとされた（18条）。また、ERRA の改正により、他の労働者が、通報者に対して、通報を行ったことを理由にハラスメントやいじめ・嫌がらせ等の損害を与える行為についても禁止されている（19条）。さらに、SBEEA の改正によってイギリスの国営医療サービス事業体である国民保健サービス（National Health Service）の使用者に、応募者が過去に内部告発を行ったことを理由とする差別的取扱いを禁じている（49B 条）。

　こうした PIDA の改正の背景には、判例の蓄積はもちろんのこと、世間の耳目を集めたスキャンダルによる影響も大きいといえるが、それに加えて後記の Protect 等の公益通報者を支援する団体の存在や当該団体と労働組合との連携も不可欠であったといえよう。

2　EU の公益通報者保護に関する勧告・指令案とそのリアクション

　1999（平成11）年に Paul van Buitenen 氏の内部告発によって EU 委員会内の不正行為等が明らかとなった一方、EU 各国内においても内部告発を通して発覚した企業不祥事が世間の耳目を集めた。近年でもパナマ文書（Panama Papers）と呼ばれる違法な租税回避行為の機密文書の流出やフォルクスワーゲングループのディーゼルエンジン排ガス規制の不正（Diesel gate）等、世界規模で消費者の信頼や公正・公平性を揺るがす企業不祥事等が発生している。

　こうした状況のなかで、2014（平成26）年、EU 理事会（Council of Europe）から加盟各国への公益通報者保護に関する勧告が発出された（以下、「EU 勧告」という）。EU 勧告では EU 加盟各国が公益通報者保護に関して国内法を整備・検討するにあたっての指針となる原則が提示されており、公益情報の開示とともに公益通報者保護を推奨している（27条）。例えば、通報者の範囲を退職者や求職者、労働契約締結過程の者も含まれると定め（3条）、通報者の身元等

の秘密保持の権利を有するとされた（18条）。また、通報に対する報復措置からの保護（protection against retaliation）を規定し、使用者からのあらゆる報復措置（解雇、降格、異動、言及、ハラスメント等）からも保護され、保護要件として、内部告発の内容について真実（相当）性に関する合理的な根拠を求めており、内部告発と報復措置との因果関係に関しては、使用者が通報を理由とした措置ではないことを立証する旨を規定している（21条～26条）。さらに、公益通報をしようとする者に対して、公益情報開示に関するアドバイスを無償により利用できる制度設計を EU 加盟各国は考慮すべきと規定された（28条）。

　この EU 勧告を受け、また、Edward Joseph Snowden 氏によるアメリカ国家安全保障局（National Security Agency）に関する内部告発等、世界規模にわたる内部告発が続発する中で、公益通報者保護に関する指令案（以下、「EU 指令案」という）が策定された。EU 指令案の策定過程においては、すべての EU 加盟国に即時的に効力を有する「規則」（Regulation）制定も検討されたものの、現状では必ずしも EU 各国すべてが公益通報者保護法制度を有しているわけではなく、EU 加盟国の一部からの反発などにより「指令」（Directive）の位置づけに留まった。EU 指令案は、EU 加盟国に対して国内法の整備を促すものであり、今後は EU 指令案の内容を最低限含んだ立法化が求められることになる。なお、EU 指令案の定める目的が達成できているか否かの進捗等（フィードバック）については EU 委員会が行うことと規定されている（21条）。

　EU 指令案は、次の特定分野における EU 法と関連する政策を強化する目的で、違法行為や不正行為を通報する者の保護に関する EU 共通の最低基準を定めるものである（1条）。EU 指令案の示す違法・不正の対象範囲は、公共調達、金融サービス、マネーロンダリング防止、テロ資金供与、製品安全、運輸安全、環境保護、原子力安全、食品及び飼料の安全性、動物の健康及び福祉、公衆衛生、消費者保護、プライバシー・個人情報保護、ネットワーク・情報システムのセキュリティーに限定されている。このように限定列挙となってはいるが、結果として公共・公益に関わる分野が指定されているといえる。なお、労働者保護や労働安全衛生の確保に関する分野は対象とされていない。

　また、通報者の範囲については、労働者の他、自営業者や求職者、労働契約締結過程の者、株主、経営者、ボランティア、無報酬の研修生、請負業者、下

請業者及びサプライヤーの指揮命令下で就労する者にも適用される（2条）。この点、EU指令案は、公益情報の開示を推奨することを優先していることから、労働者に限定せず、幅広い視点から通報（report）を促す趣旨に基づいているものと考えられる。通報（report）には、内部通報（internal reporting）と外部通報（external reporting）に大別される。また、通報者（reporting person）は業務に関連して知り得た不正・違法行為に関する情報を通報（report）又は開示（disclosure）する自然人又は法人と規定され（3条各号）、労働組合等を含む法人による通報を認めている点は特徴的であるといえる。

内部通報と外部通報に関するフォローアップ（第2章及び第3章）や通報者に対する報復（ブラックリスト登載を含む）の禁止（14条）、通報者を報復から保護するための措置（15条）、通報内容に関わる利害関係者を保護するための措置（16条）、通報妨害行為や報復措置に対する罰則（17条）等、通報者や利害関係者の保護も充実していると評価できる。とりわけ通報者を報復から保護するための措置として、通報したことによる報復からの保護手続や救済措置について、包括的で独立性が確保された上での情報提供と助言が、無料で容易に受けられるようにすること（15条2項）や通報者が報復からの保護に先立って、通報内容に関する所管官庁から効果的な援助を受けられること（同条3項）等が定められており、通報者に対する支援体制が整備されている。

このようにEU指令案は、公益情報の的確な開示を念頭にして、公益通報者の保護と支援に基軸を置きつつ、様々な不正行為の是正に貢献する仕組みが形成されており、やがて公益通報者保護に関するグローバルスタンダードに位置づけられると思われる。

3　内部告発者・公益通報者に対する支援団体の役割

上述の通り、イギリス・EUにおける公益通報者保護・支援に関する法制度は大きく変容してきている。内部告発・公益通報を行う過程で法的保護・支援に関わる法規定も散見され、そうした法規定が「絵に描いた餅」（Pie in the sky）にならぬよう、労働組合をはじめとする内部告発者・公益通報者を具体的に支援する団体の役割は今後ますます重要になると思われる。

例えば、イギリス労働組合会議（Trades Union Congress（TUC））では、公益

通報に関する支援については、内部告発者・公益通報者の支援団体である Protect（旧 Public Concern at Work（PCaW））と連携を取り、内部告発者・公益通報者の保護を図っている[53]。また、Protect の活動内容は、通報者を対象とした無料の相談窓口を開設し、通報者の支援に対応する一方、企業向けに有料で内部通報窓口の適正化に向けた助言やコンプライアンス研修の実施等を行っている。さらに、ロビー活動を含めた PIDA の見直しに関する提言活動や啓発活動等も行っている[54]。こうした活動を通して、PIDA に規定されている通報者の保護を実質化させ、続発する内部告発・公益通報に対応できる PIDA の実効性確保を目指しているのである[55]。

　加えて、EU 指令案が通報者（reporting person）の定義に法人も含めており（3条9号）、法人による内部告発・公益通報の有意性に着目する必要がある。先述した我が国における労働組合による内部告発の事例のように、消費者や地域住民、一般市民等の生命・身体の保護、財産的利益の擁護、環境保全に関わる公益性の高い注意喚起情報の発信は、EU 指令案の目的や対象範囲に類似するものであるといえ、個人（自然人）による通報に加えて、集団（団体）からの内部告発・公益通報も一つの選択肢として、これまで以上に重要視されると思われる。

4　おわりに──笛を吹いて警鐘を鳴らす人（whistleblower）がいなくなる社会

　2018（平成30）年に映画化された池井戸潤氏の小説『空飛ぶタイヤ』（講談社、2009年）では、自動車メーカーのリコール隠しを暴露した内部告発者（公益通報者）の苦悩がまざまざと描かれている。内部告発者は、企業の構成員たる職業生活を営む労働者として、また消費生活を営む消費者として、様々な苦渋のなかで「決断」を迫られる。そして、その「決断」は、同時に労働者としての進退を賭けるものでもある。蛮勇を奮った内部告発者・公益通報者一人に、苦渋すべてを負わせる社会はそもそも異常であると言わざるを得ない[56]。

　内部告発・公益通報は、法制度が充実したとしても労働者はもちろん企業にとっても数多くのリスクを背負う可能性が高い。したがって、労働組合による内部告発、労働組合を介した不正行為の探知、相談・支援体制を構築するなど

して通報環境を充実化させていくことが、労使関係の健全化のみならず、ひいては企業統治や内部統制、法令遵守（コンプライアンス）経営につながるものと考えられる。

　本稿での詳細な考察は紙幅の関係で差し控えたが、イギリスやEUの状況を踏まえると、内部告発者（公益通報者）が通報を萎縮することなく、通報意欲が増進される制度設計はもちろんのこと、労働組合を含む団体による通報や支援体制を含めて通報しやすい環境整備が進みつつある。公通法制定時には他国よりも先進的であった我が国の公通法の見直しを検討するにあたっても大いに参考になるであろう。

　公益のために貢献する、笛を吹いて警鐘を鳴らす人（whistleblower）がいなくなる社会にならぬよう、我が国において、公通法の整備はもちろんのこと、個人・団体問わず、内部告発・公益通報の保護を強く認識されることを期待せずにはいられない。[57]

（付記）本研究は、第34回（平成30年度）公益財団法人村田学術振興財団研究助成を受けた成果の一部である。

【注】

1）　会社法や金融商品取引法等の法令の他、例えば、東京証券取引所「コーポレートガバナンス・コード」や経済産業省「コーポレート・ガバナンス・システムに関する実務指針」（社外取締役による内部通報窓口）、日本経済団体連合会「企業行動憲章実行の手引き（第7版）（基本的心構え・姿勢）」等が挙げられる。また、近年では、企業投資の観点から、SRI（Socially Responsible Investment）やESG（Environment, Social, Governance）投資を通して、内部通報制度設置を通して企業不祥事のない持続可能な事業活動の継続性を評価している。例えば、年金積立金管理運用独立行政法人（GPIF）はESG銘柄に投資を行うなどしており、投資先の選別にあたって、Governance（企業統治）、特に内部通報制度の実効性の有無を選別要素としているし、JCG-INDEXやDJSIも評価項目として内部通報制度の導入等を挙げている。なお、経営学の観点からは、第2のCSR（Corporate Social Responsibility）として、CSV（Creating Shared Value）が提唱され（共通価値の創造）、事業機会の位置づけから社会的課題の解決（持続可能な社会実現）を目指す一環として内部通報制度の実効性を検討する動きもみられる。なお、この動きは国際連合の提唱する「持続可能な開発目標（SDGs）」（目標8「経済成長と雇用」及び目標12「持続可能な生産と消費」）にも整合的である。

2）　法制度と企業の法意識の観点から企業不祥事を論及したものとして、廣石忠司「労働

法と企業実務の相互作用」山田省三・青野覚他『毛塚勝利先生古希記念　労働法理論変革への模索』（信山社、2015年）937頁以下がある。

3）「内部告発」の定義につき、さしあたり「事業者内部にて従事している労働者等が、外部機関等の第三者に対して、公益目的のもと、事業者内部の不正行為や違法行為を開示すること」とする。

4）「公益通報」とは、公益通報者保護法2条の定める事業者内部への通報（「内部通報」）、通報対象事実の法令を所管する行政機関への通報（「行政通報」）、事業者外部への通報（「外部通報」）をいう。

5）　近時の公通法を取り巻く現状と課題については、さしあたり日野勝吾「公益通報者保護法制度の役割と活用に向けた課題」日本労働法学会誌130号（2017）127頁以下を参照。

6）　小宮文人「内部告発の法的諸問題——公益通報者保護法に関連させて」日本労働法学会誌105号（2005年）86頁。

7）　両議院内閣委員会における公通法案に対する附帯決議については、消費者庁ホームページ（http://www.caa.go.jp/policies/policy/consumer_system/whisleblower_protection_system/overview/additional_resolution/）を参照。

8）　これまで公通法を所管する消費者庁では、「公益通報者保護制度に関する意見聴取（ヒアリング）」「公益通報者保護制度の実効性の向上に関する検討会」「公益通報者保護制度の実効性の向上に関する検討会ワーキング・グループ」等を開催して検討がなされてきた（http://www.caa.go.jp/policies/policy/consumer_system/whisleblower_protection_system/research/improvement/）。また、消費者委員会では、第1次消費者委員会公益通報者保護専門調査会（第1回～第8回）及び第5次消費者委員会公益通報者保護専門調査会（第9回～現在に至る）等を開催し、具体的論点に基づきながら検討されてきた（http://www.cao.go.jp/consumer/history/01/kabusoshiki/koueki/index.html）。

9）　最近の議論状況については、消費者委員会公益通報者保護専門調査会『公益通報者保護専門調査会 報告書』（平成30年12月）を参照（http://www.cao.go.jp/consumer/kabusoshiki/koueki/doc/20181227_koueki_houkoku.pdf）。

10）　各種の組合活動の正当性判断に関する判例の整理については、辻村昌昭『現代労働法学の方法』（信山社、2010年）173頁以下が詳しい。また、渡邊絹子「組合活動の法理」日本労働法学会編『講座労働法の再生　第5巻　労使関係の理論課題』（2017年、日本評論社）195頁以下も参照。

11）　西谷敏『労働組合法』（有斐閣、1998年）65頁。

12）　首都高速道路公団事件・東京地判平9・5・22労判718号17頁。

13）　西谷敏「労働者の公害反対闘争をめぐる法的諸問題」日本労働法学会誌37号（1971年）92頁。また、同『労働法の理論』（法律文化社、2016年）53頁以下参照。なお、労働組合を媒介にするだけでなく、「市民」として労働問題や労働立法に発言し、政策を形成するメカニズムを求める立場として、道幸哲也「21世紀の労働組合と団結権」日本労働法学会編『講座21世紀の労働法　第8巻　利益代表システムと団結権』（有斐閣、2000年）15頁。

14）　川田知子「内部告発時代における企業内労働組合の役割」角田邦重・小西啓文編『内

部告発と公益通報者保護法』（法律文化社、2008年）85頁。

15) 山川和義「労働者による企業コンプライアンスの実現」日本労働法学会編『講座労働法の再生 第4巻 人格・平等・家族責任』（日本評論社、2017年）77頁及び92頁以下。

16) 後述する判例の他、例えば、大鵬薬品工業事件・徳島地判昭61・10・31労判485号36頁や吉福グループ事件・福岡地判平10・10・14労判754号63頁等。

17) 山陽新聞社事件・岡山地判昭45・6・10労判108号19頁。

18) 日本計算機峰山製作所事件・京都地峰山支判昭46・3・10労判123号6頁。

19) 杉本石油ガス（退職金）事件・東京地判平14・10・18労判837号11頁。

20) インフォーマテック事件・東京地判平19・11・29労判957号41頁。

21) 神奈川県厚生農業協同組合連合会事件・横浜地判平18・9・21労判926号30頁。

22) 私見としては、後述するように労使交渉戦術として内部告発を利用するのではなく、労働組合の社会的役割としての内部告発のあり方（目的・手段等）を労働組合として検討すべきであると考える。

23) 籾井常喜『経営秩序と組合活動』（総合労働研究所、1975年）237頁。

24) 例えば、首都高速道路公団事件・東京地判平9・5・22労判718号17頁や大阪いずみ市民生協事件・大阪地堺支判平15・6・18労判855号22頁他。

25) 労働者個人の内部告発をめぐる判例の動向と公通法の法律要件を比較検討したものとして、日野勝吾「公益通報者保護法の今日的意義と課題」法政論叢53巻2号（2017年）72頁。

26) 公通法2条は「不正の目的でな」いことを法律要件としていることから、事実上、公益性を前提にした法律要件であると考えられる。

27) 組合活動権の視点から、判例が内部告発の正当性の論拠を「表現の自由」という価値を内包していると評価するものとして、大和田敢太「企業リスク管理と内部告発者保護制度」彦根論叢342号（2003年）227頁。

28) なお、労働組合による公益目的に基づく闘争について、公害スト・政治ストを検討した論稿として、橋詰洋三『組合活動の法理』（六法出版、1981年）63頁以下が詳しい。

29) なお、違法性阻却論の考え方からしてみても、同様の帰結となると考えられる。

30) 最一小判昭41・6・23民集20巻5号1118頁。

31) 労働組合として内部告発を行ったことを組合活動として位置づけたとしても、目的・内容について、あくまで労使交渉戦術としての活動ではなく、純粋に公益性の高い内部告発を行う場合には、従前の組合活動の正当性判断に関する枠組みとは離れて判断すべきである。

32) 真実（相当）性の判断に関する具体的検討については、日野勝吾「内部通報の正当性判断における通報対象事実の根幹部分の真実相当性」総合福祉研究20号（2016年）27頁。

33) 詳しくは、日野勝吾「公益通報者に対する『支援』に関する意義と課題——イギリスの公益開示法（Public Interest Disclosure Act 1998）と公益通報者の民間支援団体 Public Concern at Work を例にして」淑徳大学研究紀要50号（2016年）185頁以下。

34) 例えば、連合（日本労働組合総連合会）は公通法の実効性に向けての法改正を重点施策に位置づけるに留まり、特段、内部告発者・公益通報者の支援については施策展開していないようである。

35) この点、これまで労働組合の SR（Social Responsibility：社会的責任）の視点から検討されてきた。例えば、逢見直人「企業の社会的責任と労働組合――「会社法」見直しの論点から」世界の労働60巻11号（2010年）34頁以下他。なお、平成29年の厚生労働省「労働組合基礎調査」によると、労働組合員数は998万１千人と増加したものの、労働組合の推定組織率は17.1％と過去最低を更新しており、労働組合の役割を論じる以前の問題として労働組合が弱体化・脆弱化していることは否定できないであろう（https://www.mhlw.go.jp/toukei/itiran/roudou/roushi/kiso/17/index.html）。

36) こうした内部告発者・公益通報者の現状等については、本間誠也「誰が内部告発者を守るのか『労組も力にならず』と訴える経験者たち」（Yahoo！ニュース特集 https://news.yahoo.co.jp/feature/1105）（2018（平成30）年10月４日）を参照。

37) 久本憲夫「日本の労使交渉・労使協議の仕組みの形成・変遷、そして課題」日本労働研究雑誌57巻８号（2015年）４頁以下、熊谷謙一「コーポレートガバナンス改革における労働組合の役割」DIO 299号（2014年）８頁以下他。

38) なお、現在、消費者庁は、内部通報制度に関する認証制度（自己適合宣言登録制度）の導入について準備を進めているが（http://www.caa.go.jp/policies/policy/consumer_system/whisleblower_protection_system/research/study/review_meeting_001/）、実効性のある内部通報制度かどうかを認証する指定登録機関は労働組合の意見等を聴取した上で認証の是非を検討すべきであろう。

39) 内部告発・公益通報は、違法・不正を糺すことはもとより、国民生活への影響が大きいことなどから、消費者の権利利益の侵害を事前に排除する機能に着目されなければならない。なお、土田あつ子「消費者からみた公益通報者保護法の問題と考察」消費生活研究17巻１号（2015年）25頁は、公通法制定により内部告発・公益通報の問題が企業と労働者の関係に終始してしまい、消費者の関心が希薄となったと論ずる。

40) 現状、公益通報に関する行政機関における全般的な相談窓口は、消費者庁「公益通報者保護制度相談ダイヤル」に限られており、通報窓口の一元化は達成できていない。将来的には全国都道府県の消費生活センター等が通報窓口として対応することが望ましい。なお、徳島県では試行的に共通窓口を徳島県消費者情報センターに設置している（消費者庁「公益通報窓口及び内部通報制度の整備促進のプロジェクト」（平成30年度）（https://www.pref.tokushima.lg.jp/ippannokata/kurashi/shohiseikatsu/5018298））。

41) 本章の執筆にあたっては、2018（平成30）年９月23日～９月28日実施の日本弁護士連合会（PL・公益通報部会）の海外視察（欧州）調査団に同行し、公益通報者支援団体である Protect、Phillips&Cohen 等の各法律事務所、EU 議会、EU 委員会等でのヒアリング結果内容をベースとしている。同行の機会を与えてくださった中村雅人先生、林尚美先生、大森景一先生、出口裕規先生、志水芙美代先生に改めて感謝申し上げたい。

42) The Public Interest Disclosure Act 1998 (henceforward PIDA 1998) inserted a new Part IVA into the Employment Rights Act 1996 (henceforward ERA 1996). なお、同法の制定過程や過去の判例法の動向等に関しては、國武英生「イギリスにおける公益情報開示法の形成と展開」北大法学研究科ジュニア・リサーチ・ジャーナル第９号（2002年）８頁以下が詳しい。

43) See I. Carr and D. Lewis, 'Combating Corruption through Employment Law and

Whistleblower Protection'. (2010) 39 ILJ 52.

44) See also, Protect (formerly Public Concern at Work) 'Our story timeline' (http://www.pcaw.org.uk/our-story/).

45) 改正内容等に関しては、日野勝吾「イギリス公益情報開示法と公益通報者の保護」尚美学園大学総合政策論集24号（2017年）131頁以下。

46) 改正の背後には、PIDA の誠実性テストを批判的に捉え、PIDA が私益にまつわる通報も保護できてしまうことを危惧する判例の存在が大きい。See, e. g., Parkins v Sodexho (2002) IRLR 109, Street v Derbyshire Unemployed Workers' Centre (2004) EWCA Civ 964.

47) See, e. g., Chersterton Global Ltd. (t/a Chestertons) & Anor v Nurmohamed (2015) UKEAT 0335_14_0804.

48) Protect (formerly Public Concern at Work) Review, 'Whistleblowing Beyond the Law' (https://www.pcaw.org.uk/document-library/). Also see, David Lewis, 'Whistleblowing and the Law of Defamation: Does the Law Strike a Fair Balance Between the Rights of Whistleblowers, the Media, and Alleged Wrongdoers ?' Ind Law J (2018) 47(3): 339.

49) SBEEA の改正の経緯は、Mid Staffordshire NHS Foundation the Francis Report ("Freedom to Speak Up") Report on the Freedom to Speak Up review (http://freedomtospeakup.org.uk/the-report/) という NHS 内での内部告発を発端としている。

50) なお、国際調査報道ジャーナリスト連合（The International Consortium of Investigative Journalists (ICIJ)）は、パナマの法律事務所（モサック・フォンセカ）がタックス・ヘイブン等に設立した法人名やそれに関連した個人名等をインターネット上に公表している（https://www.icij.org/investigations/panama-papers/）。このように世界規模の内部告発の内容がインターネット上で全世界中に流出する一例といえよう。

51) Recommendation of the Committee of Ministers to member States on the protection of whistleblowers. (https://www.coe.int/en/web/cdcj/activities/protecting-whistleblowers).

52) Proposal for a DIRECTIVE OF THE EUROPEAN PARLIAMENT AND OF THE COUNCIL on the protection of persons reporting on breaches of Union law (EUROPEAN COMMISSION Brussels, 23. 4. 2018 COM (2018) 218 final 2018/0106 (https://ec.europa.eu/info/sites/info/files/placeholder_8.pdf.).

53) Protect は通報に関する相談等の他、企業へのコンプライアンス研修等も手がけている NPO 法人である。詳しくは Protect ホームページを参照（https://www.pcaw.org.uk/）。なお、2018（平成30）年９月、Public Concern at Work から Protect へと名称変更された。

54) 詳しくは、日野・前掲注（33）190頁。

55) その他各国の支援団体として、Whistleblowing International Network、Government Accountability Project、Project on Government Oversight、National Whistleblowers Center、Transparency International 等が挙げられよう。

56) 労働者が内部告発・公益通報をした後の結末を予知し、告発・通報の意欲が減退し、

結果として、違法・不正行為がなおざりとされるに至るのであろうと思われる。統計上、労働者における公益通報者保護制度に関する意識等の調査においても数字として表れている。消費者庁「平成28年度 労働者における公益通報者保護制度に関する意識等のインターネット調査」(http://www.caa.go.jp/policies/policy/consumer_system/whisleblower_protection_system/research/investigation/pdf/chosa_kenkyu_chosa_170104_0003.pdf) を参照。

57) なお、内部告発・公益通報をめぐる考察にあたっては、特定の学術領域にとらわれることなく、横断的な考察が求められよう。例えば、心理学の観点から、吉田翔・寺口司・釘原直樹「内部告発の抑制要因の検討——被害の深刻度と集団規範が内部告発に及ぼす影響」対人社会心理学研究17号（2017年）61頁以下。この考察によると、組織が不正行為認知者に告発意図をもつ規範を形成するよう働きかけ、さらに各成員の行動を記録する等のシステムを導入し、責任の分散を防ぐことで内部告発を促進し、不正行為による被害を最小限に抑えることに貢献できる旨を指摘する。

秘密保持義務の法的根拠とその有効性に関する考察

松井　良和

1　はじめに

　企業が有する情報、とくに営業上の価値を有する情報については近年、財産としての価値がますます高まる一方、労働者にとっては自らの職業生活の中で得た情報・技術・技能をもとに、転職活動や起業を行う、あるいは在職中に副業・兼業を行う場面が増えてきているように思われる。とくに、2018年は「副業元年」と称され、「キャリアの複線化」、「能力・スキルを有する企業人在の活躍の場の拡大」、「企業人材の中小企業・地域企業での就業促進」等の諸点が強調される一方、副業・兼業を容認する企業は少ないのが現状である。[1]

　具体的には、副業を「認めていない」企業は85.3％であり、「推進していないが容認している」企業は14.7％に過ぎない[2]。上記のように、労働者にとってのメリットも主張される一方、副業・兼業を認めるに当たって使用者が課題・懸念を感じる事項として、「本業がおろそかになること」と併せて挙げられているのが、「情報漏えいのリスク」である[3]。

　使用者が懸念する情報漏えいのリスクに対して、とくに秘密情報については近年、企業にとっては多額を投資した結果に得られたノウハウや営業秘密を保護する必要から、労働者に対して秘密保持義務を課すことが一般的になっている。その一方、かかる義務を広範に課すことは労働者の職業選択（又は遂行）の自由を制約することになりかねない。ここに、使用者の利益と労働者の自由や権利とを調整する場面が生じる。

　労働者に義務を課し、情報を保護する必要があるのは具体的にどのような場合であろうか。例えば、メールの誤操作や営業秘密に当たる情報を移した

USBメモリを労働者が紛失あるいは持ち出しによる情法漏えいに関する
ニュースは枚挙に暇がなく[4]、近年では、SNSの発達に伴う情報漏えいが問題
になる場面がさらに増えてきているように思われる。また、企業のCSRに注
目が集まる中で労働者が企業の不正行為を裏付ける情報や資料を外部に交付す
る場面も増え、かかる労働者に対して行われた懲戒処分の有効性という形で紛
争が増加している[5]。

　これらのニュース、紛争が増加する一方、労働者の秘密保持義務に関して学
説上、多く問題にされてきたのは、退職後のものであったように思われる。し
かし、兼業・副業の拡大やインターネット、SNSの情報技術の発達等に伴い、
在職中の秘密保持も企業において大きな課題になってきている。また、秘密保
持義務そのものについても、裁判例では、労働者の退職後の競業避止義務と併
せて問題となることが多く争われていたこともあり、秘密保持義務を単独とし
て取り扱った論稿はそれほど多くなかったように思われる。そして、これまで
の議論をみていくと、労働者の秘密保持義務は競業避止義務と比べると職業選
択の自由への制約は小さいことから、とくに在職中のかかる義務については広
く認められやすい傾向にあった。

　しかし、労働者の起業や転職、副業や兼業の機会が増えていくにつれ、改め
て在職中の秘密保持義務の根拠やその範囲が問われる時代になってきている。
とくに、保持義務を課される営業秘密の範囲が明確ではない場合、労働者が自
らのキャリアパスのために兼職・副業を行うことも困難になるだろう。また、
これまでにも議論されてきた退職後の秘密保持義務についても、退職後にも義
務を課す特約の有効性の基準等に関して、学説ではまだ見解の一致をみていな
いように思われる。

　これらの点の他、1990年に不正競争防止法において労働者が不正に営業秘密
を使用ないし開示する行為に対して差止請求等が認められるに至り、同法上の
義務と労働契約上の義務の相違が問題にされてきた。後述する近時の裁判例で
は、不正競争防止法上の秘密に比べて労働契約上義務が課される秘密の範囲は
広いと解するものが登場するに至って、両者が対象とする秘密の範囲を整理し
ておく必要があると考えられる。

　以上のことを考慮し、本稿では、在職中および退職後に課される秘密保持義

務の根拠について改めて検討し、労働契約上の秘密保持義務が対象とする秘密の範囲、要件について試論を示すことを目的としたい。以下ではまず、不正競争防止法上の営業秘密の意味を検討した上で、在職中および退職後の秘密保持義務の法的根拠とその有効性について検討を行う。

2 不正競争防止法の概要と同法における「営業秘密の意味」

1 1990年・1993年改正と同法における営業秘密の保護

不正競争防止法の淵源は古く、戦前にまで遡る。不正競争を防止するための法律上の救済確保を求めるヘーグ改正条約の批准に併せて、1935年に施行された不正競争防止法はわずか6か条にとどまるものだった。その後、数度の改正を経て、1990年改正時には営業秘密の不正行為利用が禁止行為類型として設けられ、営業上の秘密を保護するための差止請求が規定されるに至った。さらに、1993年改正において、片仮名書きから平仮名書きへと条文の文言を全面的に書き換えるなどし、現行の不正競争防止法が形作られた[6]。

同法の改正により営業秘密が保護の対象となる以前においても裁判例上、営業秘密に対する侵害として特約違反行為の差止め請求が争いになってきた[7]。しかし、企業間競争の激化に伴い営業上法の財産的価値が高まっていること、加えて、労働者の転職、中途採用が活発化して雇用の流動化が高まり営業秘密をめぐるトラブルの発生が予想されることから、1990年改正時に、営業秘密の不正取得行為その他の不正な行為から保護を図る措置を規定した法改正が行われた[8]。後述のように、現行法の2条6項は営業秘密を定義し、同条1項7号は営業秘密を取得した後の営業秘密不正利用行為を禁止している。

同号はその趣旨として、労働者の職業選択、営業の自由を尊重すべきであるが、営業秘密の保有者、すなわち使用者に損害を加える意図のもとに営業秘密を使用又は開示する行為まで自由とするのではないとし、不正の利益を図る行為をなし若しくは保有者に損害を加える目的をもって営業秘密を使用する又は開示する行為を禁止している[9]。

同号に違反する行為があったと認められる場合、損害賠償請求が認められる他、差止請求が可能である（同法3条）。ただし、同法は不法行為法の特別法に

位置しており、差止請求等の特別な救済手段を前提として、信義則上の義務を認める趣旨だと解されている[10]。そのため、使用者は、同法とは別に労働契約において固有の秘密保持義務を労働者に対して課すことが可能である。

2　不正競争防止法上の「営業秘密」

不正競争防止法上、「営業秘密」とは、「秘密として管理されている生産方法、販売方法その他の事業活動に有用な技術上又は営業上の情報であって、公然と知られていないもの」をいい（同法2条6項）、具体的には、①秘密管理性、②有用性、③公知性の3点から同法で保護される秘密に該当するかが具体的に判断される。

これらの3つの基準の理解に関してはさしあたって、経済産業省の「企業における営業秘密管理指針[11]」が手がかりになる。まず、秘密管理性については情報の秘密保持のために必要な管理をしていること（アクセス管理）と、それが客観的に秘密であると認知されること（客観的認識可能性）の2点から判断される。2つの要件のうち後者に関して、誰にとっての「客観的認識可能性」が問題となり、後述するように、この点をめぐって裁判所の判断も分かれている。

次に、営業秘密管理指針によると、有用性が認められるためには、「その情報が客観的にみて、事業活動にとって有用であることが必要」である[12]。「有用性」の要件は、秘密として法律上保護されることに正当な利益が乏しい情報を営業秘密の範囲から除外した上で、広い意味で商業的価値が認められる情報を保護することにあり、基本的に、秘密管理性と非公知性要件を満たす場合には有用性が認められることが通常であるとされている。

3つ目の要件である非公知性について、営業秘密管理指針によると、「一般的に知られておらず、又は容易に知ることができないこと」が必要であり、「公然と知られていない」状態とは、当該営業秘密が一般的に知られた状態になっていない状態、又は容易に知ることができない状態のことをいう[13]。

これらの3つの要件のうち、秘密管理性が認められたとしても、有用性が否定された事例[14]や非公知性が否定された事例[15]が存在しており、実際の裁判例においても有用性や非公知性の要件は機能しているとの学説からの指摘があるものの、とくに重要と位置づけられているのは秘密管理性である[17]。この秘密管理性[16]

については時期により裁判例の判断が異なっていることから、以下では、この要件に関する裁判例の動向を概観しておきたい。

3　秘密管理性をめぐる裁判例の動向と揺り戻しの議論

　秘密管理性をめぐっては学説上、厳格な客観的基準を必要とする見解とその[18]反対説による見解の対立がみられる。こうした学説の対立状況がある中、経済[19]産業省はこれまでの裁判例を参考に営業秘密管理指針において、アクセス管理と客観的認識可能性の2点から秘密管理性を判断するとの見解を示した。ところが、経済産業省の裁判例の整理に対しては、「いまだ確立された判例が存在しないにもかかわらず、特定の見解に基づいた管理のあり方を記述した部分も存在するので、この点においても管理指針が必ずしも裁判規範や先例とならないことに十分に注意する必要がある」との学説からの指摘がある。[20]

　そのため学説上は、判例の傾向を比較的緩やかな管理の程度をもって秘密管理性を肯定した時期と厳格な管理を要求する判決が続いた時期とに区分して分析が行われている。端的には、前者は、情報にアクセスする者の目からみて当該情報が秘密として管理されているかどうかから相対的に把握する（相対的管理）時期の裁判例であり、後者は誰の目からみても当該情報が秘密として管理されていること（絶対的管理）を要求する時期のものである。[21]

　従来の裁判例の傾向としては、秘密を比較的緩やかに管理する相対的管理から秘密管理性を肯定するものが多かった。この立場が明確な例として挙げられるのが、ハンドハンズ事件中間判決である。[22]この事件では、人材派遣会社が有する登録派遣スタッフ名簿記載の情報が営業秘密に該当するかが問題となった。裁判所は、秘密管理性の要件を満たすためには、アクセス制限に加えて、アクセスした者に当該情報が営業秘密であると認識できるようにしていることが必要だとし、情報の重要性等について研修等を通じて従業員に周知していたことや、秘密保持契約によって秘密保持に留意させていたことから、派遣スタッフや派遣事業所に関する情報は秘密として管理されていたと認めた。

　この他にも、顧客名簿の表紙にマル秘の印を押印し、カウンター内側の顧客から見えない場所に保管していたため、名簿に接する者に対し営業秘密であるとした男性かつら事件[23]や会社の顧客情報の収められたフロッピーディスクにつ

き、他人からみて秘密であると認識できる表示がされたと認められないが、情報を出力するには数段階のステップを経なければならないこと、また、問題となる従業員にとくに命じて作成させたという経緯、顧客情報の内容に照らして、当該会社の従業員であれば秘密であることは容易に認識可能であるとして秘密管理性を肯定した放射線測定機械器具事件[24]がある。しかし、こうした秘密管理性を相対的に捉える裁判例の傾向は、セラミックコンデンサー事件[25]後は途絶えたとされる[26]。同事件において裁判所は、従業員が全部で10名であり、問題となる電子データの態様は従業員全員に認識されており、アクセスした者が営業秘密であると認識できたことから秘密管理性を肯定した。

同事件以降、秘密管理性につき絶対的管理を要求した判決として、前掲ハンドハンズ中間判決と対照をなすと位置づけられるのが[27]、ノックスエンタテイメント事件[28]である。この事件では、顧客リスト、登録アルバイト員リストおよび見積書等が営業秘密に当たるかが問題になったところ、裁判所は、秘密管理性に関して、アクセスした者の認識やアクセス制限の他、当該情報を第三者に漏えいすることを厳格に禁止するなどの措置を執ることなどといった事情がある場合に、当該情報が客観的に秘密として管理されているとし、「持ち出し厳禁」や「社外秘」の表示のある引き出しに収められていたとしても、秘密としては管理されていなかったとした。

ノックスエンタテイメント事件以外にも、「厳守業者立入禁止」、「関係者以外立入禁止」および「立入禁止工場内」とそれぞれ記載したボード以外には、各種装置の図面の電子データのある設計室に入ることについて特段制限されていなかったこと等から秘密管理性が否定されたケースもあり[29]、営業秘密が絶対的に管理されていることを要求する裁判例が一時期続いた。

4 秘密管理性に関する理解

以上のように、営業秘密に該当するかを判断する上で重要な基準となる秘密管理性に関する近時の裁判例の傾向として、問題となる情報の絶対的管理を要求しており、前掲「営業秘密管理指針」もこの立場にある[30]。こうした立場に対して、知的財産法の学説からは、営業秘密を不正利用行為から保護する趣旨は、成果開発のインセンティブを保障するために、営業活動上の情報を秘密に

することで他の競業者に対し優位に立とうとする企業の行動を法的に支援することであって、高度な秘密管理を要求するのは、かえって企業活動に対して硬直的な効果をもたらす可能性があることが指摘されている。[31]

　他方、労働法の学説からは、「秘密管理性を厳格に判断することは、労働者の労働契約終了後の自由な職業活動を保障するために極めて重要である」ことが指摘されている。[32]労働者の職業の自由を保障する観点から秘密管理性を厳格に解すべきとする理解は、今後の兼業・副業の広まりを考慮すると、労働者の退職後だけではなく、在職中にも当てはまると考えられる。よって私見では、労働者が在職中に兼業・副業を行う場合に情報漏えい等のトラブル回避や紛争防止のためにも、問題となる営業秘密が誰の目から見ても秘密として管理されていること、すなわち、絶対的な管理が要求されると考える。

3　在職中の秘密保持義務について

1　秘密保持義務の根拠

　これまで、不正競争防止法上の営業秘密に関して検討してきたが、今日では、同法とは別に労働契約によって秘密保持義務を設定し、営業秘密やノウハウを保護することができると一般に解されている。[33]そして、かかる義務については学説上、在職中と退職後を区別すべきとの理解が一般的であるため、以下ではまず、これまでの在職中の秘密保持義務に関する議論について検討する。

　在職中の秘密保持義務に関してはまず、その法的根拠が問われるところだが、この点についてはこれまで、判例および学説ともほぼ争いなく、労働契約に付随する義務として信義則を根拠としてきた。すなわち、労働契約の特性として人的・継続的な性格に由来する信頼関係の要請があり、労働契約法3条4項においても信義誠実の原則が確認されていることから、労働契約の当事者双方は相手方の利益に配慮し、誠実に行動することが求められ、この要請の一環として、労働者は労働契約の存続中、その付随的義務の一種として、使用者の営業上の秘密を保持すべき義務を負うのだと学説は説明してきた。[34]

　裁判例においても、「労働者は労働契約にもとづく附随的義務として、信義則上、使用者の利益をことさらに害するような行為を避けるべき責務を負う

が、その一つとして使用者の業務上の秘密を洩らさないとの義務を負うものと解される。信義則の支配、従ってこの義務は労働者すべてに共通である。」とされた。[35]

　実際には多くの企業では就業規則に企業秘密の保持に関する義務が定められており、就業規則の規定が労働契約の内容を規律することになる[36]。そして、こうした秘密保持義務を定めた就業規則の規定の有効性に関して、裁判例は、雇用契約の付随義務である秘密保持義務に照らして、就業規則上の秘密保持条項は、在職中において従業員が負うべき当然の義務を定めたものであるから、公序良俗等に反して無効であるということはできないとしている[37]。しかし、そもそも学説・判例の多くでは就業規則の規定とは関わりなく、労働者は労働契約上の義務として秘密保持義務を負うと解されている。その理由として、「従業員が企業の機密をみだりに開示すれば、企業の業務に支障が生ずることは明らかである[38]」ことに求められている。

　このように、裁判例において労働者の在職中の秘密保持義務は、就業規則の規定が存在するか否かにかかわらず、労働契約上の義務として課されると解されており、学説も裁判所の見解と一致している。労働者の秘密保持義務違反が退職後の起業や転職の場面において問題になることが多かったことを考えると、在職中の秘密保持義務の有効性自体がこれまであまり争点になることが少なく、その根拠を労働契約上の信義則に求めたとしてもあまり問題にはならなかったように思われる。しかし、今後、労働契約上の信義則という一般的、抽象的な法的根拠に基づき、在職中の秘密保持義務を一律に課すことに疑問を感じる。

　前述したように、兼業・副業に際して企業側の懸念として「情報漏えいのリスク」が挙げられていることから、就業規則等の中で情報漏えいを防止するための規定を明確に設け、労働者に周知しておくことが望ましいと考えられる。今後、副業・兼業が増え、在職中の秘密保持義務に関するトラブルが増えることを考慮すると、労働契約における信義則という抽象的な根拠ではなく、就業規則における明確な契約上の根拠を要求するのが妥当ではないだろうか。そして、かかる就業規則上の根拠規定についても、退職後における労働者の職業選択の自由に対する一定の制約であることを鑑みると、労働者の行動を制約しな

い過度に渡らない合理的な範囲であるかぎり有効と解すべきであろう。

2 在職中の秘密保持義務に関する裁判例

以上のように秘密保持義務の根拠を考えたとして、次に問題になるのが、労働契約上の義務を課される「秘密」の範囲である。学説によると一般には、不正競争防止法と比べて労働契約上保持することが課される「秘密」の対象範囲はより広いと解されている。[39]その理由として、労働契約上の秘密保持義務違反の場合、損害賠償請求のみ可能であるのに対し、不正競争防止法上は差止請求というより強制力のある、手厚い保護が予定されていることが理由に挙げられている。[40]

しかし、近時の裁判例では、不正競争防止法の規定に依拠しながら、労働契約において秘密保持義務を課される「秘密」を理解するものがある。例えば、大都商会事件では、[41]「労働者の行動を萎縮させるなどその正当な行為まで不当に制約することのないようにするには、その秘密情報の内容が客観的に明確にされている必要」があるとして、保護されるべき情報といえるためには非公知性と共に秘密管理性の要件を満たすことが最低限必要だとしている。そして、具体的な判断において、部外秘とする印が押されて管理されていなかったこと、情報にアクセスできる者が限定されていなかったことという点から秘密管理性を否定し、就業規則および機密保持契約で保護されるべき秘密情報には当たらないと判断している。

また、レガシィ事件では、[42]就業規則で定めた秘密保持義務の対象となる秘密は、「不正競争防止法上の営業秘密よりも広い範囲のものとなり得る」としながら、「同時に、その守秘義務の範囲が無限定なものとなり、過度に労働者の権利ないし利益を制限したり、情報の取扱いについて萎縮させることのないように、その範囲を限定されると解される」とし、同法と同様に、非公知性、有用性、秘密管理性の3点から営業上の秘密に当たるかどうかを検討している。そして、秘密管理性の判断においては、「情報・秘密へのアクセスの人的・物理的制限（アクセスの管理）、情報・秘密の区分・特定・表示（秘密の客観的認識可能性）、これらの管理を機能させるための組織の整備（組織的管理）の諸点を総合して判断すべき」だとした。

この他、印刷顧客情報事件[43]では、問題となる顧客情報が、就業規則に定めた秘密保持義務の対象となるためには、情報全体が営業秘密として管理されているのみでは足りず、当該情報が、個人に帰属するとみることのできる部分も含めて開示等が禁止される営業秘密であることが、当該従業員にとって明確に認識できるような形で管理されている必要があるとした。また、関東工業事件[44]においても、労働契約上保護されるべき秘密情報は必ずしも、不正競争防止法上の「営業秘密」と同義に解する必要はないが、労働者の行動を萎縮させるなど正当な行為まで不当に制約することのないようにするためには、就業規則ないし個別合意により漏洩等が禁じられる秘密事項には、秘密管理性と非公知性の要件を充足することが必要とされるとした。

3　在職中の秘密保持義務に関する裁判例の整理

これらの裁判例をみていくと、印刷顧客情報事件では主に秘密管理性から、大都商会事件や関東工業事件では秘密管理性と非公知性の２つの要件を充足することから、労働契約上保護されるべき秘密情報か否かを判断している。不正競争防止法と同様に、秘密管理性、非公知性、有用性の３点から営業上の秘密に当たるかを判断しているレガシィ事件においても、秘密管理性の具体的判断において、アクセス管理、秘密の客観的可能性、組織管理の総合判断としている点ではやはり、同法上の営業秘密の判断と比べて労働契約上保護されるべき秘密情報の範囲はやや広いといえる。

こうした裁判例の傾向に関して、従来の裁判例は、就業規則や特約の定めを解釈して契約上の義務を理解してところであり[45]、また、義務違反時の効果を考慮すれば、不正競争防止法と労働契約上保護される秘密の範囲は自ずから異なるといえるのかもしれない。裁判例においても、不正競争防止法の「営業秘密」に該当するかどうかは別論だとして、問題となった情報が競業他社にとって容易に取得できない情報であることと文書の形式から、営業上重要な情報に該当し、従業員の守秘義務の対象となる情報だとするものがある[46]。しかし、労働契約上課される義務の範囲が不明確、あるいは過度に拡大すると、労働者の職業選択の自由を不当に制約しかねないため、不正競争防止法と労働契約上の義務が大きく乖離することは労働者にとっても望ましくないように思われる。

これらのことを踏まえ、不正競争防止法上の「営業秘密」を判断する際の３つの要件のうち、有用性に関しては通常、秘密管理性と非公知性要件を充足すれば認められ、また、労働者の立場からすると、問題となる秘密情報の有用性を判断することは難しい場面があることも考えられることから、労働契約上保護される秘密情報を判断する要件と考える必要はないように思われる。学説上は秘密管理性と有用性を除いた非公知性を要件とする見解もあるが[47]、大都商会事件および関東工業事件にいうように、秘密管理性と非公知性の２つの要件から労働契約上の秘密情報に当たるかを検討すべきと考える。

他方で、前述のように、在職中に兼業・副業を行おうとする労働者にとっては、義務が課される範囲を明確にするためにも秘密管理性を厳格に解し、アクセスする者が秘密と認識していただけでは不十分で、客観的にみて誰の目からも秘密であることが明白な絶対的管理が求められると解するのが妥当だろう。

4　退職後の秘密保持義務について

1　退職後の秘密保持義務の法的根拠

判例および学説は一致して、在職中の秘密保持義務を労働契約上の付随義務として認めてきたのとは異なり、退職後についても秘密保持義務が存続するかは学説と判例で見解が分かれる。まず裁判例からみていくと、退職後に秘密保持義務を課す特約がない限り、秘密保持義務を負わないと判断した久田製作所事件がある[48]。裁判所は、ボーリングピン補修用塗料ピンパッチ等の製造方法に関する、退職後の秘密保持の義務の存在について、当事者間に特別の合意事項が存しない限り、労働者が自らの経験および技能を活かして会社と同種の製造業務に従事することは、製法上の秘密が洩れるからといって妨げられるものではなく、退職後の秘密保持義務を労働者に課すには特別の合意が必要だとした。

他方で、信義則上、退職後の秘密保持義務が存続するとした裁判例も存在する。三和化工事件では[49]、退職後の秘密保持義務に関する就業規則上の規定や特約がない場合において、労働者の「退職、退任による契約関係の終了とともに、営業秘密保持の義務もまったくなくなるとするのは相当でなく、退職、退

任による契約関係の終了後も、信義則上、一定の範囲ではその在職中に知り得た会社の営業秘密をみだりに漏洩してはならない義務をなお引き続き負うものと解するのが相当であるし、従業員ないし取締役であった者が、これに違反し、不当な対価を取得しあるいは会社に損害を与える目的から競業会社にその営業秘密を開示する等、許される自由競争の限度を超えた不正行為を行うようなときには、その行為は違法性を帯び、不法行為責任を生じさせる」ものとした。

　三和化工事件と同様に、バイクハイ事件においても、「労働者が雇用関係中[50]に知りえた業務上の秘密を不当に利用してはならないという義務は、不正競争防止法の規定およびその趣旨並びに信義則の観点からしても、雇用関係の終了後にも残存する」とし、裁判所は信義則上の秘密保持義務の存続を肯定したが、他方において、「労働者が有する職業選択の自由および営業の自由の観点から導かれる自由競争の原理を十分斟酌しなければならない」としている。

　このようにかつての裁判例では、退職後の秘密保持義務について特別の合意等の法的根拠を要するのか、それとも信義則上の秘密保持義務が退職後も存続するのかについて見解が分かれていた。この点について、学説からは1990年および1993年の不正競争防止法改正による影響を指摘するものがある。すなわち、これらの法改正以前には、特約などない限り、労働契約の終了後に労働者はあらゆる権利義務から開放されて秘密保持義務を負わないとされていたが、改正法が施行されて以降は、裁判例の立場は変化し、信義則に基づく秘密保持義務を肯定する方向に動いているのだという。確かに、同法改正後の事件であ[51]る前掲バイクハイ事件では、「不正競争防止法の規定およびその趣旨並びに信義則」の観点から、退職後の秘密保持義務を肯定している。

　しかし、前掲レガシィ事件では、「……在職中の守秘義務は、原則どおり労働契約の終了とともに消滅すると解されるから、退職者の守秘義務の根拠としては、労働契約上の明確な根拠（秘密管理規定ないし守秘契約）が必要」としており、未だ裁判例上も退職後の秘密保持義務の根拠に関して立場が確立したとはいえないように思われる。

2 法的根拠に関する学説の理解

裁判例と同様に学説においても、退職後における信義則上の秘密保持義務を認めるか否かは見解が分かれる。信義則の観点から退職後の秘密保持義務を認める立場からはかつて、「一般的にいえば、労務者が雇用関係の継続中に知りえた使用者の業務上や技術上の秘密を不当に利用してはならないという義務は、雇用関係の終了後にも、信義則上の義務として存続するといえる[52]」として、信義則によって一般的に退職後の秘密保持義務を肯定する見解がみられた。また、「格別な信頼を置かれていた被用者が、従来の使用者の経営する企業を去った瞬間から（ことに自己の側から退職した場合）、旧使用者の業務上の秘密に関する知識を活用して競業関係に立つということは、信義則とあい容れないところ」とする見解もある[53]。

さらに、諸外国の例を参考にしながら、「雇用関係終了後に秘密保持義務を認めることによって、従業員の受ける不利益も少なくないが、むしろそれよりも秘密保持義務を認めないことによる使用者の受ける不利益の方が多いと思われるので、使用者の正当な利益を保護するために必要な限り、雇用関係終了後においても従業員の秘密保持義務は存在する」として、労働者・使用者の利益を考慮しつつ必要な限りで、退職後の秘密保持義務を肯定する見解があった[54]。この他、競合行為とは関係なく義務付けられる「純粋な秘密保持義務」に関しては、企業秘密保護の必要性は労働者の退職後も持続することは否定できないとし、特約がなくても、信義則上、退職した労働者にも守秘が義務付けられるが、秘密の範囲や守秘義務の期間にはおのずから合理的な限界が課されるとする見解もみられた[55]。

このように、信義則上の秘密保持義務が退職後も存続する見解においても、「使用者の正当な利益を保護するために必要な限り」や「合理的な限界」を設けるなど、抽象的な信義則一般から同義務を認めてはいない。

これらの見解に対して、学説の多くは退職後に秘密保持義務が信義則上、存続することを否定している。否定説によると、「契約上の義務は契約の終了とともに解消するのが原則であるし、雇用契約上の誠実義務に基づく労働者の秘密保持義務を契約終了後にまで拡張することには、労働者保護の観点からとくに慎重であるべき[56]」で、労働者が新しい労働契約を締結し、営業するのは自由

であるとして、特別の法令上の規定がある場合を除いて、当然に守秘義務を負うわけではないと主張されてきた[57]。

「今後の労働契約法制の在り方に関する研究会報告書」においても、「労働者が退職後に保持すべき義務を負う秘密の範囲が過度に拡大したり抽象的なものとなったりすると、雇用の流動化が進む近年の状況の中で、転職を重ねて職業能力を開発していく労働者のキャリア形成を阻害しかねない」ことが懸念されており、退職後も秘密保持義務を負わせる場合には、労使当事者間の書面による個別の合意、就業規則又は労働協約による根拠が必要であることを法律で明らかにすることが適当」だとされた[58]。

今日では、退職後も当然に労働者に秘密保持義務があるわけではなく、原則として契約等によりかかる義務が設定されていなければならない[59]とする立場が通説的見解であるように思われる。私見もこの立場にあるが、問題は、退職後の秘密保持義務を課す場合の具体的な法的根拠についてである。前述の研究会報告書は、個別の合意、就業規則又は労働協約による根拠を挙げている。この点について学説上、秘密保持義務は退職後の転職や起業自体を禁止するわけではないので、職業選択の自由を不当に奪うものではないから、競業避止義務とは異なり、就業規則を根拠とすることを認める見解がある[60]。他方で、「営業秘密の性質上、特定の労働者に限り負わせられるもので、その内容・程度はその中でもそれぞれ異なっていることから、就業規則に包括的規定をおくのみでは不十分であり、さらになんらかの形で義務の内容を明確化することが最小限必要」とする見解がある。

退職後の秘密保持義務の根拠について、個別の特約を要するのか、あるいは就業規則における包括的規定で足りるのか、学説上も未解決の問題であるように思われる。この点、就業規則の包括的規定で足りるとする理解は退職後も信義則上の秘密保持義務が残存し、就業規則の規定はその確認のためと理解していることが前提にある[61]。しかし、この理解では労働者に課される義務の範囲が不明確になりかねないため、就業規則の包括的規定だけでは退職後の秘密保持義務を課す根拠としては不十分であり、退職後に同義務を課すためには就業規則における詳細な規定あるいは個別の特約を要すると考える。

3　特約の有効要件

　退職した労働者に対して秘密保持義務を課すには個別の特約が必要であると解したとして、いかなる特約が有効かという問題が残されている。退職後の秘密保持に関する特約は、労働者の転職の自由や職業活動の自由を制約することになるから、これらの自由を制約するに足りる合理的なものでなければ、有効とは認められない[62]。また、個別特約等により何をもって秘密事項とするかは明確に定められることが望ましく、労働者の行為を不当に制約することがないよう、秘密事項の内容も過度に広範にわたらない合理的なものであることが求められる[63]。

　特約の有効性に関しては前掲ダイオーズサービシーズ事件においても、「退職後の秘密保持義務を広く容認するときは、労働者の職業選択又は営業の自由を不当に制限することになるけれども、使用者にとって営業秘密が重要な価値を有し、労働契約終了後も一定の範囲で営業秘密保持義務を存続させることが、労働契約関係を成立、維持させる上で不可欠の前提でもあるから、……労働契約終了後も一定の範囲で秘密保持義務を負担させる旨の合意は、その秘密の性質・範囲、価値、当事者（労働者）の退職前の地位に照らし、合理性が認められるとき」に有効だとされている。

　かかる特約の有効性を判断する際、実際には個々の事案に即した判断をせざるを得ないと考えられるが、同事件で示された要素以外に、退職後秘密保持義務を課される期間を考慮する裁判例も存在する。例えば、アイメックス事件[64]では、退職後6ヶ月間、秘密保持義務を負うことによって、退職した労働者が就労を妨げられるなどの事情は認められないから、退職後6ヶ月間、秘密保持義務を負うことをもって競業避止特約における秘密保持条項は無効であるとはいえないとした。他方で、アイ・シー・エス事件[65]では、精密鋳造用ロボット製造技術に関して、10年間の秘密保持義務を負担すべきものと裁判所は判断している。

　学説上は期間の限定は必ずしも有効要件とはならないと理解し、営業秘密等の重要性によっては、無期限の守秘義務であっても有効とされるとの見解がある[66]。この点、営業秘密に関しては「賞味期限」があり、秘密情報も年数が経てばその価値を徐々に失うものと考えられるが、情報によっては長期的価値をも

つものもあることから、制限の期間を設けるなどし、義務の範囲をできるかぎり特定する必要があると思われる[67]。なお、前掲報告書においても、労働者が退職後の秘密保持義務を負う場合には、秘密保持義務の内容および期間を使用者が退職時に書面により明示することが必要とすることが適当」だと述べられている[68]。

　また、学説には退職後に秘密保持義務を課すことに対する代償措置についても要件にはならないとする見解がある[69]。確かに、競業避止義務と比べて秘密保持義務の場合には、労働者の職業選択の自由に対する制約は小さいという側面はあるかもしれないが、右自由に対する制約が少なからず存在する以上、代償措置についても特約の有効性を判断する際には考慮すべき要素の１つだと考える。

5　おわりに

　本稿では、不正競争防止法にいう「営業秘密」を踏まえ、在職中及び退職後の秘密保持義務について検討してきた。在職中の秘密保持義務に関しては、これまでの判例及び学説上、労働者の職業選択の自由に対する制約の程度は小さいということから、信義則上の秘密保持義務が肯定されてきた。しかし、今後は、労働者の兼業・副業の増加に伴う情報漏えいのリスク等を考慮しつつ、就業規則等の具体的な根拠規定が求められる。また、義務の対象となる秘密の範囲についても、労働者の職業の自由やトラブル発生を防止するという観点から、誰の目からみても秘密として管理されていることが明確であるように、秘密管理性を厳格に解することが必要と考える。

　次に、退職後の秘密保持義務の根拠については、判例・学説上、確立しているとはいえない状況にあるが、在職中にも明確な根拠を要すると解する以上、退職後についても、契約上の根拠を要する。そして、ここにいう契約上の根拠は、就業規則の包括的規定では不十分であり、個別の特約が必要と解するのが妥当であろう。その有効性を判断する際には、秘密の性質・範囲、価値、当事者（労働者）の退職前の地位だけではなく、退職後に競業避止義務を課す場合に即して、期間の制限や代償措置の有無も考慮すべきものと考える。

本稿で検討した秘密保持義務、そして競業避止義務に関しては、営業秘密を保有する使用者の利益と労働者の職業の自由との調整が図られるべきとの基本的な考え方は学説においても共通した理解であるように思われる。しかし、これらの義務の範囲を画する意味を有するはずの職業選択の自由の具体的内容は、これまでの学説においても、そして本稿においても検討が不十分である。労働者にとっての職業選択、職業活動を含めた職業の自由の具体的な意味内容については今後の検討課題としたい。

【注】

1) 2016年3月11日経済財政諮問会議有識者委員提出資料「600兆円経済の実現に向けて～好循環の強化・拡大に向けた分配面の強化～」など。

2) 中小企業庁委託事業「平成26年度兼業・副業に係る取組み実態調査事業」より。

3) 経済産業省委託事業「働き方改革に関する企業の実態調査」（2017年）より。

4) 個人情報の取扱いについて取組みを行う「個人情報保護委員会」の平成29年度報告によると、同委員会に報告された情報漏えい等の案件は290件に上り、これらの多くは書類・電子メールの誤操作であり、その他の発生原因としては紛失、インターネット等の不正アクセス等だという。

5) 例えば、大阪いずみ市民生協（内部告発）事件・大阪地堺支判平15・6・18労判855号22頁、トナミ運輸事件・富山地判平17・2・23労判891号12頁など。

6) 同法の制定と改正の経緯については、小野昌延編著『新・注解不正競争防止法　上巻（第3版）』（青林書院、2012年）33頁以下（小野昌延執筆担当部分）。

7) フォセコ・ジャパン・リミテッド事件・奈良地判昭45・10・23判時624号78頁など。

8) 小野・前掲注（6）525、526頁。

9) 小野・前掲注（6）545頁。

10) 土田道夫『労働契約法（第2版）』（有斐閣、2016年）119頁。

11) 経済産業省知的財産政策室編著『企業における適切な営業秘密管理指針——平成17年不正競争防止法改正・営業秘密管理指針改訂』（経済産業調査会、2006年）3頁以下。

12) 同上9頁。

13) 同上10頁。

14) 例えば、車両変動状況表事件（東京地判平12・12・7判タ1098号222頁）では問題となる情報につき、別の方法で取得することが可能であることから営業秘密としての要件である有用性は認められないと判断された。

15) 前記の車両変動状況表事件では非公知性についても、問題となる情報を会社自らが公表していることから非公知性は失われるとされた。また、エルメス事件（東京地判平13・8・31判時1760号138頁）では、エルメス社の製品に告示した製品を同社の価格の何分の1かの低価格で商品展開を行うという開発方法は、その性質上、公然と知られていない情報ということはできないとされた。

16) 近藤岳「秘密管理性要件に関する裁判例研究——裁判例の『揺り戻し』について」知的財産法政策学研究25号（2009年）195頁。

17) 経済産業省知的財産政策室・前掲注（11）5頁。

18) 小松一雄編『不正競業訴訟の実務』（新日本法規出版、2005年）332頁。

19) 田村善之「営業秘密の不正利用行為をめぐる裁判例の動向と法的な課題」パテント66巻6号（2013年）79頁。

20) 松村信夫「営業秘密をめぐる判例分析——秘密管理性要件を中心として」ジュリスト1469号（2014年）34頁。

21) 近藤・前掲注（16）165、166頁。

22) 東京地判平14・12・26（判例集未登載）。

23) 大阪地判平8・4・16判タ920号232頁。

24) 東京地平12・10・31判タ1097号295頁。

25) 東京地判平15・2・27知財管理54巻1号69頁。この事件では、ハードおよびCADに保存されていたセラミックコンデンサー積層機と印刷機の設計図の電子データが営業秘密に当たるかがまず問題になった。

26) 近藤・前掲注（16）174頁。

27) 津幡笑「営業秘密における秘密管理性要件」知的財産法政策学研究14号（2007年）205頁。

28) 東京地判平16・4・13判タ1176号295頁。

29) 高周波電源装置事件・大阪高判平14・10・11（判例集未登載）。

30) 経済産業省知的財産政策室・前掲注（11）8頁。「秘密管理性が認められるためには、事業者が主観的に秘密として管理しているだけでは不十分であり、客観的にみて秘密として管理されていると認識できる状態にあることが必要である。」

31) 津幡・前掲注（27）210頁。

32) 小畑史子「営業秘密の保護と労働者の職業選択の自由」ジュリスト1469号（2014年）61頁。

33) 土田・前掲注（10）118頁。

34) 菅野和夫『労働法（第11版補正版）』（弘文堂、2017年）151頁。

35) 古河鉱業足尾製作所事件・東京高判昭55・2・18労民集31巻1号49頁。同事件では、クラストブレーカーの本格的生産をすること、ビットロッドの生産を本格化すること、さく岩機の値上を行うこと、起業費の金額や計画実施に伴う賃金形態の変更、従業員の身分・労働条件に影響を及ぼす等の事項を記載した計画の秘密性が問題になった事例である。

36) 竹地潔「企業秘密・情報の管理」土田道夫・山川隆一編『労働法の争点』（有斐閣、2014年）68頁。

37) アイメックス事件・東京地判平17・9・27労判909号56頁。同事件では、従業員の集団退職に伴う顧客情報の持ち出しが問題になった。同事件においても裁判所は、「使用者、従業員相互が誠実に行動すべしとの要請に基づく付随的義務として、従業員が少なくとも雇用契約の存続期間中は、使用者の営業上の秘密を保持すべき義務を負うことは当然」だとした。

38) 会社の機密書類の返還要請を拒み続けたことが労働契約上の誠実労働義務に違反し、就業規則上の懲戒事由に該当するとして、懲戒解雇の有効性が争いになったメリルリンチ・インベストメント・マネージャーズ事件（東京地判平15・9・17労判858号57頁）によると、「企業の従業員は、労働契約上の義務として、業務上知り得た企業の機密をみだりに開示しない義務を負担していると解するのが相当である。このことは、本件就業規則の秘密保持条項が原告に効力を有するか否かに関わらないというべきである。」という。

39) 細谷越史「労働者の秘密保持義務と競業避止義務の要件・効果に関する一考察」日本労働研究雑誌663号（2015年）57頁。

40) 通産省知的財産政策室『営業秘密――逐条解説改正不正競争防止法』（有斐閣、1990年）142頁。

41) 東京地判平24・3・13労経速2144号23頁。

42) 東京地判平27・3・27労経速2246号3頁。

43) 東京地判平24・6・11判タ1404号323頁。同事件では、雇用契約上開示等を禁じられるべき営業秘密に当たることを当該従業員らに明確に認識させるために十分なものであったとはいえないとして、雇用契約上、開示等を禁じられる営業秘密に当たるとみることはできないとした。

44) 前掲東京地判平29・10・25では、秘密管理性に関して問題となった得意先・粗利管理表、本件規格書、本件工程表、本件原価計算書は、従業員が秘密と明確に認識しうる形で管理されていたということはできないとして、秘密保持義務が課される秘密情報には当たらないと裁判所は判断した。

45) 就業規則および契約上の秘密保持条項の解釈について、前掲アイメックス事件参照。

46) カナッツコミュニティほか事件・東京地判平23・6・15労判1034号29頁。

47) 岩出誠「第7章　情報の管理――労働者の守秘義務、職務発明・職務著作等の知的財産権問題を中心として」日本労働法学会編『講座労働法の再生　第2巻　労働契約の理論』（日本評論社、2017年）120-121頁。

48) 東京地判昭47・11・1労判165号61頁。

49) 大阪高判平6・12・26判時1553号133頁。

50) 仙台地判平7・12・22判タ929号237頁。同事件は結論として、「雇用契約上、雇用関係終了後の競業避止義務および秘密保持義務について何らの規定がない場合において、労働者が雇用関係終了後に同種営業を開始し、開業の際の宣伝活動として、従前の顧客のみを対象とすることなく、従前の顧客をも含めて開業の挨拶をすることは、特段の事情のない限り、自由競争の原理に照らして、許されるものというべきである。」とした。

51) 石橋洋「企業の財的情報の保護と労働契約」日本労働法学会誌105号（2005年）26頁。

52) 我妻栄『債権各論中巻二』（岩波書店、1998年）595頁。

53) 後藤清『転職の自由と企業秘密の防衛』（有斐閣、1974年）33頁。

54) 盛岡一夫「企業秘密の保護――従業員の転職等を中心として」法律のひろば40巻11号（1987年）45頁。

55) 西谷敏「日本における企業秘密の労働法的保護」松本博之・西谷敏・守矢健一編『イ

ンターネット・情報社会と法——日独シンポジウム』（信山社、2002年）194頁。

56)　小畑史子「営業秘密の保護と雇用関係——改正不正競争防止法の意義と特徴」日本労働研究雑誌384号（1991年）48頁。

57)　山口俊夫「労働者の競業避止義務——とくに労働契約終了後の法律関係について」東京大学労働法研究会『石井照久先生追悼論集　労働法の諸問題』（勁草書房、1974年）417頁。

58)　厚生労働省「今後の労働契約法制の在り方に関する研究会報告書」（2003年）51頁。

59)　荒木尚志『労働法（第3版）』（有斐閣、2016年）280頁。

60)　香川孝三「競業避止義務・秘密保持義務の現代的課題」西村健一郎ほか編集代表『下井隆史先生古稀記念　新時代の労働契約法理論』（信山社、2003年）214頁。

61)　石橋・前掲注（51）27頁。

62)　石橋・前掲注（51）27頁。

63)　前掲関東工業事件。

64)　東京地判平17・9・27労判909号56頁。

65)　東京地判昭62・3・10判タ650号203頁。

66)　土田道夫「競業避止義務と守秘義務の関係について——労働法と知的財産法の交錯」中嶋士元也先生還暦記念論集刊行委員会『中嶋士元也先生還暦記念　労働関係法の現代的展開』（信山社、2004年）198頁。なお、この見解においても、秘密事項の重要性・種類や労働者の職種等に応じて個別具体的な判断を要するとしている。同「労働市場の流動化をめぐる法律問題（上）」ジュリスト1040号（1994年）57頁。

67)　香川・前掲注（60）214頁。

68)　経済産業省知的財産政策室・前掲注（11）51頁。

69)　細谷・前掲注（39）59頁。

第Ⅲ部
雇用終了から見た労働契約論の再構成

試用期間中の解雇について

本久　洋一

1　はじめに

　本稿は、三菱樹脂事件最高裁判決（以下「最判」）における、試用期間中の
「留保解約権に基づく解雇は、これを通常の解雇と全く同一に論ずることはで
きず、前者については、後者の場合よりも広い範囲における解雇の自由が認め
られてしかるべきもの」との法理（以下「広い範囲」論）を、再検討するもので
ある。

　この判例として確立し、論じ尽くされた観もある法理を再検討する契機は、
以下の3点である。

　第1は、「広い範囲」論の意義の複雑性である。最判当時は、解雇権濫用法
理すら判例として確立されておらず、濫用性の判断基準もまた現在におけるよ
うな集積に基づく一定のルール形成にはほど遠かった。最判は、解雇権濫用法
理に基づく岩盤規制としての「通常の解雇」を念頭に置いて、その例外として
「広い範囲」論を説示したものでは決してない。むしろ最判は、後の裁判例の
展開に照らすと、「広い範囲」論にもかかわらず、試用期間中の解雇に対する
厳格規制の基礎を築いたものとさえ評価することができるのである。では、最
判における「広い範囲」論の意義とは何か。「広い範囲」論の現在の姿はどの
ようなものか。

　第2は、試用期間中の解雇をめぐる法的環境の変化である。平成16年労基法
改正および労働契約法の制定（平成19年）によって、解雇権濫用法理は成文化
されているところ（現労契16条）、同条について試用期間について適用除外とす
る明文の定めは存在せず、同条が強行法規であることには異論は見られない。

現在では、留保解約権の濫用性の基準ということ以前に、そもそも労使の合意によって解約権を留保することの適法性が問われなくてはならないのである。また、平成16年労基法改正については、就業規則の必要的記載事項として「解雇の事由」が追加されたことも重要である。

第3は、試用期間中の解雇事案における中途採用事案の普遍化である。最判は、新卒者一括採用慣行による新規採用者に対する本採用拒否事案について下されたものである。しかし、後で見るように、近年の試用期間中の解雇事案は、むしろ、中途採用者に関する事案が多く、新卒者採用に関する事案は少数に止まっている。中途採用が必ずしも即戦力採用とは限らないが、注目すべきは、即戦力採用と見られる中途採用事案の増加を背景にして、「広い範囲」論が新たな進展を見せていることである。

以下、最判、下級審裁判例および学説における「広い範囲」論を分析し、その構造と機能、並びにその変遷を明らかにした上で、現役の規範としての「広い範囲」論を対象にして、検討する。

2　「広い範囲」論の成立・展開・衰退

1　最判への前史

(1)　**解約権留保付労働契約構成の含意**　　試用期間の法律構成は、「広い範囲」論の前提であるが、問題は、停止条件付労働契約説、解除条件付労働契約説といった他の法の法律構成を押し退けて、なぜ解約権留保付労働契約説が最判において採用されるに至り、判例として確立したのかである。

まず最判以前の下級審裁判例において数的に解約留保付労働契約説が圧倒的に優越していたということがあるが、問題は実質的な理由である。

停止条件付労働契約説に立つ代表的裁判例である山武ハネウェル事件〈東京地決昭32・7・20労民集8巻4号390頁〉○は、試用期間を不採用の障害となるような合理的根拠のないことを停止条件とする期間の定めのない雇用契約と構成し、本件不採用措置は条件成就の故意の妨害（民法130条）にあたるとして、期間の定めのない雇用関係の成立を認めている。

停止条件説は、試用期間中は労働契約の効力は発生しないので、試用期間中

の法律関係を本採用後の法律関係とは別個に構成しなくてはならない点に、わが国における試用期間の実態との乖離[7]という難点[8]を抱えている。

この点、本採用拒否を解除条件とする労働契約として、試用期間を構成する解除条件説は、試用期間と本採用後とを1つの労働契約関係として把握できる利点がある。

解除条件付労働契約説に立つ代表的裁判例であるソニー事件〈東京高判昭43・3・27判タ225号106頁〉○は、使用者における条件成就の判断（本採用拒否）を客観的合理的理由がある場合に限定し、恣意的な本採用拒否は、解雇権濫用の場合と同様に権利濫用無効とする旨を判示している。これは、現在のように故意の条件成就に対する民法130条の類推適用[9]が一般的に認められていない当時の苦心の法律構成であり、その機能においてほとんど留保解約権構成と近接している。

しかし、ここまで技巧を凝らすのであれば、端的に解約権留保付労働契約説を採用する方がすっきりする。それに、条件成就の判断権の濫用という構成は、条件の成就自体は客観的事実により認定されるべきものであることを考えると、解除条件は、条件成就の判断（本採用拒否）ではなく、労働者の職務能力・適格性の欠如そのものと構成する方が適当である。

この点、解約留保付労働契約説が定着した実質的理由について、「適格性判断には使用者の主観が入るものであるから客観的事実を前提とする条件と構成するより、解約権と構成する方が妥当との判断があったと思われる」との小宮教授の見解[10]は示唆的である。

この見解は、試用期間中の解雇の前提となる労働者の職務能力・適格性の有無について、条件構成よりも解約権構成の方が、使用者判断の尊重ないし裁量性を許容する枠組みに適合的であることを示唆するものであり、「広い範囲」論の法理論的基礎の1つを明らかにするものということができる。

(2) **下級審裁判例における「広い範囲」論の萌芽**　次に、解約権留保付労働契約構成を採用した初期裁判例において「広い範囲」論の萌芽が見られる例として、以下の2つを採りあげる[11]。

日本炭業事件〈福岡地決昭29・12・28労民集5巻6号611頁〉○は、労働協約における「試用期間中の者で従業員として不適当と認められた場合」の解雇

規定について、採用方法が比較的簡単であるので、試用期間における能力調査の必要があることから、「この期間中は相当大巾な解雇権——あたかも採否の決定の自由と対応する如き——の行使を被申請人に許容している」と解釈している。この事件は、「相当大巾な解雇権」の規範的根拠として、採用の最終決定の大幅な留保を前提とした採用の自由を挙げるものである。

　また、名古屋タクシー事件〈名古屋地判昭40・6・7労民集16巻3号459頁〉×は、「三ケ月間を見習として試備しその結果採用するものとする」との就業規則条項の解釈として、解約権留保付労働契約構成を述べた上で、「試用期間中は、就業規則上の制限なしに解雇することができる大巾な解雇権が留保されている」と説示する。この説示の意味は、解雇事由を列挙する就業規則条項（労働者の能力不足・職務不適格は解雇事由に挙げられていない）は、試用期間中は適用されないということである。

　名古屋タクシー事件における「大巾な解雇権」論については、そもそも本採用後の解雇については就業規則上、能力不足・職務不適格が解雇事由とされてないことから、その趣旨は、解雇権を広げるというところにはなく、むしろ、能力不足・職務不適格を理由とする解雇を基礎付けるところにあることに注意が必要である。

　この点、現在と当時では、職業社会における解雇の位置付けがまるで異なることに注意が必要である。名古屋タクシー事件において本採用後の従業員を対象とするものと認定された解雇事由条項に能力不足・職務不適格が挙げられていないのは、当該会社における軽率さを表す事象というよりも、むしろ、当時、能力不足・職務不適格等を理由とする解雇が、それほど一般的ではなかったという方が正しいだろう[12]。

　両事件に共通の方法としては、労働協約ないし就業規則といった当事者規範との関係で、解雇の広狭を論じているところに注意が必要である。「大巾な解雇権」の尺度は、当事者規範にあるのであり、法律による一般的な解雇権濫用法理なり解雇禁止事項が適用除外の対象として考えられているわけではない。

2　最判の意義

(1)　最判の試用期間中の解雇に関する一般的判示部分は、こうである。

①「試用契約の性質をどう判断するかについては、就業規則の規定の文言の
みならず、当該企業内において試用契約の下に雇傭された者に対する処遇の実
情、とくに本採用との関係における取扱についての事実上の慣行のいかんをも
重視すべきものであるところ、……就業規則である見習試用取扱規則の各規定
のほか、上告人において、大学卒業の新規採用者を試用期間終了後に本採用し
なかつた事例はかつてなく、雇入れについて別段契約書の作成をすることもな
く、ただ、本採用にあたり当人の氏名、職名、配属部署を記載した辞令を交付
するにとどめていたこと等の過去における慣行的実態に関して適法に確定した
事実」に照すと、「本件本採用の拒否は、留保解約権の行使、すなわち雇入れ
後における解雇にあたり、これを通常の雇入れの拒否の場合と同視することは
できない。」

②「このような解約権の留保は、大学卒業者の新規採用にあたり、採否決定
の当初においては、その者の資質、性格、能力その他上告人のいわゆる管理職
要員としての適格性の有無に関連する事項について必要な調査を行ない、適切
な判定資料を十分に蒐集することができないため、後日における調査や観察に
基づく最終的決定を留保する趣旨でされるものと解されるのであつて、今日に
おける雇傭の実情にかんがみるときは、一定の合理的期間の限定の下にこのよ
うな留保約款を設けることも、合理性をもつものとしてその効力を肯定するこ
とができるというべきである。それゆえ、右の留保解約権に基づく解雇は、こ
れを通常の解雇と全く同一に論ずることはできず、前者については、後者の場
合よりも広い範囲における解雇の自由が認められてしかるべきものといわなけ
ればならない。」

③「しかしながら、……法が企業者の雇傭の自由について雇入れの段階と雇
入れ後の段階とで区別を設けている趣旨にかんがみ、また、雇傭契約の締結に
際しては企業者が一般的には個々の労働者に対して社会的に優越した地位にあ
ることを考え、かつまた、本採用後の雇傭関係におけるよりも弱い地位である
にせよ、いつたん特定企業との間に一定の試用期間を付した雇傭関係に入つた
者は、本採用、すなわち当該企業との雇傭関係の継続についての期待の下に、
他企業への就職の機会と可能性を放棄したものであることに思いを致すとき
は、前記留保解約権の行使は、上述した解約権留保の趣旨、目的に照らして、

客観的に合理的な理由が存し社会通念上相当として是認されうる場合にのみ許されるものと解するのが相当である。」

④「換言すれば、企業者が、採用決定後における調査の結果により、または試用中の勤務状態等により、当初知ることができず、また知ることが期待できないような事実を知るに至つた場合において、そのような事実に照らしその者を引き続き当該企業に雇傭しておくのが適当でないと判断することが、上記解約権留保の趣旨、目的に徴して、客観的に相当であると認められる場合には、さきに留保した解約権を行使することができるが、その程度に至らない場合には、これを行使することはできないと解すべきである。」

(2)　上記判示部分においては、事実上の慣行をも参照して当事者規範に即応する①から、留保約款設定の合理性の観点から試用期間の基礎付けと同時に期間の合理的限定を打ち出す②を経て、労働者一般の経済的・法的従属性の認識（契約締結時の付従性、契約締結後における雇用継続の期待の要保護性、当該企業への専属性）に基づくという意味で労働法的な解雇権濫用法理が試用期間中の解雇に適用されることが宣明される③および④へと、法のレベルを一段ずつ上昇するかたちで規範が展開されている。

①における「就業規則の規定の文言のみならず、……事実上の慣行のいかんをも重視すべき」との説示は、試用において既に労働契約は成立していることを導き出すことを主眼とするものであって、この説示をもって②における「広い範囲」論の伏線と見ることは適当ではない。①は就業規則上の試用期間とそれ以外との区別にもかかわらず、労働契約としては一本の同じ契約が存続しているにことを説くものにすぎないのである。

②は、本稿の対象である「広い範囲」論の導出に係る部分であって、「留保解約権の行使、すなわち雇入れ後における解雇」とする①とは対照的に、留保解約権と「通常の解雇」との区別が打ち出されている。

前記の初期下級審裁判例と比較すると、採否決定当初における資料不足による「最終的決定を留保する趣旨」から「広い範囲」論を導出するところは日本炭業事件と同様であるし、留保約款の設定から「広い範囲」論を導出するところは、解雇権の就業規則上の根拠の違いに立脚する前掲・名古屋タクシー事件と同様である。

注意すべきは、前記の初期裁判例に照らすと、最判のいう「広い範囲」とは、本採用後の労働者に対する「通常の解雇」を基準とした、当事者規範（個別合意、就業規則等）上の尺度であって、労働法的解雇権濫用規制に対する（部分的）適用除外を説くものではないことである。

また、「広い範囲」論の背景には、本採用後における「通常の解雇」において能力不足・職務不適格を理由とするものが一般的ではなかった当時の実情を背景にしていることもまた十分に留意されるべきである。つまり、「広い範囲」論の背景には、能力不足・職務不適格を理由とする解雇の基礎付けという側面もあったということである。

他方、下級審裁判例と比べての②の大きな特質は、留保解約権行使の合理性のレベル以前の問題として、留保約款設定の合理性という規範を明確に打ち出しているところにある。この規範（合理性なき留保約款設定は無効である）については、企業慣行の正当化機能のみを見るべきではないだろう。試用に関する「一定の合理的期間の限定」という限定機能をも有している[14]。さらに、この点については、最判が誓約書提出による個別的な留保約款設定についての判示であることから、留保約款設定の合理性という規範は、就業規則条項のみならず、個別合意による留保約款設定をも当然に射程に含めるものであることに注意が必要である。

③および④は、当事者規範において本採用後の「通常の解雇」よりも「広い範囲」の解雇とされる留保解約権行使について、一転、労働法的解雇権濫用規制の適用によって、むしろ体系的に規制が加えられることを説示するものである。この②から③への展開は重要である。労働法的解雇権濫用規制の適用については、留保契約権の行使について一定の緩和を行う趣旨は、最判には見当たらないということである。

なお④のいう採用「当初知ることができず、また知ることが期待できないような事実」のみを事由して留保解約権が行使されるべきことは、「最終的決定を留保する趣旨」から「広い範囲」論を導出する②の当然の帰結である。

(3)　以上の考察により、はじめに述べた「広い範囲」論の意義の複雑性については、最判のレベルについては、十分に解明しえたものと考える。

総括すると、「広い範囲」論とは、以下の諸契機からなる規範である。

（ⅰ）当事者諸規範（個別合意、就業規則等）により、同一の労働契約上に、採用当初に一定の合理的期間内の限定の下に試用期間なる留保約款を設定し、本採用後の「通常の解雇」と比べて「広い範囲」にわたる解雇事由による解約権を留保することが許される。（ⅱ）「広い範囲」とは、あくまでも本採用後の労働者に対する「通常の解雇」を基準とするものである（最判当時における能力不足・職務不適格を理由とする解雇の未発達を考えると、能力不足・職務不適格を解雇事由に追加するという側面にも留意すべきである）。（ⅲ）当事者規範において本採用後の通常の解雇とは異なる範囲を持つものと設定された留保解約権の行使については、労働法的解雇権濫用規制が十全に適用される（部分的適用除外を説く判示はどこにも見当たらない）。

　この最判の解釈は、次項で見るように、以後の下級審裁判例の展開と整合的である。

3　最判以後の下級審裁判例

(1)　「広い範囲」論の展開　　留保約款による試用期間中の労働者と本採用後の労働者との解雇事由（通常の解雇事由）の区別という側面から最判以後の下級審裁判例の展開を眺めると、①試用期間中の労働者に対して就業規則上の解雇事由条項（通常の解雇事由）が適用されることにより、通常の解雇事由に試用期間中の解雇事由（職業能力・適格性等）が追加されるという意味で加算的に「広い」[15]例、②本採用後の労働者に適用される解雇事由は、試用期間中の労働者には適用されない（留保約款上解雇事由のみが適用される）という意味で減算的に「広い」[16]例、さらに③本採用後の労働者に適用される解雇事由にしたがって試用期間中の解雇がなされるという意味で広狭の差がない例[17]とに分かれる。

　最判の本質は、同一の労働契約において、合理的な留保約款の設定により、試用期間中の労働者について、本採用後の労働者とは別様の解雇事由を定めることができるところにあるので、③のように、就業規則上の解雇事由について、試用期間中も本採用後も変わりないことも十分にありうる。

　また、結論的には、判例集等に登載された限りではあるが、①は解雇無効例が、②は解雇有効例が占めている。こうしたはっきりとした結論とのレリバンスが減算型の「広い範囲」論に見えていたことが、学説における「広い範囲」

論に対する特別の警戒感の一因をなしていたということは、歴史的背景として踏まえておく必要がある。注意すべきは、②の諸例においても、解雇権濫用性の審査は十全になされており、最判の枠組みを逸脱するものは見られないことである。

　上記の分類に近年の裁判例が少ないのは、実は、試用期間中の解雇に適用される就業規則条項は何かという争点ないし論点それ自体が、近年では、ほとんど無意味になっているからである。

　就業規則上の解雇事由条項の適用問題の無意味化の背景には、第１に、就業規則上の通常の解雇事由条項に職務能力・適格性の不足等がきちんと整備されるようになったことによる。職務能力・適格性の不足は労働者側の落ち度とはいえないとの理解がなされていたような牧歌的な時代は終焉を迎えたわけだ。第２に、就業規則上の解雇事由条項について、初期の素朴な限定列挙説的理解（解雇権の根拠を労働契約ではなく法規範たる就業規則そのものに求める思考方法）が棄てられ、契約法的理解が普及したことである。このことは、第３に、解雇の有効無効の主戦場が、就業規則条項の適用問題から、判例上の諸基準による解雇権行使の濫用性審査へと完全に移行したことにもつながる。

　以上、一言でいうと、最判以後、司法における解雇権濫用性基準の客観化と各企業における就業規則条項の整備とにより、就業規則の適用条項の区別が最判当時ほど問題ではなくなっていったということである。

　⑵　「広い範囲」論の衰退　　試用期間中の解雇に関する最近の裁判例は、「広い範囲」論の衰退によって特徴付けられる。

　裁判例と最判との関係はやや複雑であり、①解約権留保構成によらず、最判を引用せず、最判とは別個の枠組みによるもの[18]、②解約権留保構成によるが、最判の部分的引用（特に「広い範囲」論の省略）、パラフレーズないし説示の追加により、最判とは別個の枠組みによるもの[19]、③解約権留保構成により、「広い範囲」論も含め、最判のフレームから逸脱することなく判断するもの[20]の３者に分かれる[21]。

　判例集、データベース等に登載された裁判例の限りにおいてではあるが、最近の下級審裁判例に窺われる強い傾向は、最判、特に「広い範囲」論からの離脱である。そもそも解約権留保構成によらず、一般の解雇と同様の枠組みによ

る裁判例が少なくない（①）。解約権留保構成による場合も、非常に多くの裁判例が、単に本件解雇は「試用期間の趣旨目的に照らして、客観的に合理的な理由が存し、社会通念上相当として是認されるもの」でなければならないとの一般的判示部分を持つのみである（②）。「広い範囲」論は、これを採用する裁判例の量という側面から見ると、衰退しつつあるようである。

「広い範囲」論の退潮の背景の1つには、前に述べた就業規則上の解雇事由条項の適用問題の無意味化がある。就業規則上の解雇事由条項の整備が進み[22]、解雇権濫用法理においても法制化および濫用性の判断基準の集積によるルール化という形式・内容両面での客観化が進展した現在、試用期間中の解雇について特別な法理による必要性は乏しくなってきている。

「広い範囲」論を省略することなく引用する裁判例については、扱う事案に一定の傾向は看取されないが、解雇無効とした例が比較的に多い。本稿冒頭に、最判は、「広い範囲」論にもかかわらず、試用期間中の解雇に対する厳格規制の基礎を築いたと述べた所以である。

なお、以上のようにして、諸前提を失なった「広い範囲」論には、新たな展開ないし横滑りが見られる。

EC駐日代表部事件〈前掲注（20）〉は、「高いランクの職員の採用に際して……留保された解約権の行使は、ある程度広くこれを認めることができる」とする。これは、即戦力型の中途採用において特に語学力等の適格要件が明確である場合であって、当該適格性に見合った待遇が予定されている場合には、適格要件を満さない試用労働者については、教育指導・他の部署への配転等の解雇回避措置を行なわなくても、解雇できるようなかたちで、解雇権濫用性の判断基準を立てるべきということであって、最判とは矛盾しないものの、最判には含まれていなかった規範（最判の新展開）である。この裁判例は学説上大変に注目されたが、後に続く裁判例がしばらく出なかった。ようやく最近、ラフマ・ミレー事件〈前掲注（21）〉の具体的判断部分において同旨の説示が表われるに至った[23]。

他方、ユーグロップ事件〈前掲注（20）〉における「留保解約権の行使……が不合理で社会通念上相当といえない場合には、当該解雇は権利の濫用に当たり無効となるが、……留保解約権の行使は、通常の解雇権行使の場面に比べ、

相当緩やかに認められる」との一般的判示部分は、明らかに「広い範囲」論を逸脱した筋の悪い説示（最判の横滑り）である。上述の通り、最判の枠組みは、解雇事由という面で相対的に「広い範囲」を対象としうる留保解約権も、その行使段階では、一般的な労働法的解雇権濫用規制に服するという構成を採っており、試用期間中における解雇権濫用法理の適用の一般的な緩和を説くものでは決してないからである。

4　最判以後の学説

(1)　**解約権留保の合理性の追究**　　「広い範囲」論への初期の学的対応は、「広い範囲」の根拠である留保約款の合理性の追究を大きな特徴としている。萬井教授における「試用制度の存在合理性」論[24]および毛塚教授における「試用期間設定の合理性」[25]論[26]が代表的な見解である。

　最判それ自体が、留保約款の効力要件として合理性を設定していることは前記の通りである。これらの学説は、この合理性の内容を鋭く追究する。背景には、まさに三菱樹脂事件をめぐって大きく問題とされたように、わが国企業実務として、試用期間が職務能力・適格性の実験という本来の機能を果しておらず、むしろ「企業忠誠心、協調性、上司の指示に従う態度、さらには思想傾向、労働組合への関心度など、いわば全人格要素を把握」[27]する機会となっている傾向への強い懸念があった。

　そこで、これらの学説では、筆記試験や短時間の面接によっては判定し難い、労働の熟練度や特殊技能であって、本採用後の配置が特定されている場合（例えば、管理職の中途採用）についてのみ留保約款の合理性を認め、それ以外は、非合理的として、効力を否定する[28]。

　留保約款の合理性の範囲を以上のように厳格に制限した上で、これらの学説は、いわば真の試用期間については、解雇権濫用規制の一定の緩和（例えば、解雇回避努力の免除等）を認める[29]。

　以上の見解は、いわば「狭い範囲」について審査基準を緩和するものである。こうした相関関係の法理は、裁判例においては、EC駐日代表部事件〈前掲注（20）〉およびラフマ・ミレー事件〈前掲注（21）〉といった厚待遇・中途採用・職種限定・即戦力型採用の事案の判示に看取されるが、依然として一般

的ではない。

　また、SPI、クレペリン検査、ロールシャッハ・テスト等、求職者の「全人格要素」の把握を主眼とする入社試験が普遍化している現在、試用期間における全人格要素の実地の観察について、これを一切、非合理不適法とする解釈は、合理的意思解釈のレベルに止まる限り、三菱樹脂事件の当時よりも、はるかに困難になってきているのが現状である。

　(2)　**解約権留保構成への疑問**　　平成16年労基法改正および労働契約法の制定（平成19年）以後の学説の展開としては、解約権留保構成そのものへの疑問[30]が問題提起的に主張されるようになってきたことが挙げられる。

　土田教授は、最判を「適切」としつつも、試用期間中の留保解約権は、端的に解雇と解し、解雇権濫用規制（労契法16条）を直接適用すべきであるとする[31]。しかし、試用期間中の解雇について、労契法16条の「解雇」概念には該当しないこと（類推適用説）を明確に述べる判例なり、学説は存在するのだろうか。また、労契法16条の直接適用説を採用するのであれば、そもそも解約権の留保そのものの適法性が問題とされるべきではないだろうか。留保解約権を解雇と性質決定すること（直接適用）の意義は何かということである。

　この点、小宮教授は、試用期間中の解雇が労契法16条に包摂されることを前提に、「合意によって解雇権濫用法理による規制を緩和することは原則として許されない」としながらも、「当事者による解雇権濫用法理の基準引き下げの特約には特に高い合理性が要求される」として、「留保解約権の範囲は、試用期間が例外的な特約としてのみ合理性が認められるという趣旨に照して決定されなければならない」とする[32]。問題は、労契法16条は強行法規である以上、そもそも例外はありえないのではないかということである。

　最近の学説におけるような労契法16条への試用期間中の解雇の包摂をめぐるアンビバレンスは、裁判例にも看取される。労契法16条を引用する裁判例として貴重なライトスタッフ事件〈前掲注（20）〉は、就業規則上、試用期間中については、本採用後の労働者に適用される通常の解雇事由条項の「定めるところにより解雇する」との定めが置かれている事案にもかかわらず、「試用労働者は既に労働契約関係に組み込まれている以上、留保解約権の行使には解雇権濫用法理（労契法16条）の基本的な枠組が妥当する」と説示する。では、「基本

的な枠組が妥当する」とは、直接適用なのか、類推適用なのか。

3　試用期間中の解雇の法律構成

最後に、以上の考察を踏まえて、私見を述べる。

1　試用期間中の解雇の法的性質

以下の理由により、試用期間中の解雇が労契法16条の「解雇」に包摂されることは疑いないものと考える。

最判が「広い範囲における解雇の自由」という場合、期間の定めのない労働契約の使用者による一方的解約（民627条1項）が念頭にあることは、明らかである。有期労働契約の使用者による中途解約もまた労基法上は「解雇」概念に含まれるが（労基20条等）、そもそも有期労働契約の中途解約は自由ではない（民628条）。また、三菱樹脂事件は、期間の定めのない労働契約による労働者に関する事案である。

労基法21条は「試の使用期間中の者」について労基法20条の解雇予告義務を免除しているが、これは、労基法上の「解雇」概念に、試用期間中の解雇が含まれることを意味している。したがって、最判が述べる通り、労基法3条の労働条件に労基法上の「解雇」が含まれることは間違いないのであるから、労基法3条については、労基法20条における労基法21条にあたるような、適用除外規定が存在しない以上、試用期間中の解雇についても、労基法3条の労働条件に包摂されることは明白である。[33]

最判における解雇権濫用法理の適用は直接適用なのか類推適用なのかという論点については、上記の通り、最判は、「広い範囲」を対象（解雇事由）とする解雇権に、労働法的解雇権濫用法理が適用されるという構造をとっていること、および類推適用ないし濫用性判断基準の緩和を述べる文言が見当たらないことから、直接適用と解して何の問題もない。[34]

最後に、労契法においてもまた、試用期間中の解雇について、労契法16条を適用除外する旨の規定は見あたらない。

以上、現行法上、試用期間中の解雇は、労契法16条の「解雇」にほかならな

いということである。したがって、試用期間について、当事者が何らかの特別な解約権を留保しても無効であり、労契法16条の「解雇」として扱われるのみである。

2 留保約款の合理性と適法性

留保約款は、三菱樹脂事件のように、誓約書の提出によって設定される場合もあるが、ほとんどの裁判例は、就業規則上の試用期間に関する諸条項から留保約款の存在を認定している[35]。では、試用期間中の解雇について労契法16条が適用されるとすると、こうした留保約款は、どのような意義を持つのか。問題は、留保約款は、何を留保しているのかである。

(1) **就業規則上の通常の解雇事由の留保** 最判における「広い範囲」論の趣旨が解雇権濫用法理の留保にはなく、本採用後の労働者に適用される就業規則上の解雇事由事項（当時の裁判例では、「通常解雇事由」等と呼ばれた）が試用労働者には適用されず、専ら留保約款上の解雇事由条項によることにあることは、前述の通りである。「通常の解雇」とは、本採用後の労働者に対する解雇のことなのであり、留保の対象として専ら念頭に置かれていたのは、就業規則上の「通常解雇事由」条項であった。

そこで、まずは、試用労働者について、就業規則ないし個別合意上、本採用後の労働者とは別個の解雇事由を設けることは可能かが問題になる。

採用時において個別合意によって就業規則の適用を留保するためには、労契法7条但書の要件を満たす必要があるところ、本採用後の労働者よりも解雇事由をはっきりと緩和する形態で試用労働者に特別の解雇事由を個別に留保することは、労契法12条に抵触することになるので、無効である。また、就業規則における必要的記載事項としての「解雇の事由」（労基法89条1項3号）には、当然、試用期間中の解雇についての事由も含まれるので、実際上、個別合意による就業規則条項に対する留保を論じる意義は、今日では、乏しい。

そこで、各企業の就業規則に多く見られるように、就業規則上、本採用後の労働者とは別個の解雇事由が設けられている場合をどのように解するか。多くの裁判例は、「試用期間中に従業員として不適格と認められた者は、解雇することがある」といった簡単な就業規則条項をもって留保解約権の設定を認めて

いるので、こうした事例における「留保」とは何なのかということだ。

　今日における解雇権濫用法理による解雇権行使規制の客観化（裁判例集積による解雇類型毎の濫用性判断基準のルール化）に照すと、先のような簡単な就業規則条項によって使用者に融通無碍な解雇権が留保されたと解釈したとしても[36]、実際上は、当該解雇権の行使段階において、解雇権濫用法理の適用によって厳格に規制されることになる。さらにいうと、「従業員として不適格と認められた者」等の簡単な就業規則条項についても、裁判実務上は、客観的合理的に限定して事由該当性判断がなされることが通常である[37]。

　以上のようにして、有力学説の主張する留保約款の合理性の厳格解釈は、今日では、労契法16条における「客観的に合理的な理由」要件の適用問題と解して、差し支えない。次項において述べる通り、試用期間中の解雇について労契法16条が適用されるとは、解雇権に関する留保の無効すなわち無意味化にほかならないのである。

　なお、最判が説示するように、労働者の職務能力・適格性の実験という試用期間の性質上、合理的期間内においてのみ留保約款の設定が認められることはいうまでもない。

(2)　**解雇権濫用法理（労契法16条）の留保**　就業規則上ないし個別合意による留保約款によって、労契法16条の適用を一部ないし全部除外することは、同条が強行法規であることから、違法無効であるというほかないし、こう解しても実際上の問題はないものと考える。

　では、近年の多くの裁判例が掲げる試用期間中の解雇について「試用期間の趣旨目的に照らして、客観的に合理的な理由が存し、社会通念上相当として是認されるもの」であることを求める一般的判示部分の意義は何か。この説示は、労契法16条の部分的除外を説くものと解釈できるだろうか。

　労契法16条を適用する際に、解雇類型毎に、解雇された労働者の労働契約上の地位（資格、職務、職位等）に従って、濫用性の具体的判断基準を変容させることは、むしろ権利濫用法理の本義にしたがった法の運用である。その意味で、留保解約権構成は、解雇権濫用法理形成期の過度的法理であって、単一契約説（試用期間と本採用後とを単一の労働契約と捉える見解）とは分離して考えるべきである。

したがって、入社時から一定の合理的期間内において、試用期間が設定されている場合に、当該期間の趣旨目的に照らして、試用期間中の解雇の濫用性判断を行うことは、濫用性判断の緩和にはあたらない。試用期間には試用期間なりの客観的合理性と社会的相当性とがあるのであり、広狭緩厳を論じるべき性質のものではないのである。[38]

この点、理論的には、厚待遇・中途採用・職種限定・即戦力型の採用事案においてこそ、試用期間中の解雇の特別的法理（労契法16条の試用期間についての展開形態）が発達すべきと考えるが、前記の通り、特別的法理を示した事例はごく僅かに止まる。[39]

逆に、厚待遇・中途採用・職種限定・即戦力型の採用事案でもない限りは、試用期間中の解雇については、労契法16条の通常運転で足りる事案が大多数であろう。このことは、近年の下級審裁判例における大幅に省略された判示部分の普及によく表われている。

【注】

1） 三菱樹脂事件〈最判昭48・12・12民集27巻2号1544頁〉。

2） 先行研究として、萬井隆令『労働契約締結の法理』（有斐閣、1997年）294頁（初出、同「試用」片岡昇ほか著『新労働基準法論』［法律文化社、1982年］127頁）、毛塚勝利「採用内定・試用期間」日本労働法学会編『現代労働法講座第10巻 労働契約・就業規則』（総合労働研究所、1982年）95頁、名古道功「試用」岸井貞男ほか『労働契約の研究〔本多淳亮先生還暦記念〕』（法律文化社、1986年）103頁、水町勇一郎「労働契約の成立過程と法」日本労働法学会編『講座21世紀の労働法 第4巻 労働契約』（有斐閣、2000年）47頁、東京大学労働法研究会編『注釈労働基準法上巻』（有斐閣、2003年）215頁〔中窪裕也執筆〕、菅野和夫ほか編『論点体系判例労働法1』（第一法規、2015年）312頁〔中窪裕也執筆〕、小宮文人『労働契約締結過程』（信山社、2015年）55頁、同「内定・試用法理の再検討」山田省三ほか編『労働法理論変革への模索〔毛塚勝利先生古稀記念〕』（信山社、2015年）97頁、土田道夫『労働契約法（第2版）』（有斐閣、2016年）225頁、菅野和夫『労働法（第11版補正版）』（弘文堂、2017年）284頁、所浩代「労働契約の成立」日本労働法学会編『講座労働法の再生 第2巻 労働契約の理論』（日本評論、2017年）63頁等。

3） 判例上の解雇権濫用法理の確立は、日本食塩事件〈最判昭50・4・25民集29巻4号456頁〉および高知放送事件〈最判昭52・1・31労判268号17頁〉による。解雇権濫用法理の歴史的形成については、劉志鵬『日本労働法における解雇権濫用法理の形成——戦後から昭和35年までの裁判例を中心として』（国際労働法フォーラム、1999年）。

4） 客観的合理性と社会的相当性との2要件構成、および各解雇類型毎の濫用性の判断基

準の分析というフレームそれ自体の確立も比較的に近年の事象である。この点について
は、根本到「解雇事由の類型化と解雇権濫用の判断基準」日本労働法学会誌99巻（2002
年）52頁参照。

5）　フランスでは、試用期間中の使用者による労働契約の解約については、労働法典上の
解雇制限は適用除外される（労働法典 L1231-1条 2 項）が、権利濫用、公序等の一般条
項は適用される。欧州主要国も同様である。この点については、やや古いが、『諸外国の
労働契約法制に関する調査研究（労働政策研究報告書 No. 39）』（JILPT、2005年）参照。

6）　初期裁判例の整理として、北沢貞男・石塚貞男「試用労働者とその解雇基準」法律時
報43巻 5 号（1971年）64頁。この論文は、学説・判例の大勢を解約権留保説と分析した
上で、①実験を目的とすることが明示されること、②実験の必要が客観的にある職種・
業務であること、③実験の内容および適否の合理的、客観的基準が明示されることの 3
基準を満たすものでない限りは、試用期間中の解雇であっても本採用後の労働者の解雇
と同様に取り扱うべきことを提言している。前掲注（ 2 ）の諸論文の理論的見地を実務
的アプローチから先取りするものであって、高く評価されるべきである。なお、本稿で
は、下級審裁判例につき、解雇無効とした例には○を、解雇有効とした例には×を付し
た。

7）　名古・前掲注（ 2 ）111頁。

8）　この点、山口浩一郎「試用労働契約の法的構成について」社会科学研究18巻 1 号
（1966年）121頁は、試用期間を実験期間として純化して把握すべきとする実践的関心に
おいて前掲注（ 2 ）諸論文の見地を先導したものであるが、まさにそれ故にこそ、試用
期間は実験を趣旨とする無名契約として、本採用後の労働契約とは別個に構成されるべ
きとする。この説は、名古・前掲注（ 2 ）109頁以下が詳細に批判するように、実態との
乖離に加えて、後の大日本印刷事件〈最判昭54・ 7 ・20民集33巻 5 号582頁〉が内定につ
いて留保解約権付労働契約説を採用したことから、判例法理のトータルな把握に窮する
という難点にも横着することにもなった。なお、山口「試用期間と採用内定」労働法文
献研究会編『文献研究労働法学』（総合労働研究所、1978年）が当時の学説を整理しなが
ら示唆する通り、以上の経緯はあくまでも判例法理の確立という実務上の進化過程にお
ける淘汰なのかもしれない。

9）　最判平 6 ・ 5 ・31〈民集48巻 4 号1029頁〉は、条件の成就によって利益を受ける当事
者が故意に条件を成就させたときは、民法130条の類推適用により、相手方は条件が成就
していないものとみなすことができる旨を判示する。但し、解除条件付労働契約説を
採った場合に、客観的合理的理由を欠く本採用拒否が直ちに民法130条の類推適用を受け
るような故意の条件成就にあたるかは微妙なところである。

10）　小宮・前掲注（ 2 ）「内定・試用法理の再検討」98頁。この観点からは、ソニー事件
は、解約権留保構成類似の構成により、解除条件構成に、使用者判断の裁量性の余地を
残そうとしたものと見ることができる。

11）　その他、「広い範囲」論の先駆として、三井造船玉野造船所事件〈岡山地判昭43・12・
25労民集19巻 6 号1726頁〉○「養成工は将来会社の基幹工員たるべき地位が予定されて
いるので、一般従業員に対する通常解雇事由……よりは若干弾力性のある基準による訓
練契約解除権（解雇権）を会社に与えている」、光洋精工事件〈徳島地判昭45・ 3 ・31労

民集21巻2号〉○「勤務成績、技能、健康状態などから本工として不適格と判定された場合は被申請会社側から就業規則のなかで自から付した解雇制限の規定によることを要せず、上記の理由の存在のみで直ちに解雇することができるという大巾な解約権が留保されている」。いずれも就業規則上の一般従業員に対する通常解雇事由との関係で、広さが論じられている。

12) 初期裁判例との関係で例を挙げると、昭和30年代前半までの解雇裁判例の総合的研究である小西国友教授の膨大な労作「解雇の自由」において、能力不足等を理由とする解雇が扱われている部分は1頁に満たず、しかも「労働者の責に帰すべからざる事由」に基づく解雇との位置付けがなされており、さらに、同論文が、能力不足等「に解雇の正当事由を見出すことはやや困難」としながらも、正当事由とする理論的可能性を示した上で、「これを明確に肯定する判例は見当らない」としているところに、現在との径庭がよく表われている（小西国友「解雇の自由(3)」法学協会雑誌86巻11号［1969年］1313頁）。

13) 対照的に、フランス法における労働法典上の実体的解雇制限の淵源は濫用規制にほならないところ、試用期間における解雇制限の適用除外とは、労働法的濫用規制を除外し、一般的濫用規制を残すものということができる。

14) この点は、6ヵ月から1年の試用期間を設ける労働契約条項について、「広い範囲」論を前提として、「労働能力や勤務態度等についての価値判断を行なうのに必要な合理的範囲を越えた長期の試用期間の定めは公序良俗に反し、その限りにおいて無効」としたブラザー工業事件〈名古屋地判昭59・3・23判タ538号180頁〉○における公序構成として結実することになる。

15) ニッセイ電機事件〈長野地判昭49・4・3労判231号61頁〉○、同控訴事件〈東京高判昭50・3・27労判231号58頁〉○、三愛作業事件〈名古屋地決昭55・8・6労判350号28頁〉○、同抗告事件〈名古屋高決昭55・12・4労民集31巻6号1172頁〉○、三洋海運事件〈福島地いわき支昭59・3・31労判422号22頁〉○、レキオス航空事件〈東京地判平15・11・28労判867号89頁〉○。

16) 日本精線事件〈大阪地判昭50・10・31労判241号39頁〉×、ユオ時計事件〈仙台地判昭53・3・27労判295号27頁〉×、国際観光バス事件〈東京地判昭53・6・30労経速992号20頁〉×。

17) 常磐生コン事件〈福島地いわき支決昭50・3・7労判229号64頁〉○。

18) ここで「最判の引用」とは、三菱樹脂事件を明示的に引照する例にとどまらず、最判の枠組みの要約を一般的判示として掲げながらも三菱樹脂事件への引照を明示しない場合も含まれる。

19) 新光タクシー事件〈福岡地決昭52・3・9労判295号54頁〉○独自基準、ダイヤモンドコミュニティ事件・〈東京地判平11・3・12労経速1712号9頁〉×通常の解雇として処理、三井倉庫事件〈東京地判平13・7・2労経速1784号3頁〉×通常の解雇として処理（但し、「本件解雇が試用期間中のものであることを考慮するまでもなく、著しく不合理であると認めるには至らない」とする）、テーダブルジェー事件〈東京地判平13・2・27労判809号74頁〉○「試用期間付契約」と認定するほかは、通常の解雇として処理、オープンタイドジャパン事件〈東京地判平14・8・9労判836号94頁〉○通常の解雇として処

理、医療法人財団健和会事件〈東京地判平21・10・15労判999号54頁〉○「解雇すべき時期の選択を誤ったもの」として濫用性判断に試用期間中の解雇であることを組込む。

20)　EC駐日代表部事件〈東京地判昭57・5・31労民集33巻3号472頁〉×最判の十全な引用の後に、「高いランクの職員の採用に際して、適格性の審査を十分に行うため試用期間を設けて解約権を留保するのは、このような雇用形態を採らない場合に比し、より強い合理性を有するものということができ、本件契約において留保された解約権の行使は、ある程度広くこれを認めることができる」との説示を追加、同控訴事件〈東京高判昭58・12・14労民集34巻5＝6号922頁〉×原審維持。新光美術事件〈大阪地判平12・8・18労判793号25頁〉○最判を大幅に簡略化、ケイビイ事件〈大阪地判平20・9・26労経速205号26頁〉○最判を大幅に簡略化、アクサ生命保険ほか事件〈東京地判平21・8・31労判995号80頁〉×最判のアレンジ：「通常の（試用期間中でない）解雇よりも緩やかな基準でその効力を判断すべきである」、日本基礎技術事件〈大阪地判平23・4・7労判1045号10頁〉×新卒者に関する事案として貴重、留保解約権構成によるが一般的説示なし、HSBCサービシーズ・ジャパン・リミテッド事件〈東京地判平22・3・15LEX/DB25471309〉×留保解約権構成によるが一般的説示なし、パンドウイット・コーポレーション事件〈東京地判平23・6・10LEX/DB25471776〉×、延田エンタープライズ事件〈大阪地判平24・2・3LEX/DB25480487〉×最判を大幅に簡略化、UHY東京監査法人〈東京地判平24・3・30LEX/DB25480782〉×「広い範囲」論を省略して最判をパラフレーズ、学校法人村上学園事件〈東京地判平24・7・25労経速2154号18頁〉○大幅に簡略化した最判、ライトスタッフ事件〈東京地判平24・8・23労判1061号28頁〉○試用期間中の解雇について、就業規則上、通常の解雇事由条項の「定めるところにより解雇する」との定めがある事案について、「試用労働者は既に労働契約関係に組み込まれている以上、留保解約権の行使には解雇権濫用法理（労契法16条）の基本的な枠組が妥当する」として、「留保解約権の行使は、実験・観察期間としての試用期間の趣旨・目的に照らして通常の解雇に比べ広く認められる余地があるにしても、その範囲はそれほど広いものではなく、解雇権濫用法理の基本的な枠組を大きく逸脱するような解約権の行使は許されない」とする。社会保険労務士法人パートナーズ事件〈福岡地判平25・9・19労判1086号87頁〉○最判を大幅に簡略化、ジヤコス事件〈東京地判平26・1・21労判1097号87頁〉最判を大幅に簡略化かつパラフレーズ、ユーグロップ事件〈大阪地判平26・3・27LEX/DB25503703〉×「留保解約権の行使も解雇に当たるから、その行使が不合理で社会通念上相当といえない場合には、当該解雇は権利の濫用に当たり無効となるが、上記のような試用期間の法的性質に照らすと、留保解約権の行使は、通常の解雇権行使の場面に比べ、相当緩やかに認められるというべきであり、試用期間中に、採用面接等では明らかにならなかった仕事上の能力不足や協調性の欠如等の事情が明らかになった場合には、留保解約権の行使が許される」、マテル・インターナショナル事件〈東京地判平29・1・25LEX/DB25545012〉○「広い範囲」論を省略して最判をパラフレーズ。

21)　ブレーンベース事件〈東京地判平13・12・25労経速1789号22頁〉○留保解約権構成は採用せず、レキオス航空事件〈前掲〉○、ケイズ事件〈大阪地判平16・3・11労経速1870号24頁〉○損害賠償、ニュース証券事件〈東京地判平21・1・30労判980号18頁〉○、同控訴事件〈東京高判平21・9・15労判991号153頁〉○、日本基礎技術事件〈大阪

高判平24・2・10労判1045号5頁〉×原審の結論の補強のために最判の十全な引用がなされたものと見られる、ファニメディック事件〈東京地判平25・7・23労判1080号5頁〉○、あじあ行政書士法人事件〈東京地判平28・4・20LEX/DB25542800〉○、アネックス事件〈東京地判平28・8・26LEX/DB25543678〉○、まぐまぐ事件〈東京地判平28・9・21労経速2305号13頁〉×、ラフマ・ミレー事件〈東京地判平30・6・20LEX/DB25561405〉×具体的判断部分において、「高いレベルの実務能力を有することを前提に、当初から経営の最高責任者という要職に就けるために、相当な高待遇をもって採用された者……を試用期間中の留保解約権の行使として解雇するに当たり、懇切丁寧な改善指導を行うことが必須であるということはできない」、「経営の中枢的立場にある者の能力不足が企業全体に及ぼす影響の甚大さを考慮するならば、そのような者に対しては試用期間の満了を待たずに解雇せざるを得ない場合があることも否定できない」と説示する。

22) 平成16年改正によって就業規則の必要的記載事項として「解雇の事由」が追加されたこともまた、実務への促しとなった。

23) 即戦力型中途採用における解雇権濫用の判断基準については、試用期間中の解雇に限定される問題ではないので、別稿にて検討の予定である。

24) 萬井・前掲注（2）『労働契約締結の法理』294頁。

25) 毛塚・前掲注（2）96頁。

26) 両学説を基本的に支持する見解として、名古・前掲注（2）論文105頁、小宮・前掲注（2）「内定・試用法理の再検討」101頁。

27) 萬井・前掲注（2）『労働契約締結の法理』306頁。

28) 萬井・同上298頁、毛塚・前掲注（2）97頁。

29) 萬井・同上307頁、毛塚・同上103頁。

30) 先駆的見解として、下井隆史『労働基準法（第4版）』（有斐閣、2007年）115頁。

31) 土田・前掲注（2）。

32) 小宮・前掲注（2）「内定・試用法理の再検討」101頁以下。

33) なぜ、労基法3条を持ち出すのかというと、この点に対する最判における「仄めかし」と法律家における「忖度」とが、試用期間中の解雇の法的性質に関する議論に不要な混乱をもたらしていると考えるからである。最判が労基法3条を援用するのは、会社側による試用期間に関する特別契約説を排除し、「本件本採用の拒否は、留保解約権の行使、すなわち雇入れ後における解雇にあたり、これを通常の雇入れの拒否の場合と同視することはできない」と結論する文脈においてである。ところが、その後段に、本稿において縷々検討してきた「広い範囲」論が続き、「留保解約権に基づく解雇は、これを通常の解雇と全く同一に論ずることはできず、前者については、後者の場合よりも広い範囲における解雇の自由が認められてしかるべき」として、差戻の対象も解雇権濫用の有無に限定されている。以上のような「仄めかし」については、日常言語のレベルでは、労基法3条は試用期間中の解雇には適用されないことが示唆されているのではとの「忖度」も十分に成り立つ。しかし、三菱樹脂事件では、会社側が本採用拒否の理由として主張しているのは、「大学在学中に違法、過激な学生運動に関与した事実があるのにこれを秘匿した」ことであって、信条を理由とする本採用拒否はそもそも争点ではない。した

がって、最判において、争点に照らして差戻の対象を（あくまでも実務家の思考方法として）解雇権濫用の有無に限定することは、労基法3条が解雇（試用期間中の解雇も含む）に適用されるとの前段の説示と十分に整合的である。判決文は、法律論理にしたがうと、試用期間中の解雇について労基法3条の適用を除外する趣旨と解釈することは到底無理である。

34) この点は、判例集・データベースで見る限り、ユーグロップ事件〈前掲注（20）〉あるいはアクサ生命保険ほか事件〈前掲注（20）、理論的にはやや不明確〉等を例外として、大多数の下級審裁判例において維持されている。

35) 例えば、「①新たに採用する職員には、原則として3ヵ月間の試用期間を設ける。②試用期間の途中または満了に際して、能力、勤務態度、健康状態等に関して職員として不適当と認められる者については、解雇する。」といった就業規則条項が典型的である。

36) 80年代の学説はまさにこの点を強く警戒して、「広い範囲」論を批判し、留保約款に厳格な適法性要件としての合理性を課す解釈論を展開したことは、前述の通りである。そして、70年代後半の裁判例の状況（前掲注（16）所掲の裁判例を参照されたい）に照すと、80年代の学説の懸念には大きな現実性が認められるのである。

37) 例えば、マテル・インターナショナル事件〈前掲注（20）〉では、「解雇の合理性を基礎づけることができない」として、事実として認定された解雇事由の一部を排除している。

38) 萬井・前掲注（2）『労働契約締結の法理』307頁。

39) EC駐日代表部事件〈前掲注（20）〉およびラフマ・ミレー事件〈前掲注（21）〉等。本稿脱稿後に接しえた例として、Ascent Business Consulting事件〈東京地判平30・9・26LEX/DB25561848〉。

企業の倒産と労働契約の帰趨

戸谷　義治

1　はじめに

　企業が倒産すれば、当該企業に雇用されていた労働者の労働契約はほとんどの場合において大きな影響を受けることになる。

　これまでにも倒産労働法については様々に議論されてきたが[1]、特に日本航空の会社更生法適用をめぐる解雇関連訴訟によって大きな注目を集め、また議論も充実したものとなった。

　平成29年におそらく最後と思われる客室乗務員解雇事件の最高裁決定が出され、一連の訴訟も一応の幕引きとなったものと見られる。各訴訟は、最終的に全て解雇有効で決着したが、その判断手法には問題点も多く、課題を残すものとなった。

　そこで、本稿では、企業倒産時の解雇に関する基本的な事項について確認した上で、日本航空解雇関連訴訟について検討することとしたい。

2　解雇権の所在と行使の根拠

1　破　　産

(1)　**解雇に関する関連規程と解雇権行使の根拠**　　破産手続開始決定（破産30条）があると、期間の定めの有無に関わりなく、破産管財人は民法627条1項の解雇権を行使して労働者を解雇することができる（同631条）。同条は、「使用者が破産手続開始の決定を受けた場合には、雇用に期間の定めがあるときであっても、労働者又は破産管財人は、第六百二十七条の規定により解約の申入れをす

ることができる」と定めるところ、期間の定めのない労働契約の解約について
は、下記の通り破産管財人が破産財団に属する財産の管理処分権を取得するこ
とから当然に民法627条１項に基づいて実行しうるものであると考えられ、同
条の存在意義は「雇用に期間の定めがあるときであっても」解雇できる、すな
わち通常であれば期間の定めのある雇用契約について「やむを得ない事由」を
要求する同法628条の適用を排除するところにある。[2] なお、労働契約も双方未
履行の双務契約であるため本来であれば、履行の請求か契約の解除かを管財人
が選択できるとする破産法53条１項の規定が適用されるはずであるが、民法
631条は破産法53条１項の特則であるとして、後者の適用が排除されている。[3]
破産法にも継続的給付を目的とする双務契約に関する規定があり（55条）、労
働契約はこちらに該当するようにも考えられるが、同盟罷業等労働基本権との
関係からその適用が排除される（同条３項）のは後述の会社更生法と同様であ
る。

　ところで、破産法53条２項は、双方未履行双務契約の相手方は相当の期間を
定めて管財人に対し、契約を解除するか履行請求をするかにつき確答を催告す
ることができ、管財人が当該期間中に確答しないときは当該契約は解除された
ものとみなされるとする。また、双方未履行双務契約の処理に関する原則を定
める同条１項は破産管財人にのみ契約の履行か解除かの選択権を与えている
が、その特則たる民法631条が管財人だけでなく労働者の側からの契約解除を
認めているため、破産法53条３項は管財人から労働者に対して契約を解除する
か否かの催告と確答のない場合にはやはり解除したものとみなすと定めてい
る。[4] 相互に解約権を有したまま不安定な立場に長期間置かれることを回避する
ための規定である。

　(2)　**解雇権の所在**　　管財人が行使する解雇権は管財人独自の権利として管
財人に属するものであるのか、それとも解雇権自体は破産者たる使用者が保持
し続け、民法631条という特則の存在によってこれを管財人が行使しうるのか
については一応の争いがある。破産手続開始決定があると、破産者が決定時点
において有する一切の財産は積極・消極を問わず破産財団となり（破産34条）、
破産財団に属する財産の管理処分権は裁判所が選任した破産管財人に専属する
こととなる。ただ、労働契約の解約についてもこの破産管財人に専属する管理

処分権に含まれるものであるのか、労働契約の一身専属的性格や純粋な債権債務関係に分解し尽くすことが困難であることなどから労働契約に関わる問題の処理権限は破産者たる使用者に残存するのかの問題である。なお、解雇権の行使を含む管財人の行為の権原を考えるにあたっては、「使用者の地位が承継されるか」という問いを立て、それについて論じるという形式がとられることが珍しくない。しかし、倒産時における「使用者」を労働契約の当事者と捉えるのか、もしくは通常時に使用者が行使する権限を持つ者と捉えるのか、というような点において必ずしも論者間の共通了解が形成されておらず、そのために一定の混乱が生じているように思われる。そこで、本稿では「使用者」の定義には深入りせず、「解雇権」が元々の使用者に（も）残存するのか、それとも管財人に移転・専属するのかという問いを考えることとしたい。[6]

この点、まず破産者村角建設株式会社破産管財人（源泉徴収納付義務不存在確認請求）事件において最高裁は、「破産管財人は、破産手続を適正かつ公平に遂行するために、破産者から独立した地位を与えられて、法令上定められた職務の遂行に当たる者であり、破産者が雇用していた労働者との間において、破産宣告前の雇用関係に関し直接の債権債務関係に立つものではなく、破産債権である上記雇用関係に基づく退職手当等の債権に対して配当をする場合も、これを破産手続上の職務の遂行として行うのであるから、このような破産管財人と上記労働者との間に、使用者と労働者との関係に準ずるような特に密接な関係があるということはできない。」と述べて、破産管財人は少なくとも租税法の分野においては、使用者でも、使用者に準ずる立場でもないと判示している。

しかし、労働法においては、下記の通り管財人が元々の使用者が有していた解雇権を全面的に引き継ぐものと考えられる。確かに、労働契約に関わる事項をすべて純粋な意味での債権債務関係に分解できるか否かは難しい問題ではあるが、労働契約に基づく労務債権及び賃金支払債務等もまた破産財団を構成する財産であって、当該債権債務関係の清算こそが破産手続を実行する管財人の職務であること、民法631条に対して一般規定である破産法53条が通常の双方未履行双務契約の処理について管財人に特殊の権能を付与したものと考えられることなどから、その管理処分権は使用者から破産管財人に移転し専属するも

のと考えられる[9]。少なくとも終戦後提起された破産後の解雇に関して争われた裁判はすべて破産管財人を被告としていて、特にこれを取り上げて問題とはしていないので、裁判所も労働契約に関わる破産者財産の管理処分権も破産管財人に専属すると考えているものと思われる。管財人は多種の制約を受けつつ、民法631条に基づき使用者に代わって民法627条1項による解雇権を行使することができるものと考えられよう。

2　会社更生

(1)　**解雇関連規程**　民法631条は、破産の場合のみを特例として規定しており、会社更生には当該規定は適用されないため、更生管財人は双務契約の解除に関して規定する会社更生法61条1項に基づいて解雇を行うこととなる[10]。通常であれば労働契約は双方未履行双務契約と言うより継続的給付を目的とする双務契約（同62条）であるように見えるが、継続的給付を目的とする双務契約と解すると反対給付の未履行を理由として自己の給付を拒むことが許されなくなるため（同条1項）、賃金不払いの場合において同盟罷業を実行することが違法になる可能性があることなどから明文で同条の適用が排除され（同条3項）、結果的に同法61条が適用されると解されている[11]。後述のように、61条1項の規定は双方未履行の双務契約について会社の再建と総債権者の利益のために更生管財人に特別な権利を付与したものと考えられ、同規定に従って解雇する場合には、期間の定めがある場合であってもそれが上記の目的に合致するのであれば当該期間満了前に解雇をなし得ると解されている[12]。ただし、労働者は管財人に対して相当の期間を定めて当該期間内に解雇を行うか否かを確答すべきことを催告することができ、管財人が期間内に確答しないときには破産手続の場合とは逆に解雇権は失われる（同条2項）[13]。

(2)　**解雇権の所在**　会社更生手続における解雇権の所在についても様々な議論がなされている。

特に、前掲・破産者村角建設株式会社破産管財人事件最判を受けて、会社更生手続開始後においても契約当事者としての使用者の地位が管財人に移転するわけではないとの見解も示されている。

しかし、更生会社は財産の管理処分権を剥奪され、管財人のみがこれを行使

しうることからすれば、破産の場合と同様、解雇権は管財人に移転・専属するものと考えられる[14]。

(3) **民法上の解雇権と会社更生法の解約権**　上記のように、更生管財人もまた管理処分権を専有するため（同72条1項）、当然に民法627条に基づく解雇権も行使しうると考えられるが、会社更生法61条1項の解約権と民法627条1項に基づく解雇権とはどのような関係にあるのかが問題となる。すなわち、会社更生法61条2項によって解約権が放棄されたとみなされる場合にもなお管財人は民法627条1項に基づいて労働者を解雇することができるであろうか。

この点、まず管財人は会社更生法61条1項に基づく解約権と民法627条1項に基づく解雇権とを別個独立の権利として併有するものと解される。会社更生に限らず、破産にせよ民事再生にせよ管財人に与えられた双方未履行双務契約に関する選択権の趣旨は、倒産処理のために契約の解除権を管財人に与えることによって通常の契約当事者よりも有利な立場に立たせることにある[15]。そうすると、会社更生法61条1項の解約権についても、会社更生手続の円滑な実行のために更生管財人に対して法が特に付与した権利であると解するのが相当であり、通常の場合において雇用契約の締結と同時に使用者が取得し会社更生手続開始後に更生管財人に移転・専属することとなる民法627条1項の解雇権とは別種のものであると考えられる。そして、このように考えるとすれば、会社更生法に基づく解雇は会社再建という目的に照らして有利であると考えられる場合にのみ許容されるものであって、基本的には再建に必要な範囲で人員を整理する場面でのみ機能するものと考えられ、この点で使用者から引き継ぎ、普通解雇や懲戒解雇の根拠ともなる民法上の解雇権とは内容を異にするものと思われる。

なお、期間の定めのある労働契約については、会社更生法の規定によって解約することができなくなるのであるから、民法628条及び労働契約法17条の規定によりやむを得ない事由のない限り解雇できないと言うことになる[16]。

以上のように、会社更生法上の解約権と民法上の解雇権とは異なる権利であると考え、前者が放棄されたとみなされても後者はなお残存し、ただ使用者側の理由による解雇については会社更生法上の解約権放棄が民法上の解雇権行使の濫用性を基礎づけるものと考えられる。

3　民事再生

　民事再生手続においては、破産及び会社更生とは異なり再生債務者自らが業務遂行及び財産管理を行うことを原則とするため、管財人の選任は任意的である（民事再生64条1項）。裁判所は再生債務者の財産管理処分が失当であるもしくは事業再生のために必要があるときは利害関係人の申立又は職権により再生管財人を選任する（同項）。そして、管財人が選任されると再生債務者の財産の管理処分権が管財人に移転、専属する（同66条）ことは破産及び会社更生の場合と同様である。そのため、解雇権は原則としては再生債務者が保持し続け、再生管財人が選任された場合には再生管財人に移転し専属するものと考えられる。なお、選任があれば財産の管理処分権が管財人に移転する以上、もはやこの点については破産や会社更生の場合と別異に解する必要は全くないので、上記のように管財人選任が任意的であるからと言って再生債務者にも解雇権が存続すると解することはできない。

　そして、再生管財人又は再生債務者（再生債務者等）は会社更生手続の場合と同じく双方未履行双務契約たる労働契約について履行の請求か解除かの選択権を有し（同49条1項）、また同時に民法627条1項による解雇権を保有している。労働者が再生債務者等に対して解約するか否かの催告をし、再生債務者等が相当期間内に確答しない場合には解約権が放棄されたものとみなされるのも同様である（同49条2項）。そのため、基本的には会社更生の場合と同様に考えることができる。

3　倒産時解雇権行使に対する濫用性判断基準

　倒産という事態が生じると、解雇権は、民事再生手続であって管財人が選任されない場合をのぞき、管財人に移転・専属することはここまで見てきたとおりである。そして、管財人（または再生債務者）が行使する解雇権についても、通常時と同様に労働基準法をはじめとする労働者保護法令の適用を受け、また労働契約法16条の規定する解雇権濫用法理についても排除されないものと考えられる。

　それでは、倒産の場面における整理解雇では、その解雇権濫用性はどのよう

に判断されるのか、以下検討したい。[18)

1　破産の場合

(1)　**裁判例の動向**　　破産に基づく解雇の効力が争われた事案は極めて少な
く、判例法理というべきものは形成されてないといってよい。その中で、浅井
運送（損害賠償請求）事件[19)]は、「法人の破産においては従業員との雇用関係を含
め、その全財産を清算することが予定されているのであるから、企業が存続す
ることを前提とする整理解雇の法理は適用されないというべきである」と述べ
て破産事案における整理解雇法理の適用を明確に否定している。同事件は解雇
を理由とする損害賠償請求事案である上、実際の解雇は破産宣告直前に使用者
自身によって行われ、それが手続開始後に争われたものであって、必ずしも本
稿で検討しようとする解雇の有効性判断と直結するものではないが、整理解雇
法理の適用を否定した上で、説明義務や解雇回避努力義務も否定した事案とし
て重要である。

　　また、破産の事案ではないが、会社が完全に消滅する場合である会社解散の
事案の大森陸運ほか２社事件[20)]は「会社が解散した場合、会社を清算する必要が
あり、したがって、もはやその従業員の雇用を継続する基盤が存在しなくなる
ことが明らかである。したがって、会社の解散に伴う従業員の解雇は、客観的
に合理的な理由を有するものとして、原則として有効であるというべきであ
る。……会社の解散に伴う解雇の場合も、上記４要件の適用があるとの主張を
採用できないことも明らかである。」と述べており、雇用継続の可能性がない
ことから整理解雇法理の適用を否定している。

(2)　**解雇法理適用の可否**　　しかし、企業に破産手続開始決定がなされてもそ
のこと自体が労働契約の終了をもたらすわけではなく、破産手続の結了まで法
人格は存続し[21)]、よって労働契約も解除の手続が踏まれない限り継続する。そし
て、契約が解除されなければ手続が終了して法人格が消滅するまでは賃金が財
団債権として支払われ続けることになる。そうすると、確かに破産事案におい
て整理解雇の四要件を直截に適用することには疑問があるものの、いくつかの
点においてこれを参考にしつつ解雇権が濫用となる場合を考えることができる
ものと思われる。

そこでまず、整理解雇の必要性についてであるが、これについては破産手続が開始され近い将来において法人格が消滅する以上、これを問題とする余地はない。同じ法人格消滅でも会社解散であれば会社解散自体の必要性を問題とする余地もあり得るが、破産にあっては債務超過の状態に陥って債務者の資産やさらには信用を以てしても弁済が不可能であると裁判所が判断して開始決定がなされれば、もはや破産する必要が無かったのではないかという議論をすることはできないと思われる。

次に、解雇回避努力義務の履践についても、同義務が解雇を実施する企業内部もしくは関連企業において配転や出向・転籍等の措置を講じたり、希望退職を募ったりすることで解雇をできるだけ回避する義務である以上、原則として破産会社にこれを課すことはできないものと考えられる。

ただ、破産においては会社であればその法人格が消滅することから、もはや当該企業内において雇用を維持する余地はほとんど考える余地はないが、場合によっては転籍や就職斡旋による雇用維持の努力が行われたか否かがを検討することになろう。

続いて、人選の合理性については、基本的には問題とならない。事業の全部が廃止され、契約の一方当事者が近い将来において消滅する以上、全員解雇が原則だからである。[23] ただ、前述のように破産であっても、破産手続開始決定の時に瞬間的に会社が消滅するわけではなく一定期間、清算等の業務を行うため、会社の財務状況や業種によっては数名の労働者は清算業務のために雇用を維持し、それ以外の労働者についてはこれを解雇すると言うことも考えられる。そのような場合には、合理的な基準によって解雇者（もしくは残存労働者）を選択したかは問われる可能性がある。

そして、最後に労働組合や被解雇者との協議・説明義務であるが、これは当然に求められるものと考えられる。この点、会社解散の事案ではあるがグリン製菓事件判決[24]は、「解散に伴う全員解雇が整理解雇と全く同列に論じられないことは言うまでもないが、いわゆる解雇権濫用法理の適用において、その趣旨を斟酌することができないわけではない」とし、続けて、「解散に伴う解雇を考える場合に、整理解雇の判断基準として一般に論じられているところの四要件のうち、人員整理の必要性は、会社が解散される以上、原則としてその必要

性は肯定されるから、これを問題とすることは少ないであろう。また解雇回避努力についても、それをせねばならない理由は原則としてないものと考えられる。しかし、整理基準及び適用の合理性とか、整理解雇手続の相当性・合理性の要件について、企業廃止に伴う全員解雇の場合においては、解雇条件の内容の公正さ又は適用の平等、解雇手続の適正さとして、考慮されるべき判断基準となるものと解される」とし、また前掲・三陸ハーネス事件も、「『手続の妥当性』については、事業廃止による全従業員の解雇の場合にも基本的妥当するものと考えられる。なぜなら、事業の廃止は専ら使用者の判断によって決められることであって労働者がこれに関与する余地はほとんど無いのが一般的であり、突然の解雇により職を失う労働者の生活への影響は甚大であるから、これを少しでも緩和し、その納得と理解を得るべくできる限りの努力をすべき信義則上の義務を使用者は負っているものと考えられるからである」と説示して、説明義務を肯定している。実際に協議・説明すべき内容については、まず就職斡旋等が可能であればそのことについて、また破産財団の状況や退職金等の取り扱い等についての説明が必要であろうと思われる。[25] なお、協議は通常の団体交渉や労使協議に限らず、債権者集会（破産135条）[26]において一定の説明・協議をすれば義務を履行したと評価しうるものと考えられる。[27]

　以上のように、破産の場合においては、外部雇用維持の努力をなしたこと及び労働組合等との協議・説明を尽くしたことが基準となり、これらを満たさない場合にはなお解雇権濫用と評価されるものと考えられる。

2　会社更生・民事再生の場合

(1)　**整理解雇法理の適用可能性**　　会社更生もしくは民事再生の場合については、整理解雇法理を適用すべきことでおおかた一致している。[28] これについては、倒産とはいえ企業もその継続を予定しており、従業員も全員を解雇するわけではないため、当然といえる。

　再建型倒産手続においては、解雇の必要性は基本的に認められること、解雇回避努力義務の履践についても当該企業の財務状況等に鑑みて必ずしも高度のものを求めることができないことなど、倒産という特殊な状況を考慮することは必要であるとしても、濫用性判断の基準自体を通常の場合と異なるものにす

る必要はないものと考えられる。[29]

　このように従来再建型倒産手続においては整理解雇法理が適用されるという共通了解が形成されていたものと考えられるが、その要件（要素）について具体的な判断を行い、議論を喚起したのが、日本航空の会社更生手続適用にともなう一連の解雇関連訴訟である。

　(2)　日本航空の会社更生法適用にともなう解雇関連訴訟で、判例集等に登載されている事案は、以下のものがある。

　①日本航空（運行乗務員）事件一審（東京地判平24・3・29労判1055号58頁）

　②同控訴審（東京高判平26・6・5労経速2223号3頁）

　③同上告審（最一小決平27・2・5 LEX/DB25505802）

　④日本航空（客室乗務員）事件一審（東京地判平24・3・30判時2193号107頁）

　⑤同控訴審（東京高判平26・6・3労経速2221号3頁）

　⑥同上告審（最二小決平27・2・4 LEX/DB25505801）

　⑦日本航空（客室乗務員・大阪）事件一審（大阪地判平27・1・28労判1126号58頁）

　⑧同控訴審（大阪高判平28・3・24労判1167号94頁）

　⑨同上告審（最三小決平29・6・6労経速2320号48頁）

　①〜③は整理解雇された運行乗務員（パイロット）らが東京において提訴したもの、④〜⑥は整理解雇された客室乗務員らが同じく東京において提訴したもの、⑦〜⑨は整理解雇された客室乗務員1名が大阪において提訴した事案である。

　これらは別個に裁判が提起されているが、基本的には日本航空が倒産したことにともなう解雇の有効性が争われた事案であって、概略以下の通りである。

　(ⅰ)　事案の概要　　被告Y（日本航空株式会社）は、航空運送事業及び関連事業を行う企業グループを形成し、定期航空運送事業等を行う株式会社である。Yは株式会社日本航空インターナショナル（JALI）の名称で上記事業を行っていたが、平成22年1月に当時の株式会社日本航空（JALS）及び株式会社JALキャピタル（JLC）とともに東京地裁に対して会社更生手続開始申し立てを行い、同手続開始決定後に更正裁判所によって認可された更生計画に基づいてJALS及びJLCを吸収合併した。更生手続終結決定後の平成23年4月1日に現

在の名称に商号変更している。

　原告ⅩⅠらは、Ｙに期間の定めなく雇用され、航空機運航乗務員として勤務していた者である。

　原告ⅩⅡらは、Ｙに期間の定めなく雇用され、客室乗務員として勤務していた者であり、全員が訴外Ｚ組合（日本航空客室乗務員組合、及びその後身の日本航空キャビンクルーユニオン）の組合員である。

　原告ⅩⅢは、訴外 JAS の子会社の客室乗務員として勤務していたが、同子会社の航空事業からの撤退にともなって JAS の客室乗務員となり、JALI による JAS の吸収合併にともなって平成20年３月からは JALI の正社員たる客室乗務員であった者である。

　JAL グループでは、平成13年以降、収益が急激に悪化した。そこで、国土交通大臣の私的諮問機関として設置された JAL 再生タスクフォースの指導・助言の下に新たな事業再生計画を策定するとともに、株式会社企業再生支援機構による支援を受けるための事前相談が開始された。しかし、平成21年11月には事業運転資金が枯渇する状況に陥るなどしたため、Ｙは事業再生 ADR 手続の正式申し込みを行った。その後、機構及び既にＹに主として融資を行っていた５金融機関等（主要５行）の調整の結果、Ｙ及び JALS、JLC は機構からの支援と会社更生手続を併用することとし、平成22年１月19日、Ｙら３社及び主要５行は、会社更生手続開始申し立て及び機構に対する支援申し込みを行った。更生手続及び支援は同日、開始が決定された。開始決定当日現在、Ｙは１兆7134億円、Ｙら３社で相互の債権債務を相殺するなどした合算では１兆９億円の債務超過であり、同年３月末現在でもグループ全体で9592億円の債務超過であった。その後、Ｙは一般更生債権の87.5％の免除を受け、残額は平成24年から30年まで毎年３月末日限りで弁済することとなった。また、株主については100％減資が行われた。

　Ｙでは、同月21日に、各労組に対する会社更生手続及び事業再生計画の説明を行った。同年６月７日には８労組合同説明会を開催して、平成21年度末現在グループ全体で４万8700人の従業員を翌22年度末までにおよそ１万6000人削減して約３万2700人にするという人員削減方針を説明し、運行乗務員については3818人から844人を削減して2974人にする方針であるとされた。

Y 更生管財人では、平成22年 3 月から同年11月にかけて 6 回にわたり所定退職金に加えて一時金を支払うことを内容とする希望退職の募集を行ったところ、合計で653人の運行乗務員及び732名（稼働ベース換算で517.5名）の客室乗務員がこれに応募し退職した。

　希望退職募集でも必要な人員削減に達しなかったことから、Y 更生管財人は整理解雇を実施することとし、その基準として運行乗務員については①運行乗務員訓練生で地上職への変更に同意しない者、②平成22年 8 月31日時点の休職者、③病気欠勤日数や乗務離脱期間、休職期間が特定の期間に長い者（期間ごとに日数等を規定）、④人事考課の結果が過去 3 年間に毎年 2 以下であった者、⑤職種・職位ごとに年齢の高い者とした。上記基準を順に当てはめたところ、①及び④の該当者は存在せず、②及び③対象者が23名であったが、なお目標人数に達しなかったことから⑤の基準により対象者を選定することとなった。その後さらに希望退職を募集したところ12名の応募があったことから、最終的に年齢基準による解雇対象者は58名となり、上記23名と合わせて81名が解雇対象となった。

　客室乗務員については、上記②〜⑤の基準が適用され、XⅡら及び XⅢを含む84名が解雇対象となった。なお、同年11月15日、Y は、基準に該当する者であっても、 9 月27日までに復職していた者は除外するとして基準を改めた。

　解雇対象となった従業員は平成22年12月 9 日に解雇の意思表示がなされ、所定退職金に加えて平均約350万円の特別退職金及び賃金 5 ヶ月分相当の一時金が支給された。また、Y は本人の希望により外部就職支援サービスの提供または10万円の支給を行った。

　Y における平成22年12月末までの累積営業利益は1586億円であり、計画を上回る実績を上げた。また、平成22年度の連結営業利益は1884億円であり、過去最高益を更に900億円上回っていた。また、Y では賃金の大幅な引き下げ（30〜40％）を実施したが、平成23年 3 月には生活調整手当として1.15ヶ月分＋ 2 万円を支給している。

　平成22年 8 月31日、更生計画案が可決され、更正裁判所はこれを認可した。これを受けて、機構は Y に3500億円の出資を行っている。同年11月には、Y は主要 5 行との間でリファイナンス基本合意書を締結したが、人員削減を含む

更生計画記載諸施策の重大に支障を生じないことが条件とされた。その後 Y は、計11金融機関から合計2549億6000万円の資金調達を行い、平成23年3月28日に免除後の一般更正債権等約3951億4557万円を繰り上げ一括弁済し、同日更正裁判所は更生手続終結決定を行った。

　(ⅱ)　裁判所の認可する再建計画と解雇の必要性　　これら裁判のうち⑦事件のみは、人選基準について復帰による解雇対象者からの除外の判定時期設定が恣意的であることなどから、他の要素を検討するまでもなく解雇は無効であると結論づけたが、それ以外の下級審判決は全て解雇を有効と判断し、最高裁はいずれも上告不受理・上告棄却としている。[30]

　本稿では、各判決の中でも、解雇の必要性に関する判断について見ていくこととしたい。

○各判決の判断手法

　会社更生手続下においても整理解雇法理の適用があるとすれば、次に各要件の該当性を検討することとなる。

　ただ、通常時の整理解雇であれば、まさに使用者と労働者の二者対立状態を前提として、使用者において解雇が必要であったのか否かを判断すればよいこととなるのに対し、本件のような会社更生においては、事業の整理やそれに伴う人員整理が使用者及び債権者等利害関係人との間で利害調整がなされ、債権者によって更生計画が可決され、更に更正裁判所がそれを認可しており、人員整理は単に使用者において必要であったかという点に加えて、債権者等に債権の一部を放棄してもらったり、金融機関等から新たに融資を受けたりすることとの関係で必要であったかを検討する余地がある。そのため、計画の認可から解雇実行の時点までに、当初予定された解雇を不要とするような事情の変化があったのかという事後的な審査にとどめるべきであって、計画策定の段階にさかのぼってそもそも人員整理を計画する必要があったのかを審査の対象とすべきでないとの考え方も強く主張されているところである。[31]

　各一審の段階でも運行乗務員事件と客室乗務員事件の間には判断手法に差異があることが既に指摘されるところである。[32]

　運行乗務員事件では、「被告では、巨額の債務超過による破綻的清算を回避し、更生手続により事業再生するための事業遂行の方策の一つとして、当初か

ら事業規模を大幅に見直し、それに応じて人員・組織体制を効率化し、人員を削減することが掲げられ、可決・認可された更生計画でも、事業規模に応じた人員体制とすることが内容とされていたものと認められる。」とし、更生計画に人員削減が記載され、管財人は当該計画を実施する責任がある以上、それに沿って解雇を行う必要性があるとした。これに対して、客室乗務員事件では、「本件再生計画案の基礎となるものとして策定された本件新事業再生計画は、機構から被告に派遣された各分野の専門家が、被告の経営実態を把握した上、その問題点を徹底的に洗い出し、当該問題点に対する具体的な改善点を指摘しつつ、大規模な事業のスリム化と迅速な再建策とを提案するものであり、その策定に至る経緯、事業規模縮小の方向性、具体的内容、実施に向けての方法等は、いずれも合理的なものであって、信頼性が高いということができる。」とし、計画の内容が、再建計画として合理的である以上、それに沿った解雇は必要性があったとする。

　原審では、上記のように一定の差があるものの、それは表現の差という程度に過ぎず、「更生計画手続き中の整理解雇であることを重視し、その適用を緩めるという実質的緩和論（とくに、人員削減の必要性について）を採っている。[33]」とか、「解雇の有効性判断にあたっては、更生計画の認可から解雇実行の時点までに、当初予定された解雇を不要とするような事情の変化があったか否かという事後的な審査にとどめるべきであって、計画策定の段階にさかのぼって、そもそも人員削減を計画する必要があったのか否か、そして、その人員削減を解雇によって実施する必要性があったのか否かを検討して、その有効性を改めて審査の対象とすることを事実上否定するに等しい判断を展開していく[34]」というように、両判決に大きな差異はないと捉える向きも少なからずあった。

　これに対して、両控訴審判決は、それぞれの原審を引用しながら、それぞれの考え方をより明確にするとともに、客室乗務員事件にあっては、スポンサー（産業再生機構）や銀行の意向を受けて計画で人員削減をせざるを得ない状況にあったことなどを必要性の根拠として新たにあげている。

　すなわち、まず運行乗務員事件では、「更生計画の変更制度を用意している会社更生法の趣旨に照らすと、更生計画の根幹に関わる「更生計画の変更」と観念される事項について、変更手続を履践することなく更生計画の遂行内容を

変更することなどは、会社更生法の趣旨に悖ることとなり、許容されない」と述べて、まさに更生計画がある以上、更生管財人はそれに拘束され、解雇を実施しない裁量はないとする。また、客室乗務員事件では、「本件更生計画の基礎をなす本件新事業再生計画に照らして、その内容及び時期について合理性が認められるときは、更生会社である被控訴人を存続させ、これを合理的に運営する上でやむを得ないものとして、その人員削減の必要性が認められるというべき」との考え方は維持しつつ、同時に、「取りまとめに至る過程において、主要債権者からは、本件更生計画案における人員計画についても、削減目標の進捗状況、目標達成の蓋然性等につき詳細な質問がされ、主要行は人員削減施策に特に多大な関心を示していたことが認められるのであり、……上記同月19日の前日である同月18日になって、ようやく賛成票が法定多数に達し〔た〕」という事実に着目して、「リファイナンス契約を適時に締結して融資を得るためにも、管財人が上記の時期において本件解雇に係る人員削減を実施する必要性がある」とした。

　このように、運行乗務員事件では更生計画の拘束性に着目して、また客室乗務員事件では計画の合理性と計画策定に至る過程で人員整理を約束せざるを得なかった事情を考慮して、それぞれ人員整理の必要性を肯定するという結論を導いている。

　○更生計画は解雇訴訟裁判所を拘束するか

　このような２判決の判断手法は必ずしも妥当ではない。

　民事再生の適用を受け、再生計画の付属計算書に基づく事業縮小のために最低でも46名の人員削減が必要とされたのに対して、希望退職募集をしてもなお２名分が削減目標に達しなかったため、２名を解雇した事案で当該解雇の有効性を判断したイセキ開発工機（解雇）事件判決[35]が、もともとの削減人員算定に合理性が無いと判断しているように、倒産という事態にともなって抽象的な意味において人員削減が肯定されるとしても、更生計画・再生計画において定められた事業の縮小のためにまさに解雇が必要であったのか、必要としても管財人が算定した解雇の規模は解雇の時点において適切であったのかは、全面的に裁判所の審査に服すべきものであって、更生計画の存在が後の地位確認訴訟における裁判所の審査権限を掣肘するものと考えることはできない。特に、現在

の倒産法制においては、計画の策定にあたって過半数組合等からの意見聴取は定められているものの、最終的には計画は債権者らによる決議を経て裁判所によって認可されるのみであって、当該計画について労働者が異議を申し立て、これを争う方策が存在しない。それにもかかわらず、計画に基づく人員削減をその後の地位確認訴訟においても争い得ないこととなれば、明らかに不合理と言わざるを得ない。

なお、運行乗務員事件のように更生計画が更生管財人を拘束するという点を強調すれば、管財人としては解雇が後に争われるリスクがあろうとなかろうと、ひとまず解雇を実施してしまわなければ、職務遂行について違法の評価を受けることとなってしまう。この点、一般に更生計画認可の要件である法令適合性（会社更生199条2項1号）の「法令」には権利濫用（民1条）や公序良俗（90条）といった一般条項も含まれると解されていることからすれば、同様に解雇権濫用（労契16条）に該当するようなものは、解雇の効力を判断するにあたっては拘束力を持たないと考えることもできる。しかし、更生計画は認可の時からその効力を生じ（会社更生201条）、認可については即時抗告でのみ争いうる（同202条）。また、抗告しうるのは更生債権者や株主に限られる（同条3項）。さらに、抗告期間は5日（同条5項、民訴336条2項）であるから、更生債権者でも株主でもない労働者が認可から5日以上経過した後に、計画認可の違法性を争いうるかについては疑問が残る。

また、最終的な解雇が濫用の評価を受けるような態様のものであったとしても、人員整理を記載した計画そのものが違法の評価を受けるものであるかについても問題は多い。

3 利害調整システムの不存在

上述のように、再建型倒産においては、使用者だけでなく、更生債権者らとの利害調整を行わなければ、最終的に解雇が必要であるかどうかは判断できない。

それにもかかわらず、我が国倒産法制は基本的に倒産会社と債権者らとの間でのみ利害調整を行うことを前提とし、労働者はその埒外に置かれている。もちろん従来、日本の倒産諸法はほとんど労働関係を考慮に入れていなかったの

に対し、平成12年から平成15年にかけての破産法全面改正、和議法にかわる民事再生法の制定、及び会社更生法改正によって、労働組合等の意見聴取手続が定められるに至っており、会社更生に関しては、手続開始決定前（会社更生22条1項）及び更生計画案提出時（同188条）に裁判所が労働組合等の意見を聴取すべきこと、更生計画の認可又は不認可の決定について労働組合等に通知をすべきこと（同199条）、財産評定や更生計画の認可に際して労働組合等が裁判所に対して意見を述べることができることなどが定められた。[36] しかし、裁判所としては単に通知や意見聴取をすれば足り、労組等の意見がいかなるものであったとしてもそれが更生計画の内容や裁判所の行動を制約するものとは考えられていない。

その点で、更生計画の存在は妥当な利害調整があったことを何ら担保するものではなく、裁判所は更生計画から離れて必要性を判断できるものと考えられる。

ただ、このように、適正な利害調整システムを欠いている以上、解雇訴訟の裁判所が計画に拘束されないということは一応言えるとしても、客室乗務員事件のように、スポンサーや銀行の意向に管財人が逆らえず、仮に逆らえば出資が得られるなくなって破産・清算にやむなきにいたる状況であった以上、解雇は必要だったという理由付けがなされる場合には必ずしも適切に対応できない。これこそが労働者が適切にその利益を反映させ得ない現行制度の問題点であって、不当とは言えるが、スポンサーや銀行が取引相手でしかない倒産企業の労働者の利益を無視して、自らの利益最大化を図り経済合理的に振る舞うことは違法でないばかりか非難されるべきこととも言えない。[37]

4　おわりに

企業倒産時の解雇の構造、特に元々の使用者と管財人との関係、及び民法上の解雇と倒産法に独自の解約権との関係については、最近の議論を通じて、概ね明らかになってきたものと考えられる。

しかし、日本航空解雇関連訴訟の各判決が出されたことで、企業倒産時の労働契約の帰趨を決すべき人員整理の必要性をいかに捉えるか、難題が課せられ

ることとなった。

　少なくとも、利害調整のチャンネルも、異議を申し立てる手段も労働者が持たない状況にあって、更生計画の存在や、その前提となる債権者の動向が、人員整理の必要性を当然に基礎づけると考えることは妥当ではない。今後は、労働者を含んだ利害関係人間の利害調整について、立法論を含めた検討が課題になるものと考えられる。

【注】

1）　筆者は大学院生時代に、小宮教授が本久洋一・小樽商大教授（当時）及び根本到・大阪市立大学教授とともに科研費（平成20年度）を獲得して実施しておられた「企業再編を考慮した雇用終了に関する使用者の雇用・賠償責任の比較法的研究」の研究会に入れていただき、そのおかげで初めて倒産労働法に関する論文を公表することができた（「会社倒産と解雇」季刊労働法224号（2009年）76頁）。改めてお礼を申し上げたい。

2）　伊藤眞『破産法・民事再生法』（有斐閣、2007年）293頁。

3）　伊藤・前掲注（2）293頁。

4）　大野文雄『判例実例・破産法律の実務』（酒井書店、1956年）255頁。山本和彦「倒産企業従業員の生活保障」河野正憲・中島弘雅編『倒産法体系──倒産法と市民保護の法理』（弘文堂、2001年）87頁、90頁。中野貞一郎・道下徹編『基本法コンメンタール破産法（別冊法学セミナー98号）』（日本評論社、1989年）62頁（宮川知法執筆部分）。

5）　小西國友「企業の倒産時における労働組合等の活動」鈴木忠一・三ヶ月章編『新・実務民事訴訟講座13』（日本評論社、1981年）298頁は、破産宣告（破産手続開始決定）によっても労働関係は終了するものではなく、しかも、その当事者にも変更はないものと解すべきであるとして、使用者は破産手続開始後も解雇権を保有するとする。

6）　使用者の地位の承継に関する議論については、池田悠「再建型倒産手続きにおける解雇の特殊性と整理解雇法理の適用可能性」「倒産と労働」実務研究会編『詳説倒産と労働』（商事法務、2013年）162頁以下参照。

7）　最二小判平23・1・14判時2105号3頁。

8）　現行破産法における破産手続開始決定に相当する。旧破産法（平成16年全面改正以前の破産法）1条。

9）　塚原英治「企業倒産と労働者の権利」日本労働法学会編『講座21世紀の労働法　第4巻　労働契約』295頁）298頁。伊藤眞「破産と労働関係」法学教室65号（1986年）34頁。安藤一郎「更生会社との法律関係──雇傭契約」金融商事判例719号（1985年）94頁。

10）　清水洋二「企業倒産と労働法（下）」労働判例281号（1975年）5頁。山本・前掲注（4）88頁。

11）　伊藤・前掲注（2）267頁。佐々木宗啓「更生手続と労働契約」西岡清一郎・鹿子木康・桝谷雄一編『会社更生の実務（上）』（金融財政事情研究会、2005年）237頁。民事再生についても同様である、伊藤眞・田原睦夫監修・全国倒産処理弁護士ネットワーク編

『新注釈民事再生法（上）』（金融財政事情研究会、2006年）245頁。

12)　兼子一編『条解会社更生法（中）』（弘文堂、1979年）313頁。安藤・前掲注（9）95頁。上原敏夫「会社更生手続開始と労働契約」判例タイムズ866号（1995年）122頁。

13)　安藤・前掲注（9）95頁。なお安藤弁護士は61条2項の相当期間について原則として30日以内としている。

14)　佐々木・前掲注（11）235頁。

15)　伊藤・前掲注（2）259頁。

16)　民法627条による解雇と、同法628条及び労契法17条による解雇の関係については、拙稿「期間を定めた労働契約の期間途中における解除の検討」琉大法学89号（2013年）8頁以下参照。

17)　継続的給付を目的とする双務契約の規定の適用が明示的に排除されているのは、会社更生と同様である（民事再生50条3項）。

18)　倒産時の整理解雇については、森倫洋「倒産手続における解雇（整理解雇及び普通解雇）」「倒産と労働」実務研究会編『詳説倒産と労働』（商事法務、2013年）130頁以下。

19)　大阪地判平11・11・17労判786号56頁。

20)　大阪高判平15・11・13労判886号75頁。

21)　破産会社に全く積極財産が残存していなければ同時廃止と言うこともありうるが、ここではひとまず最も一般的に想定されている手続きに従って破産手続が遂行される場合について述べる。

22)　前掲・三陸ハーネス事件参照。

23)　前掲・三陸ハーネス事件参照。

24)　大阪地決平10・7・7労判747号50頁。

25)　菅野和夫「会社解散と雇用関係——事業廃止解散と事業譲渡解散」菅野和夫・中嶋士元也・渡辺章編『友愛と法——山口浩一郎先生古希記念論集』（信山社、2007年）137頁参照。

26)　裁判所は労働組合に対して債権者集会招集を必ず通知しなければならない（破産136条3項）。

27)　また、内容によっては雇用対策法24条に定める再就職援助計画作成に際しての労働組合等との協議（同条2項）等、第一義的には公法上の義務の履行であっても同時に協議・説明義務を果たしたと評価すべき場合もありうる。

28)　上原・前掲注（12）123頁。清水・前掲注（10）5頁。民事再生の事案として、山田紡績事件一審（名古屋地判平17・2・23労判892号42頁）、同控訴審（名古屋高判平18・1・17労判909号5頁）、同上告審（最三小決平19・3・6労判932号98頁、上告棄却、上告受理申立不受理）。廃止前の和議の事案として、日証（第1・第2解雇）事件（大阪地判平11・3・31労判765号57頁）。

29)　更生会社フットワーク物流事件（大阪地判平18・9・20労判928号58頁）は、会社更生における整理解雇と見られる解雇事案について特段の理由を示すことなく、解雇の必要性と協議のみを検討して、解雇有効の判断をしているが、この判断は疑問である。なお、成田史子「破産回避のために行われた営業譲渡に伴う解雇の有効性（同事件評釈）」ジュリスト1347号（2007年）83頁参照。

30) 控訴審では、運行乗務員事件に近い判断がなされ、控訴認容（請求棄却）となった。

31) 伊藤眞「事業再生手続における解雇の必要性の判断枠組み」東京弁護士会倒産法部編『倒産法改正展望』（商事法務、2012年）3頁。

32) 池田悠「「会社更生手続きにおける整理解雇の有効性」──日本航空（整理解雇）事件」「倒産と労働」実務研究会編『概説・倒産と労働』（商事法務、2012年）182頁、上江洲純子・中島弘雅「再建型倒産手続きと整理解雇（2・完）──日本航空整理解雇事件判決を手掛かりとして」慶應法学28号（2014年）22頁。

33) 宮里邦雄「日本航空整理解雇・東京地裁判決について──整理解雇法理の実質的緩和論批判［2012.3.29］」労働法律旬報1766号（2012年）6頁。

34) 船尾徹「更生計画と整理解雇の有効性判断との関係についての基本的検討」労働法律旬報1802号（2013年）6頁。

35) 東京地判平15・12・22労判870号28頁。

36) 意見聴取等については、岡伸浩「破産管財人の情報提供努力義務」「倒産と労働」実務研究会編・前掲注（18）100頁）、小林讓二「倒産法における労働組合との協議・意見聴取」同414頁、拙稿「企業倒産における関係者の利害調整と労働者」日本労働法学会誌127号（2016年）56頁など。

37) このような問題点から、計画策定段階における労働者からの異議申し立てを認める制度設計にも検討の余地があると指摘するものとして、細川良「企業倒産における整理解雇」季刊労働法239号（2012年）87頁。また、異議申し立てを実際に認める制度の紹介として、拙稿「フランスにおける企業倒産と解雇」日本労働法学会誌116号（2010年）149頁。

第 IV 部
非正規雇用・労働者性から見た
労働契約論の再構成

無期転換ルールの再検討

新谷　眞人

1　はじめに

　労契法18条に規定するいわゆる無期転換ルールは、同一の使用者との間で締結された2つ以上の有期労働契約を通算した期間が5年を超える労働者が、当該使用者に対し、期間の定めのない労働契約の締結の申込みをしたときは、使用者は当該申込を承諾したものとみなすという制度である。[1]本条は、2013年4月1日に施行され、5年目を迎えた2018年4月1日から本格適用されている。

　ところが、無期転換ルールを回避するために、5年以内の雇止めをめぐる訴訟が増えているという。自動車製造業では、完成車メーカー10社すべてが、有期労働契約の下で働く期間工を5年以内で雇止めしていた。また、無期転換ルールをにらんで、産業界では、有期労働契約の更新者を絞る動きが出ている。[2]一方、人手不足を反映して、百貨店やスーパーなどのサービス業では、法定の勤続5年以下であっても、有期から無期への転換を認める制度が広がっているといわれる。[3]

　このように、無期転換ルール適用1年目にしてすでに、産業界では混乱が生じているようにみえる。はたして無期転換ルールは、労働紛争のリスクを冒してまで回避しなければならないものであろうか。本稿は、あらためて無期転換ルールの立法趣旨と構造を確認し、その問題点と今後の課題を検討して、このルールの適切な運用のために若干の提言をしようとするものである。

2 労契法18条の立法趣旨と沿革

平成不況の真っただ中の1995年、当時の日経連は、雇用形態の多様化や需給関係の変化に対応するためには「新しいタイプの雇用システム」が必要となるとして、長期蓄積能力活用型グループ、高度専門能力活用型グループと並んで有期雇用を前提とした「雇用柔軟型グループ」という雇用形態を提唱した。[4]その結果、2000年代に入り、有期の非正規労働者の割合が増加した。これに対応するかのように、2003年に労基法が改正され、労働契約における期間の定めの上限を1年から原則3年に延長した（14条）。

2007年12月に労働契約法が制定され、第4章として「期間の定めのある労働契約」が規定されたが、当時は第17条（契約期間中の解雇）の1カ条だけであり、雇止め等をめぐる有期労働契約に関する労働紛争に対応するには不十分であった。有期労働契約の反復更新は、労働者に雇止めの不安を生じさせる。そのため、有期契約労働者が安心して働き続けることができる社会を実現し、有期労働契約の適正な利用のためのルールを整備する必要があった。2008年9月のいわゆるリーマンショックによる「派遣切り」現象も、有期契約労働者の不安定な地位を改めてクローズアップさせた。

2014年、労契法が改正され、新たに第18条（有期労働契約の更新等）が設けられ即日施行されたが、同時に別途1年後施行の第18条（有期労働契約の期間の定めのない労働契約への転換）と第20条（期間の定めがあることによる不合理な労働条件の禁止）が定められ、2015年から、労契法18条から20条までの体系が整備されたのである。[5]

労契法18条の無期転換ルールは、有期契約労働者の雇止めの不安を解消するため、有期労働契約が5年を超えて反復更新された場合には、有期契約労働者の申込みにより無期契約に転換できることとするものである。これにより、使用者による「有期労働契約の濫用的な利用を抑制し労働者の雇用の安定を図ること」が、18条の趣旨である。[6]この無期転換ルールは、雇用の安定を保障するためには、本来期間の定めのない労働契約が望ましいとする基本理念を表明したものと解される。[7]

3　無期転換制度の構造

1　無期転換申込権とみなし承諾

(1)　**無転換ルールの留意点**　　無期転換ルールの要件は、①同一の使用者であること、②2つ以上の有期労働契約の、③通算契約期間が5年を超えること（5年ルール）、④労働者が、5年を超える有期労働契約の期間が満了する日までの間に、⑤使用者に対し、期間の定めのない労働契約の申込みの意思表示をすること（無期転換申込権）である。これらの要件が満たされれば、使用者は、労働者の無期転換の申込みを「承諾したものとみなす」ことになる（労契18条1項）。

この無期転換申込権の法的性格は、5年を超えることとなる有期労働契約の契約期間満了日の翌日を始期とする無期労働契約を成立させる「事実上の形成権」と解される。[8] この点は、今日では通説といってよい。

この「みなし承諾」に関して、採用の自由に反するものであり「違憲の疑いがあるとさえ評価されかねない」とする見解がある。[9] これに対し、無期転換ルールは、新たな当事者の労働契約の締結を強制するものではなく、すでに締結されている有期労働契約の無期転換を図るものであり「違憲となるような契約締結の自由の侵害とは解し得まい」との反論がある。[10] 筆者もこの反論に賛成だが、労契法18条は、5年を超えた有期契約労働者を全員自動的に無期転換させるものではない点を付記しておきたい。

以下、上記①〜⑤の要件について、留意点だけ指摘する。

(2)　**同一の使用者（要件①）**　　「同一の使用者」は、事業場単位ではなく法人または事業主単位で判断される。ただし、使用者が、就業実態が変わらないにもかかわらず、無期転換ルールを潜脱する目的で、労働者派遣や請負を悪用して使用者を変更するなどした場合には「同一の使用者」との労働契約が継続していると解される。[11] 使用者の同一性については、通常は特に問題にはならないであろう。

(3)　**2つ以上の有期労働契約（要件②）**　　「2つ以上の有期労働契約」とは、有期労働契約が少なくとも1回更新されていることを意味する。期間の定めの

上限は原則 3 年であるから（労基14条 1 項本文）、 3 年契約が 1 回更新されて次期の 3 年契約が締結された場合には、この要件を満たす。一方、一定の事業の完了に必要な期間（同）として 5 年を超える期間を定めた場合には、有期労働契約は 1 つであり、この要件に該当しない。

(4) **5 年ルール（要件③）**　　労働者の無期転換申込権は、通算契約期間が 5 年を超えることとなる場合でなければ発生しない[12]。前述の例で、 3 年契約を 1 回更新した場合、 2 つ目の 3 年契約によって通算契約期間は 6 年となるから、 5 年ルールを満たす。最初の 3 年契約の期間中に、更新後は確実に 5 年を超えることを見越して、無期転換申込権を行使することはできない。

　 5 年ルールを設けたことの意義については「企業にとって無期化して雇い続けることができるという判断が十分できる期間」を考慮したとされている[13]。これに対し、そうだとしても 5 年は労働者にとって酷であり長すぎるとの批判があり[14]、筆者も同感である。

　韓国の類似の制度では、一定の要件の下で期間制の労働契約が 2 年を超えると無期に転換できる（期間制及び短時間労働者の保護に関する法律 4 条 1 項本文）。もっとも、この 2 年の使用期間は、かえって雇用不安を増大させるとの理由で、 4 年に延長すべきであるとの議論がある[15]。

(5) **無期転換申込の時期（要件④）**　　無期転換申込権は、 5 年を超える有期労働契約の期間が満了する日までの間に行使しなければならない。たとえば、 2 年契約を 2 回更新すると 3 つ目の契約期間中に 5 年を超えることとなり、当該契約期間中に無期転換の申込みをすることとなる。通算契約期間が 5 年を超えることとなる 3 つ目の有期労働契約の期間中であれば、通算 5 年を超えない時点で無期転換の申込みをすることはさしつかえない。この場合、仮に労働者が無期転換申込権を行使せず、 3 回目の更新が行われたときは、 4 つ目の有期労働契約の期間中に、新たな無期転換申込権が発生する[16]。

(6) **無期転換申込の意思表示（要件⑤）**　　労働者による無期転換の申込みは、黙示の意思表示でも認められるか。労契法 4 条 2 項を根拠に、この意思表示は、できる限り書面または口頭で行うことを要すると解する立場がある[17]。筆者もこれに反対するものではないが、次のように、黙示の申込みの意思表示が認められる場合もありうると解する。

使用者は「労働者に提示する労働条件及び労働契約の内容について、労働者の理解を深めるようにするものとする」とされている（労契4条1項）。このことから、使用者には、労働契約の信義則上、労働者に対し、無転換申込みの誘引を行う付随義務があると解すべきであろう。つまり、使用者から、無期転換ルールの適用対象となる労働者に対して、制度の概要を説明したうえで、たとえば「無期転換申込書」のような文書を交付するのである。[18] これは、使用者の法令等の周知義務（労基106条1項）の類推解釈と構成することもできよう。このような申込手続きの例は、後述のように筆者も知見しており、大変実務的で明確な方法であると評価している。

このような手続きを使用者がとらずに、5年が徒過したまま有期労働契約が更新された場合、労働者の希望を考慮したうえで、黙示の無期転換申込の意思表示があったと解すべきではなかろうか。このように解すると、更新された労働契約は、有期ではなく無期に転換されたものとみなされることになる。

2　空白期間

1つの有期労働契約とその次の有期労働契約との間に「これらの契約期間のいずれにも含まれない期間」が6か月以上であるときは、1つ目の有期労働契約の契約期間は、通算契約期間に参入しない（労契18条2項）。つまり、この場合には5年の通算期間はリセットされ、次の有期労働契約から改めて通算契約期間が開始されるのである。空白期間を6か月とした理由については、あまりに長期であれば労働者の職業選択の自由を阻害することになり、逆に短期であれば無期転換ルールが潜脱されるおそれがあるからとされている。[19]

ところで、労契法18条2項の関連法令において「空白期間」「無契約期間」「クーリング」などという用語が用いられており、[20] これらの概念の異同が問題となる。「空白期間」と「無契約期間」（基準省令）は「一の有期労働契約の契約期間が満了した日とその次の有期労働契約の契約期間の初日との間にこれらの契約期間のいずれにも含まれない期間」とされている点では同じである。しかし「空白期間」は、2つの有期労働契約の契約期間が連続するものとして基準省令で定める無契約期間を除くとされているため（同項）、リセット効果の生じる6か月以上の無契約期間が、法的概念としての「空白期間」となる。こ

れに対し「無契約期間」の用語は、リセット効果が発生しない 6 か月未満の場合に用いられていると解される。[21]

「クーリング」とは、通算契約期間がリセットされることをいう。「クーリング期間」という用語は、関連法令では用いられていないが、リセット効果が生じる 6 か月以上の無契約期間ないし空白期間を、通称として「クーリング期間」と呼ぶことは差し支えないであろう。

　なお、有期労働契約の契約期間が 1 年未満等の短期の場合における「無契約期間」「空白期間」については、基準省令及び施行通達に詳細に定められており、本稿では省略する。

3　無期転換後の労働条件

　上記の無期転換に関する各要件を満たした労働者が無期転換申込権を行使した場合、使用者は、当該申込みを承諾したものとみなされる。したがって、この時点で、最後の有期労働契約と新たな無期労働契約とが併存する状態となると解される。ただし、この無期労働契約は、有期労働契約の期間が満了した日の翌日から就労するという就労始期付の労働契約である。[22]

　無期転換後の労働条件は、期間の定めを除き「現に締結している有期労働契約の内容と……同一の労働条件とする」とされている（労契18条 1 項後段）。したがって「別段の定め」（同）がなければ、たとえば、週 3 日で就労していたパート労働者は、そのままの労働条件となる。

　「別段の定め」とは、無期転換を契機に労使双方が従前の労働条件を見直し、新たな合意に達することである。仮に、無期転換申込の意思は明示されているが、新たな労働条件について明確な合意が存在しないという場合であっても、労契法18条 1 項の「現に締結している有期労働契約の内容」が補充的に妥当し、無期労働契約は成立する。[23]なお、無期パートであっても「基本給、賞与その他の待遇」について、通常の労働者との間において、職務の内容等に照らして「不合理と認められる相違を設けてはならない」とされている点に留意すべきである（改正パート・有期労働 8 条）。

4 無期転換ルールの特例

次の労働者は、事業主が雇用管理措置計画を作成し、都道府県労働局長がこれを認定したことを要件に、労契法18条の無期転換ルールの特例として、5年ルールを延長することができる（専門的知識等を有する有期雇用労働者等に関する特別措置法8条）。

①5年を超える一定の期間内に完了することが予定されている業務に就く高度専門的知識等を有する有期雇用労働者は、その期間は無期転換申込権が発生しない（1項）。

②定年後に有期契約で継続雇用される高年齢者は、継続雇用されている期間は、無期転換申込権が発生しない（2項）。

このうち、実務的に重要なのは②であろう。高年齢者の雇用管理措置計画には、賃金、労働時間、作業環境等に配慮した事項を盛り込まなければならず、かつ継続雇用期間中は無期転換申込権が発生しないことを書面等で明示することが必要であるとされている。[24]

4 無期転換制度の問題点

1 5年以内の上限期間ないし不更新条項の設定

採用時の就業規則や労働条件通知書に、たとえば「有期労働契約の更新は5年以内を限度とする」あるいは「有期労働契約は、5年を超えることとなる場合には更新しない」（以下、合わせて不更新条項という）との条項が設けられていた場合、当該条項は有効であろうか。この問題は、従来、労契法19条の一般的な有期労働契約の更新の問題として論じられてきた。[25]しかし、無期転換に関する5年ルールが法定化されている以上、18条との関連においても考察する必要がある。

まず、初回の有期労働契約締結時に不更新条項が提示された場合はどうか。仮に、不更新条項が常に有効と解すると、有期労働契約の濫用的な利用を抑制し労働者の雇用の安定を図るという無期転換ルールの立法趣旨が著しく没却されることになる。したがって、①更新の上限を5年以内に限定することに合理的理由があること、②その理由を労働者に十分説明すること、③独自の無期転

換ルールや正社員登用の制度を用意していること等の要件を具備している場合に限り、当該条項を有効と解すべきであろう。

次に、有期労働契約を1回以上更新した後で、いわば後出し的に上限期間ないし不更新条項を設定することは、特段の事情がない限り無期転換ルールの潜脱意図が強く推認され、当該条項は公序良俗に反し無効と解される。これは、有期労働契約を反復更新して5年の期限が近づくほど当てはまるであろう。

また、たとえ労働者が当該不更新条項に同意したとしても、その行為が真意かどうかを問うまでもなく、無効と解してよい。後述のように、施行通達は、あらかじめ無期転換申込権を放棄するという無期契約労働者の意思表示は、公序良俗に反し無効と解しているが、不更新条項についてもこれに準じて無効となるといえよう。使用者は、雇止めルール（労契19条）に抵触しない限り雇止めはできるのであり、あえて不更新条項を設けることは無意味である。なお、2年9か月で雇止めされた有期契約労働者が、無期転換ルールの潜脱意思があったと主張した事件において、法人と被告Y（権利能力なき社団）とは別の法主体であるとして、Yの潜脱意思が否定された例がある。

2　労契法18条と19条の関係

(1)　**無期転換ルールと更新期待の合理性**　　格別上限期間や不更新条項を設けず、5年以内に有期契約労働者を雇止めする場合はどうであろうか。この場合は、労契法18条と19条の両方の判断が必要となる。

まずは、労契法19条にてらし、当該有期労働契約が期間の定めのない労働契約と同視できると認められるかどうか（1号）、または労働者が更新を期待することに合理的な理由があると認められるかどうか（2号）を判断し、次に、当該雇止めが無期転換ルールを潜脱する目的のものでないかどうかを判断することになろう。無期転換の5年ルールの下では、労契法19条1号の実質無期要件に該当する場合はそれほど多くはないであろう。したがって、2号の期待の合理性判断が中心となると思われる。

無期転換制度が法定された以上、労働者は「5年がんばれば無期転換できる」との期待を抱くのは当然であり、法的にも尊重すべき事情といえよう。その期待は、5年が近づくほど高まるであろう。仮に「あと1回更新されれば無

期転換申込権が発生する」と労働者が期待していた場合には、更新期待の合理的理由ありと認めて差し支えないのではなかろうか。特に、企業独自の無期転換ルールや正社員への転換制度がない場合には、より一層強く更新期待権が発生していると解される。そうだとすれば、労契法19条により、雇止めの合理的理由と社会通念上の相当性が認められない限り、原則として有期労働契約がもう1回更新されることとなり、その結果、更新された有期労働契約の契約期間中に、無期転換申込権が発生する。[28]

(2) **5年以内の雇止めと合理的理由等**　仮に労契法19条1号及び2号の審査をパスしても、18条の潜脱目的が認められれば「客観的に合理的な理由を欠き、社会通念上相当と認められないとき」に該当し（労契19条）、労働者の申込みにより当該有期労働契約が更新される。この場合もやはり、更新後の有期労働契約の期間中に通算5年を超えることになれば、当該労働者に無期転換申込権が発生する。

3　無期転換申込権の放棄

　施行通達によれば、無期転換申込権が発生する有期労働契約の締結以前に、無期転換申込権を行使しないことを更新の条件とする等あらかじめ無期転換申込権を放棄させることは、無期転換権の放棄を強要する状況を招きかねず、労契法18条の趣旨を没却するものであり、有期契約労働者がこれに同意したとしても、その意思表示は公序良俗に反し無効と解されるとしている。この見解に筆者も異論はない。使用者が、有期契約労働者に対し、事前に無期転換権を放棄させることは、公序良俗違反ばかりではなく、有期契約労働者の従属的地位に乗じた行為として信義則違反に該当すると解することも可能であろう（労契3条4項）。

　留意点としては「あらかじめ」であるから、初回締結時を含め、まだ無期転換申込権が発生していない段階で無期転換申込権を放棄させることが、公序良俗違反としている点である。ましてや、5年を超えることとなる有期労働契約の期間中は、すでに無期転換申込権が発生しているのであるから、この時点で無期転換申込権の放棄を認めることは、より強い意味で許されないと解してよいであろう。

無期転換権の放棄を次期有期労働契約の更新条件としたり、その放棄の代償
として金銭を与えたりすることもまた、あたかも年次有給休暇権の買上げが許
されないのと同様に、法の趣旨を没却する行為として無効と解される。つま
り、使用者は、いかなる場合でも有期契約労働者に対し、無期転換申込権を放
棄させることはできないということになる。

4 無期転換後の労働条件の不利益変更は許されるか

無期転換後は、契約期間を除き、従前の有期労働契約と同一の労働条件が維
持されるのが原則である（18条1項）。したがって、無期転換後に従前の労働条
件を不利益に変更することは、原則として許されないと解する。もっとも、法
文上は「別段の定めがある部分を除く」とされており、この場合は、例外的に
不利益変更を含む労働条件の変更が可能である。別段の定めとは、労働協約、
就業規則及び個別の合意（労働契約）が考えられる[29]。

これらによる労働条件の不利益変更は、それぞれ労働協約の不利益変更の法
理[30]、就業規則の不利益変更法理（労契7、9、10条）、労働契約の変更法理（労
契8条）にしたがって判断される。その際、これらに共通する判断基準とし
て、無期転換申込権の行使を抑制し、無期転換ルールの立法趣旨を実質的に失
わせるものと認められない程度の不利益にとどまることが重要であろう[31]。付言
するに、無期転換した労働者がパート労働者の場合には、事業主は、当該労働
者の基本給、賞与その他の待遇について、通常の労働者の待遇との間において
不合理と認められる相違を設けてはならない（パート・有期労働8条）。

5 就業規則の適用関係

有期契約労働者が無期転換した後に、どの就業規則が適用されることになる
のだろうか。この問題については、有期契約労働者がパートタイム労働者の場
合と、いわゆる契約社員や嘱託社員などのフルタイム労働者の場合と分けて考
察する必要がある。

当該企業に「パートタイム就業規則」が存在していれば、有期のパートタイ
ム労働者が無期に転換したからといって、パートタイム労働者でなくなるわけ
ではないから、そのままパートタイム就業規則を適用すればよい。もし、当該

就業規則が無期パートを予定していないのであれば「本就業規則は、無期転換後のパートタイム従業員にも適用する」との条項を新設すればよいであろう。

これに対し、有期の契約社員等は、通常はフルタイムであってパートタイム労働者ではないから、パートタイム就業規則は適用できない。そうかといって、契約社員等は、職務内容、勤務地及び時間外労働の取扱い等について正社員との間に相違が設けられているのが通常であろうから、正社員用の就業規則がそのまま適用されることにはならない。この場合は、無期転換後の契約社員用の規定を新たに設けるほかはないであろう。

以上は一例であって、たとえば無期転換を契機に、契約社員等を限定正社員または正社員に登用する制度を設ける場合には、それに対応した就業規則の整備が必要となる。無期転換ルールに対応した就業規則の作成・変更にあたっては、原則として不利益変更は許されないことは上述のとおりである。

5　今後の課題

1　使用者から周知を

筆者は、無期転換ルールを各事業所において周知することが、最も重要な課題であると考えている。連合の調査によれば、無期転換ルールの内容を知らなかった有期契約労働者の割合は68.3%に昇る。他方、内容を知っていたと回答した労働者（31.7%）のうち、どこで知ったかとの問いに対しては「マスコミ（テレビや新聞報道など）」が最も多く51.6%、次いで「勤務先からの説明」が40.1%であった。

労働基準法上、使用者には「この法律（労基法）及び……就業規則」を労働者に周知させる義務がある（106条）。使用者は、有期契約労働者に適用される就業規則に無期転換ルールに関する規定を設けて、労働者に周知するのが望ましい。そうでなくても、使用者は、無期転換ルールの適用対象となる労働者に対して、労働契約法18条の無期転換申込権が発生していることを周知すべきであろう（労基法106条の類推適用）。

筆者は、東京都内の某私立大学で1年契約の非常勤講師を5年間務めているが、大学当局から、無期転換ルールの概要説明と来年度以降無期転換を希望す

るか否かを問う書面が郵送されてきた。筆者は、無期転換を希望する旨を記入して返送した。その書面が相手方に到達した時点で、無期労働契約が成立したことになる（民97条1項）。その後、大学側から了解（承諾は必要ない）したとの文書が届いたが、これは確認的意味しかもたないであろう[33]。

　この方法は一例であるが、ひじょうに明確で簡潔であり、実務上参考に値すると思われる。使用者としても、無期転換することによって、期間満了ごとに契約を更新する手続上のわずらわしさから解放される点でメリットがあるのではなかろうか。なお、使用者ばかりでなく、労働組合もまた、有期の非正規労働者に対して無期転換ルールを周知する努力が求められることを付言しておく。

2　無期転換後の均衡待遇を

　無期転換ルールにより、新たに無期パートないし無期契約社員等の雇用管理区分が生じることとなり、使用者は、これらの労働者の労務管理対策を迫られるであろう。無期転換後の労働条件は「現に締結している有期労働契約の内容である労働条件と同一の労働条件とする」のが原則である（労契18条1項）。

　その一方で、パートタイム労働者に関しては、有期であろうと無期であろうと、事業主は、当該労働者の基本給、賞与その他の待遇について、通常の労働者の待遇との間において不合理と認められる相違を設けてはならない（改正パート・有期労働8条）。ところが、無期契約社員は、直接的にはパート・有期労働法8条に該当せず、均衡待遇が保障されていない。この点をどう解釈すべきであろうか。

　無期契約社員といえども、勤務地限定や職種限定があり、また労働時間も原則として時間外労働は免除されているなどの処遇を受けて非正規労働者として扱われているのであれば、パート・有期労働法8条を類推適用して均衡待遇を保障すべきであろう。有期の契約社員であれば同条が直接適用されるのであり、有期から無期に転換したからといって直ちに均衡待遇が保障されなくなるということにはなるまい。むしろ、期間の定めがなくなっただけ、より正社員に近づいたともいえよう。したがって、無期契約社員もまた、通常の労働者と比較して不合理な労働条件の相違を設けてはならないと解される[34]。使用者は、

無期転換を契機に、労働者の待遇を見直して「重要な戦力として活用すること
を考える[35]」べきであろう。

【注】

1）「労働契約法の施行について」（平成24年 8 月10日基発0810第 2 号、以下「施行通達」）
では、労契法18条の制度を「無期転換ルール」と称しているので、以下本稿でもこれに
ならうこととする。

2）以上、日本経済新聞2018. 8. 27付。

3）UA ゼンセンが、2018年の春季労使交渉で全体の 2 割に相当する87組合が 5 年未満で
も無期転換できる制度を導入することで労使確認しており、労働組合の取組みとして注
目される（日経2018. 7. 31付）。

4）新・日本的経営システム等研究プロジェクト『新時代の「日本的経営」——挑戦すべ
き方向とその具体策』（日本経営者団体連盟、1995年）33頁。

5）西谷敏・野田進・和田肇編『別冊法学セミナー・新基本法コンメンタール労働基準
法・労働契約法』（日本評論社、2012年）412頁（野田進執筆部分）。なお、20条は、2018
年働き方改革関連法により労契法から削除され、短時間労働者及び有期雇用労働者の雇
用管理の改善等に関する法律（パート・有期労働法） 8 条および労働者派遣法30条の三
に統合されることとなった。

6）施行通達。

7）西谷・野田・和田・前掲注（ 5 ）413頁（野田執筆部分）。

8）毛塚勝利「改正労働契約法・有期労働契約規制をめぐる解釈論的課題」労働法律旬報
1783-84号（2013年）19頁、山川和義「労働法——〔 2 〕無期契約への転換」大内伸哉編
『有期労働契約の法理と政策——法と経済・比較法の知見をいかして』（弘文堂、2014年）
64頁。

9）野田進「有期・派遣労働契約の成立論的考察——労働契約の合意みなしと再性質決定
との対比をめぐって」荒木尚志・岩村正彦・山川隆一編『菅野先生古稀記念論集　労働
法学の展望』（有斐閣、2013年）191頁。

10）荒木尚志「有期労働契約の締結事由・無期転換」土田道夫・山川隆一編『ジュリスト
増刊・労働法の争点』（有斐閣、2014年）152頁。

11）施行通達。

12）なお、任期の定めのある大学教員等については、労契法18条 1 項の「 5 年」を「10年」
とすることとされている（大学教員等の任期に関する法律 7 条 1 項）。

13）荒木尚志編著『有期雇用法制ベーシックス』（荒木発言、有斐閣、2014年）147頁。

14）毛塚・前掲注（ 8 ）18頁。

15）趙淋永「韓国における非正規雇用の政策——期間制労働と派遣労働の使用を中心に」
西谷敏・和田肇・朴洪圭編著『日韓比較労働法 1 ・労働法の基本理念』（旬報社、2014
年）161頁。

16）施行通達。

17）西谷・野田・和田・前掲注（ 5 ）420頁（野田執筆部分）。

18) 厚生労働省は「無期転換申込書・受領書通知書」の様式例を示している（厚労省パンフレット「多様な正社員および無期転換ルールに係るモデル就業規則と解説・全業種版」42頁）。

19) 荒木尚志『労働法（第3版）』（有斐閣、2016年）493頁。

20) 施行通達及び「労働契約法第18条第1項の通算契約期間に関する基準を定める省令」（平24.10.26省令第148号、以下「基準省令」）。

21) 基準省令及び施行通達にみられる2つの表参照。

22) 荒木・前掲注（13）61頁（原昌登執筆部分）。

23) 新屋敷恵美子「契約締結強制としての労契法18条1項による労働契約の成立と内容の規律」法律時報90巻7号（2018年）19頁。

24) 厚労省「事業主が行う特定有期雇用労働者の特性に応じた雇用管理に関する措置に関する基本的な指針」平30.9.7厚労省告示324号。

25) 篠原信貴「有期雇用」日本労働法学会編『講座労働法の再生　第6巻　労働法のフロンティア』（日本評論社、2017年）191頁。

26) 仮に真意性を問うとしても、当該労働者の同意が労働者の自由な意思に基づいてされたものと認めるに足りる合理的な理由が客観的に存在することが必要となる。山梨県民信用組合事件・最二小判平28・2・19労判1136号6頁。

27) 高知県立大学後援会事件・高松高判平30・10・31 LEX/DB 25561627。もっとも本件は、事案の特殊性に加えて労契法18条の潜脱意思に関する判示部分は傍論に近く先例的価値に乏しい。

28) 同旨、野川忍『労働法』（日本評論社、2018年）441頁。

29) 施行規則。

30) 朝日火災海上保険（石堂）事件・最一小判平9・3・27労判713号27頁。

31) 事案は異なるが、沼津交通事件・最二小判平5・6・25労判636号11頁が参考になる。

32) 連合「有期契約労働者に関する調査2018」（連合ホームページ2018・6・28公表）。

33) 大学の非常勤講師は、無期転換ルールとして10年とされているが（大学の教員等の任期に関する法律7条1項）、本文の事例は、10年に達する以前のケースである。大学非常勤関係の無期転換問題については「特集・労働契約法18条──『2018年問題』」労働法律旬報1910号（2018年）6頁以下参照。

34) 最高裁は、旧労契法20条に基づき、有期契約社員に関する住宅手当皆勤手当、無事故手当、作業手当、旧職手当及び通勤手当について、不合理性の判断を示したが「期間の定めがあることにより」生じた不合理な相違かどうかというよりは、実質的に「職務の内容及び配置の変更の範囲」の違いに着目して労働条件の相違の不合理性を判断しているのであり、その限りでは、無期契約社員のケースにも妥当する判断方法ではないかと思われる（ハマキョウレックス事件・最二小判平30・6・1労判1179号20頁）。

35) 野川・前掲注（28）445頁。

自営的就労と労働契約をめぐる法的論点
──新たな働き方に応じたサポートシステムの必要性をめぐって──

國武　英生

1　はじめに

　労働法は、大きな転換期にある。

　20世紀に確立した労働法の理論的基盤のひとつの特徴は、労働法が適用される「雇用」と、雇用以外の働き方とを明確に区別してきた点にある。すなわち、労働法は、標準的な関係を想定して、労働契約を締結した関係であることが労働法上の制度・理論の適用を認めるための前提であり、労働契約以外の契約関係については、安全配慮義務と集団的労働関係などの一部の法分野について適用を拡大する法的枠組みによって処理されてきた。

　しかし、産業構造の変化により第三次産業、なかでもサービス業の比重が高まるとともに、AI や IoT などの技術革新により、プラットフォーム企業を介在した働き方や、使用者から指揮命令を受けずに働くフリーランスなどの「自営的就労」が拡大している。諸外国ではシェアリング・エコノミーが広がりをみせるなど、第四次産業革命と呼ばれる社会環境の変化により、距離や時間による制約が小さくなり、知的創造性があれば起業をすることも容易となった。

　現行の労働法制は、労働者か否かによって法的保護を明確に区別しており、法的保護が得られる者とまったく保護がない者のオール・オア・ナッシングの取り扱いになっている。従来の労働者性の判断基準が適合しない自営的就労に対して、労働関係法規の適用をどのように考えるべきかが重要な法的課題となっている。

　このように、「従属労働」をその基本的な対象としてきた労働法は、こうした働き方の変化に対してどのように対応すべきかが問われている。働き方の変

化は、労働法のあり方にとどまらず、社会保障法制などの法分野や教育のあり方などを含め多方面に影響を及ぼす。

本稿は、このような基本認識に立って、わが国における自営的就労と労働契約をめぐる法的論点を明らかにすることを目的として検討を行うものである[1]。自営的就労を含め、新たな働き方に応じたサポートシステムの構築の検討の視点として何が考えられるのか、若干の検討を試みたい。

2 日本的雇用システムと労働市場

1 日本型雇用システムの特徴

わが国では、戦後、日本型雇用システムと判例法理による独特の正社員保護の仕組みを形成してきた。その特徴は、広範に企業に職務内容の決定権を委ね、必要な職業訓練も企業が実施するシステムであり、賃金は年功的に上昇し、個別の貢献度は必ずしも加味されないことで、日本の高度経済成長期と重なって適合的な雇用システムとして確立した。日本的雇用システムは、使用者の指揮命令を受けて働くことを前提として、正社員に対して適切な教育訓練を施すインセンティブを企業に与え、配置転換などで柔軟に組織変動を行うことで、組織としての適応能力を発揮することを可能とするものであった[2]。労働条件の決定は、就業規則の包括的合意や労働協約などの集団的合意に基づいて行われ、労働契約の役割は限定的であった。

こうしたわが国の雇用システムの前提となっていたのが、働き方を「雇用」と「自営」とに二分する考え方である。雇用にするメリットとしては、雇用であれば仕事をさせるときに契約をその都度結ぶ手間を省くことができ、契約に基づいて指揮命令を行うだけで労働力の提供を受けることができる。また、雇用の場合には、継続的な契約関係が前提となっているので、長期的な関係を結ぶことで雇用保障を付与することにより、労働者の忠誠心を得ることができる点も大きなメリットであった。

2 労働市場の変容

しかし、こうした日本型雇用システムと労働市場は変容しつつある。すでに

1994年の段階において、菅野和夫と諏訪康雄によって労働市場の変化と日本的雇用システムの変容が指摘され、新たなサポート・システムの必要性が指摘された[3]。同論文では、日本の労働市場の変化として、①長期雇用の縮小と流動化の予測、②年功的処遇から能力主義的処遇へ、③働き方の多様化・柔軟化、④労働力の減少、女性・高齢者・障害者の就労拡大、⑤ピラミッド型のタテ社会からネットワーク型のヨコ社会へ、といった傾向が予見されていた。

　その後、わが国においても、第四次産業革命が確実に進行している。知識型資本主義において、メンバーシップ型で労働時間の長さで管理する日本的雇用システムが適合しないケースも生じるとともに、AI化・技術革新で距離や時間の制約が小さくなり、個人間でモノやサービスを取引することが可能になった。IoT、ビッグデータ、人工知能、ロボットの進展が指摘されており、今後の社会活動においてシェアリング・エコノミーが大きな役割を果たすといわれる[4]。

　こうした労働市場の変容により、インターネットを使ったフリーランスなどの「自営的就労」が広がる可能性がある。働く側は、柔軟なスケジュールを可能とし、自分の求めるライフスタイルを可能にする一方で、企業活動も職務や作業毎にモジュール化され、プロジェクトに必要な能力を必要な時間だけ活用できることで、仕事の質を担保しつつ人件費を削減することも可能になる。わが国においても、ネット上で仕事を受注するクラウドワーカーの増加が指摘されており、この傾向はより強まることが予想される[5]。

3　就労の多様化と労働市場

1　報告書にみるわが国の議論状況

　こうした状況において、わが国においても雇用と自営の中間的な形態で就業する者が広まりつつあり、各省庁においても検討が開始されている。そこで、議論の出発点として、各報告書のポイントをここで整理することとしたい。

　(1)　**厚生労働省「今後の労働契約法制の在り方に関する研究会」報告書**　労働契約法を制定する際に、労働契約の対象を拡大することが検討の対象となった。

　2005年の厚生労働省「今後の労働契約法制の在り方に関する研究会」報告書

は、就業形態の多様化に伴う変化について、次のような議論を展開した。

「近年、就業形態の多様化に伴い、SOHO、テレワーク、在宅就業、インディペンデント・コントラクターなどといった雇用と自営の中間的な働き方の増加が指摘されており、その中には一つの相手方と専属的な契約関係にあって、主な収入源をその相手方に依存している場合も多いと考えられる。

このような者についても、値引きの強要や一方的な仕事の打切りなど、当事者間の交渉力の格差等から生ずると考えられるトラブルが存在する。

労働基準法上の労働者について労働契約法制の対象とすることは当然であるが、上記のような働き方の多様化によって生ずる様々な問題に対応するためには、労働基準法上の労働者以外の者についても労働契約法制の対象とすることを検討する必要がある。

その際、労働基準法上の労働者として必要とされる使用従属性まではなくとも、請負契約、委任契約等に基づき役務を提供してその対償として報酬を得ており、特定の者に経済的に従属している者については、相手方との間に情報の質および量の格差や交渉力の格差が存在することから、労働契約法制の対象とし、一定の保護を図ることが考えられる。[6]」

労働契約法の対象となる具体的な要件としては、①個人であること、②請負契約、委任契約その他これらに類する契約に基づき役務を提供すること、③当該役務の提供を、本人以外の者が行うことを予定しないこと、④その対償として金銭上の利益を受けること、⑤収入の大部分を特定の者との継続的な契約から得、それにより生活する者であること、という5つの要件を満たす者が考えられると指摘された。

しかし、こうした考え方は労働契約法には採用されず、労働基準法と労働契約法は同一の概念として理解する方向で整理がなされた。雇用と自営の中間的な働き方の法的対応については、その課題が指摘された点において意義があったが、今後の課題として見送られることとなった。

(2) **厚生労働省「働き方の未来2035：一人ひとりが輝くために」**　2016年の厚生労働省「働き方の未来2035：一人ひとりが輝くために」は、2035年の働き方の未来について展望した報告書である。同報告書は、民法や伝統的な労働法の枠組みに加えて、次の4つの観点を考慮する必要性を指摘している。それは、①適切な情報が流れる仕組み、②保障・保険的な機能の提供、③優越的地位に対

する対処、④能力開発、教育訓練の機会である。

　とりわけ、優越的地位に対する対処について、次のような議論を展開している点は注目される。

　　「仮に十分な情報が得られているとしても、取引相手の交渉力が強いと、自分にとって不利な契約や取引条件でも受け入れざるを得なくなる事態が生じ得る。この点は、従来の労働法が、大きく焦点をあててきた問題である。2035年の働き方を考える際には、それぞれの個人が自律的に活動できる度合いが増え、どのような働き方をするかにつき相手方の指揮命令による拘束を受けることは少なくなるとともに、取引当事者間の交渉力の格差も小さい契約が増えていると考えられる。しかし、そのような自律的な契約でも、強い交渉力を背景にした優越的地位による交渉力の格差が存在する場合も考えられ、その場合に対する法的手当てが必要となるだろう。ただし、それは一般的な事業者間取引では、独占禁止法によって手当てされている問題であり、かなりの部分それで対処できる面があるかもしれない。したがって、どのような法的枠組みを用いて、この問題に対処すべきなのか、その対象者の範囲や枠組みの中身も含めて、抜本的に検討していくことが必要であろう。[7]」

　このように、同報告書において、強い交渉力を背景にした優越的地位による交渉力の格差が存在する場合、そうした交渉力の不均衡に対する法的対応が課題として指摘されることとなった。

　(3)　**経済産業省「『雇用関係によらない働き方』に関する研究会」報告書**　　2017年の経済産業省「『雇用関係によらない働き方』に関する研究会」報告書では、「雇用関係によらない働き方」の所得喪失リスクや経済面での企業との従属的関係について、次のように言及している。

　　「『雇用関係によらない働き方』の働き手は、労働法制の対象としての『労働者』と異なり、業務の遂行に関して企業からの指揮命令を受けず、働く時間や場所等も自律的に決められる。また、企業との取引関係においては、通常の取引当事者同様、企業と対等な立場に立っているものと想定されている。他方で、その自律性・非従属性の裏返しとして、『労働者』と比較すると、法律面や社会保障面での保護は薄いものとなっている。
　　もっとも、『雇用関係によらない働き方』の働き手であっても、例えば、事故等による休業時における所得喪失リスクが存在することは『労働者』と変わりがないし、企業（発注者）に対して（特に価格交渉力等の経済的な面において）従属的関係に立たざるを得ない者も存在しているというのが実態である。したがって、働き手全体が

一律に要保護性が低いことを前提として、その働く環境を形作ることは、必ずしも働き手一人ひとりの実態にそぐうものではなく、適当とは言いがたい。」

そして、働き手が円滑に働くための環境整備のあり方として、①働き手の報酬の適正化、②セーフティーネットの拡充、③社会的信用の向上、④税制の中立性といった観点を考慮する必要性を指摘している。

とりわけ、働き手の報酬の適正化に関して、次のように言及している点は注目される。

　「下請法が適用されるのは一定範囲の取引に限られる…。すなわち、『雇用関係によらない働き方』に基づくもののうち、すべての取引において、不当な対価を設定することそれ自体が禁止されるわけではない。本来、対等な当事者間であれば、そのような不当な対価を提示された場合には、価格交渉をするか、受注自体を拒否すればよいということになるが、雇用関係によらない働き手については、労働者同様、企業（発注者）との関係で対等な関係に立てないがゆえに、結果として、不当な対価であっても受け入れざるを得ないことは多々あると思われる。したがって、そのような雇用関係によらない働き手については、その従属的立場を踏まえて、一定の範囲で労働法制による保護を及ぼすことが、中長期的には検討されてよいと思われる。」

このように、働き手の報酬の適正化に関して、雇用関係によらない働き方であったとしても、その従属的立場を踏まえて、一定の範囲で労働法制による保護を及ぼすことが検討課題として指摘されたことは重要である。

(4)　**公正取引委員会「人材と競争政策に関する検討会」報告書**　2018年2月の公正取引委員会「人材と競争政策に関する検討会」報告書は、労働契約に基づき企業の従業員として働くのではなく、個人請負など、企業の指揮命令を受けずに「個人として働く者」を想定して、役務提供者に不利益をもたらし得る発注者（使用者）の行為に対する独占禁止法上の考え方を整理したものである。

同報告書は、独占禁止法と労働法の適用関係について次のように言及している。

　「『事業者』を定義する独占禁止法2条1項及びそれに関するこれまでの裁判例においては、労働者が『事業者』に含まれないとはされておらず、労働契約により就労する労働者は、独占禁止法の適用対象から明示的に除外されているわけではない。
　この点、米国においてかつて反トラスト法が労働組合の一定の活動を禁止する法律

として運用された経験を踏まえ、我が国においてそのような運用がなされることを避ける観点から、1947年の独占禁止法立法時には、『人が自分の勤労を提供することは、事業ではない』として、労働者の労働は独占禁止法２条１項の『事業』に含まれないとの解釈がなされ、公正取引委員会は、これらを踏まえて独占禁止法を運用してきた。

しかし、…就労形態が多様化する中で、独占禁止法上も労働法上も解決すべき法的問題が生じてきている。さらに、近年、労働契約以外の契約形態によって役務提供を行っている者であっても、労働組合法上の『労働者』に当たると判断される事例も生じている。このように労働契約を結んでいなくとも『労働者』と判断される者が、独占禁止法上の事業者にも当たることも考えられる。以上のことを踏まえると、労働者は当然に独占禁止法上の事業者には当たらないと考えることは適切ではなく、今後は、問題となる行為が同法上の事業者により行われたものであるのかどうかを個々に検討する必要がある。同様に、独占禁止法上の『取引』についても、その該当の有無を、取引の類型ごとに一律に整理するのではなく、独占禁止法上禁止されている行為…に該当する行為が行われていると認められる場合に、その行為のなされている取引が独占禁止法上の『取引』に該当するかどうかを個々に検討することが適切である。

そして、労働法と独占禁止法の双方の適用が考えられる場合、それらの適用関係について検討する必要がある。[10]」

そして、同報告書では、独占禁止法上、問題となりうる類型を提示している。すなわち、発注者（使用者）の共同行為に対する独占禁止法の適用として、複数の発注者（使用者）が共同して、役務提供者に対して支払う対価を取り決めること、また、役務提供者の移籍・転職を制限する内容を取り決めることは、独占禁止法上問題となる場合があること、移籍・転職を制限する内容を取り決める行為が役務提供者の育成に要した費用を回収する目的で行われる場合であっても、違法性が否定されることはないことなどが指摘されている。また、発注者（一部行為は使用者）により役務提供者に対してなされる、①秘密保持義務、②競業避止義務、③専属義務、④役務提供に伴う成果物の利用等の制限、⑤事実と異なる取引条件を提示する行為について、従来の判断枠組みに基づき、自由競争減殺、競争手段の不公正さ、優越的地位の濫用の観点からの考え方の整理が試みられている。

(5) **厚生労働省「雇用類似の働き方に関する検討会」報告書**　2018年３月には、厚生労働省が「雇用類似の働き方に関する検討会」報告書を公表し、これまで

の議論状況や海外の動向を総括し、検討課題として次のように述べている。

　「雇用によらない働き方は、外形的には『自営業者』であり、本来経済法等において対応すべきとの考え方があるが、実態上は、使用者の雇用労働者に対する関係と類似した働き方については、労働政策上の保護についても検討すべきではないかという考え方もある。今後、雇用類似の働き方について、事業者間取引としてのみとらえ、専ら経済法のルールに委ねるのかどうか、現行の労働関係法令における労働者に準じるものとしてとらえ、現行の労働関係法令における労働者保護ルールを参考とした保護等を考えるのかどうか、といった点について、更に議論を深めていくことが必要である。
　…保護する必要があるとすれば、発注者と雇用類似の働き方の者に関するガイドラインを策定して対応することのほか、個別のケースに対し労働者性の範囲を解釈により積極的に拡大して保護を及ぼす方法、労働基準法上の労働者概念を再定義（拡大）する方法、雇用類似の働き方の者に対し、労働関係法令等の保護を拡張して与える制度を用意する方法、等の様々な方法が考えられるが、この点は、保護の必要性について検討する中で議論すべきと考えられる。[11)]」

　ここでは、一定の方法が示されたが、雇用類似の働き方に対する法的対応については今後の課題とされた。

　(6)　**厚生労働省「労働政策審議会労働政策基本部会報告書」**　　2018年9月の厚生労働省「労働政策審議会労働政策基本部会報告書～進化する時代の中で、進化する働き方のために～」は、働き方を取り巻く新たな中長期的課題として、技術革新（AI等）の動向と雇用・労働への影響、労働者のキャリア充実支援や柔軟な労働市場の形成など、働く人全ての活躍を通じた生産性向上等に向けた取組、テレワークや副業・兼業、雇用類似の働き方など、時間・空間・企業に縛られない働き方について整理を行った。

　「雇用関係によらない働き方は多種多様であって、行政が介入すべき問題は何か、問題の原因は何か、誰が保護の対象となり得るのか、業種や職種によってどのような違いがあるか等、このような働き方かが拡大している背景や理由なども踏まえながら、検討を進めることが必要である。
　また、仮に保護する必要があるとすれば、発注者と雇用類似の働き方の者に関するガイドラインを策定して対応することのほか、個別のケースに対し労働者性の範囲を解釈により積極的に拡大して保護を及ぼす方法、労働基準法上の労働者概念を再定義

（拡大）する方法、雇用類似の働き方の者に対し、労働関係法令等の保護を拡張して与える制度を用意する方法など、様々な方法が考えられる。いずれにしても、保護の対象や保護の内容の検討なしに結論は得られないことから、保護の必要性について検討する中で議論すべきである。[12]」

このように、問題意識は形成されているところであるが、同報告書の指摘は、前述の厚生労働省「雇用類似の働き方に関する検討会」報告書の内容を踏襲するにとどまっている。

2　学説の状況

ここで、労働者性をめぐる適用関係をめぐる学説の議論状況につき、若干の整理および分析を試みることにする[13]。各説は近接する部分もあるが、大別して４つのアプローチが存在している。

(1)　**労働者概念を拡張するアプローチ**　　第１は、労働者概念を解釈論的に拡張することにより、保護範囲を拡大するアプローチである。これは、労働者の非雇用化という現象を克服するための方策として、労働者性の判断基準を修正して、労働者概念の拡大することにより、労働法の拡張適用を図るという立場として位置づけられる。

そのなかでも代表的な見解は、経済的従属性の判断基準にシフトするアプローチである。学説では、指揮命令関係を中心とした判断基準から、経済的従属性や組織的従属性を重視する方向にシフトする考え方が主張されてきた。

たとえば、西谷敏は、解雇権濫用法理は経済的従属性に着目した法理であることから、「『労働者』ではないと判断された者でも、その者と相手方との間に経済的従属性が認められる限り、少なくとも解雇制限については『労働者』と同様に取り扱われるべきである」と展開している[14]。しかし、経済的従属性のアプローチについては、論者によって方向性が異なっており、また経済的従属性のアプローチについては異論もある[15]。また、経済的従属性や労働契約の法的性質といった要素の位置づけは、必ずしも明らかではなく、新たな判断基準としてはいまだ確立していない状況にある。

(2)　**労働者概念の相対性論からのアプローチ**　　第２は、労働者概念を労働立法の趣旨・目的に即して相対的に把握して、要保護性を有する者に対して法的保

護を与えようとするアプローチである。

　初期の段階において、労働者概念の相対性の重要性を強調したのが有泉亨である[16]。その後、下井隆史は、労働者性の判断方法について、指揮監督下の労働という基準を用いて一律に判断する方法を批判し、適用の可否が問題となる制度・理論の目的・趣旨と関連させて相対的に「労働者」性を判断すべきことを説いた[17]。また、下井は、労働組合法3条の労働者の定義には「使用される」という文言はないが、労働基準法と労働組合法の労働者概念が根本的に違うということはありえず、両者の相違はただ、特定使用者との雇用関係にない者も労組法の適用を受けるという点である、と指摘する[18]。

　さらには、労働契約に関するルールについて適用拡大の可能性を指摘する学説もある。労働契約以外の契約類型に労働法を適用する見解を提唱する形で展開したのが、島田陽一である[19]。島田は、労働契約以外の契約の中に、被用者的要素がある場合には、その程度に応じて労働契約において形成された法理を適用すべきであるとされ、解雇の場面において、契約関係継続の期待利益がある場合には、人的従属性、組織的従属性または経済的従属性などにおいて、労働契約的な要素が大きければ大きいほど労働契約になぞらえた法理を適用するのが社会的に妥当な解決となると主張する[20]。この見解は、契約関係継続の期待利益という要素において、労働契約と労働契約以外の役務提供契約との共通性があること、民法における継続的売買に関する議論において、労働契約法理の適用を可能とする理論的枠組みが提供されていることがその理論的基盤となっている[21]。

　こうした労働者概念の相対性のアプローチの特徴は、紛争内容に即して、労働法の目的的な解釈・適用を行うという点において、労働法上の法的保護の実質的妥当性を図るものとして位置づけることができる。労働法の適用のルールの有無を、一義的に決する従来の硬直的なアプローチを解消する見解といえる。もっとも、わが国における労働者概念の通説的立場は、労働者の概念を統一的に理解するというものであり、こうした見解は、労働者概念を統一的に把握してきた通説的立場と明確に対立することになる。

　(3)　**第3のカテゴリを設定するアプローチ**　　第3は、労働者と自営業者の間に、中間のカテゴリを設定することにより、妥当な法適用を試みようとするア

プローチである。

　鎌田耕一は、経済的従属性を、「自己の計算と危険負担の下に業務を行わないこと」という「非事業者性」ととらえ、第3のカテゴリを導入して経済的従属関係にある就業者を保護すべきであると主張する[23]。

　また、解釈論と立法論も視野に入れた議論も展開されている。たとえば、道幸哲也は、指揮命令の有無と共に経済的従属性をも重視し、労働法の適用対象を二分して取り扱うことを提案する。すなわち、「労基法等が全面的に適用される真性の労働者と雇用保障等の側面についてのルールが適用される準もしくはグレーゾーンの労働者」に二分したうえで、「後者については使用者から指揮命令をそれほど受けていないので、労働時間等については規制をする必要がないが、雇用（生活）保障的な、解雇・賃金の規制、労災補償を中心に保護すべきものと思われる」と述べ、「個別の解釈論では基準として不明確なので、一定の立法的措置が必要であり、基準の明確化と準労働者とみなされた場合に適用されるルールの具体化が要請されよう」と述べる[24]。

　こうした立場は、オール・オア・ナッシングの結論の妥当性を欠くアプローチでは、判別が困難なグレーゾーンの事案について対応ができないこと、また、労働者が享受する法的保護について、その要保護性に応じて第3の法的カテゴリを設定することで問題を解消しようとするアプローチである。第3のカテゴリを設定する見解は、オール・オア・ナッシングの現在のアプローチの不都合性を解消しようとする立場であるが、どのように要保護性に基づいて適用範囲を区別するのか、また、労働者と第3のカテゴリについて、どのように判断基準を峻別して区分していくかなど、課題は数多く残されている。

　(4)　役務提供契約からのアプローチ　　第4のアプローチは、役務提供契約アプローチというべきものである。

　これは、業務委託契約等で就労する者で労働者性が仮に否定される場合であっても、役務提供契約の一方当事者としての法的権利・利益を享受するという考えの下で、民法上の典型契約としての雇用に請負委任を含む役務提供契約一般に共通して適用されるルールを抽出し、整理することによって、労働者と認められない者の法的保護を論じるアプローチである[25]。これまでの労働法における学説の考え方は、労働者ないしは労働者類似のものであることを前提とし

て、労働法上のルールを適用すること模索するアプローチであったが、役務提供契約アプローチは、労働者性が否定された場合であっても、民法上のルールを適用しようとする考え方として位置づけられる。

　また、継続的契約に関する法理を適用するという判断手法も考えられる。債権法改正において「継続的契約」が注目されたこともあり、労働法分野においても継続的契約法理の可能性が検討されるにいたっている[26]。

　債権法改正をめぐって役務提供契約（サービス契約）のうち、雇用、請負、準委任を含む委任または寄託以外のものを対象として、報酬に関する規定、契約の終了に関する規定等を設けるという考え方も検討された。役務提供契約という契約類型に基づいて、一定の契約類型に包括的に法的ルールを適用させるアプローチをとる場合には、労働法上の保護とどのように整合性を持たせるか、また、他の契約類型と整合的な形で規定するかなどが課題になる。

3　自営と雇用の両面をもつ働き方

　法的枠組みのあり方を議論する場合には、「自営的就労」をどのような働き方としてイメージするかによっても、議論の方向性は大きく変わってくるであろう。

　「自営的就労」にあたる働き方として想定すべき働き方の1つは、プラットフォーム企業を介在した働き方である。こうした働き方は、同時に複数のプラットフォーム企業と連携して、複数の就労に従事することが可能である。いつ、どこで働くかも役務提供者が選ぶことができる。これまでの伝統的な「雇用」では容易に実現できない働き方であり、この点において「自営的就労」は自営業者に類似するが、これまで労働法が想定していたような労働時間規制をそのまま適用することは困難となる。

　一方、プラットフォーム企業は、手数料や料金の上限を設定するなどして、働き方について権限を保持する。これらの点では伝統的な労働者に類似する。こうした働き方は、ある一面では自営業者であり、ある一面では伝統的な雇用に類似することから、労働者か自営業者かという2つのカテゴリに適合しなくなる。

　アメリカの Seth Harris と Alan Krueger の指摘によれば、労働者の地位が

不明確になることにより、次の４つの非効率と直面すると指摘する。[27]

第１は、労働者性の判断をめぐって紛争コストが生じるという点である。いったん労働者の地位について紛争が生じると、紛争は長期化し、コストもかかり、当事者双方が譲らなければ法廷闘争へと持ち込まれることになる。労働者の地位を推定する規定が存在しない結果、双方が疲弊することになると指摘する。

第２は、法律によって異なる判断基準の適用を求められるということである。アメリカでは、法律によって労働者の地位を確定する判断基準が異なっている結果、たとえば、最低賃金法の適用があるが、税法上の適用がないといったように、一人の労働者について異なる結論が導かれることもありうる。

第３は、自営業者として扱われた場合には、労働者が享受する多くの利益から法的保護から自営業者は除外されてしまうということである。自営業者として扱われることにより、労働法および社会保障法上のメリットを享受することができなくなる。

第４として指摘するのが、使用者による意図的な非雇用化である。企業は競争的地位を確保するために、経営の効率性を目指すことになる。労働法が適用される範囲が不明確であれば、使用者は利益確保のために、意図的であれ無意識であれ、労働者を自営業者とするインセンティブが働く。アメリカでは、雇用する場合と比べて３割のコスト削減になるという指摘もある。

4　検討の視点

わが国においても、立法政策論としても、法解釈論としても、労働契約概念と労働法の適用対象のあり方をいかなるものにするかが、検討されるべき法的課題となっている。以下では、ILO のレポートをふまえ、検討の視点を提示したい。

1　ILO の「雇用の誤分類」

2016年には、ILO は世界の非正規雇用に関するレポートを公表し、そのなかで「雇用の誤分類」（employment misclassification）に関する世界各国の動向

を整理している。[28) このレポートは、雇用の誤分類の解決策として、いくつかの
アプローチの可能性を示唆している点で興味深い。特に重要と思われるのは以
下の4点である。

第1は、「事実の優位性（primacy of facts）」原則というアプローチである。
「事実の優位性」とは、労働者性の判断において、当事者がどのようにその関
係を取り決めたかに着目するのではなく、実際の業務遂行に関わる事実関係に
基づいて決定するという原則である。このレポートでは、雇用関係の相対的な
交渉力の差に着目して、被用者性を判断するというアプローチをその一例とし
て位置づけている。

第2は、雇用関係の存在を決定する判断基準の柔軟な解釈と明確性を目指す
アプローチである。これは、判断要素を明確にするとともに、判断基準を柔軟
に解釈し、法律の適用を可能とするものである。その際には、アメリカの経済
的実態基準のように、多様な判断要素を考慮するアプローチをとることがその
選択肢となる。こうした柔軟な解釈は、技術革新による組織変動にも対応する
こと可能にし、シェアリング・エコノミーのように、顧客による評価システム
を介して労務管理がなされる場合でも、労働者性が肯定される可能がある。[29)

第3は、一定の場合に、法的に雇用を推定するというアプローチである。こ
れは、雇用関係を示す指標が一部でも存在する場合に、雇用関係の存在を法的
に推定するものであり、ILOの2006年の雇用関係勧告（第198号）で言及された
アプローチである。たとえば、アメリカでは、カリフォルニア州の労働法典
（California Labor Code）において、「他者に役務を提供する者は、独立請負業者
である場合、または、本法典で明示的に除外されている場合を除き、被用者で
あると推定する」としている。[30) また、オランダでは、「被用者が3か月にわた
り、使用者のもとで規則的に（毎週または月20時間以上）働く場合、法律は自動
的に雇用契約が存在することを推定する」旨を規定し、使用者側に反証を求め
る仕組みにしている。ILOのレポートによれば、オランダの他にも、コロン
ビア、ドミニカ共和国、パナマ、ベネズエラでは、雇用関係を推定する規定を
設けているという。推定規定を設定するメリットは、当事者に契約を締結する
際の指針を提供するだけでなく、労働者側の立証責任を緩和するとともに、企
業の脱法的行為を抑制することも可能となる点にある。

第4は、立法的に特定の職種等について労働者もしくは自営業者であるとみなすアプローチである。たとえば、フランスでは、プロの報道記者等について、一定の条件をもとに雇用契約とみなす規定を立法的に整備している。特定の職種等について立法的にみなしてしまうことにより、カテゴリの区分に関する紛争を予防することが可能となる。

ILO のレポートが指摘していることは、雇用関係の範囲を明確にすることにより、労働者の権利の認識を高め、裁判所や行政機関の実効性を確保して効率的な労働行政、監督制度を可能にするということである。

2　将来に向けてのコンセプト

自営的就労を想定したサポートシステムの必要性を意識したとき、従来とはかなり異なった法制度が構想されてくる。雇用労働に偏った労働・社会保障システムから、自営的就労を含めた労働市場の円滑化に向けた枠組みの設定の構想が必要となる。[31] 新たな働き方をも包摂したサポートシステムの構想である。

とりわけ、使用者の「非雇用化」のインセンティブを減らす法制度とするためには、次のような枠組みが必要となる。留意すべき視点としては、以下の5点が重要であると考える。

①使用者の意図的な「非雇用化」を法的に抑制すること
②雇用と自営の中間的な働き方である「準労働者」に対して、必要となる労働法上の権利を付与すること
③真性な自営業者に対するサポートやセーフティーネットを構築すること
④適切な職業能力を開発する機会や教育の機会が個人に提供されること
⑤多様な働き方を前提とした社会保障システムを構築すること

労働法の適用をめぐる論点は①から③である。また、④職業能力や教育のあり方や、⑤多様な働き方を前提とした社会保障システムも重要になる。

以下では、労働法の適用をめぐる論点は①から③に関連する部分について、若干の論点を提示したい。

3　自営的就労と労働契約をめぐる法的論点

諸外国の動向をふまえて労働法の適用をめぐる法原則のあり方を考える場

合、次のような課題が想定される。

(1) **労働者概念の拡張**　第1は、労働者概念の拡張のあり方である。諸外国の動向にかんがみると検討すべきアプローチとしては3つある。

その1は、労働者概念の拡張である。労働基準法及び労働契約法については、経済的従属性を基本とした判断基準へと移行することの是非が論点となる。1985年の労基研報告の見直しの必要性につきどのように考えるかがポイントとなろう。[32]

その2は、諸外国のように、労働者類似の者に第3のカテゴリを設定して、必要に応じて労働法の保護ルールの一部を「労働契約」以外の働き方に拡張適用するという立法上の措置である。イギリスの「労働者（worker）」概念などがその典型となる。アメリカでは、「独立労働者（independent workers）」に対して、労働組合結成、団体交渉、労災、社会保障、メディケア、保険や資産形成の支援、税については適用し、労働時間は把握が困難なため労働時間規制は適用を除外するなどの考え方が構想されている。雇用関係に見られる法的利点と保護の多くを拡張することにより、法的な不確実性と労働者の地位をめぐる訴訟費用を削減するという観点が強調されており、その点は法政策としても参考になる。こうした状況からすると、わが国では、業務委託契約で働く者に労組法上の労働者性を認めている裁判例があるが（INAXメンテナンス事件・最三小判平23・4・12労判1026号27頁等）、より積極的にフリーランスに団体交渉権を付与するという法政策も考えられる。

その3は、一定の場合に、法的に雇用を推定するというアプローチである。これは、雇用関係を示す指標が一部でも存在する場合に、雇用関係の存在を法的に推定するものである。これはILOが推奨しているアプローチであり、イギリスやアメリカでも近年意識されているアプローチである。OECDの調査によれば、チェコ、エストニア、フランス、メキシコ、オランダ、ポルトガルなどでは、立法によって労働者の地位を「被用者employee」をデフォルトの地位と推定している。立法上の法技術として参考になる。

(2) **契約概念の再構成**　第2は、労働契約概念の再構成のあり方である。イギリスの学説では、「個人的雇用契約（The Personal Employment Contract）」や「個人的労働関係（Personal Work Relations）」といったフリーランスも含めた幅

広い労働を対象にした労働法の組み替えの議論を行っている。[33]

　わが国においても、債権法改正の際に「役務提供契約」として一方当事者としての法的権利・利益を享受するという考えの下で、民法上の典型契約としての雇用に請負委任を含む役務供給契約に共通して適用されるルールを抽出し、整理することによって、労働者と認められない者の法的保護を論じるアプローチが議論されるにいたっている。

　これは労働契約を役務提供契約の一部と位置づけたうえで再構成するという構想であり、基本法を基軸にして新しいルールを設け、契約内容の適正化を図るというものである。民法上の契約類型と接続させることにより、民法上のルールでの救済も含めて労働市場を規律していく論理として位置づけられる。自営的就労については、独占禁止法上のルール（優越的地位の濫用等）との接合も論点となる。

　(3)　**労働市場法**　　第3は、あらゆる役務提供を対象とした労働市場法の必要性である。[34]これまでの労働法は、労働契約を締結した当事者を労働法の対象として基本的に想定してきた。

　しかし、アメリカとイギリスの動向をみるかぎり、使用者に従属的な働き方のみならず、プラットフォーム企業を通じたサービスの提供や、フリーランスといった働き方を含めて労働市場を構築する必要性が見いだされる。[35]労働時間を自由に決めることが容易になったことにより、これまでの判断枠組では労働法が適用されない働き方が拡大することになるが、むしろ、そうした者を労働法の適用から全面的に排除するのではなく、労働市場の中に位置づけ、労働の一形態として包摂（inclusion）する議論が求められる。労働法的側面と社会保障法的側面を見据えながら、社会的包摂を可能とする法政策を構築するという視点である。フリーランスをも対象に含めたうえで、公正で柔軟性のある労働市場の構築という観点が今後の重要な課題となる。

5　終わりに

　以上のように、本稿では、自営的就労と労働契約をめぐる論点を提示することを試みた。これまでの労働法は、「従属労働」の下にある「労働者」を想定

して理論を構築してきたが、「自営的就労」を含めたサポート・システムの必要性を検討するとき、労働法や労働市場をめぐる法システムの役割は拡大し、必要に応じて適正化していくことも求められている。具体的な法制度の設計、立法構想、社会保障法や独占禁止法、民法などの他法と関係性を含めた構想については、今後の課題としたい。

【注】

1） 労働契約と労働者概念をめぐる諸外国の理論動向については、拙著『労働契約の基礎と法構造——労働契約と労働者概念をめぐる日英米比較法研究』（日本評論社、2019年）において検討を行った。本稿は、同書での検討をふまえ、自営的就労と労働契約をめぐる法的論点について、より明確化することを意図するものである。自営的就労のあり方に関する研究としては、大内伸哉『AI時代の働き方と法』（弘文堂、2017年）、同「雇用社会の変化と労働法学の課題」日本労働法学会編『講座労働法の再生 第6巻 労働法のフロンティア』（日本評論社、2017年）21頁、水町勇一郎「労働法改革の理論と政策」日本労働法学会編『講座労働法の再生 第6巻 労働法のフロンティア』（日本評論社、2017年）3頁。クラウドワークについては、毛塚勝利「クラウドワークと労働法学上の検討課題」季刊労働法259号（2017年）53頁、石田眞「クラウドワークの歴史的位相」季刊労働法259号（2017年）67頁ほか、季刊労働法259号以下の特集「集中連載 クラウドワークの進展と労働法の課題」の各論文等参照。

2） 日本の人事制度は「メンバーシップ型」であり、「無限定正社員」とも称される。日本型雇用を「メンバーシップ型」と位置づけたものとして、濱口桂一郎『新しい労働社会——雇用システムの再構築へ』（岩波新書、2009年）。「無限定正社員」システムの特徴については、鶴光太郎『人材覚醒経済』（日本経済新聞出版社、2016年）32頁以下。

3） 菅野和夫・諏訪康雄「労働市場の変化と労働法の課題——新たなサポート・システムを求めて」日本労働研究雑誌418号（1994年）2頁。

4） 経済産業省「新産業構造ビジョン」（2017年5月）。

5） 2018年7月13日の日本経済新聞の報道によれば、クラウドワーカーの数は、2017年末で420万人、2018年末には500万人となる見通しと指摘されている。

6） 厚生労働省「今後の労働契約法制の在り方に関する研究会」報告書（2005年9月）15頁。

7） 厚生労働省「働き方の未来2035：一人ひとりが輝くために」（2016年8月）15頁。

8） 経済産業省「『雇用関係によらない働き方』に関する研究会」報告書（2017年3月）39頁。

9） 同上50頁。

10） 公正取引委員会「人材と競争政策に関する検討会」報告書（2018年2月）8頁以下。

11） 厚生労働省「雇用類似の働き方に関する検討会」報告書（2018年3月）39頁以下。

12） 厚生労働省「労働政策審議会労働政策基本部会報告書～進化する時代の中で、進化す

る働き方のために～」（2018年 9 月）17頁。

13) 学説の状況についての詳細は、拙著・前掲注（ 1 ）34頁以下。

14) 西谷敏「労基法上の労働者と使用者」沼田稲次郎ほか編『シンポジューム労働者保護法』（青林書院、1984年）10頁。

15) 経済的従属性を実定法上の判断基準に取り込むことについては、その困難性を指摘するものも多い。下井隆史『労働契約法の理論』（有斐閣、1985年）57頁、蓼沼謙一「労働法の対象」日本労働法学会編『現代労働法講座（ 1 ）労働法の基礎理論』（総合労働研究所、1981年）94頁、土田道夫『労務指揮権の現代的展開──労働契約における一方的決定と合意決定との相克』（信山社、1999年）292頁。

16) 有泉亨「労働者概念の相対性」中央労働時報186号（1969年） 2 頁。

17) 学説では、従来から、ルールの趣旨、目的に応じて、相対的に労働者性を判断すべきと主張されている。下井隆史『労働契約法の理論』（有斐閣、1998年）47頁以下、西谷敏「労働基準法上の労働者と使用者」沼田稲次郎・本多淳亮・片岡曻編『シンポジウム労働者保護法』（青林書院、1984年） 8 頁。

18) 下井隆史『労働基準法（第 4 版）』（有斐閣、2007年）32頁。

19) 島田陽一「雇用類似の労務供給契約と労働法に関する覚書」西村健一郎ほか編『新時代の労働契約法理論』（信山社、2003年）32頁以下。

20) 島田・前掲注（19）58頁以下。

21) 継続的売買の解消の基本理解については、中田裕康『継続的売買の解消』（有斐閣、1994年）参照。継続的契約に関する学説については、同『継続的取引の研究』（有斐閣、2000年）10頁以下。

22) 鎌田耕一編著『契約労働の研究──アウトソーシングの労働問題』（多賀出版、2001年）117頁。また、日本労働法学会誌102号「契約労働をめぐる法的諸問題」に掲載の各論文参照。

23) 鎌田耕一「契約労働の概念」日本労働法学会誌102号（2003年）132頁、同「個人的就業関係と労働法の再編：Mark Freedland & Nicola Kountouris, "The Legal Construction of Personal Work Relations" を読んで」季刊労働法239号（2012年）250頁、同「個人請負・業務委託型就業者をめぐる法政策」季刊労働法241号（2013年）57頁、同「非雇用就業者と法的保護」月刊労委労協728号（2017年）23頁。

24) 道幸哲也『雇用社会と法』（放送大学教育振興会、2017年）45頁以下。

25) 契約解消を視点に労働法学と民法学の接点について考察する論考として、中田裕康「契約解消としての解雇」新堂幸司・内田貴編『継続的契約と商事法務』（商事法務、2006年）215頁。

26) 債権法改正における継続的契約との関係については、拙稿「就業形態の多様化・非雇用化と労働契約の性質決定」小宮文人ほか『社会法の再構築』（旬報社、2011年）99頁。使用従属性に関係なく、契約の打ち切りには正当理由が必要とする継続的契約に関する法理を検討する必要があると指摘するものとして、大内伸哉「NHK の地域スタッフの労働者性」ジュリスト1478号（2015年） 2 頁。

27) Harris, S., and Krueger, A., 'A proposal for modernizing labor laws for 21st century work: The "independent worker" (2015), (available at https://www.brookings.

edu/research/a-proposal-for-modernizing-labor-laws-for-21st-century-work-the-independent-worker/).

28) ILO, "Non-Standard Employment Around the World: Understanding challenges, shaping prospects" (2016), pp. 261-266.

29) De Stefano, V., The rise of the 'just-in-time workforce': On-demand work, crowd-work and labour protection in the 'gig-economy', Conditions of Work and Employment Series No. 71 (ILO, 2016).

30) California Labor Code 3357.

31) 自営的就労に対するサポートやセーフティーネットの必要性を指摘する論考として、大内伸哉「労働法のニューフロンティア？——高度 ICT 社会における自営的就労と労働法」季刊労働法255号（2016年）93頁。

32) 現在の労働者性の判断基準の問題点については、拙稿「NHK 地域スタッフの労働契約法上の労働者性と労働契約の類推適用の可否」季刊労働法261号（2018年）181頁。

33) イギリスの学説の動向については、拙著・前掲注（1）180頁以下参照。

34) 労働市場法は、雇用関係法（個別的労働関係法）、労使関係法（集団的労働関係法）と並ぶ第三の労働法領域として認識されつつあるが、その独自性については必ずしも明らかではない状況にある。労働法学において労働市場法を検討したものとして、荒木尚志「労働市場と労働法」日本労働法学会誌97号（2001年）55頁、鎌田耕一「外部労働市場と労働法の課題」日本労働法学会誌97号（2001年）83頁、同「労働市場法に関する覚書」東洋法学50巻1・2号（2007年）127頁。

35) 拙著・前掲注（1）217頁以下参照。

中間的就労における労働者性の問題を照らす一筋の希望の光

松岡太一郎

1 問題の所在

　労働法学の対象は、使用者との雇用関係、すなわち、労働者が使用者の指揮命令を受け、労働の対価として賃金の支払いを受ける「労働者」（労基9条）である。

　しかし、就労体験、福祉的就労の名のもとに、労働基準法9条をはじめ、労働法の枠外に位置付けられた「就労」の範囲が拡大を見せている現実がある。そして、労働法学の分野においては、就労という言葉を用いるときには、雇用関係を有しない当事者間のものであり、労働法の下における「労働」とは明確に区別してきた感があり、第127回日本労働法学会のミニシンポジウムでは、「「就労」は、広く「働くこと」を意味し、雇用労働に限らない」とされた（奥貫妃文「労働法から逸脱した「就労」に関する一考察──生活困窮者自立支援法施行後の状況と課題」アジア太平洋レビュー13号（2016年）22頁）。

　このような労働法の枠外に位置付けられた就労体験、福祉的就労としての「就労」が、後述の労働基準法上の労働者性の判断基準（労働基準法研究会報告「労働基準法の「労働者」の判断基準について」（1985年）、以下、「労基研報告（1985）」という。）に照らし、実質的には、指揮命令を受け、諾否の自由を有しない各種労働法規の下における「労働」にあたるのはいかなる場合があるのか、あるとしてその判断基準は具体的にどういったものになるのかについて、旧労働省の時代から、行政は、後述の各種の通達等を出してきたものの、その実際の対応を自己責任として、就労体験の受入先企業や福祉的就労の受入先事業所の現場に委ねてきた。

これに対し、行政からその対応を委ねられたはずの就労体験の受入先企業や福祉的就労の受入先事業所の現場においては、そもそも、労働基準法上の労働者性の判断基準に対する理解が十分ではなく、就労体験の受入先企業や福祉的就労の受入先事業所が、当初から各種労働法規の適用を受けることを予定していないにもかかわらず、その適用を受けて想定外の重い負担を強いられるという不測の事態を招きかねないという問題点が生じるおそれがある。かかる問題点が生じた場合、就労体験者ないし福祉的就労者を受け入れる企業や事業所がなくなってしまいかねず、その制度を維持できなくなるおそれがある。

他方で、各種労働法規の適用がない就労体験ないし福祉的就労の名を借りて各種労働法規の適用対象外の無権利状態を意図的に生じさせ就労体験者ないし福祉的就労者の労働力の不当な搾取という違法状態を生じさせ得るという問題点もある。

以上からすると、就労体験ないし福祉的労働における労働基準法上の労働者性の判断基準はますます重要性を帯びてくる。

そのような状況の中、平成25年に生活困窮者自立支援法（平成25年法律第105号）が成立し、平成27年4月、生活困窮者自立支援制度がスタートした。この制度の趣旨は、生活困窮者が増加する中で、生活困窮者について早期に支援を行い、自立の促進を図るため、生活困窮者に対し、就労の支援その他の自立の支援に関する相談等を実施するとともに、居住する住宅を確保し、就職を容易にするための給付金を支給する等にある。かかる制度の中に、就労訓練事業（就労体験を含むいわゆる「中間的就労」）がある。後述するように、中間的就労とは、一般就労といわゆる福祉的就労との間に位置する就労であり、一般就労に向けた就労体験を含む。この中間的就労においては、これが就労体験とその周辺概念である福祉的就労にかかわるものであるから、上記就労体験と福祉的就労と同様の問題点が生じ得、上記就労体験ないし福祉的就労における労働基準法上の労働者性の判断基準が問題になってくると考えられる。

そこで、本論文は、就労体験と福祉的就労としての就労における上記行政の各種通達等を整理して、行政が如何にして労働基準法9条の労働者性の判断基準の具体化を図っていかなる場合に就労体験者ないし福祉的就労者の労働者性が認められ各種労働法規が適用されるのかの指針を検討して、就労体験の受入

先企業や福祉的就労の受入先事業所をいわば「指導」してきたのかというその法的手法とその問題点を明らかにして中間的就労の労働者性の問題とこれに対する対応の糸口を模索する。具体的には、以下、2節において、中間的就労の内容とその問題点を明らかにし、3節において、各種労働法規の適用の有無の基準である労基研報告（1985）の内容とその問題点を検討するとともに、4節において、就労体験や福祉的就労をめぐる各種行政の通達等の内容と上記行政の法的手法を示して、5節において、こうした法的手法を如何にして中間的就労における労働者性の問題、ひいては理想的な労使関係を照らす一筋の光たらんとするかの解明を試みる。

2　中間的就労の内容とその問題点

1　中間的就労の意義

　中間的就労は、厚生労働省社会・援護局地域福祉課生活困窮者自立支援室の「生活困窮者自立支援法の一部改正を踏まえた認定就労訓練事業の実施の更なる促進について」（事務連絡（平成30年10月1日）別添資料4 平成30年10月1日付け社援発1001第2号「生活困窮者自立支援法に基づく認定就労訓練事業の実施に関するガイドラインの改正について（通知）」別添「生活困窮者自立支援法に基づく認定就労訓練事業の実施に関するガイドライン」、以下、「本ガイドライン」という。）にその詳細が定められている。本ガイドラインによれば、生活困窮者自立支援法に基づく就労訓練事業（いわゆる「中間的就労」）は、「一般就労（一般労働市場における自律的な労働）と、いわゆる福祉的就労（障害者の日常生活及び社会生活を総合的に支援するための法律（平成17年法律第123号、以下「障害者総合支援法」という。）に基づく就労継続支援B型事業等）との間に位置する就労（雇用契約に基づく労働及び一般就労に向けた就労体験等の訓練を総称するもの）の形態として位置づけられる。

　この就労体験の定義に関しては、「就業体験」の定義（「インターンシップの更なる充実に向けて議論の取りまとめ」インターンシップの推進等に関する調査研究協力者会議2017年6月16日5頁）が参考になる。すなわち、仕事の実際を知ることや職業観の育成等のため、企業における業務の従事、課題の解決等を体験することと社会の実態に照らし幅広く捉え、例えば、社員の基幹的・補助的業務の一

部を経験することや自社の課題解決に取り組む体験（ワークショップ、プロジェクト等）をいうとしている。

中間的就労における就労形態は、雇用契約を締結せず、訓練として就労を体験する段階（以下「非雇用型」という。）と、雇用契約を締結した上で、支援付きの就労を行う段階（以下「雇用型」という。）との2つが想定される。中間的就労は、これらの方法により、本人の状況に応じて、適切な配慮の下、生活困窮者に就労の機会を提供しつつ、就労に必要な知識及び能力の向上のために必要な訓練、生活支援並びに健康管理の指導等を行う事業である。いずれも、事業の最終目的としては、支援を要せず、一般就労ができるようになること、ひいては困窮状態から脱却することを想定している。

非雇用型の中間的就労の具体例として、本ガイドライン添付の「就労支援プログラム②」によれば、ある事業所での清掃の場合、課題の具体例として、「ご利用者が帰る16時から16時半までの間に、お風呂の掃除を終わらせる。」とあり、介護補助の場合、課題の具体例としては、「3月31日までに、清掃の業務をしている際にも、ご利用者がお風呂からあがってきたら、ドライヤーかけやお茶出しを優先するなど、臨機応変な対応をできるようにする。」としている。

かかる例では、「非雇用型」とはいうものの、業務の内容だけに着目すれば、雇用型ないし一般就労とみることもできてしまう。

このように、中間的就労は、雇用契約が締結され各種労働法規が適用されるものと雇用契約が締結されず形式的には各種労働法規が適用されないものとに分かれるものであるが、雇用型と非雇用型との区別は曖昧な面があり、その区別基準については明確には何ら定められていない。また、形式的な書面上、非雇用型の就労体験であれば、その体験者には、一切各種労働法規の適用はないのか、その判断基準についても明らかではない。

2　中間的就労の対象者

本ガイドラインによれば、中間的就労の対象となる者は、自立相談支援機関のアセスメントにおいて、将来的に一般就労が可能と認められるが、一般就労に就く上で、まずは本人の状況に応じた柔軟な働き方をする必要があると判断

された者であって、福祉事務所設置自治体による支援決定を受けたものである。

具体的には、直近の就労経験が乏しい者（いわゆるひきこもりの状態にある若しくはあった者又はニートの者、長期間失業状態が続いている者、未就職の高校中退者等）、身体障害者等であって、障害者総合支援法に基づく障害者就労移行支援事業等の障害福祉サービスを受けていない者や、身体障害者等とは認められないが、これらの者に近似して一定程度の障害があると認められる者や障害があると疑われる者である。

しかし、例えば、ひきこもりやニートの定義については、いくつかの定義付けの試みはなされているものの、法律において定められているには至らず、中間的就労の対象者の概念も未だに、曖昧なまま、制度の運用がなされてしまっており、中間的就労の労働者性の範囲の曖昧さを助長してしまっている面がある。

なお、「ひきこもりの評価・支援に関するガイドライン」（厚生労働省2010年）によれば、ひきこもりの定義は、「様々な要因の結果として社会的参加（義務教育を含む就学、非常勤職を含む就労、家庭外での交遊など）を回避し、原則的には6カ月以上にわたって概ね家庭にとどまり続けている状態（他者が交わらない形での外出をしていてもよい）を指す現象概念」とし、「ひきこもりは原則として統合失調症の陽性あるいは陰性症状に基づくひきこもり状態とは一線を画した非精神病性の現象とするが、実際には確定診断がなされる前の統合失調症が含まれている可能性は低くないことに留意すべき」としている。

3 雇用型と非雇用型との関係

本ガイドラインにおいては、両者の関係につき以下のような記述がある。

雇用型と非雇用型とは、それぞれの事業主からの指揮監督の有無、担当する作業が事業所の収益にもたらす影響の有無等について異なる取扱いが必要である。

非雇用型については、作業内容、作業場所、作業シフト等の管理について雇用型及び一般就労と明確に区分することが必要となる。明確に区分するとは、例えば作業場所について、一般の労働者等と全く異なる部屋で作業しなければ

ならないということではなく、非雇用型の対象者が一般の労働者と同じ部屋で作業する場合であっても、就労訓練事業のプログラムに基づく訓練を行う者であることが分かるよう区別する等の対応を行うこと（座席図に明記する、研修生と明記された名札を付ける等）が想定される。

4　就労条件に係る留意事項

本ガイドラインにおいては、各型につき以下の留意事項がある。

(1)　**雇用型の場合**　　雇用型の対象者については、賃金支払、安全衛生、労働保険の取扱い等についても、他の一般労働者と同様、労働基準関係法令の適用対象となる。賃金については、最低賃金額以上の賃金の支払が必要である（最低賃金法（昭和34年法律第137号））。

(2)　**非雇用型の場合**　　ある対象者について、非雇用型の場合であっても、就労の状態によって個別に当該対象者については労働者性ありと判断される場合がある。その際には、雇用契約を締結の上、労働基準関係法令を適用するなど労働者としての取扱いが必要となることに留意が必要である。他方、非雇用型の対象者については、労働者性がないと認められる限りにおいて、労働基準関係法令の適用対象外となる。ただし、事業所で就労しているという点からは、非雇用型であっても雇用型と同様の配慮が必要な事項が認められる。例えば、安全衛生面、災害補償面については、非雇用型についても、事業所において、一般労働者の取扱いも踏まえた適切な配慮を行う必要がある。例えば、非雇用型の対象者について、労働基準法第62条に規定する危険有害業務等の危険な作業に就かせないこととする。非雇用型の対象者について、労災保険に代わる保険制度への加入その他の災害補償のための措置を講ずることとする。

また、非雇用型で労働基準関係法令の適用はない場合であっても、従来、就労の場に就くこと自体が困難であった者が一般就労に就くことも念頭に置きつつ作業を行う点に着目し、工賃、報奨金等の形で一定金額を支払うことは、対象者への就労のインセンティブを高める上でも重要と考えられる。この工賃等の金銭を支払う場合には、労働者に支払う賃金と異なり、欠席・遅刻早退に対する減額制裁をすることはできないほか、就労実績に応じた差を付けることはできない（就労内容や実作業時間に応じ、個別に額を設定して支給することは可能で

ある）。工賃等に限らず、就労の実績が低いことや通所の状況が芳しくないこと等を理由として、事業所内で不利益な措置を講ずることは認められない。

このように、本ガイドラインでは、非雇用型の場合であっても、就労の状態によって個別に当該対象者については労働者性ありと判断される場合があるとされ、その場合、各種労働法規の適用があることを認め、労働者性なしと判断されている場合でも、事業所で就労しているという点に着目して、保険等につき、雇用型と同様の配慮を求められている。そのため、本ガイドラインでは、非雇用型については、以下の①～⑤の留意事項があげられている。すなわち、①所定の作業日、作業時間に、作業に従事するか否かは、対象者の自由であること。また、所定の作業量について、所定の量を行うか否かについても、対象者の自由であること、②作業時間の延長や、作業日以外の日における作業指示が行われないこと、③所定の作業時間内における受注量の増加等に応じた、能率を上げるための作業の強制が行われないこと、④欠席・遅刻・早退に対する手当の減額制裁がないこと（実作業時間に応じた手当を支給する場合においては、作業しなかった時間分以上の減額をすることがないこと）、⑤作業量の割当、作業時間の指定、作業の遂行に関する指揮命令違反に対する手当等の減額等の制裁がないことである。

5 以上から、本ガイドラインにおいては、中間的就労につき雇用型と非雇用型につき、一定の区別はされているが、その境界は曖昧なものになっている。その上、非雇用型においても、就労の状態によって個別に当該対象者については労働者性ありと判断され、各種労働法規の適用があり得ることも認められているが、その際の上記留意事項を踏まえても、その判断基準は曖昧と言わざるを得ない。

そこで、その判断基準を明らかにすべく、いかなる場合に中間的就労における就労体験やその周辺概念である福祉的労働において、労働基準法上の労働者性が認められ、各種労働法規の適用があるのか、その根本的な基準が問題になる。そして、その基準の大原則となるものは、労働基準法9条であって、その解釈の指針となるが労基研報告（1985）である。

3 各種労働法規の適用の有無の基準である労基研報告 (1985) とその問題点

労働基準法9条は、「この法律で、「労働者」とは、職業の種類を問わず、事業又は事務所（「事業」という。）に使用される者で、賃金を支払われる者をいう。」と規定される。この「労働者」は、各種労働法規の適用対象となるので、労働基準法9条の解釈の指針が各種労働法規の労働者性の判断基準となる。多くの学説及び裁判例では、その解釈の指針が、労基研報告 (1985) であるとされている。

労基研報告 (1985) は、第一に、労働基準法上の「労働者」性の有無は、①「使用される＝指揮命令下の労働」という労務提供の形態、及び、②「賃金支払」という報酬の労務対償性、すなわち、報酬が提供された労務に対するものであるかどうかにより判断されるとし、この2つの基準を総称して、「使用従属性」と呼ぶ。この使用従属性の基準のうち、「指揮命令下の労働」に関する判断基準としては、①仕事の依頼、業務従事の指示等に対する諾否の自由の有無、②業務遂行上の指揮監督の有無（あるいは事業組織への組み入れ）、③拘束性（勤務場所・時間指定・管理）の有無を掲げ、④代替性の有無をその補強要素としている。

第二に、「指揮監督下の労働」及び「賃金支払」の基準により労働者性の判断が困難な限界的な事例については、「専属度」、「収入額」等の諸要素も考慮して総合判断とする。

以上の基準は、諸要素に配慮した総合的な実質的な判断であり、契約書の文言だけではなく、あくまで、個別の事案ごとに就労の現場の実態に鑑みて、各種労働法規の労働者性にあたるかの判断をするものである。この基準が、就労体験や福祉的労働においても、事業所での就労の実態がある以上、各種労働法規が適用されるかの基準となる。

一般に、就労体験や福祉的労働では、無償ないし最低賃金を下回る工賃等の支給があるのみの場合も多く、上記基準により就労している者に各種労働法規が適用されることになった場合、受入先の企業ないし事業所は、最低賃金の支払いの義務付け等各種労働法規の適用を受け想定外に重い負担を強いられるお

それがある。

かかる受入先ないし事業所は、そこまで想定しておらず、このままでは、就労体験や福祉的就労の制度自体が維持できなくなるおそれがある。

そのため、厚生労働省をはじめとする行政は各種通達等を出すことで、労基研報告（1985）の判断基準の具体化を図って各種労働法規が適用される場合を明らかにして、就労体験の受入先企業や福祉的就労の受入先事業所に対して文書上のいわば労基研報告（1985）の判断基準の解釈の指針を示してきた。

ただ、かかる法的手法は、あくまで、各種通達等の文言上の「指導」であって限界がある。すなわち、如何にかかる法的手法を駆使しても、上記のとおり、結局、各種労働法規の労働者性にあたるかの判断基準は、諸要素に配慮した総合的かつ実質的な判断であり、個別の事案ごとに就労の現場の実態に鑑みて、各種労働法規の労働者性にあたるかの判断をするものである。そのため、いくら文書上の労基研報告（1985）の判断基準の解釈のいわば指針を形式的に示しても、結局は実質的な判断で決するので法的な予測可能性が疑わしいものになり、法的安定性が危ういものになるという限界がある。

そこで、以下、就労体験ないし福祉的就労をめぐる各種行政の通達等を整理して、行政が如何に労基研報告（1985）の判断基準の具体化を図って各種労働法規が適用される場合を示そうとしてきたのか、就労体験の受入先企業や福祉的就労の受入先事業所に対して文書上のいかなる労基研報告（1985）の判断基準の解釈の指針を示してきたのかを解明することを試みる。

4 就労体験や福祉的就労をめぐる各種行政の通達等

1 昭和57年2月19日基発121号

これは、工場実習という就労体験における実習生が、当該事業場において労働者にあたるかという問題について、原則としてあたらないとした旧労働省の通達である。本通達においては「実習の目的及び内容」として、①実習は、通常、現場実習を中心として行われており、その現場実習は、通常、一般労働者とは明確に区別された場所で行われ、あるいは見学により行われているが、生産ラインの中で行われている場合であっても軽度の補助的作業に従事する程度

にとどまり、実習生が直接生産活動に従事することはないこと、②実習生の実習規律については、通常、委託先事業場の諸規則が準用されているが、それらに違反した場合にも、通常、委託先事業場としての制裁は課されないことがあげられている。

　また、本通達においては、「実習手当等」については、実習生には、通常、委託先事業場から一定額の手当が支給されているが、その手当は、実習を労働的なものとしてとらえて払われているものではなく、その額も１日300円ないし500円程度で、一般労働者の賃金（あるいは最低賃金）と比べて著しく低いことから、一般に実費的補助的ないし恩恵的な給付であると考えられること、なお、実習生には、委託先事業場から手当のほか交通費等が支給され、あるいは委託先事業場が寮費等を負担している場合もあるが、これらの給付あるいは負担も、一般に同様の性格のものと考えられることが指摘されている。

　以上からすれば、本通達は、労基研報告（1985）の判断基準たる指揮監督下の労働の基準については、実習生を一般労働者から隔離することや実習生には職場のルール違反の制裁を課さないという形で基準を具体化して各種労働法規が適用されない場合を明らかにして、就労体験の受入先企業に対して文書上のいわば指針を示そうとし、賃金支払の基準については、実習生への支給が実費的補助的な給付にすぎないという形で基準を具体化して各種労働法規が適用されない場合を明らかにして、就労体験の受入先企業に対して文書上のいわば指針を示そうとしている。

　なお、本通達は、労基研報告（1985）より前のものであるが、平成９年９月18日基発636号においても参照の対象とされており、検討に値するものと考える。

2　平成９年９月18日基発636号

　本通達では、一般に、インターンシップにおいての実習が、見学や体験的なものであり使用者から業務に係る指揮命令を受けていると解されないなど使用従属関係が認められない場合には、労働基準法第９条に規定される労働者に該当しないものであるが、直接生産活動に従事するなど当該作業による利益・効果が当該事業場に帰属し、かつ、事業場と学生との間に使用従属関係が認めら

れる場合には、当該学生は労働者に該当するものと考えられ、また、この判断は、個々の実態に即して行う必要があるとされている。

　以上からすれば、本通達は、労基研報告（1985）の判断基準たる指揮監督下の労働の基準については、就労実習が見学や体験的なものであり使用者から業務に係る指揮命令を受けていないかという形で基準を具体化し、賃金支払の基準については、直接生産活動に従事するなど当該作業による利益・効果が当該事業場に帰属しているかという形で基準を具体化することで、各種労働法規が適用される場合を明らかにして、かつ、この判断は、個々の実態に即して行う必要があるとして、実態に即した個別判断であることを明示して、就労体験の受入先企業や福祉的就労の受入先事業所に対して文書上の労基研報告（1985）の判断基準の解釈のいわば指針を示そうとしている。

3　平成18年10月 2 日障障発第1002003号、平成20年 7 月 1 日障障発第0701003号

　平成18年10月 1 日からの障害者自立支援法の本格施行に伴い、就労継続支援事業を含む新事業体系への移行が始まったところ、本通達において、このうち就労継続支援事業については、A 型（雇用有及び雇用無）及び B 型、さらにはこれらの事業の組み合わせによる多機能型と、その種別が多岐に亘ることから、就労継続支援事業利用者の労働者性の適正な確保のため留意事項として、A 型利用者（雇用有）は労働基準法上の労働者であることから、雇用するに当たっては、労働基準関係法令を遵守すること、雇用労働者に最低賃金の減額の特例を行う場合は、所定の様式に、別途通知する添付様式を活用することが定められた。他方で、福祉的就労である A 型利用者（雇用無）及び B 型利用者については①利用者の出欠、作業時間、作業量等が利用者の自由であること、②各障害者の作業量が予約された日に完成されなかった場合にも、工賃の減額、作業員の割当の停止、資格剥奪等の制裁を課さないものであること、③生産活動において実施する支援は、作業に対する技術的指導に限られ、指揮監督に関するものは行わないこと、④利用者の技能に応じて工賃の差別が設けられていないことが定められた。

　以上からすれば、福祉的就労である、A 型利用者（雇用無）及び B 型利用者

については、本通達は、労基研報告（1985）の判断基準たる指揮監督下の労働の基準に照らすと、利用者の出欠、作業時間、作業量等が利用者の自由であるという形で仕事の依頼、業務従事の指示等に対する諾否の自由の有無、拘束性の具体化を図り、生産活動において実施する支援は、作業に対する技術的指導に限られるという形で、業務遂行上の指揮監督の有無の具体化を図り、各障害者の作業量が予約された日に完成されなかった場合にも、工賃の減額、作業員の割当の停止、資格剥奪等の制裁を課さないという形で拘束性の具体化を図って、指揮監督下の労働の基準の具体化をして各種労働法規が適用される場合を明らかにして、福祉的就労の受入れ事業所に対して文書上の労基研報告（1985）の判断基準の解釈のいわば指針を示そうとしている。

　他方、賃金支払の基準については、本通知は、利用者の技能に応じて工賃の差別が設けられていないという形で、基準の具体化をして各種労働法規が適用される場合を明らかにして、福祉的就労の受入れ事業所に対して文書上の労基研報告（1985）の判断基準の解釈のいわば指針を示そうとしている。

4　平成19年5月17日付基発第0517002号

　障害者自立支援法に基づく就労継続支援事業を実施している施設以外にも、いわゆる授産施設、小規模作業所等の形態により、障害者が物品の生産等の作業に従事している施設が見受けられ、これらの施設において作業に従事する障害者が、労働基準法第9条の労働者に当たるか否かについて、疑義が生じていることから、本通達において、授産施設、小規模作業所等において作業に従事する障害者に対する労働基準法第9条の適用に当たり留意すべき事項が定められた。

　本通達は、まず、基本的な考え方として労基研報告（1985）の判断基準を紹介する。その上で本通達は、「小規模作業所等における作業に従事している障害者の多くは、当該作業に従事することを通じて社会復帰又は社会参加を目的とした訓練等（以下「訓練等」という。）を行うことが期待されている場合が多く、障害者の労働習慣の確立、職場規律や社会規律の遵守、就労意欲の向上等を主たる目的として具体的な作業指示が行われているところでもある。このため、このような作業については訓練等を目的としているとしても、使用従属関

係下において行われているか否かを判断することが困難な場合が多いとして、労基研報告（1985）の判断基準の適用によっては、上記障害者が各種労働法規の労働者と評価される余地がある」と指摘する。

そこで、本通達は、小規模作業所等において作業に従事する障害者の労働者性の判断の基準の具体化をして各種労働法規が適用される場合を明らかにして、福祉的就労の受入れ事業所に対して文書上の労基研報告（1985）の判断基準の解釈のいわば指針を示そうとしている。

まず、本通達は、当該小規模作業所等における事業収入が一般的な事業場に比較して著しく低い場合には、事業性を有しないと判断される場合があることに留意することとする。

次に、本通達は、訓練等の計画が策定されていない場合、小規模作業所等において作業に従事する障害者については、①所定の作業時間内であっても受注量の増加等に応じて、能率を上げるため作業が強制されていること、②作業時間の延長や、作業日以外の日における作業指示があること、③欠勤、遅刻・早退に対する工賃の減額制裁があること、④作業量の割当、作業時間の指定、作業の遂行に関する指導命令違反に対する工賃の減額や作業品割当の停止等の制裁があることのいずれかに該当するか否かを、個別の事案ごとに作業実態を総合的に判断し、使用従属関係下にあると認められる場合には、労働基準法第9条の労働者であるものとして取り扱うこととする。

このように、本通達は、当該障害者の各種労働法規の労働者性については、あくまで、個別の事案ごとに作業実態を総合的に判断するとして、労基研報告（1985）の判断基準が明確に踏襲され、各種労働法規の労働者として評価される場合をあげてその具体化を図り、労基研報告（1985）の判断基準の基準の具体化をして各種労働法規が適用される場合を明らかにして、福祉的就労の受入れ事業所に対して文書上の労基研報告（1985）の判断基準の解釈のいわば指針を示そうとしている。

5 若年性認知症の方を中心とした介護サービス事業所における地域での社
会参加活動の実施について（厚生労働省老健局総務課認知症施策推進室振興課
老人保健課事務連絡平成23年4月15日、平成30年7月27日）

　平成23年4月15日付本事務連絡によれば、一部の認知症対応型通所介護等の
介護サービス事業所においては、社会参加の意識が高い若年性認知症の方に対
応するプログラムとして、保育所等における清掃活動等のボランティア活動を
行うなど、社会参加型のメニューが実施されていて、その際、発生したボラン
ティア活動の謝礼（労働基準法第11条に規定する賃金に該当しないもの。）の取り扱
いについては、疑義照会が寄せられていた。

　こうしたボランティア活動の謝礼を若年性認知症の方が受領することは、①
当該謝礼が労働基準法第11条に規定する賃金に該当しないこと、②社会参加型
のメニューを提供する介護サービス事業所において、介護サービスを利用する
若年性認知症の方がボランティア活動を遂行するための見守りやフォローなど
を行うことという条件を全て満たす場合に限り差し支えないと判断された。

　平成30年7月27日付本事務連絡では、平成23年4月15日付本事務連絡を受け
て、企業等と連携した有償ボランティアを行う場合の労働関係法令との関係に
ついて以下のことが定められた。

　まず、若年性認知症の方の労働者性の有無については、一部の事業所におい
て、社会参加の活動の一環として、外部の企業等と連携した有償ボランティア
の活動に取り組んでいる事例が見受けられるとされ、有償ボランティアに参加
する利用者についても、個別の事案ごとに活動実態を総合的に判断し、利用者
と外部の企業等との間に使用従属関係が認められる場合には、労働基準法第9
条の労働者に該当するものとして、労働基準関係法令の適用対象となるとし
て、労基研報告（1985）の判断基準が適用されることが明言され、有償ボラン
ティアに参加する利用者が労働基準法第9条の労働者に該当するか否かに当
たっては、①利用者が、ある活動日、活動時間に、活動を行うことについて、
外部の企業等からの指示があるか（活動を行うことについて、利用者に諾否の自由
があるか）②活動時間の延長や、活動日以外の日における外部の企業等からの
活動指示が行われているか、③活動の割当、活動時間の指定、活動の遂行に関
する指揮命令違反に対して、外部の企業等からの謝礼等の減額等があるか、④

欠席・遅刻・早退に対して、外部の企業等からの謝礼等の減額があるか（実活動時間に応じた謝礼等を支給する場合においては、活動しなかった時間分以上の減額を行うことはないこと）、⑤利用者と一般の労働者が明確に見分けられるか（「明確に見分けられる」とは、例えば、活動場所については、一般の労働者と全く異なる部屋で活動しなければならないということではなく、一般の労働者と同じ部屋の中で活動する場合であっても、服装等により利用者と一般の労働者が見分けられるようになっていることが考えられる。）について総合的に勘案して判断するとされた。

なお、事業所の取組に疑義が生じる場合には、事業所の所在地を管轄する労働基準監督署まで相談するべきことまで明示された。

次に、謝礼の受領について、有償ボランティア活動を実施するに当たり、以上の①〜⑤を総合的に勘案して判断した結果、有償ボランティアに参加する利用者が労働基準法第9条の労働者に該当しないと判断された場合、一般的には、社会参加活動等に参加した利用者に対する謝礼は、労働基準法第11条の賃金に該当せず、労働基準関係法令の適用対象外になるとされる。

以上のとおり、平成30年7月27日付本事務連絡は、上記①〜⑤を通じて、労基研報告（1985）の判断基準の指揮監督下の労働の基準の具体化をして各種労働法規が適用される場合を示して、福祉的就労の受入れ事業所に対して文書上の労基研報告（1985）の判断基準の解釈のいわば指針を明らかにしようとしている。

6　平成27年12月10日付インターンシップの推進に当たっての基本的考え方

この考え方は、文部科学省、厚生労働省、経済産業省により作成された。

そもそも、インターンシップのより一層の推進を図るため、平成9年9月に、当時の文部省、通商産業省、労働省において、インターンシップに関する共通した基本的認識や推進方策を取りまとめた「インターンシップの推進に当たっての基本的考え方」を作成し、以降、政府、大学等、産業界が協働し、インターンシップの普及・推進を図ってきた（「「インターンシップの更なる充実に向けて議論の取りまとめ」等を踏まえた「インターンシップの推進に当たっての基本的考え方」に係る留意点について〜より教育的効果の高いインターンシップの推進に向けて〜」文部科学省・厚生労働省・経済産業省平成29年10月25日）。これが、平成26年4

月 8 日に一部改正され、平成27年12月10日にさらに、一部改正された。

　平成27年12月10日付インターンシップの推進に当たっての基本的考え方にあるとおり、我が国においては、インターンシップについては、「学生が在学中に自らの専攻、将来のキャリアに関連した就業体験を行うこと」として幅広くとらえられている。また、かかる考え方の 3 (2)学生を受け入れる企業等における留意事項の一部に以下のものがあり（平成 9 年 9 月18日時点から同趣旨の規定がある）、就労体験にも労基研報告（1985）の判断基準が適用されるのを当然の前提としている。すなわち、経費に関する問題については、インターンシップに関しては、これに要する経費負担や学生に対する報酬支給の扱いなど経費に関する問題があると定められている。安全、災害補償の確保については、インターンシップ中の学生の事故等への対応については、大学等、企業等の双方において十分に留意する必要があるが、インターンシップの現場における安全の確保に関しては、企業等において責任をもった対応が必要であると定められている。また、万一の災害補償の確保に関しても、大学等と事前に十分協議し、責任範囲を明確にした上で、それぞれの責任範囲における補償の確保を図ることが重要である。

　労働関係法令の適用の問題については、インターンシップの実施にあたり、受け入れる企業等と学生の間に使用従属関係等があると認められる場合など、労働関係法令が適用される場合もあることに留意する必要があり、その場合には、企業等において労働関係法令が遵守される必要があると定められている。

7　小　　括

　以上のように、昭和57年 2 月19日基発121号以来、就労体験や福祉的就労をめぐる各種行政の通達等を整理していくと、行政は、労基研報告（1985）の判断基準の具体化を図っていかなる場合に就労体験者ないし福祉的就労者の労働者性が認められて各種労働法規が適用されるのかを示すために、就労体験の受入先企業や福祉的就労の受入先事業所に対して文書上の労基研報告（1985）の判断基準の解釈のいわば指針をなるべく具体的に示そうとしてきたことが明らかになった。

　その結果、例えば、就労体験者ないし福祉的就労者と現場の一般的な労働者

の区別の基準については、昭和57年2月19日基発121号では、実習は、通常、現場実習を中心として行われており、その現場実習は、通常、一般労働者とは明確に区別された場所で行われ、あるいは見学により行われているとされていたが、本ガイドラインでは、就労訓練事業のプログラムに基づく訓練を行う者であることが分かるよう区別する等の対応を行うこと（座席図に明記する、研修生と明記された名札を付ける等）とされ、「若年性認知症の方を中心とした介護サービス事業所における地域での社会参加活動の実施について」（厚生労働省老健局総務課認知症施策推進室振興課老人保健課事務連絡平成30年7月27日）では、「明確に見分けられる」とは、例えば、活動場所については、一般の労働者と全く異なる部屋で活動しなければならないということではなく、一般の労働者と同じ部屋の中で活動する場合であっても、服装等により利用者と一般の労働者が見分けられるようになっていることとされ、年月の経過とともに、基準の具体化がなされてきたことが明らかになった。

　これは、就労体験者ないし福祉的就労者と現場の一般的な労働者の区別について、かつては、場所の隔離によっていたのを最新の基準では、服装や名札での区別でよいという形で基準がより具体化され、緩和されてきたということである。その理由は、就労体験の受入先企業や福祉的就労の受入先事業所から、わかりやすい就労体験者ないし福祉的就労者と現場の一般的な労働者の区別の基準の設定をしてほしいとのオファーがあってこれに行政が応えてきたからであると考えられる。

　以上から、行政は、労基研報告（1985）の判断基準を大前提として、各種の就労体験や福祉的就労に合う形でその基準を具体化して、労基研報告（1985）の判断基準の枠内で、就労体験の受入先企業や福祉的就労の受入先事業所に対して、いかなる場合に就労体験者ないし福祉的就労者の労働者性が認められ、各種労働法規が適用されるのかについて、文書上の労基研報告（1985）の判断基準の解釈のいわば指針を示す法的手法をとることで、就労体験の受入先企業や福祉的就労の受入先事業所が不測の事態に陥らないように、あるいは、労働力の不当な搾取の温床にならないように、警鐘を鳴らそうとしてきたことが明らかになった。

　そして、厚生労働省老健局総務課認知症施策推進室振興課老人保健課事務連

絡平成30年7月27日では、事業所の取組に疑義が生じる場合には、事業所の所在地を管轄する労働基準監督署まで相談するべきことまで明示され、就労体験の受入先企業や福祉的就労の受入先事業所が不測の事態に陥らないように、さらに、配慮がなされるようになっている。

5 中間的就労における労働者性の問題を照らす一筋の光

　労基研報告（1985）の判断基準によれば、各種労働法規の労働者性にあたるかは、諸要素に配慮した総合的な実質的な判断であり、個別の事案ごとに就労の現場の実態に鑑みて、各種労働法規の労働者性にあたるかの判断をすることで決定されるものであることに揺るぎはない。

　このような実質・個別の判断になってしまうのは、就労の現場とそこに集まってくる人は多種多様であって、一義的な基準をもって、各種労働法規の労働者性の判断をすることは不可能だからである。そのため、労基研報告（1985）の判断基準は、実に30年以上が経過しても、現在も、多くの裁判例や学説に受けれられているものと思われる。

　ただ、その判断は、ある意味、極めて専門的な判断であって、その判断の適否は、究極的には、労働基準監督署、ひいては、裁判所の判断に委ねられることになる。

　したがって、労基研報告（1985）の判断基準による判断は、もともと、少なくとも、労働法にはそれほど詳しいとは言えない、中間的就労の就労体験の受入先の経営者や責任者には能力の限界を超えるものである。この点に配慮し、厚生労働省は、本ガイドラインを作成して文書上のいわば労基研報告（1985）の判断基準の解釈指針として、上記非雇用型の留意事項が定めたと思われる。ただ、この基準も万全ではなく、上記のように、最新の基準では、服装の違いでよいとされており、これは中間的就労にもあてはまるようにも思えるので、中間的就労における基準も随時改訂の余地があることを示唆している。他方で、労働力の不当な搾取の温床にならないように警鐘を鳴らそうという労基研報告（1985）の判断基準の趣旨から安易な改訂は許されないという現実もある。

そのため、中間的就労の受入先企業や福祉的就労の受入先事業所としては、本ガイドライン及びその後の行政の各種通達等の理解を踏まえ、日々、現場で起きている労働問題に向き合い、場合によっては、行政にその報告をして就労における「労働者性」の基準の改訂の必要性を訴えてその改訂を促すことで、不測の事態を招かぬように、労働力の不当な搾取の現場になっているとの指摘を労働基準監督署や裁判所から受けないように対応していくしかない。

その日々の積み重ねは、もしかしたら、カンナで板を削るような気の遠くなる営みになるのかもしれない。現に、各行政通達も昭和の時代から未だに、積み重なっていっている。

しかし、その愚直な積み重ねがいつか、中間的就労、ひいては、この国の理想的な労使関係を照らす一筋の希望の光になって行くと信じている。

第 V 部
集団法から見た労働契約論の再構成

フランスにおける労働契約に優位する企業別協定の憲法適合性論理

小山　敬晴

1　はじめに

　フランス労働法典では、労働契約が労働協約に対して優位であることを定めている。すなわち労働法典 L2254-1 条は「使用者が、労働協約または集団協定の条項によって拘束されるとき、これらの条項は、当該使用者と締結された労働契約に、より有利なその契約条項を除いて適用される」と規定している。労働協約が変更された場合でも、労働者の同意なしに労働契約は変更されないというものである。この条文は、労働協約の規範的効力を規定すると同時に、労働契約に、労働協約より有利な条項がある場合には、その部分については協約の効力が及ばずに、労働契約が優位するということ（有利性の原則〔principe de faveur〕）を規定しているのである。これを労働契約の労働協約への対抗力〔opposabilité〕というが、憲法上の論拠としては、契約の自由〔liberté contractuelle〕の不可侵性をあげることができ、フランス労働法における労働者保護のための重要な規定として位置付けられてきた。

　ところが、近年の労働法改正において、この原則的規定の例外を構成する法規定（以下、単に「例外規範」という）が、年々拡大されてきた。すなわち、企業別協定〔accord d'entreprise〕による労働条件の不利益変更がなされた場合にも、それに伴って労働契約が変更されることを定める法規定である。このような例外規範の拡大は、フランス労働法における公序規定の後退という現象の一環として位置付けられよう。法律による労働者保護規定が充実し、かつ産別協約〔convention collective de branche〕による労働条件規制の影響力が非常に強かったフランスにおいて、このような企業別協定の仕組みが発展してきた

ことは、外見上、日本の就業規則変更法理を代表とする、企業レベルでの柔軟
な労働条件設定を可能とする労働法体系に近接してきているようにもみえる。

　しかし、労使関係の文化が決定的に異なる日仏両国の法制度の単純な比較検
討には慎重な態度を要するものである。むしろ法理論上興味深いのは、日本と
異なり、フランスではこのような例外規範を定めた法律の違憲審査を行った憲
法院判決において、労働者の契約の自由や雇用の権利等の、憲法規範上の自由
ないし権利の調整について検討されてきたことにある。結論としていずれの例
外規範も合憲とされてきたが、これらの憲法院判決を検討することにより、企
業別協定により労働契約を変更できる規定の創設が、憲法規範に照らしてどの
ようにして正当化されてきたのか、またその正当化のなかで、過半数原則に基
づいて形成された集団的合意を媒介としていることがどのように作用している
のかを見出すことができる。すなわち、フランスにおけるこのような企業別協
定の拡大は、契約法理論を労働者保護の観点から取り込んでいた伝統的な労働
法体系（L2254-1条）と訣別する非常に重大なモーメントであって、その合憲性
が争われた憲法院判決におけるその正当化を検討することで、フランス労働法
の新たな理念を見出すことができるかもしれない。したがって本節では、それ
ぞれの例外規範についての憲法院判決の判断を検討することとする。そのた
め、まずは、各法規定の説明（2）および憲法院判例の整理をした後に（3）、
企業別協定が労働契約に優位することについて、憲法院判決における憲法適合
性の論理がいかなるものであるかを検討する（4）。

2　労働契約の協約に対する優位性原則とその例外規範拡大

1　労働契約と集団協定との関係に関する原則規範

　フランス民法典は、契約拘束力を定める原則規定である旧1134条2項で「契
約は、その相互の同意によって、または法律が認めるコーズによってしか変更
されることができない。」と定めている。契約の変更は両当事者の合意によら
なければならず、一方的な変更または第三者による変更の余地はない。破毀院
社会部判決が、「集団協定は労働者の労働契約を変更できない」と判示するに
あたっては、同条を参照している。

民法の特別法たる労働法の原則規範は、さきほど示したとおり、労働法典 L2254-1条（以下、「労働法典」省略。）に定められている。契約法の例外にあたる労働協約の規範的効力が認められるが、それは通常の契約と異なって労働契約に内在する労使間の非対等性を前提とすれば、集団的次元でこの非対等性が回復されるという限りにおいて許容されるのである。したがって労働契約の方が労働協約より有利な規定であれば規範的効力は否定され、後は通常の契約法のルール、すなわち労働契約の変更には労働者の同意が必要であることになる。

2　例外規範の拡大[6]

L2254-1条の例外規範は、総じて、労働者は労働条件を不利益に変更する企業別協定の労働契約への適用を拒否することができるとするものの、その拒否をした労働者に対する解雇の正当性を法律が規定することを通じて、実質的にその協定の労働契約への適用を法が促がすことを内容とする。その協定が労働契約に対して規範的効力を有することを定める規定でないことには留意を要する。

①第2オブリ法に由来する当時のL1222-8条[7]は、「労働時間短縮協定を適用した帰結としての労働契約の変更を労働者が拒否した場合、その労働者の解雇は、経済的自由に基づかない解雇」であり、「その解雇は、個人的事由に基づく労働契約の破棄に関する規定に服する」と定めていた（労働時間短縮協定）。この規定によれば、複数の労働者が労働時間短縮協定による労働契約の変更を拒否し、使用者がそれらの労働者を解雇する場合には、集団的経済解雇手続きに服さなくてよいことになる。

②2013年6月14日の法律[8]は、集団協定により企業内異動の措置を定めることができることを定め、使用者に柔軟な人員配置を可能とした（企業内異動協定）。当時のL2242-23条は、企業内異動協定が関連する労働者それぞれの「労働契約に適用され」、「当該協定に反する（労働契約の）条項は停止される」こと、「1または複数の労働者が、企業内異動に関する協定の条項が労働契約に適用されることを拒否した場合、それらの労働者の解雇は経済的事由に基づくものであり、経済的事由に基づく個別的解雇の方式に従って宣言され、当該協

定が定めなければならない個別的再就職支援措置および再配置措置の権利を与える」ことを定めた。

③同じく2013年法は、雇用維持協定〔accord de maintien de l'emploi〕を定めた。企業が重大な経済的窮境にある場合に、企業別協定を締結することによって、使用者はその協定の期間中雇用を維持することの代償に、その雇用に就く労働者の労働時間、労働時間割と時間配分の方法、および報酬を調整することができる（当時のL5125-1条）。この協定が締結されると、労働者はこれに同意することにより、この協定の内容がその者の労働契約に適用されることになる。当該協定の適用期間中、当該協定に反する契約条項は停止されることになる。反対に、労働者が協定への同意を拒否したときは、その拒否は使用者の正当な経済的解雇事由を構成することになり、解雇される労働者は当該協定が定めなければならない個人別再就職支援措置を受けることができる（L5125-2条）。

この協定は、労働者の雇用および重要な労働条件に大きな変更をもたらす内容を含むため、その有効要件は、当時の一般ルール（直近の従業員代表選挙での得票率が30％以上の1または複数の代表的労働組合による署名、ならびに50％以上の1または複数の代表的労働組合による反対権の不行使）とは異なり、得票率50％以上の1または複数の代表的労働組合による署名とされた（L5125-4条）。[9]

なお、2015年8月6日の法律（マクロン法）[10]は、協定の期間を最長2年から5年に延長した（法287条Ⅲ）。つぎに、L5125-2条に定められている協定適用を拒否した労働者の解雇は、「現実的かつ重大な自由に基づいている」と追記されたことにより、使用者は被解雇者の雇用適合措置または再配置措置の努力を行う必要がなくなった。

④2016年8月8日の法律（エル・コムリ法）[11]は、雇用維持協定とは別に、雇用保存・発展協定〔accord en vue de la préservation ou de la développement de l'emploi〕を定めた。[12]雇用の保存または発展を目的とする企業別協定が締結された場合には、賃金と労働時間に関するその協定の条項は、その協定に反するまたは両立しない労働契約条項に、法律上当然に取って代わる（L2254-2条Ⅰ、1項）。この協定の交渉を検討する使用者は、労使間での診断書作成に必要なすべての情報を労働組合に通知すること（L2254-2条2項）、当該協定は、と

くに協定の目標を定めた前文をおき、前文がない場合にはL2222-3-3条を適用除外して当該協定は無効となること（同条3項）、労働者の月収を引き下げることはできないこと（同条4項）、組合代表委員が存在しない場合に、非典型協定として組合代表委員以外の者との間で締結しうること（同条5項）が定められた。企業の経済窮境を要件としていないところに、雇用維持協定との違いがあり、このことから、雇用保存・発展協定は「攻勢的協定（accords offensifs）」と言われている。[13]

L2254-2条Ⅱでは、労働者は、当該協定の適用に由来する労働契約の変更を書面で拒否することができること（1項）、この場合、使用者は解雇手続きを履行すれば、現実的かつ重大な事由を構成する特別な理由に基づく解雇となり、個別解雇に適用されるL1233-11条からL1233-15条および予告期間などの規定であるL1234-1条からL1234-20条に定められた方式および条件がこの解雇に適用されること（2項）、使用者はL2254-3条の再就職支援措置を利用できることを該当労働者に提示しなければならないこと（3項）、労働者がL2254-3条の個人別再就職支援コースに参加する場合には労働契約の破棄となること（4項）、当該破棄は、解雇予告も予告補償金も設定されていないが、L1234-9条に定められた補償金（解雇補償金〔indemnité de licenciement〕）および解雇の場合であれば予告期間終了時に支払われることになった協約上のすべての補償金等の権利を生じさせる（5項）と定められている。

この法規定は、エル・コムリ法成立に大きな影響を与えたコンブレクセル報告書提案42の[14]「雇用に関する一般利益および労働者の集団的利益の中で、雇用を保持する集団協定を、労働契約に対して優越させる規則の創設」を受けて成立したものである。2013年法の創設した雇用維持協定では、その協定と異なる定めの契約条項は停止されるにとどまっていたが、エル・コムリ法による雇用保存発展協定では、「協定の条項が契約条項に取って代わる」とされた点に相違がある。

⑤2017年9月22日のオルドナンス第1385号[15]は、上記①から④までの各規定が類似の仕組みでありながら、それぞれ要件・効果が異なり、複雑になっていることに鑑み、すべての規定を廃止してL2254-2条に次の通り一本化した。[16]

（ⅰ）協定の目的　　(a)雇用の保存・発展、(b)企業運営に関連する必要〔nécessités liées au fonctionnement de l'entreprise〕への対応。

　(ii)　協定の内容　　(a)労働時間の調整、その労働時間の時間割方式および配分方式、(b)法定最低賃金および協約上の最低賃金を遵守した報酬調整、(c)職業的または地理的な企業内異動条件。

　(iii)　労働契約に対する協定の優位性および拒否した労働者の解雇　　協定に反する労働契約の定めがある場合、法律上当然に協定の内容が契約の内容に置き換わる。ただし、労働者はそれを拒否できるが、その拒否は、現実的かつ重大な解雇事由を構成し、もはやその正当性の有無を訴訟で争うことはできない。フランス労働法典における通常のカテゴリーである個人的解雇、経済的解雇のいずれにも属さない特別な解雇理由であるとされている。そして労働契約の変更を拒否した被解雇者には、個人的解雇の際に適用される、事前面談、解雇通知、解雇予告手当またはその補償金、解雇補償金、労働証明書、賃金清算確認証に関する法規定が適用される。

　注目される改正点は３つある。第一に、(ii)の通り前述の①から④までの協定が１つにまとめられている。第二に、①、②の協定の目的は定められていなかったが、すべてについて(i)の目的を定めることになった。第三に、協定の目的に、(i)b「企業運営に関連する必要への対応」という新しい目的が付け加わった。この文言は、ILO 第158号条約第９条第３項の文言を参照したものであるが、雇用の保存・発展に限定されていた当該協定の範囲が劇的に拡大されたことになる。雇用維持に限定されず企業の経営事情で当該協定を利用できるようになったため、この協定は「競争力協定〔accord de compétitivité〕」と称されている。

　2017年オルドナンスを追認した2018年３月29日の法律[17]は、この L2254-2条の企業別協定の名称を「集団的生産性協定〔accord de performance collective〕」に変更し、協定で定められる内容も一部拡張されたが[18]、名実ともに雇用維持に関する協定にとどまらないものになった[19]。

3　憲法院判例における争点

　本節では、前節で取り上げた、労働契約に優位する企業別協定を定めた法規

定にかんして憲法適合性が争われた憲法院判決を取り上げ、そこでの争点とそれに対する判断を確認する。

1 2013年6月14日の法律由来の企業内異動協定に関する憲法院判決（Décision n° 2013-672 DC du 13 juin 2013.【2013年憲法院判決】）

　企業内異動協定の適用を拒否した労働者の解雇が経済的事由に基づく正当な解雇となることを定めた当時のL2242-21条第4項は、経済活動の自由〔liberté d'entreprendre〕を侵害するものであり、その侵害を正当化する「十分な一般利益」が示されていないことが争われたが、憲法院は、企業内異動協定を拒否した労働者に適用される解雇ルールを定めることは立法裁量であり、経済的個別解雇のルールをその拒否に適用することは、いずれの憲法規範にも抵触しないと判断した（判決文21）[20]。なお、L5125-1条の雇用維持協定に関してはそもそも違憲性が争われていない。

2 2016年法競争力協定に関する憲法院2017年10月20日の判決（Cons. const. du 20 octobre 2017 n° 2017-665 QPC.【2017年憲法院判決】）

　CGT-FO（労働総同盟＝労働者の力）が、L2254-2条以下に関する2016年12月28日のデクレ第1909号の越権訴訟に先立ち、L2254-2条の規定の憲法適合性について、憲法院における審査の付託を求めた優先的憲法問題にかんする判決である[21]。

　申立人（CGT-FO）の代表的な主張は、第一に、雇用保存・発展協定の適用を拒否した労働者のなかで、どの労働者を解雇するかにつき、使用者が恣意的に選択することを認めていることについて法の下の平等原則の違反があること、第二に、拒否労働者の解雇理由は現実的かつ重大であると法律が定めることにより、解雇理由に関する裁判を受ける権利を奪われていること、被解雇者の再配置措置に関する規定の適用が排除されていることにより、雇用の権利を侵害していることである。本論と関係するのは第二の主張であるため、以下ではその部分の判旨を掲げる。

　（判旨）

　　1946年憲法典前文第5項は、「各人は労働する義務および雇用を得る権利を有する」

と定められていることから、立法者には、各人の雇用を得る権利を保障するための規定を提示することが課される。それと同時に、立法者には、1789年人と市民の権利宣言第4条に由来する、経済活動の自由に代表される、憲法において保障されている自由と、雇用の権利を調整しながら、雇用の権利を実現することが課されている。

　一方で、立法者は、企業に対して、その永続性および発展のためにその集団的組織化を調整することを可能とすることにより、雇用の保存および発展を促進しようとしている。

「8　憲法院は、国会と同等の性質の一般的評価・決定権限を有していない。法律によって採られた方式が、対象とされた目的に照らして明白に適合していないわけではないため、憲法院は、立法者が指定した目的が、その他の手段によって達成可能であったかを探求することはできない。」

　他方で、第一に、立法者は、経済的事由に基づく個別的解雇と同等の保障を定めていること、第二に、被解雇者に対して、法律は、L2254-2条Ⅱに定められた条件が充足されているかについて裁判官が判断するために、その解雇について裁判所で争うことを禁止してはいないこと、第三に、再配置についての定めもおいていることから、「立法者は、雇用を得る権利および経済活動の自由から生じる憲法上の要請との間で、明白に不均衡であるとはいえない調整を行った。したがって、雇用の権利の不遵守に由来する訴えは退けられなければならない[22]」。

3　2018年オルドナンス追認法に関する事前合憲性審査（Cons. const. du 21 mars 2018 n° 2018-761 DC.【2018年憲法院判決[23]】）

　申立人による集団的生産性協定を定める条文の違憲性の主張は2つある。第1は、契約の自由の侵害と、立法者の消極的無権限〔incompétence négative〕によるものである。消極的無権限とは、立法者が自己の立法権を十全に行使しないことをいう[24]。立法者が「企業運営に関連する必要への対応」という不明瞭な目的による集団的生産性協定の締結を認め、その不明瞭な目的に基づくこの協定が締結されると、協定の条項が労働契約の内容になることが定められ、労働者はそれを拒否することができるとされているが、解雇への恐怖のためにその変更への同意が不可避となっていることから、契約の自由が侵害されているという主張である。

　第二は、労働者の雇用の権利の侵害によるものである。労働契約変更を拒否

した労働者の解雇事由は正当となることが法律で定められているため、労働者がその解雇理由につき裁判で争うことができず、また「企業運営に関連する必要への対応」という文言の不明瞭さからすると、協定の取消の訴えの可能性が極めて少なくなることから、雇用の権利への侵害を主張している。

（判旨）

「26　1946年憲法典前文第5項『各人は、労働する義務および雇用を得る権利を有する……』。したがって、立法者には、各人が雇用を得る権利を保障するための規定を整備することが課される。それと同時に、1789年宣言第4条に由来する経済活動の自由に代表される、憲法上保障された自由と雇用の権利を調整することにより、この権利を実現することが課されている。

27　第一に、企業運営に関連する必要によって正当化される場合に、集団的生産性協定が締結されうることを定めることによって、立法者は、企業に対して、企業の永続性および発展を保障するために、その集団的な組織化を調整することを可能とすることを意図している。憲法院は、国会と同等の性質の一般的評価・決定権限を有していない。法律によってとられた方式が、対象とされた目標に明白に適合していないわけではないため、憲法院は、立法者が指定した目標が、その他の手段によって達成可能であったかを探求することはできない。それにくわえて、この協定の交渉の際に、この協定を利用することを正当化する企業運営に関連する理由を定めるのは、労使当事者に属し、その意味で、その正統性およびその必要性を保障するのは労使当事者に属する。そのほか、労働法典L2232-12条によって、この協定は、それが適用されるためには、過半数の代表的労働組合組織によって署名されなければならず、また、社会経済委員会の正委員の直近の第一回選挙で30％以上を得票した過半数に達しない代表的労働組合組織によって署名された場合には、労働者により有効投票の過半数で承認されなければならない。最後に、必要に応じて、この協定を正当化するこの理由の妥当性は、裁判所において争われることができる。

28　第二に、集団的生産性協定によるその労働契約の変更に反対する労働者がこの理由により解雇される場合があるが、立法者は、事前面談、通知、解雇予告期間および補償金に関して、個別的理由による解雇について定められているものと同等の補償をこの解雇に与えた。次に、法律がこの解雇を現実的かつ重大な事由に基づくものとみなしたことは、労働者に対して、労働法典L2254-2条ⅢからⅤに定められた条件が充足されているか否かを裁判官が判断するために、裁判所においてこの解雇を争うことを禁止していない。最後に、本条Ⅴによって、この解雇は、労働者によるその労働契約の変更の拒否の通知から2ヵ月内にしか生じえない。

29　以上のすべてのことから、争われている規定を採択することにより、立法者は、一方で契約の自由および雇用を得る権利から生じる憲法上の要請と、他方で経済活動

の自由との間で、明白に不均衡であるとはいえない調整を行った。前二者の憲法上の要請の不遵守に由来する訴えは、したがって退けられなければならない。労働法典L2254-2条Ⅰ第1項ならびにⅢおよびⅤは、その他のいかなる憲法上の要請の不遵守もなく、憲法典に適合している」。

4 争点の整理

第一に、労働契約の協約に対して優位するという原則を修正すれば、それを裏付ける憲法規範たる契約の自由（契約の拘束力）との抵触問題が生ずるように思われるが、上記に掲げた憲法院判決において、契約の自由の侵害は争われていないことがわかる。なぜ憲法院判決において、これらの企業別協定との関係で契約の自由の侵害が争点となっていないのかは、次節において、憲法院判決における契約の自由の意味内容を確認することを通じて明らかにする。

第二に、2017年オルドナンスおよび2018年追認法によって導入された、「企業運営に関連する必要への対応」という協定の目的についての憲法適合性判断の妥当性である。③判決は、「企業運営に関連する必要への対応」のために締結された協定も、「企業の永続性および発展」の保障のための仕組みであると述べ、立法者の消極的無権限について判断せず、法律上の方式が、「対象とされた目標に明白に適合していないわけではない」として、憲法適合性を判断した。この判断の理由づけの方法およびその妥当性については検討の余地があるため、以下で検討する。

4　労働契約に優位する企業別協定の憲法適合性の論理

1　労働契約に優位する企業別協定と契約の自由

(1)　**憲法院判決における契約の自由**　　契約の自由は、近代法の大原則として一般的に理解されているが、例えば日本国憲法においても、明文としてそれを根拠づける条文は存在しないため、憲法13条がその規範的根拠として参照されることがある。フランスも同様で、憲法上、契約の自由を明文で定めている規範は存在していない。実際に憲法院1994年8月3日判決（Cons. const., 3 août 1994, n° 94-348 DC, D. 1996.45.）は、契約の自由を明言する明文の憲法規範が存在しないことをはっきりと判断していた。その後、人と市民の権利宣言第4

条を契約自由の根拠とする1999年11月9日判決（Cons. const., 9 nov. 1999, n° 99-419 DC, D. 2000. 424. パートナーシップ契約（PACS）に関する判決）が登場したのを皮切りに、交渉による週35時間労働導入の法律に関して、契約の自由に関連して人と市民の権利宣言第4条および1946年憲法前文第8項を併せて参照する憲法院2000年1月13日判決（Cons. const., 13 janv. 2000, n° 99-423 DC, consid. 39 et 40. D. 2001. 1837.）が表れ、最後に、社会保障財源法律についての憲法院2000年12月19日判決（Cons. const., 19 déc. 2000, n° 2000-437 DC, D. 2001. 1776.）は、人と市民の権利宣言第4条が契約自由の憲法的基礎であることをはっきりと明示した。

　憲法院2000年1月13日判決は、個別合意によらず企業別協定により契約内容を変更することはできず、それが可能であるのは、「十分な一般利益という理由〔motif d'intérêt général suffisant〕」に基づく法律による場合のみであることを判示した。その後の、憲法院2012年3月15日判決（Cons. const., 15 mars 2012, n° 2012-649 DC【2012年憲法院判決】）、前掲2013年憲法院判決はともに、「立法者は、1789年人と市民の権利宣言第4条および第16条に起因する要請を無視せずに、適法に締結された契約に対して、十分な一般利益という理由によって正当化されない侵害を与えることはできない」という規範を立てている。

　したがって憲法院判例では、契約の自由は、明文規定はなくとも、1789年人と市民の権利宣言第4条および第16条を参照することによって憲法上の規範として認められていること、および契約の自由の制限、すなわち合意によらずに契約の構造〔économie〕を変更できるのは、「十分な一般利益という理由」に基づく法律によってのみ可能であることが確立している。なお、十分な一般利益という理由の具体的内容については憲法院判決においては明らかでない。

(2)　労働契約に優位する企業別協定と契約の自由との抵触　　2012年憲法院判決は、2012年3月22日の法律（Warsmann法）により導入された当時のL3122-6条が、変形労働時間制に関する企業別協定による労働契約の変更に労働者の拒否権を認めず、契約変更が強制されるとしたが、そのためには、その法律規定が「十分な一般利益」に基づいていなければならないと判示したものである。他方、2013年憲法院判決は前述のとおり、雇用維持協定ではなく、企業内異動

協定との関連で判示したものであるが、どちらの協定についても、企業別協定による労働契約変更の拒否は正当な解雇事由を構成すると定められているとはいえ、労働者の拒否権が保障されているため、契約自由との抵触の問題は生じないことになる。すなわち、①労働者が同意した（拒否をしなかった）場合の契約変更は企業別協定の適用によっているのではなく、両当事者の合意に基づいていること、②労働者が拒否した場合は、労働者が解雇の対象となったとしても、契約の構造は変更されないため、契約自由の侵害にあたることはないのである。企業別協定適用を拒否した労働者の解雇につき、法律がその適法性を定めることによって、実質的には、当該労働者が協定の適用に応じざるを得ない状況が作出されるとしても、憲法上の契約自由の規範との関係では、契約構造の変更が法律により強制されているのか否か、または当事者の合意によっているのか否かということだけが審査される。

　雇用維持協定を定める法律につき、上位規範との抵触について残された問題は、このような解雇を正当とする法律規定が、正当な事由のない解雇を制限する国際条約等に違反しないかであるが、本稿ではこの論点には立ち入らない。[31]

2　「企業運営に関連する必要への対応」のための企業別協定の憲法適合性

　2017年憲法院判決においては、エル・コムリ法に基づく雇用保存・発展協定の憲法適合性は、この協定により企業の柔軟な集団的組織化を可能とする反面、この協定が「雇用の保存または発展」を目的として締結されることによって、企業の経済活動の自由と労働者の雇用の権利との間での調整が図られていると判断された。この判断を前提とすると、2017年オルドナンスによって導入された、「企業運営に関連する必要への対応」のための協定は、もはやそこに雇用の権利の保護（雇用の保存または発展）を見出すことはできなくなり、企業の経済活動の自由によって、労働契約の変更をもたらすこの法規定が憲法に適合するというためには、「十分な一般利益という理由」により正当化されなければならないと考えられる。[32] かような論点が学説により提示されるなかで、2018年オルドナンス追認法の憲法院判決の判断には注目が集まった。

　2018年憲法院判決は、立法者は「企業運営に関連する必要への対応」のための協定により、「企業の永続性および発展を保障するために、その集団的な組

織化を調整することを可能」としようとしたとして、結局2017年憲法院判決と同様に、雇用の権利と経済活動の自由との間での調整が図られているという判断をした。しかしながら、2017年憲法院判決とは次のような相違がある。

　第一に、この協定を利用することを正当化する企業運営に関連する理由を定めるのは、労使当事者に属し、その意味で、その正統性およびその必要性を保障するのは労使当事者に属すること、第二に、この協定には、一般的な労働協約発効要件が適用されること、つまり過半数の代表的労働組合組織による署名、または過半数に達しない代表的労働組合組織による署名の場合には労働者の過半数での承認に服すること、を付言していることである。「雇用の保存または発展」を目的とした企業別協定に関する2017年憲法院判決においては表れていないこの付言は何を意味するのか。

　申立人は、十分な一般利益という理由を帯びているべき「企業運営に関連する必要への対応」の具体的内容を法律が定めず、労使当事者に委ねること自体が立法者の消極的無権限にあたると主張するのに対して、2018年憲法院判決は、上記のように消極的無権限について判断せず、「それにくわえて」、上記の２点を指摘したのである。このような判断は、「企業運営に関連する必要への対応」の内容が労使当事者により明らかにされ、かつ、その協定が労働者の過半数による正統性を有しており、その内容の妥当性が裁判で争われうることを確認することによって、立法府に消極的無権限はないということを補強しているように思われる。確認すべきは、労働者の過半数による組合支持または企業別協定の承認が、労働契約に企業別協定が優位することの一般的な正当化として挙げられているわけではないことである。しかしながら、この２点がなぜ立法府に消極的無権限がないことの補強材料となるのかは、判決文上も、論理的にも明らかでない。[33)]

5　むすびにかえて

　「企業運営に関連する必要への対応」を目的とする集団的生産性協定は、労働契約と集団協定との連関を完全に逆転させたわけではない。しかしながら理論上は、以前は雇用の保存または発展に限定されていた労働契約に優位する企

業別協定の対象領域を飛躍的に拡張させたことになる。これが実務においてどれほど利用されるかは注目である。2018年憲法院判決は、集団的生産性協定を「企業の永続性および発展」を保障するものと位置づけたが、「企業運営に関連する必要への対応」がそれにとどまるものかは疑わしい。このような批判的立場からすれば、民法との関係での労働法の特殊性、すなわち契約の自由を法律で制限することの正当化はこれまでは労働者の従属性を基礎として確立されてきたが、集団的生産性協定の登場により、経営の合理性という新たな労働法の特殊性が登場したといえようか。ただし、「企業運営に関連する必要への対応」という企業別協定の目的の妥当性については裁判所で争うことができるため、その内容が限定的に解釈されるのか否か、これからの判例の展開に注目が集まる。

　この協定の領域がさらに拡大し一般化するかは、フランス労働法の注目すべき動向の１つである。[34] また、2018年憲法院判決では、立法府の消極的無権限を否定する文脈で、集団的生産性協定が過半数原則に裏付けられているということが挙げられていたが、この後、もし集団協定と労働契約との序列が逆転することになれば、その正当化として過半数原則がどのように作用するかも注視すべきであろう。過半数原則それ自体ではその正当化となりえないはずであるが、近年の破毀院判例には過半数の労使合意を重視する傾向があり、どのような理論が展開されていくか注目である。

（付記）本研究は JSPS 科研費 JP18K12652 の助成を受けた成果の一部である。また、本稿脱稿後、野田進「マクロン・オルドナンスによる団体交渉システムの改革（２・完）――集団的成果協定、企業交渉を支える制度枠組み」法政研究85巻２号（2018年）776頁に接した。

【注】
1）　フランスでは L2221-1条の定める事項をすべて包含する集団的労使合意のことを労働協約〔convention collective〕、その一部のみを定めるものを集団協定〔accord collectif〕という。労働協約と集団協定とで効果につき相違はなく、以下では、とくに区別を要する場合を除き、「労働協約」の用語を総称として用いることとする。
2）　G. Borenfreund, Le dévoiement de l'éxigence de légitimité, RDT 2016, p. 310. は L2254-1条を公序規定と解釈している。

3） 公序の後退については、野田進「労働法規範における公序の失墜——デロゲーション
から補足性原理へ」季刊労働法262号（2018年）150頁参照。

4） なおフランスでは2016年に債権法改正が行われ、同条も改正されているが、本稿は改
正法まで検討が及んでいない。中田裕康「2016年フランス民法（債権法）改正（立法紹
介）」日仏法学29号（2017年）97頁等参照。

5） Soc. 25 février 2003, n01-40.588. Bull. civ, V, n° 64. ただし、近年の判決（Soc. 10
févr., 2016, n° 14-26.147.）は、「労働協約は使用者に対して、労働者の明示の合意を得
ずして労働契約の変更を認めることができない」と修正している。

6） 桑村裕美子『労働者保護法の基礎と構造』（有斐閣、2017年）293頁以下も参照。

7） LOI n° 2000-37 du 19 janvier 2000 relative à la réduction négociée du temps de
travail art, 30 II.

8） LOI n° 2013-504 du 14 juin 2013 relative à la sécurisation de l'emploi.

9） 後述の2016年法では、一般的な協約の有効要件について、従業員代表選挙における得
票が30％から50％に引き上げられた。

10） LOI n° 2015-990 du 6 août 2015 pour la croissance, l'activité et l'égalité des chanc-
es économiques.

11） LOI n° 2016-1088 du 8 août 2016 relative au travail, à la modernisation du dia-
logue social et à la sécurisation des parcours professionnels.

12） 野田進「フランス『雇用保持発展協定』のインパクト——労働改革法の最前線」法政
研究84巻3号（2017年）806頁では、雇用維持協定との相違を明らかにしながら、雇用保
存・発展協定の詳細な分析が行われている。

13） A. Mazeaud, Droit du travail, 10e éd., LGDJ, p. 248. は、危機の協定でなく、交渉に
よる柔軟化の到達点であると評価する。

14） J.-D. Combrexelle, La négociation collective, le travail et l'emploi, France stratégie,
sept. 2015.

15） Ordonnance n° 2017-1385 du 22 septembre 2017 relative au renforcement de la
négociation collective. 小山敬晴「団体交渉の強化に関するフランス2017年9月22日のオ
ルドナンス第1385号の解説」労働旬報1908号（2018年）10頁参照。

16） 解説書として、A. Lyon-Caen, Ordonnances Macron, Dalloz, 2017.

17） オルドナンスによる労使対話強化のための措置の実施への2017年9月15日の授権法律
第1340号を根拠として決定された複数のオルドナンスを追認する2018年3月29日の法律
第217号（LOI n° 2018-217 du 29 mars 2018 ratifiant diverses ordonnances prises sur
le fondement de la loi n° 2017-1340 du 15 septembre 2017 d'habilitation à prendre
par ordonnances les mesures pour le renforcement du dialogue social.）

18） 年単位フォルフェ（みなし労働時間制度）の導入、変更が可能となった。フォルフェ
制度については、本久洋一「フランス労働時間法制の現在」季刊労働者の権利310号
（2015年）21頁等参照。

19） B. Gauriaud, L'accord de performance collective depuis la loi n° 2018-217 du 29
mars 2018, Dr. soc. 2018. p. 504. 野田・前掲注（3）163-164頁参照。

20） なお桑村・前掲注（6）は297頁は、本判決が企業内異動協定による「有利原則の修正

部分を契約自由の侵害にあたらない」としたとしているが、この論点は争点になっていないと思われる。

21）　第五共和制フランスでは、法律の憲法適合性審査は、国会で法律が採択されてから大統領の審署までの期間内に憲法院への提訴が認められる事前審査制が整備されていたが、2008年の憲法的法律の改正により、憲法院での事後審査制が導入されることになり、これを優先的憲法問題（QPC）という。優先的憲法問題について今関源成「フランス憲法院への事後審査制導入――「優先的憲法問題 question prioritaire de constitutionnalité」」早稲田法学85巻3号（2010年）21頁参照。

22）　ただし、立法者は、労働契約の変更の拒否を使用者に通知した労働者の解雇を決定するにあたり、使用者に対して期間を定めていないが、この特別な理由に基づく解雇は、雇用の権利を無視することなく、この拒否から合理的な期間を超えて行われてはならないという留保が付されている。

23）　憲法院判決の評釈として Y. Pagnerre, Les accords de performance collective, Dr. soc. 2018 p. 694. がある。

24）　邦語文献としてレジ・フレス（植野妙実子・石川裕一郎訳）「憲法院とコンセイユ・デタ」比較法雑誌50巻1号（2016）108頁等。

25）　代表的な研究として、山本敬三『公序良俗論の再構成』（有斐閣、2000年）28頁以下。

26）　「自由は、他人を害しないすべてのことをすることができることに存する。したがって、各人の自然の権利の行使は、社会の他の構成員にこの同一の権利の享有を保障すること以外の限界を有しない。この限界は、法律によってでなければ定めることができない。」（高橋和之編『世界憲法集（第二版）』（岩波書店、2012年）等を参考に筆者訳。以下同じ。）

27）　「すべての労働者は、その代表者を通じて、労働条件の集団的決定と企業の管理に参加する。」

28）　「権利の保障が確保されず、または権力の分立が定められていないすべての社会は、憲法を有しない。」

29）　LOI n° 2012-387 du 22 mars 2012 relative à la simplification du droit et à l'allégement des démarches administratives.

30）　D. Baugard, L'ordre public social, in L'ordre public, coll. «Archives de philosophie du droit», Dalloz, 2015, p. 147. n° 30 ; A. Jeammaud, De l'incidence de l'accord collectif sur le contrat de travail, RDT, 2016, pp. 236-238.

31）　この論点につき D. Baugard et L. Gratton, Les accords de préservation ou de développement de l'emploi: premier regard conventionnel et constitutionnel, Dr. soc. 2016. p. 745. 参照。

32）　F. Géa, Un changement de paradigme ?, Dr. soc. 2017.1004.; P. Lokiec, Accord collectif et contrat de travail, Dr. soc. 2017.1025.

33）　B. Gauriaud, op. cit. (19). 504.

34）　S. Neron, La rénovation de la démocratie sociale: perspectives et prospectives, RDT. 2009.435. は2008年法の代表性法制改革の時点で、この後に企業別協定と労働契約との連関が逆転されることを危惧していた。

「雇用調整策としての出向・転籍」をめぐる労働契約と労働組合の役割
──鉄鋼業のリストラ策を事例として──

平川　宏

1　本論文の構成

　本論文は「雇用調整策としての出向・転籍」をめぐる労働契約に関わる問題について、労働組合がどのような役割を果たすのか。特に、リストラ時には要員削減対策として出向・転籍が実施されることが多いため、実際になされた事例を挙げながら検討を加えようとするものである。

　事例としては、1985年のいわゆるプラザ合意以降の鉄鋼生産の減少に対応した、鉄鋼業（具体的には川崎製鉄、以下川鉄）のリストラ事例を活用する。筆者は当時、川鉄の人事担当としてリストラ策の立案に携わり、労働組合と交渉した経歴を持つ。そして、出向、転籍とも裁判上の係争となっているので、その裁判例なども活用しながら、労働組合（以下、労組）の役割を見ていきたい。

　構成としては、出向・転籍の法律関係を労働契約という面から考察する。労組に対しての労働条件の不利益変更提案や、転籍制度の設定、出向への同意の問題などついて実際に労組が取った行動にふれながら、その役割について言及する。また、本論文では出向・転籍後のフォローを行う労組が、時間をかけて不利益変更された労働条件の引き上げを結果的に達成した状況にも言及し、「雇用調整策の出向・転籍」をめぐる労働契約における労組の役割の重要性を示したいと考えている。

2 出向をめぐる労働契約と労働組合の役割

1 出向労働関係の法的性格論

出向労働関係は労働者、出向元企業、出向先企業という3者の労働関係をいうが、大きくは二つの考え方がある。

一つは、労働関係は基本的労働関係としては労働者と出向元企業との間で維持されているものとし、そのうち労働契約上の権利義務の一部が出向元企業から出向先企業に譲渡されるとする考え方である。[1]契約は一つと考えている。単一契約説である。

二つは、出向においては、労働者・出向元企業間の労働契約が基本的法律関係を形成するのであり、労働者・出向先企業間の労働契約はこの基本的労働契約を前提に成立する部分的契約関係を形成するとする考え方である。二重の労働契約説である。[2]

この点、行政解釈は出向について「出向先と出向労働者との間に出向元から委ねられた指揮命令関係ではなく、労働契約関係及びこれに基づく指揮命令関係がある形態」と定義しており、二重の労働契約説を取っていると解するのが妥当であろう。(昭和61年6月6日・基発333号)。

私は労働者の重要な債務である「労務を提供する相手方企業」が変更されることになることや指揮命令権のみが受入企業に移転する「労働者派遣との区別を明確にする」ためにも、二重の労働契約があると考えるのが妥当だと考える。

2 出向命令権の根拠

出向の要件として、出向は社内配転と異なり、実際に労働者が労務を提供する相手方である企業が変更されることになるが、法的には出向元企業が労働者への労務提供請求権を出向先企業に譲渡することを意味するので、労働者の承諾が必要になる(民625条1項)。この「労働者の承諾」がどのようなものであるかが問題になる。条文を文字通りに理解し、労働者の「個別同意」が必要とする考え方と「労働者の承諾」足りうる状況があれば「出向命令権」を認める

とする考え方がある。

出向命令権については、就業規則・労働協約に「出向を命令できる」旨の規定があり、さらにその内容を定めた規定があれば、出向を命ずる根拠になりうるとするのが多数説である。菅野教授は、「包括的に規定……によって出向を命じるには、密接な関係会社間の日常的な出向であって、出向先での賃金・労働条件、出向の期間、復帰の仕方などが出向規程等によって労働者の利益に配慮して整備され、当該職場での労働者が通常の人事異動の手段として受容している（できる）ものであることを要する」とされる。逆に、規定がないと、出向命令ができないことになる。さらに、出向が労働者全体に受け入れられていること（出向の慣行があること）も重視されている。そして、リストラによる雇用調整としての出向についても、同様に出向が労働者全体に受け入れられていることが必要とされる。（この点は考え方としては妥当と思われるが、実務上の現場感覚としてこれでよいのかとの疑問がある。）

3 労働組合の役割

判例において、出向の労働契約、特に出向命令権に関わる労組の役割として、まず出向に関わる制度についての出向協定といった「労使の合意」が重視される。そして、具体的事案判断においては、出向協定の内容が吟味される。更に企業人事権の濫用防止「人選の公正さ」「具体的人選」「手続」などが検討される。この場合、特に「人選の公正さ」「手続」については労組の関与が考慮されているものと思われる。川鉄では、出向は「異動協議」として労組は会社と協議したのち、労組が中央委員会という組合員の代表者が集まる議決機関で了承手続きを取る。この際、「人選にあたっては個人の事情を十分に配慮されたい」という要請が付される。この了承手続き後に会社は候補者に打診をするのである。また、のちに述べる川鉄裁判例では、当該地区で出向が広く受け入れられ、丁寧なフォローをしているという実態も考慮された結果、個別同意がなくても「出向命令」を認めたものと考えられる。

特に雇用調整が必要になる企業リストラ時、労組は、会社から提案された内容を吟味し、①提案された内容のみでは組合員に不利益かも知れないが、組合員の意見を反映しつつ「雇用保障」「会社存続」との比較考量を行い、苦しい

が提案を受け入れるという判断をし、②そのために組合員の説明・理解を図る手続きをとり、会社との交渉し、今回は妥結するが、将来にわたって不利益解消の努力をしていくといった一連の判断・活動がなされている。裁判所はその適否を判断しているのである。このように労組はある意味、会社が行ってもおかしくないような「労務管理」の機能を結果として果たすことになり、裁判所は出向命令の有効性判断等につき労組のこういった機能を事実上考慮していると考えられるのである。

4　川鉄裁判事例

　ここで、雇用調整型出向を行った鉄鋼業、そのうち筆者が在籍していた川鉄の裁判例を素材としつつ、出向命令権につき考察する。

(1)　川崎製鉄（出向）事件地裁判決[10)11)]

（事案）

　川崎製鉄は、阪神地区で神戸工場閉鎖のリストラを実施した。その対応のなか、裁判が起こる。具体的には、昭和60年にリストラ策として神戸工場の機能を新鋭の倉敷市の工場に移管することを提案した。その後、阪神大震災で致命的被害を受け、結果として平成8年に閉鎖に至っている。その過程で神戸地区での雇用確保のための出向を拒否する者が裁判を提訴した事案である[12)]。

（判旨）

　川鉄では昭和60年ころ以降、相当数の従業員が被告の関連会社又は関連会社以外の会社への出向命令に服しており、川鉄労連及び川鉄阪神労組もこれらの出向について異議を述べないか又は了承していたという実態があったこと、本件出向は、被告と密接な関係を有する会社への出向であり、川鉄阪神労組も本件出向について了承していたこと、本件就業規則、本件労働協約及び本件出向協定には、出向についての詳細な規定があり、これらの規定の中で出向社員の利益に配慮がなされていたことが認められる[13)]。

　右事情を考慮すると、被告は、本件就業規則39条、本件労働協約33条及び本件出向協定の規定に基づき、原告らに対して出向を命ずる権限を有していたということができる。

（判例の評価）

労組は、会社申し入れを受けて、職場会議に付し、職場代表（中央委員）での議論を経て、「本人への十分な説明を要請する」という条件を付し労組として了承している。労組としての手続きとしては十分であろう。川鉄ではその地域で工場を閉鎖し、雇用の場がなくなったケースですら、希望退職を実施せず、他地区への転勤を希望しない者に出向により雇用を確保している。仮に、このような出向等による雇用確保の慣行があるにもかかわらず「希望退職をはじめとする会社都合の離職を行った」場合には、工場閉鎖の場合であってもその合理性は否定される可能性が高いものと思われる。

(2) 控訴審──原告は出向に関わる「個別同意説」を基礎とする「西谷意見書」を証拠提出し、この点が裁判の焦点となる。

控訴に際し、西谷敏教授（当時）が意見書を提出されたので、この内容を紹介する[14]。西谷教授は労働者個人の承諾が必要である旨を説かれるが、特に「雇用調整型出向」に関わる点として、「同じ出向でも、雇用調整のための出向は、出向元企業に復帰できないとか、労働条件が低下する場合が多いなど、通常の出向よりも労働者に与える不利益がはるかに大きい」とされ、「こうした雇用調整のための出向は、比較的新しい現象であり、労働者と使用者が労働契約を締結した当時には予想もできなかったものである」とする。そして「雇用調整のための出向という特殊な事情」からして「出向はむしろ転籍に接近しているのであり、こうした点からも労働者の個別具体的な承諾が要求されるべき事案」との意見を表明された。

これに対し、控訴審判決は「控訴人らは」「出向には、労働者の個別具体的な承諾が必要であるとして」「意見書の記載を主たる論処」とするが、「右意見書の記載は当裁判所の採用しないところである。」とした。そして判決は本件の出向命令権を次のように肯定した。

① 就業規則や労働協約において、業務上の必要があるときには出向を命じることができる旨の規定があり、（それらを受けて）細則を定めた出向協定が存在していること

② （本件では）労働組合による出向了承の機関決定もが存在していること

以上の条件を満たせば、「出向を命ずることが当該労働者との関係において」

「人事権の濫用にわたると見うる事情がない限り」当該出向は法律上の正当性を具備する有効なものというべき、とした。

　控訴審判決は西谷意見書が問題にした、「雇用調整のための出向の特殊性」について触れていない。これは、細則を定めた出向協定を吟味し、「労働条件の不利益」に配慮した規定があることや、「労働組合による出向了承の機関決定もが存在する」点、さらに雇用調整のための出向が広範に組合員に受け入れられている実態を考慮したものであり、「雇用調整のための出向の特殊性」を考慮したとしても、出向命令権の存在を認めたものであると考えられる。西谷意見書について「採用しない」という紋切り型の判断ではなく、個別同意は否定するにしても「雇用調整のための出向の特殊性」を考慮しても本件の出向命令は有効であると判断すべきではなかったかと思われる。

3　出向をめぐる労働条件での労働組合の役割

　それでは「雇用調整策の出向」をめぐる労働条件について労働組合はどのような役割を果たしたのであろうか。いわゆるリストラ策の結果として雇用調整があるわけであり、まず、経営は労組にリストラ策全体の提示を受ける。その中で人員削減の必要性を確認し、場合によっては人員活用の方法にも交渉が及ぶのが一般的であろう。そして、今回の鉄鋼業のように、希望退職の募集とした人員整理策をとらない場合は「雇用調整としての出向」を受け入れ、その労働条件面について交渉を行うことになる。即ち、リストラ策をめぐる交渉の過程で労使にはギブ・アンド・テイクの結果として労働条件の不利益変更を受け入れることがあるという事実を念頭に置く必要がある。以下、鉄鋼業での実態、さらには川鉄での労使のやり取りを論述する。

1　鉄鋼業の置かれた状況

　1980年代から20年に及ぶ鉄鋼業の人員削減を伴うリストラ策について、最近その研究成果が発表されている。[15]これによれば、鉄鋼業における過剰能力処理の過程では労働問題を伴った。高炉企業（川鉄も含む）における従業員数は、最大だった1973年から最小になった2001年までに、18万4800人から4万1100人

へと78％削減された。そして、正社員の雇用調整の特徴は、整理解雇を極力避けるというもので、各社は一時帰休（休業）、採用の抑制、賃金の抑制、転勤、出向、転籍などの手段を動員して雇用調整を行ってきた。特に、川鉄を含む高炉企業で大規模に実施されたのは、グループ・関係会社への出向拡大と転籍であった。これによって、高炉企業の労働コストは低下したが、出向・転籍者に対しては労働条件の低下を補填する措置が取られており、この措置には労働組合との交渉の結果としてなされたものが大部分である。

このように、出向・転籍による雇用調整がなされた背景には、「解雇は避け、雇用は守る」という考えが労働組合のスタンスがあったことに疑いはない。この過程で労使の厳しいやり取り（交渉）がなされたことは筆者も関係者の一人として実感している。

2 労組幹部への事前説明の実態（時系列で言うと会社リストラ案の提案前）

リストラ策については、会社は労組幹部に事前に相談を十分に行って現場の感覚を認識したうえで検討し、そのリストラ策実施にあたっての対処方法についても労使で十分に調整しておくというのが、川鉄の労使慣行であった。例えば、千葉地区のリストラ策について、当時の労組委員長にヒアリングしたところ、発表（1987年2月14日）のかなり前から（1986年の年末までには）相談を受けていた。[16] リストラ策は現場感覚に耐えうるものが要請されたのである。

3 労働条件不利益変更の最小化への労使交渉

労組のリストラ対応は、リストラ提案それ自体の受け入れで終わるものではなく、労働条件の不利益変更についてその不利益を最小化するために厳しい労使交渉を行った実例がある。

まず、出向先との労働時間差を補填するものとして「出向手当」と称する手当が存在したが、今回のリストラ策ではこの改訂が提案された。労組の対応をみてみよう。［130％→50％→65％］　この数字の変動は何であろうか。

川鉄では労働時間の長い会社に出向した場合に「出向手当」を支給していた。これは川鉄と出向先との年間の労働時間差を基礎として支給しており、その基礎賃金に対する比率を示す数字である。即ち、130％は「年間労働時間差

×基礎賃金×1.3」である。

　川鉄の時間外割増率は30％であったので、時間外労働をしているのと同じ扱いということになり、労働時間の長い会社に出向しても実質的な不利益は発生しないような制度設計をしていた。この制度は出向者が例外的であった時代では良かったが、雇用確保のための出向が大きく拡大する中で、この手当水準は経営の大きな足かせとなった。

　そこでまず、このリストラ策以降、出向した場合の出向手当につき、会社は「出向は出向先の労働条件にはまり込むことが重要であり、出向手当の水準も年間労働時間差×基礎賃金×0.5（50％）にする」と提示した。この水準に労組は猛反発し、「いくら雇用を確保するといっても不利益が大き過ぎる」として、水準アップを交渉で求めた。この組合の強い反発に、会社は「年間労働時間差×基礎賃金×0.65（65％）にする」との再提示を行った。組合も何とかこの水準で妥結することにした。

4　リストラ策の職場説明

　リストラ策の職場説明は労組役員にとり、困難を極めた。特に工場閉鎖となり職場がなくなるというのは、労組にとり、つらい決断であったと思われる。①工場閉鎖の提案を了承するというのは「経営判断に類似した判断」であり、②対象工場への説明は「労務施策のチェック・今後の雇用調整のフォローする」意思表示の一環と見ることができる。組合員は会社の説明で納得するわけではなく、自分たちの仲間の団体である労組が「閉鎖やむなし」との判断をしたことが大きな意味を持つ。但し、対象工場への説明は労組執行部にとっては辛い役回りであった。特に閉鎖となる職場への説明会は混乱を極めた。「出直して来い」とか「俺らの賃金をいくら下げたら職場が残るのか会社に確認してくれ」といった切実な声も聴かれたという。職場理解を得る拠り所は「雇用は何としても守る」この一点だったと思われる。

5　人選段階

(1)　人選の「対象層」という観点　　雇用調整のための出向の場合は大規模になることが多い。その場合、労働組合から「対象層」についても要望がなされ

図表1 千葉地区・生産現場の年齢構成グラフ（社内2258人、出向744人）

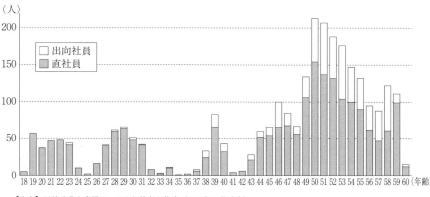

【出典】川鉄千葉人事課データより筆者が作成（2003年2月時点）

ることがある。

　図表1のグラフは千葉地区のリストラが終了し、川鉄とNKKが統合する直前の2003年2月の千葉地区・生産現場の年齢構成グラフである。棒グラフの上部は出向者である。圧倒的に出向者は高齢者に多いことが分かる。

　出向社員を除いた平均年齢は44.1歳、一方で出向社員の平均年齢は51.2歳となっている。もし、出向を50歳以上に集中させることなく、年齢ごとに「公平に」人選していたとしたら、その後の鉄鋼生産の現場はどうなったのであろうか。出向社員分布として、50歳以上の出向比率は30％を超えており、40歳未満は数％であった。組合員にとっても、その後の苦労は計り知れないものとなったはずである[17]。会社は労組の理解がないままで高齢者を中心とした出向を拡大することは組合員の納得感からも困難で、この事例では労組が「若手の出向は制限してほしい」と要望したことで、高齢者中心の出向となった。なお、2018年3月末現在では、出向社員はほぼゼロになっており、10年以上の歳月をかけて雇用調整を完遂させたことになる。

　(2) **個別の人選**　　企業人事サイドにおいて、出向人事における人事担当者の悩みは尽きない。個別人選では出向先で何とか折り合ってくれる人選をせざるを得ない。そういう意味では、出向において裁判にまでなるケースはごく一部の特異な例[18]であり、会社が出向人事を上記のようなスタンスで実施している

限りにおいて裁判に至る可能性は低い。また、当然のことながら、会社も出向社員のフォローを丁寧にやっており、[19]労組・会社の思いは共通であったと思われる実態がある。

　労働契約法14条が「使用者が出向を命ずることができる場合において、当該出向の命令が、その必要性、対象労働者の選定に係る事情その他の事情に照らして、その権利を濫用したものと認められる場合には、当該命令は無効とする。」と明文化している。こういう観点から、出向の必要性、不利益の程度、人選の基準、具体的人選がチェックされる。特に、雇用調整のために出向するケースでは、労働組合との協議により、出向者の不利益への配慮などがなされていることが、裁判所の判断枠組みに組み込まれているように思われる。

　この点、東海旅客事件（大阪地決昭62・11・30労判507号22頁）の判旨を活用して実務的観点から検討を試みる。この事例は出向を拒否した者が解雇にまで至ったケースであるが、解雇についての必要性、解雇回避努力が問われたケースであった。出向については「必要性あり」と判断した上で、「より多くの社員に対して出向の打診を行うなどの公正な手続が必要と考えられるにもかかわらず」との判示をしているが、疑問である。出向の人選実務の経験からすれば、「より多くの社員に対して出向の打診」といった対応はありえない。例えば、Aさんに当該出向を打診して拒否された場合に、次はBさんに出向を打診するという人選をすれば職場、特に2番目に打診されたBさんはどう思うのか。これはBさんの立場に立てば分かるはずで、「俺は二番煎じ」と思えば同意するはずがない。厳しい出向先であればあるほど「案件として」労組の同意を得た上で、対象者を十分慎重に人選し、人選した人を何とかして説得する。まず、「案件として」の同意が労組の関与となる。労組としても組合員間のバランス・公平感を重視するので、「本人には十分に説明するよう」会社に条件をつけることも多い。こういった労組の同意が、本人の納得感を得るためにも大きな要素となっている。

6　出向後の労組による労務施策フォロー

　川鉄事例では余剰人員対策が一段落し、生産が以前の水準に戻ると、出向組合員の不満は労働条件の不利益変更となった出向手当に集中する。会社の収益

が一定程度に回復すると春闘ごとに出向手当の増額を要求。何度かの水準引き上げを経て、「年間労働時間差×基礎賃金×1.0（100％）」にまでの引き上げを実現する。

この出向手当をめぐる取り組みは労組が「労務施策をフォローする機能」を働かせた事例と言えるのではないか。企業リストラ時には一旦厳しい施策（労働条件の不利益変更）を受け入れ、会社の雇用確保対策（実際は出向）がやりやすいような環境を作ったと言える。そして、リストラ終了後には、結果的に出向者の不利益をなくすよう、徐々に調整したのである。

このように、出向手当水準を100％に戻したというのは労組にとって大きな意味のある出来事である。リストラ時の会社の提案は「130％→50％」であったが、労組は「100％なら受ける」と逆提案している。その後の交渉を経て、先に述べたように「65％水準」で一旦は妥結した。このように、労組は会社存亡の時期は譲歩し、時間をかけ当初の要求を達成したのである[20]。労組が「労務施策をチェック・フォローする機能」を発揮したものと考えられ、典型的にフォローが成功した事例である。企業側としてもリストラ終了後は労組の強い思いに応えざるを得なかったものと思われる。（リストラ時の会社提案を受け入れた点では労使協調のように映っている[21]が、出向手当のアップなど組合員の意向を背景に会社に要求してきた成果があることに留意すべきである。）

以上、雇用調整実施局面において出向を進める場合を整理すると、出向は実質的には個別の同意を得て進めていくプロセスであり、実務もそのように行われている。しかし、企業リストラ時に個別に同意しない組合員がいた場合はどうか。例えば、職場ごとアウトソーシング（外注化）するケースが典型である。この場合は、他の組合員とのバランス上も労使協議で労組として「出向を案件として了承する」という手続を取ることが実態として行われている。私は事情について最も把握している労組が出向内容を吟味の上、同意している意味は大きいと考える。出向命令権、不利益の程度の判断で肯定する方向での考慮要素になっていることは間違いない。さらに、労組が出向者をフォローする機能を果たすが故に、組合員も出向を受け入れ、慣行となっていると思われ、その点を裁判所は考慮しているものと推認される。労組の役割は大きいのである。

4 転籍をめぐる労働契約と労働組合の役割

1 転籍後の法律関係

転籍後の法律関係についてはあまり争いがない。転籍とは「元の企業との労働契約関係を終了させ、新たに他の企業との労働契約関係に入ること」という。特に、近時、大企業を中心にグループ内に準労働市場を形成し、一定の年齢になると親会社からグループ会社に「転籍」する慣行が定着しているところが多い。そして、転籍の定義からも出向とは異なり、転籍には労働者個人の同意が必要であるという点で争いはない。

2 転籍をめぐる労働条件での労働組合の役割

鉄鋼業におけるリストラ策の一環である、雇用調整としての「出向」はその後「転籍」に軸足を移すことになる。それではこの「転籍」に対して労働組合はどのような役割を果たすのか。

まずは、転籍という施策を受け入れるのかという労組執行部の判断がある。この判断には会社の置かれた状況、リストラ策全体を考慮して判断がなされる。ここでもポイントは「雇用保障」であり、この「雇用は守る」というスタンスで組合員の制度了承を取り付ける。川鉄の事例では、結果的に「川鉄グループ内で雇用を確保する」という考え方を貫くために、グループ以外の資本関係のない会社への出向者も転籍をする場合には（労組組合員の公平間も加味して）「受け皿のグループ会社に転籍し、そこから出向」という形態の、会社提案を受けることになる。後述するように、労組は「グループ以外の勤務先の経営が行き詰った場合には、転籍者の雇用は60歳まで川鉄で責任を持つ」と約束させている。[22] こういった提案は、労組からでなければありえないと思われる。

次に、どのような転籍制度にするかという点での労使交渉である。転籍することで「組合員の資格」を喪失するというケースが多い。そのため、労組にとっての転籍は自らの構成員の減少を招く制度なのである。[23] しかし、労組は会社と労働者の労働契約に委ねるのではなく、集団的労働条件決定を行い、組合員の理解を図ろうとするのである。

何故、会社は転籍政策を必要としたのか。出向社員が増大すると労務費の差額負担が増大したことが理由である。出向先から会社にもらえる労務費は川鉄が本人に支給する賃金の6―7割の水準であったからである。リストラ策により社員の4割近くが出向になると毎年の出向労務費の差額は数百億にのぼる。そしてこれが毎年の収益に大きく影響する。そこで会社は、土地・株の売却益を活用し、関連・グループ会社限定で、転籍制度の導入を労組に提案する。もちろん、転籍は個人同意が必要であるが、その制度導入（転籍条件）にあたっては、労使で合意する必要があった。その具体的事例を示す。

　(1) **転籍条件―年収減額の補塡**　　川鉄の場合は転籍後の企業で予定される年収ダウンを（一定の割引率を考慮するものの）全額を補塡した。会社提案は当初から補塡は全額負担するとしたのである。細かく見ると、出向で問題になった労働時間差については転籍後の労働時間にはまり込むので、補塡されないことになるが、転籍年齢が56歳で4年間、後に52歳になると8年間の年収差になるので、かなり多額の金額が退職金に上乗せ支給された。また、退職金は税制としても給与所得に対するものより優遇されていること、住宅ローンがあった場合は一括返済が可能になること、転籍後は社会保険料負担も減少するという効果もあり、労組は受け入れた。

　なお、会社は年収差を全額補塡してまで、雇用調整策について「出向から転籍」に舵を切ったのか。常識的には出向期間が長くなると出向先にはまり込むことが労務管理上有意義であるという実際の要請もあったが、出向の賃金差額の負担は毎年の利益を圧迫する一方、転籍に伴う退職金加算（年収差の補塡）は特別損失として一回で処理できるという点は企業にとり意味があったのである。

　(2) **転籍は「雇用を守る」ことになるのかという労組内の葛藤とその対策**　　労組内では、そもそも会社を退職して他の会社に転籍することが雇用を守ることになるのか、大いに議論がなされている。そして、組合員には「川鉄内単独で雇用を守る」という考え方から、「川鉄グループ内で雇用を確保する[24]」という新たな考え方により理解を図ることになる[25]。その場合の条件として、「60歳までのグループ会社内での雇用の確保を会社に約束させる[26]」という逆提案を行い、これを「労使協定化」した。これは「組合員資格を失くした者の雇用を保障す

る」という特徴ある労使協定であったと言える。

(3) **転籍制度─転籍年齢**　［56歳→52歳→廃止］　この数字の変動は何であろうか。

56歳以上のグループ会社限定の転籍では、会社の収益は回復しない、そこで会社は転籍について新たな提案をする。

①転籍の年齢を56歳から52歳に下げる。

②グループ会社以外の資本関係のない会社へ出向している者も転籍を実施する。という内容であった。

これに対し、労組は転籍後も雇用保障することを会社に約束させた上で、リストラが一段落した状況で、「組合員の転籍制度の廃止を要求」し、会社の了承を取り付ける。ここに組合員の転籍制度は終了するのである。

以上のように、労組は、一旦はリストラ策を受け入れて組合員の雇用の確保をしつつ、リストラが一段落したところで、リストラ前の労働条件への回復を目指す。これは労組が「労務施策をフォローして労働条件の不利益変更を元に戻すという役割」を発揮した局面であると考えられる。

(4) **転籍制度での係争─転籍に同意しない社員への対応をめぐって**　転籍制度においても川鉄は裁判を経験している（川崎製鉄（転籍）事件[27]）。公刊されていない裁判例である。

（事件の概要）

グループ会社に出向している社員が労組と合意した転籍年齢に達したため、転籍を打診したが、拒否された。その後、会社は当該会社からの業務量減少に伴う出向復帰要請の際、当該転籍を拒否した者を人選し、雇用確保のために清掃作業などを行う会社に出向させた。

この配置転換命令に従う義務を負わない地位にあることを仮に求めた事案。

（決定要旨）

①入社以来一貫して生産現場でクレーンオペレーターとして従事していた者であっても、雇用環境が厳しい状況にあり出向先等で生産現場以外の業務に従事する例も少なくない事実が認められることに照らせば業務をクレーンオペレーターないし生産現場に限定する合意がなされたということはできない。

②（しかし─筆者注）転籍を拒否した段階で、転籍を拒否する者に、拒否すれ

ば同じ職場に働き続けることが出来なくなると告げて、強く転籍を説得したこと等が認められ、清掃業務に配置転換した本件業務命令は、転籍に応じなかったことに対する制裁を主眼として発令されたものと強く推認される。

（特徴）

事案は、組合員の公平性を重視するスタンスから、出向している社員には転籍に同意するよう、説明（場合によっては説得）をし、数千人ほぼ全員の同意を得たが、どうしても同意しない社員が1名出たのが本件で、会社は「労組の同意を得て」職場を異動させた。そして、裁判となり一審は会社が敗訴し、その後和解している。異動の必要性があったとはいえ、転籍を拒否した社員を人選すれば裁判になり敗訴となる可能性を会社は認識していたと思われる。しかし、職場は「転籍対象者全員が転籍に同意しているのに、拒否した者と一緒に仕事するのは嫌だ」と考えるに至る。そうすると、職場の労務管理上、異動させるしか他に選択肢はなかったのである。こういった職場感情は実務と法律論のギャップを感じたところであった。当該異動について労組は「案件として」同意していたのはもちろん、個別人選も認識していたという点は重要である。労組も組合員間のバランス・納得感を考慮せざるを得なかった事案である。

(5) **考　察**　　ここで、川鉄事例を比較する意味からも千代田化工事件（東京高判平7・6・22労判688号15頁）を取り上げる。事業縮小措置の一環としての工場の子会社化に伴う「転籍を拒否」した組合内少数派組合員に対する解雇につき、同人の解雇には正当な理由がないこと、同人が転籍に反対する活動をしたことは正当な組合活動と認められ、また会社が同人を含む反対派グループを嫌悪ないし弱体化する意図があることを自認していること等から、同人に対する不利益取扱いに当たるとして、右解雇を不当労働行為とした労働委員会命令を適法とした事例である。判旨は、「控訴人の川崎工場は、長期にわたって業績不振が続き、人員削減を含む経営改善策を行うべき経営上の必要性があったこと、控訴人は、その方策として、第一次及び第二次非常時対策を実施したが、これは経営判断として首肯できるものであり、これらの施策には相応の合理性があったものと認められること、本件解雇の時点において、人員削減の目的についてはほぼ達成したといえるものであり、更に人員を削減する必要性・緊急性は当初よりかなり低くなっていたと認められること、本件解雇は、就業

規則及び労働協約中の「会社が経営規模の縮小を余儀なくされ、または会社の合併等により他の職務への配置転換その他の方法によっても雇用を続行できないとき」には従業員を解雇する旨の規定に基づくものであるが、本件の場合、控訴人において人員削減の必要性があったこと自体は認められるものの、十分な解雇回避努力が尽くされないまま補助参加人に対する解雇という手段が選択されたものであり、本件解雇は右規定に当たるものということはできない」。

　この事案は、川鉄（転籍）事案と同じく、転籍について、ほぼ全員が受け入れる状況で、拒否する者の取り扱いに苦慮した点が垣間見ることができる事案である。しかし、本件は、解雇にまで至っている。転籍のように個別同意が必要な事案において、全員が受け入れている状況で拒否する者の取り扱いに難渋したことが伺える。一方で、転籍拒否者は多数組合の組合員ではなく、本件は少数組合に対する不当労働行為と認定されている。そういう意味では、労組が拒否者の異動を了承していた川鉄事件と異なる事案であると思われる。

5　ま　と　め

　以上、「雇用調整策としての出向・転籍」をめぐる労働契約、具体的には労働条件をめぐる労組の役割について企業実務を踏まえて論じた。

　労組は、リストラ策の内容を吟味するという「経営判断と類似する判断」を実質的には行い、労働条件不利益変更内容の交渉、リストラ策継続中の「組合員のフォロー」は経営者の「労務管理」にもあたりうるものと思われる。そして、リストラ策が一段落した段階で「不利益変更された労働条件の回復」を目指す交渉を行っている。このようにリストラ策をめぐる労働組合の役割は小さくないことが実例として示せたのではないかと考える。

　むしろ、企業で人事実務に携わった者として、特に人選段階、対象者への異動内容説明時に実感したことだが、「労組という自分たちの仲間が異動案件を了承している」という事実は重いということである。「何故自分が出向の対象なのか」という思いはあるものの、案件として「仲間」が了承した出向・転籍を受け入れていくという状況を目のあたりにしたからである。使用者サイドの縦（職制）からの説明に加えて、労組サイドという横（仲間）から理解活動が

あいまった結果、組合員が異動に納得したのであろうと実感したのである。こうした労組の重要な機能については、更に研究を進めて労働組合法制に何らかの意義づけができればと考えている。

（付記）小宮先生は大学卒業後、川崎製鉄にしばらく勤務されました。奇しくも私は先生が勤務された西宮工場労務担当を経験しており、先生の古稀記念論文集に川崎製鉄の事例を素材にした論文を献上できること、光栄に思っております。

【注】

1） 水町勇一郎『労働法（第6版）』（有斐閣、2016年）149頁。

2） 土田道夫「「出向労働関係」法理の確立にむけて——出向中の法律関係をめぐる一考察」荒木尚志・岩村正彦・山川隆一編『菅野和夫先生古稀記念論集　労働法学の展望』（有斐閣、2013年）469頁。

3） 土田道夫『労働法概説』（弘文堂、2008年）378頁。しかし、「出向条項は出向の具体的内容を制度化してはじめて規範的効力を有すると考えるべき」とされ、「包括的出向条項の規範的効力をそのまま認める」ことは、「労使の対等関係の実現という協約の目的から乖離する結果となる」ので、このような「限定解釈が要請される」とする。

4） 菅野和夫『労働法（第11版補正版）』（弘文堂、2017年）692頁。

5） 菅野・前掲注（4）692頁は「雇用調整の必要性がそれ自体として労働者の出向義務を創設するものではなく、出向義務の存否は就業規則や労働協約上の根拠規定と出向の諸条件に照らして当該出向が労働契約上受容されたものか否か、として判定される」とされる。

6） 菅野・前掲注（4）692頁。

7） 座談会「企業リストラと新たな労働法の焦点」季刊労働法172号（1994年）17-18頁では、「リストラ出向は不利益変更か」との議論がなされている。雇用保障の手段としての出向という面と不利益変更の程度の両面から考えるべきとの指摘がなされている。

8） 菅野・前掲注（4）692頁は、このような「労働者が通常の人事異動の手段として受容している（できる）ものであることを要する」とされ、川崎製鉄事件を参照として挙げる。

9） 雇用調整のスタート時はまだ「出向が労働者全体に受け入れられているわけではない」ので、出向が係争になった場合は企業が敗訴するリスクが高くなる。川鉄神戸工場閉鎖のように、他地区への転勤回避のため、雇用調整の出向を進める場合も、当初は係争にならないよう、出向を受け入れると思われる社員から人選することになる。例えば、職場でも問題を起こす可能性のある社員などは出向人選から外れることになる。（もちろん、そういう人物は出向先でも問題を起こす可能性は高いが）。企業人事担当者の悩みである。

10） 神戸地判平12・1・28労判778号16頁。その後、大阪高裁、最高裁へと上訴されたが、地裁の判断が維持されている。

11) 川口美貴「職務内容の変更を伴う出向命令が有効とされた例」民商法雑誌122巻6号（2000年）885頁は、「判旨疑問、結論反対」とされる。

12) 道幸哲也『労使関係法における誠実と公正』（旬報社、2006年）261頁以下では、本事例は「出向命令の根拠に関する協約条項の『新設』事案であり、不利益変更の問題になりえた事案」とされる。また、「会社による組合の『支配』があったかも直接問題にしている点でも特徴がある」とされる。

13) 菅野和夫『労働法（第9版）』（弘文堂、2010年）448頁は、本裁判例を取り上げ、「このような職場労働者の同種過向の受容を、包括的規定による出向命令権の要件としては明示していないが、実際の出向命令の有効性判断の前提をしていると見られる」とする。

14) 川鉄（出向）事件と前後して阪神地区では同内容の神戸製鋼（出向）事件が係争していた。神戸製鋼事件が少し先行していたことから、川鉄事件意見書は神戸製鋼意見書を「同内容であるので」としてそのまま提出されたものである。

15) ここでの記述は、川端望「日本鉄鋼業の過剰生産能力削減における政府の役割—1970-2000年代の経験」（TOHOKU ECONOMIC RESEACH GROUP Discussion Paper No. 371、2017年）による。

16) しかしながら、こういった労組幹部と経営者の信頼関係は別の危険性を孕むとの指摘がある。鈴木玲「日本の労働運動——再活性化の可能性と労働運動指導者の言説分析」新川敏光・篠田徹編『労働と福祉国家の可能性——労働運動再生の国際比較』（ミネルヴァ書房、2009年）37頁は、「企業別組合幹部と経営者の間の「相互信頼関係」が深まり、組合幹部と経営者が高度な経営事項にかかわる情報も共有するようになると、組合幹部と一般組合員の距離が広がった。例えば、組合幹部と経営者が要員の合理化案について非公式で一般組合員には非公開の『事前協議』を行い、そこで合意を形成した段階で、公式な協議制度に諮る事例……が報告されている」として、森建資「職場労使関係の構造——1950年代の八幡製鉄所」佐口和郎・橋元秀一編『人事労務管理の史的」分析』（ミネルヴァ書房、2003年）の事例が挙げられている。

17) 一方、このグラフからは、雇用確保をしたために若手の社員がほとんどいないことが分かる。新規採用をストップしたためである。この年齢構成を是正するため、筆者は千葉人事課長時代（1999—2004年）に中途採用を実施し、年齢層の薄い若手の確保に努めたが、その結果でも、30歳台は少数のままである。

18) 川鉄において裁判上の係争になったのは、当該地区（神戸市）の工場全てが閉鎖されて転勤者以外は出向（及びそれに続く転籍）となった事案のみである。

19) 千葉では出向社員のフォローをするための組織（職務開発室と称した）を設置し、出向者を専従でフォローする要員を配置している。

20) 菅野・前掲注（4）879頁においても「労使の取引は不況時の譲歩と好況時の獲得など時期を異にした協約交渉期間でも生じうる」し、「それ自体では不利だが、長期的に見て組合員の利益が図られている場合もある」とされる。

21) 菅野・前掲注（4）775頁は、「企業経営に関与する」点を捉え、労組の「労使協力団体」側面とされる。しかし、このような側面は「労使協力団体」側面と位置づけられるというより、むしろ「労組が自らの利害」として取り組み、企業と交渉して条件交渉していると捉えるべきではなかろうかと考えている。

22) 労使で覚書を締結。「転籍をして組合員でなくなった者の雇用についても60歳までは責任を持つ」との内容の労使協定であり、一般的には例がないと思われる。

23) 本久洋一「ホールディングス体制と労働組合法上の諸問題――グループ労働協約を素材に」毛塚勝利・(財)連合総合生活開発研究所『企業組織再編における労働者保護――企業買収・企業グループ再編と労使関係システム』(中央経済社、2010年) 91頁。

24) 本久・前掲注 (23) 91頁「「雇用の確保」から「雇用の場の確保」へ」という表現にこのスタンス変更が表れている。

25) リストラ時には、労組が旧来の考え方から一歩踏み出すことで、使用者との交渉を有利に導くことが可能である。この実態は「経営判断類似の判断」という点からも興味深い。

26) しかし、この「転籍であっても企業グループ内での雇用確保と考える」という新たな考え方は、鉄鋼の他の労組からは「転籍は雇用を守ったことにならない」と批判された。(批判した他の労組も数年後には転籍を受け入れる結果となっているのは皮肉である。)

27) 神戸地決平10・3・27 (平成9年 (ヨ) 第208号事件、判例集未登載)。

28) 和解するにあたり労組執行部の了解を取った。異動に労組は了承していたからである。

29) 上告審 (最二小判平8・1・26) の評釈として、中路義彦・仙波啓孝・判例タイムズ臨時増刊945号404頁 (平8主判解)、木下潮音・最高裁労働判例2期:問題点とその解説2巻157頁、山本吉人・労働判例721号 (1997年) 2頁がある。

小宮文人先生　略歴・主要著作目録

【略　　歴】

昭和23年 7 月	神奈川県に生まれる
昭和42年 3 月	神奈川県立鎌倉高校卒業
昭和47年 3 月	北海道大学法学部卒業
昭和52年 3 月	北海道大学大学院法学研究科民事法専攻修士課程修了
昭和56年 6 月	同大大学院法学研究科民事法専攻博士課程中退
昭和59年 5 月	カリフォルニア大学バークレー法学大学院修士課程修了（LLM）
平成 5 年12月	博士（法学）（北海道大学）
平成 9 年 7 月	ロンドン大学（LSE）法学研究科博士課程修了（Ph. D.)

【職　　歴】

昭和47年 4 月	川崎製鉄株式会社西宮工場労働課掛員（〜昭和52年 6 月）
昭和56年 6 月	北海学園大学法学部専任講師（〜昭和58年 3 月）
昭和58年 4 月	北海学園大学法学部助教授（〜平成 2 年 3 月）
昭和59年 6 月	カリフォルニア大学バークレー法学大学院客員研究員（〜同年 9 月）
昭和63年10月	ペース大学法科大学院客員教授、シガン大学法科大学院及びニューヨーク大学法科学大学院客員研究員（〜平成元 9 月）
平成 2 年 4 月	北海学園大学法学部教授（〜23年 3 月）
平成 7 年10月	ベルギー・ルーヴァン大学法学部客員教授（〜平成 8 年 9 月）
平成17年 4 月	北海学園大学大学院法務研究科教授（兼担）（〜平成21年 3 月）
平成18年 4 月	北海学園大学大学院法学研究科長（〜平成21年 3 月）
平成21年10月	ケンブリッジ大学チャーチルカレッジ Overseas Fellow
平成23年 4 月	専修大学法務研究科教授（〜現在）

この間、早稲田大学大学院法学研究非常勤講師（平成16年、17年、24年〜27年、30年度）、東北学院大学大学院法学研究科非常勤講師（平成20年度）、中央大学大学院法学研究科非常勤講師（平成26年、26年度）

【所属学会】

日本労働法学会（昭和52年〜現在、うち平成11年〜13年及び18年〜28年学会理事）
日本社会保障学会（昭和57年〜平成29年3月まで）
日本労使関係研究協会（昭和60年〜現在）
日米法学会（昭和62年〜平成28年3月まで）
比較法学会（昭和62年〜現在）
国際労働法社会保障学会（平成元年〜現在）

【社会活動】

労働省労働基準局労働基準法研究会労働時間法制部会委員（平成4年〜7年）
北海道人事委員会委員（平成10年〜18年）
中央労働委員会北海道地方調整委員（平成10年〜20年、うち平成17年〜20年委員長）
札幌市男女共同参画審議会委員（平成13年〜17年副座長）
北海道紛争調整委員（平成13年〜22年）
厚労省北海道地方労働審議会委員（平成17年〜22年、うち平成19年〜22年会長）
北海道労働審議会委員（平成18年〜22年会長）

【受　　賞】

平成5年3月　　　平成4年度沖永賞（財団法人労働問題リサーチセンター）

【研究業績】

著書（邦文）
英米解雇法制の研究（信山社、平成4年）（全497頁）（平成5年3月沖永賞受賞）
イギリス労働法入門（信山社、平成8年）（全223頁）
リストラ時代——雇用をめぐる法律問題（旬報社、平成10年）（道幸哲也、島田陽一両
　　教授との共著）
イギリス労働法（信山社、平成13年）（全267頁）
角田邦重他編・新現代労働法入門（法律文化社、平成14年）（「雇用終了」の章執筆）
ロジェ・ブランパン著・ヨーロッパ労働法（濱口桂一郎氏と監訳、信山社、平成15年）
EU労働法全書（旬報社、平成17年）（濱口桂一郎氏との共訳）
労働契約法制の課題（明石書店、平成18年）（北大労判研のメンバーとの共著）
現代イギリス雇用法（信山社、平成18年）（全410頁）

イギリス労働法研究会編・イギリス労働法の新展開（成文堂、平成21年）（第4章「イギリス労働法の検討と分析」を執筆）

雇用終了の法理（信山社、平成22年）（全287頁）

小宮文人他編・社会法の再構築（旬報社、平成23年）（第4章「東亜ペイント最高裁判決の意義と今後の課題」の執筆）

有田謙司他編・ニューレクチャー労働法（成文堂、平成24年）（第2編第1章第4節「労働契約の終了」を執筆）

毛塚勝利他編・アクチュアル労働法（法律文化社、平成26年）（第4章「労働契約の権利義務」を執筆）

判例ナビゲーション労働法（日本評論社、平成26年）（道幸哲也、本久洋一教授との共著）

労働契約締結過程（信山社、平成27年）（全118頁）

本久洋一＝小宮文人編・労働法の基本（法律文化社、平成31年）（第4章「労働契約の成立と労働条件決定のプロセス」の執筆）

著書（英文）

A Comparative Analysis of the Law of Dismissal in Great Britain, Japan and the USA（ST/ICERA discussion paper）, London School of Economics and Political Science（University of London, 1986）（全58頁）

A Comparative Study of the Law of Dismissal in Japan, Great Britain and the United States from the Perspective of Employment Protection（Ph. D. thesis submitted to LSE, University of London, 1996）（全465頁）

Labour Law in Japan,（Wolters Kluwer, 2011）（co-written by Professor T. Hanami）（全226頁）

論文等（邦語）

「イギリスの労働審判所による剰員整理解雇の規制」季刊労働法113号124-133頁（昭和54年）

「イギリスの1965年剰員整理手当法に関する一考察——その経済政策的側面を中心に」北海学園大学法学研究17巻2号303-336頁（昭和56年）

「イギリスにおける労使関係行為準則(1)(2)(3)」（翻訳及びコメント）日本労働協会雑誌23巻9号79-88頁、同23巻10号65-71頁、同23巻11号75-85頁（昭和56年）

「イギリスの1980年雇用法（The Employment Act 1980）の翻訳と若干の解説」北海学園大学法学研究17巻3号553-582頁（昭和56年）

「イギリスの不公正解雇制度における『解雇（Dismissal）』概念の考察——みなし解雇（Constructive Dismissal）を中心として」北海学園大学法学研究18巻1号37-76頁（昭和57年）

「イギリスの労使関係行為準則に関する一考察――規律処分に関する規定を中心として」
　北海学園大学法学研究18巻 2 号307-323頁（昭和57年）

「イギリス企業における解雇その他の規律処分手続に関する一考察――アンケート調査」
　北海学園大学法学研究18巻 3 号519-547頁（昭和57年）

「イギリスにおける組合活動等を理由とする解雇その他の不利益取扱からの救済(1)(2)」
　北海学園大学法学研究19巻 1 号67-88頁、同19巻 2 号211-236頁（昭和58年）

翻訳：「雇用保障」「ヨーロッパの個別的雇用契約のモデル」（保原喜志夫教授との共訳）
　（ブランパン編・花見忠監訳「労働関係の国際比較」394-420頁（日本労働協会、昭
　和58年）所収）

紹介：「イギリスの時短：84年以降、年間総労働時間は微増」エコノミスト臨時増刊号
　138-42頁（昭和58年）

「イギリスにおける組合活動等を理由とする不公正解雇からの救済」外尾健一編『団結
　権侵害とその救済』（有斐閣、昭和60年）394-420頁

「アメリカ合衆国における解雇規制法理の綜合研究――第一編：判例法上の解雇規制法
　理の展開（その 1 ）（その 2 ）（その 3 ）」北海学園大学法学研究20巻 3 号409-445
　頁、同21巻 1 号 1 -30頁、同21巻 2 号155-174頁（昭和60年）

「英米における解雇規制と就業規則」日本労働協会雑誌29巻 6 号10-20頁（昭和61年）

「公正代表義務と組合の内部手続」日本労働法学会誌69号32-53頁（昭和62年）

「英米における解雇概念の拡大」北海学園大学法学研究23巻 2 号157-232頁（昭和63年）

「アメリカ合衆国における解雇規制法理の綜合研究――第二編：雇用差別禁止法におけ
　る雇用差別の証明と救済方法の諸問題（その一）」北海学園大学法学研究23巻 2 号
　233-266頁（昭和63年）

下井隆史・山口浩一郎編『ワークブック労働法』（有斐閣、昭和63年）（48-59頁分筆）

「英米の解雇と雇用差別禁止法（上）、（下）」北海学園大学法学研究24巻 3 号394-444頁
　（昭和64年）、同25巻 1 号55-95頁（昭和64年）

「イギリスの不公正解雇制度――その目的と解釈」北海学園大学法学研究26巻 3 号 1 -72
　頁（平成31年）

争点解説：「試用採用」『増刊ジュリスト労働法の争点 7 （新版）』170-171頁（平成 2
　年）

「過半数組合の締結した協約・協定の効力」季刊労働法161号45-59頁（平成 3 年）

「イギリスの年単位労働時間制と時間外規制」日本労働研究雑誌339号 3 頁（平成 5 年）

「時の問題：労働時間の改正」法学教室158号101-105頁（平成 5 年）

実務解説：「退職願の撤回」『最新労務管理の法律知識』（経営書院、平成 5 年）165-169
　頁

実務解説：「不正行為と懲戒」『最新労務管理の法律知識』（経営書院、平成 5 年）184-
　189頁

「労働基準法改正」法学教室158号101-105頁（平成 5 年）

「アメリカの雇用制度」世界週報74巻46号26-31頁（平成 5 年）

「外国の労働契約法制の概観」労働基準法研究会報告『今後の労働契約など法制のあり方について』（日本労働研究機構、平成 5 年）165-234頁

「イギリスの労働時間の運用実態」『労働時間の運用実態』（日本労働研究機構、平成 6 年）77-108頁

「イギリス」『調査報告書付属資料』（日本労働研究機構、平成 6 年）94-116頁

「解雇と展望：仮眠時間の労働時間性＝大星ビル管理事件・東京地判平成 5 ・ 6 ・17」労働法学会誌83号170-177頁（平成 6 年）

「英国における労働条件の一方的変更」伊藤博義・山口浩一郎・保原喜志夫編『外尾健一先生古稀記念論集　労働保護法の研究』（有斐閣、平成 6 年）195-215頁

「思想信条の自由（ある労働裁判の真実）――キーワード解説：就業規則」法学セミナー480号55-58頁（平成 6 年）

「論文紹介："Stewart J. Schwab, Life-Cycle Justice: Accommodating Just Cause and Employment at Will"」アメリカ法1995年 1 号123-128頁（平成 7 年）

「切られてたまるか：雇用終了の法理を考える①」法学セミナー488号96-100頁（平成 7 年）

「切られてたまるか：雇用終了の法理を考える③」法学セミナー490号99-104頁（平成 7 年）

「切られてたまるか：雇用終了の法理を考える⑥」法学セミナー493号94-98頁（平成 8 年）

「翻訳・紹介『基本的社会権（Fundamental Social Rights）――欧州連合への提案』」北海学園大学法学研究31巻 3 号447-461頁（平成 8 年）

濱口桂一郎氏との共著「欧州連合の労働時間指令とイギリスの対応」季刊労働法181号128-138頁（平成 9 年）

「解雇制限法――判例・学説の変化と国際比較」日本労働研究雑誌446号24-32頁（平成 9 年）

濱口桂一郎氏との共著「欧州連合の男女均等法制の最近の動き」季刊労働法182号102-119頁（平成 9 年）

濱口桂一郎氏との共著「EU レベルの労働協約による労働立法の展開」季刊労働法184号95-111頁（平成 9 年）

「不公正解雇法制の改革」労働法律旬報1427号30-35頁（平成10年）

「書評：労働契約概念とその外延の追求――萬井隆令著『労働契約締結の法理』」労働法律旬報1430号58-59頁（平成10年）

「労働契約・就業規則法制」法学セミナー525号46-49頁（平成10年）

「解雇・雇止め・退職強要の法律問題」ジュリスト1149号49-55頁（平成11年）

「書評：濱口桂一郎著『EU 労働法の形成――欧州社会モデルに未来はあるか？』」海外社会保障研究128号121-124頁（平成11年）

「最近の判例：Cotran v Rolling Huding Hall International, Inc., 69 Cal. Rptr. 2d. 900, 948 P. 2d. 412」アメリカ法1999年1号131頁-136頁（平成11年）

「雇用終了をめぐる最近の判例」北海学園大学法学研究35巻3号419-437頁（平成12年）

「不当労働行為の認定基準——いわゆる不当労働行為意思と不利益取扱の態様」日本労働法学会編『利益代表システムと団結権』（講座21世紀の労働法第8巻）（有斐閣、平成12年）86-102頁

「解雇規制見直しの論点」労働法律旬報1495号32-34頁（平成13年）

「解雇に関する判例の動向とその評価」法律時報73巻9号31-39頁（平成13年）

「書評：李鋌著『解雇紛争解決の法理』」ジュリスト1206号263頁（平成13年）

「雇用終了における労働者保護の再検討」日本労働法学会誌99号32-51頁（平成14年）

「イギリス　ボランティアリズムの変容」海外労働時報325号58-60頁（平成14年）

「第3章イギリス」『諸外国における解雇のルールと紛争解決の実態——ドイツ、フランス、イギリス、アメリカ』（資料シリーズ No. 129）（日本労働研究機構、平成15年）95-131頁

「有期労働契約（上）」労働法律旬報1555号6-12頁（平成15年）

「有期労働契約（下）」労働法律旬報1556号14-27頁（平成15年）

「外国労働判例研究121イギリス——労働契約上の黙示的信頼条項にもとづくコモン・ローと制定法上の権利の関係」労働法律旬報1561号60-62頁（平成15年）

「第3部第2章イギリス」労働者の個人情報と雇用・労働情報へのアクセスに関する国際比較（JIL 調査研究報告書 No. 155）（日本労働研究機構、平成15年）105-140頁

「『準解雇』再論」労働法律旬報1576号4-15頁（平成16年）

「第2部第2章　イギリスの社宅就業に関する法律等の整備状況」欧米における在宅ワークの実態と日本への示唆（労働政策研究報告書 No. 5）、（労働政策研究・研修機構、平成16年）186-208頁

「第3章イギリス」諸外国における集団的労使紛争処理の制度と実態（労働政策研究報告書 No. L-9）（労働政策研究・研修機構、平成16年）95-136頁

「外国労働判例研究133イギリス——不公正解雇制度と慰謝料の補償」労働法律旬報1597号12-14頁（平成17年）

「労働法の基礎知識——団体交渉・労働協約」法学セミナー602号26-29頁（平成17年）

「内部告発の法的諸問題——公益通報者保護法に関連させて」日本労働法学会誌105号70-86頁（平成17年）

「解雇の法的規制と救済」新現代の労働契約法理（信山社、平成17年）363-395頁

「有期労働契約と労働契約法制」労働法律旬報1615号67-74頁（平成18年）

「イギリスにおける2004年被用者情報協議規制規則の意義」労働法律旬報1633号1-17頁（平成18年）

「イギリスの TUPE と官民競争入札制度」地方公務員月報515号2-15頁（平成18年）

「イギリスの全国最低賃金に関する一考察」北海学園大学法学研究42巻4号807-829頁

（平成19年）

「イギリスの全国最低賃金法（1998年）関連資料」北海学園大学法学研究42巻4号847-
877頁（平成19年）

「イギリスの全国最低賃金とわが国への示唆」季刊労働法217号96-107頁（平成19年）

「アメリカの使用者概念・責任」季刊労働法219号118-129頁（平成19年）

「イギリスの使用者概念・責任」季刊労働法219号130-139頁（平成19年）

「シンポジウムの趣旨と総括——外国人の研修・技能実習制度の法律問題」日本労働法
学会誌112号57-63頁（平成20年）

「有期労働契約の拘束・保障機能と自動終了機能の相克」季刊労働法223号123-131頁
（平成20年）

「内部告発——法制の概要と論点」ジュリスト1438号24-29頁（平成24年）

「外国労働判例研究会：イギリス政府が雇用しドイツにある欧州学校に派遣して教員の
雇止めに対する違法解雇及び不公正解雇訴訟の帰趨」労働法律旬報1764号52-55頁
（平成24年）

「採用過程の法規制と契約締結上の信義則」根本到ほか編『労働法と現代法の理論（上
巻）』（日本評論社、平成25年）299-319頁

「西洋解雇規制事情第三回：英吉利編」ポッセ23巻187-197頁（平成26年）

「内定・試用法理の再検討：判例の動向を踏まえて」山田省三ほか編『労働法理論変革
への模索』（信山社、平成27年）89-112頁

「有期労働契約の雇止め規制——判例法理と労働契約法19条の解釈」季刊労働法225号
125-139頁（平成28年）

「書評：新屋敷恵美子著『労働契約成立の構造』」日本労働研究雑誌676号86-88頁（平成
28年）

「中世イングランドにおける労働立法の一考察」専修法学論集130号213-257頁（平成29
年）

「イギリス労使関係法の転換期と1950年代の位置づけ」季刊労働法257号14-18頁（平成
29年）

「労働契約の成立と労働条件決定のプロセス」本久洋一・小宮文人編『労働法の基本』
（法律文化社、平成31年）54-70頁

判例研究等

「不況を理由とする臨時工の雇止めの効力：判例研究——日立メディコ事件・東京高判
昭和55・12・16」季刊労働法120号130-137頁（昭和56年）

「退職の意思表示の効力——帝国データバンク事件」労働法律旬報1133号43-53頁（平成
元年）

「判例解説：日本食塩事件（昭和50年4月25日最二小判）」別冊ジュリスト101号206-207
頁（平成元年）

「判例研究：神姫バス事件（昭和63年7月18日神戸地姫路支判）」日本労働法学会誌74号
　　100-107頁（平成元年）

「判例解説：電電公社関東電気通信局事件（平成元年7月4日最三小判）」法学教室112
　　号100-101頁（平成2年）

「判例解説：済生会中央病院事件（平成元年12月11日最二小判）」別冊ジュリスト957号
　　211-223頁（平成2年）

「最新判例演習室：日立武蔵事件（平成3年11月28日最一小判）」法学セミナー449号119
　　頁（平成4年）

「最新判例演習室：紅屋事件（平成3年6月4日最三小判）」法学セミナー450号125頁
　　（平成4年）

「最新判例演習室：国鉄津田沼電車区事件（平成3年11月19日最三小判）」法学セミナー
　　451号141頁（平成4年）

「最新判例演習室：東洋シート事件（平成3年6月26日東京高判）」法学セミナー452号
　　141頁（平成4年）

「最新判例演習室：大阪貿易事件（平成3年10月15日大阪地判」」法学セミナー453号133
　　頁（平成4年）

「最新判例演習室：三菱重工長崎造船所事件（平成4年3月26日長崎地判）」法学セミ
　　ナー453号133頁（平成4年）

「最新判例演習室：日立物流事件（浦和地判平3・11・22)」法学セミナー455号133頁
　　（平成4年）

「最新判例演習室：日通名古屋製鉄作業（名古屋地判平3・7・22)」法学セミナー456
　　号141頁（平成4年）

「最新判例演習室：時事通信社事件（最三小判平4・6・23)」法学セミナー457号133頁
　　（平成5年）

「最新判例演習室：奈良学園事件（大阪高判平3・11・29)」法学セミナー458号134頁
　　（平成5年）

「最新判例演習室：文祥堂事件（大阪地判平4・5・22)」法学セミナー459号123頁（平
　　成5年）

「労働法判例ガイダンス1993前期」法学セミナー463号69-72頁（平成5年）

「判例研究：違法な懲戒解雇を理由とする退職金と損害賠償の請求——吉村事件・東京
　　地裁判決（平4・9・28）の研究」労働法律旬報1317号6-12頁（平成5年）

「労働判例ガイダンス1993後期」法学セミナー468号73-76頁（平成5年）

「判例回顧と展望：労働法1993年：労働法」法律時報臨時増刊号813号82-9頁（道幸哲
　　也、島田陽一、坂本宏志教授と共著）（平成6年）

「判例回顧と展望：労働法1994年：労働法」法律時報臨時増刊号826号85-99頁（同上）
　　（平成7年）

「解雇権の濫用——高知放送事件・最2小判昭和52・1・30」ジュリスト労働判例百選

小宮文人先生　略歴・主要著作目録　337

150-151頁（平成7年）

「判例研究：経営危機を理由とする期間の定めのあるパートタイマーの雇止め――日本電子事件・東京地八王子支決平成5・10・25」法律時報66巻8号102-105頁（平成7年）

「判例研究：院内における抗生物質過剰投与などを保健所に申告したことを理由とする医師の解雇の効力――医療法人恩誠会（富里病院）事件」判例時報1585号219-223頁（平成9年）

「労働協約の未組織労働者への拡張適用――朝日火災海上保険事件」法律時報69巻1号127-130頁（平成9年）

「病院の経営主体の変更と労働契約の承継――日本大学事件」ジュリスト1135号208-209頁（平成10年）

「労働判例研究：ヘッドハンティングにより引き抜いた労働者の採用内定取消――インフォミックス事件」法律時報70巻9号96-99頁（平成10年）

「労働判例研究：降格処分の適否と損害賠償請求――医療法人財団東京厚生会（大森記念病院事件）」法律時報71巻2号87-90頁（平成11年）

「使用者による労働者の追出し行為と職場環境整備義務違反――エフピコ事件」労働法律旬報1464号24-31頁（平成11年）

「雇用保険の基本手当支給要件としての失業認定日における職安への出頭――姫路職安所長事件」別冊ジュリスト153号160-161頁（平成12年）

「労働判例研究：昇格試験不振による不昇格と不当労働行為の成否――中労委（芝信用金庫従組）事件」法律時報72巻1号141-144頁（平成12年）

「判例回顧と展望2001年：労働法」法律時報臨時増刊号917号127-153頁（道幸哲也、本久洋一、中川純教授と共著）（平成14年）

「判例回顧と展望2002年：労働法」法律時報臨時増刊号931号120-152頁（同上）（平成15年）

「判例研究：岡山セクハラ（労働者派遣会社）事件」労働法律旬報1546号56-59頁（平成15年）

「判例回顧と展望2003年：労働法」法律時報臨時増刊号944号124-156頁（道幸、本久、中川教授と共著）（平成16年）

「最新判例演習室：日本ヒルトンホテル（本訴）事件」法学セミナー594号120頁（平成16年）

「最新判例演習室：B金融公庫（B型肝炎ウイルス感染検査）事件」法学セミナー597号117頁（平成16年）

「最新判例演習室：大阪いずみ市民生協（内部告発）事件」法学セミナー600号121頁（平成16年）

「判例研究：海外漁業協力財団事件」労働法律旬報1602号22-25頁（平成17年）

「判例解説：渡島信用金庫（会員代表訴訟）事件」労働判例891号5-11頁（平成17年）

「最新判例演習室：日本貨物社事件」法学セミナー603号125頁（平成17年）

「最新判例演習室：プロクター・アンド・ギャンブル事件」法学セミナー606号123頁
（平成17年）

「最新判例演習室：渡島信用金庫（会員代表訴訟）事件」法学セミナー609号133頁（平成17年）

「最新判例演習室：静岡第一テレビ（損害賠償）事件」法学セミナー612号131頁（平成17年）

「判例評論：鉄道建設・運輸施設整備支援機構事件」判例時報1925号198-202頁（平成18年）

「最新判例演習室：宣伝会議事件」法学セミナー615号128頁（平成18年）

「最新判例演習室：マイスタッフ（一ツ橋出版）事件」法学セミナー618号120頁（平成18年）

「最新判例演習室：カンドー事件」法学セミナー621号114頁（平成18年）

「最新判例演習室：モルガン・スタンレー証券事件」法学セミナー624号108頁（平成18年）

「最新判例演習室：富士電機E&C事件」法学セミナー627号211頁（平成19年）

「最新判例演習室：近畿建設協会（雇止め）事件」法学セミナー630号119頁（平成19年）

「最新判例演習室：神奈川信用農業協同組合事件」法学セミナー633号119頁（平成19年）

「最新判例演習室：ブレックス・ブレッディ事件」法学セミナー636号124頁（平成19年）

「最新判例演習室：八雲会事件」法学セミナー639号117頁（平成20年）

「最新判例演習室：都市開発エキスパート事件」法学セミナー642号119頁（平成20年）

「最新判例演習室：神奈川都市交通事件」法学セミナー645号133頁（平成20年）

「年俸制導入と年俸額の労使協議が整わない場合の年俸額決定方法（中山書店事件)」法
学セミナー増刊速報判例解説2巻261-264頁（平成20年）

「最新判例演習室：熊坂の庄スッポン堂事件」法学セミナー648号123頁（平成20年）

「最新判例演習室：キャノン情報システム事件」法学セミナー652号135頁（平成21年）

「最新判例演習室：インフォーマティック事件」法学セミナー654号133頁（平成21年）

「最新判例演習室：日本システム開発研究所事件」法学セミナー657号129頁（平成21年）

「最新判例演習室：宮の森カントリークラブ事件」法学セミナー660号129頁（平成21年）

「最新判例演習室：ニュース証券事件」法学セミナー663号125頁（平成22年）

「評論・労使関係法（第30回）個人営業者と労働組合法上の『労働者』」中央労働時報
1127号38-45頁（平成23年）

「労働判例研究：契約内容変更を前提とする有期労働契約更新の不調と雇止め法理──
河合塾事件［最三小判平成22・4・27］」法律時報83巻2号126-129頁（平成23年）

「内部通報を理由とする配転命令等が人事権の濫用とされた事例：オリンパス事件」法
学セミナー増刊速報判例解説11巻259-262頁（平成24年）

「労働判例研究：『内々定』の取消しと損害賠償責任：コーセーアールイー（第2）事件

小宮文人先生　略歴・主要著作目録　339

［福岡高裁平成23・3・10判決］」法律時報84巻3号120-123頁（平成24年）

「講苑：最近の労働判例の動きについて（平成23年言渡し分）」中央労働時報1149号13-25頁（平成24年）

「日本アイ・ビー・エム（退職勧奨）事件」法学セミナー増刊速報判例解説12巻256-262頁（平成25年）

「常任役員選挙で当選した組合長当選の無効請求が認められた事例：日本海員組合事件」法学セミナー増刊速報判例解説12巻275-278頁（平成25年）

「試用期間中の留保解約権行使の濫用と救済に関する事例：ライトスタッフ事件」法学セミナー増刊速報判例解説13巻257-260頁（平成25年）

「講苑：最近の労働判例の動きについて（平成24年言渡し分）」中央労働時報1164号4-15頁（平成25年）

「懲戒解雇事由該当性について企業秩序の侵害又はその現実的・具体的危険性を要求した事例：日本通信事件」法学セミナー増刊速報判例解説14巻287-290頁（平成26年）

「労働協約の労働組合法14条の様式具備と協約失効後の協約の内容が問われた事件：音楽之友社事件」法学セミナー増刊速報判例解説14巻311-314頁（平成26年）

「職務能力の低下を理由とする解雇の効力——ブルームバーグ・エル・ピー事件」別冊ジュリスト1466号240-241頁（平成26年）

「重要労働判例解説：リコー（子会社出向）事件・東京地判平25・11・12」季刊労働法246号272-273頁（平成26年）

「講苑：最近の労働判例の動きについて（平成25年言渡し判例を中心として）」中央労働時報2014号14-23頁（平成26年）

「重要労働判例解説：社会医療法人天神会事件・福岡高判平27・1・29」季刊労働法251号8号280-281頁（平成27年）

「講苑：最近の重要労働判例の動きについて（平成26年言渡し分）」中央労働時報1193号4-17頁（平成27年）

「雇止めの有効性判断において合理的な更新期待の減弱の意義が問われた事例：三洋電機事件」法学セミナー増刊速報判例解説19巻283-286頁（平成28年）

「判例研究：有期労働契約で雇用され2回契約更新された短大教員の無期労働契約移行の主張が否定された事例：福原学園（九州女子短期大学）事件」専修法学論集132号185-197頁（平成30年）

「労働判例研究：職種廃止による配転命令を拒否したこと等を理由とする職種・勤務地限定従業員に対する懲戒解雇が無効とされた事例：ジブラルタ生命（旧エジソン生命）事件・名古屋高判平29・3・9」労働判例1179号83-89頁（平成30年）

「判例研究：労働者が営業手当の時間外割増賃金該当性を争い、また、不当配転命令後の全職場への出勤命令等を拒否して配転命令一行の賃金を請求した事案：ナカヤマ事件・福井地判平28・1・15」専修法学論集133号189-203頁（平成30年）

「判例研究：妊娠等と近接して行なわれた解雇と均等法9条3項違反の立証責任：シュ

プリンガー・ジャパン事件・東京地判平29・7・3」労働法律旬報1920号41-49頁
（平成30年）

巻頭言等

「巻頭言：解雇規制の立法化と見直し」労働法律旬報1481号4‐5頁（平成12年）

「巻頭言：解雇法制の立法化について」労働法律旬報1543＝44号4‐5頁（平成14年）

「巻頭言：労働審判制度」労働法律旬報1571号4‐5頁（平成16年）

「遊筆：個別的労働紛争の斡旋を行って」労働判例863号2頁（平成16年）

「巻頭言：労使対等原則を実質化する労働契約法を望む」労働法律旬報1652号4‐5（平成18年）

「巻頭言：解雇の金銭解決に思う」労働法律旬報1693号4‐5頁（平成21年）

「巻頭言：民法（債権法）改正と労働法」労働法律旬報1728号4‐5頁（平成22年）

「巻頭言：パワハラという用語について」労働法律旬報1782号4‐5頁（平成24年）

「提言：雇用保障とその課題」日本労働研究雑誌647号1頁（平成26年）

「巻頭言：労働規制破壊の典型をイギリスに見る」労働法律旬報1854号4‐5頁（平成27年）

「遊筆：流行語の役割と学校教育のあり方」労働判例1123号2頁（平成28年）

「巻頭言：判例法理の明文化について」労働法律旬報1877号4‐5頁（平成28年）

「巻頭言：『労働者の自由な意思』論の顕在化に思う」労働法律旬報1906号4‐5頁（平成30年）

論文（外国語）

"The Law of Employment Contracts and the Employment Practices in Japan", Hokkaigakuen Law Journal (HLJ), Vol. 23 No. 1, pp. 77-86 (1987).

"Dismissal Procedures and Termination Benefits in Japan", Comparative Labour Law Journal (in the USA), pp. 151-164, Vol. 12, No. 2 (1991).

"Law of Dismissal and Employment Practice in Japan", Industrial Relations Journal (in Britain), pp. 59-66, Vol. 22, No. 1 (1991).

"The Law of Dismissal: A Comparative Study (1)", HLJ, Vol. 29, No. 2, pp. 161-220 (1993).

"The Law of Dismissal: A Comparative Study (2)", HLJ, Vol. 29, No. 3, pp. 663-746 (1994).

"The Law of Dismissal: A Comparative Study (3)", HLJ, Vol. 30, No. 1, pp. 135-212 (1994).

"The Law of Dismissal: A Comparative Study (4)", HLJ, Vol. 30, No. 2, pp. 344-418 (1994).

"The Law of Dismissal: A Comparative Study (5)", HLJ, Vol. 30, No. 3, pp. 114-205

(1995).

"The Law of Dismissal: A Comparative Study (6)", HLJ, Vol. 31, No. 1, pp. 104-196 (1995).

"The Law of Dismissal: A Comparative Study (7)", HLJ, Vol. 31, No. 2, pp. 125-196 (1995).

"Protect of Non-Regular Workers and the Law in Japan", HLJ, Vol. 37, No. 3, pp. 683-706 (1997).

"Les reponses des Etats du G7 a la mondialisation des echanges—Japon", Semaine Sociale Lamy (France), No. 835, pp. D. 42-46 (1997).

"The Changing Nature of the Employment Relationship", in R. Blanpain (ed.), Private Employment Agencies (Kluwer Law International, 1999), pp. 119-124.

"Private Employment Agencies in Japan", R. Blanpain (ed.), in Private Employment Agencies (Kluwer Law International, 1999), pp. 281-299.

"Flexibilisation of Working Life: A National Report From Japan", HLJ, Vol. 34, No. 3, pp. 672-690 (1999).

"Reconsideration on Employment Termination Law in Japan", in Liber Amicorum Reinhold Fahlbeck (Lund University Publications, 2005), pp. 375-389.

"Japan", in R. Blanpain (ed.), Fixed Term Employment Contracts: A Comparative Study (Vanden Broele, 2009), pp. 319-337.

"Japan", in J. McMullen (ed.), Business Transfers and Employee Rights (loose-leaf style) (LexisNexis), para. 245.1-245.15.

【学会報告等】

昭和61年10月	第72回日本労働法学会大会（仙台）の大シンポジウムで「公正代表義務と組合の内部手続」について報告
平成2年3月	国際労働法社会保障学会第5回アジア地域大会（東京）で「Dismissal Procedures and Termination Benefits in Asian Countries」について報告
平成8年2月	国際労働法社会保障学会第6回アジア地域大会（オーストラリア・タスマニア）で「Protection of Non-regular Workers and the Law in Japan」について報告
平成8年6月	G7労働法セミナー（フランス・リヨン）で「Globalization of Trade and Japanese Social Laws」について報告
平成9年3月	平成9年日本労使関係協会大会（東京）で「解雇制限法──判例・学説の変化と国際比較」について報告
平成10年4月	日欧労働機構会議（ベルギー・ルーヴァン）で「The Changing

Nature of the Employment Relationship」について報告

平成10年8月	第15回国際比較法学会国際大会（イギリス・ブリストル）で「Flexibilisation of Working Life in Japan」について報告
平成12年9月	第5回国際労使関係情報会議（Intell）（カナダ・トロント）で「Changing State of Law on Employment Termination in Japan」について報告
平成13年10月	第102回日本労働法学会大会（千葉）の大シンポジウムで「雇用終了における労働者保護の再検討──解雇規制法理の実質化のために」について報告
平成14年4月	第6回国際労使関係情報会議（イタリア・カターニア）で、「Japanese law and Policy toward Foreign Workers」について報告
平成16年10月	第108回日本労働法学会大会（東京）の大シンポジウムで「内部告発の法的諸問題──公益通報者保護法に関連させて」について報告

【海外調査・交流活動】

昭和59年11月19日	ロンドン大学ロンドン・スクール・オブ・エコノミックス大学院及びサントリー・トヨタ研究所の招待により労働法労使関係合同セミナーで講演
昭和62年1月18日	イギリス・ランカスター大学法学部において労働法セミナーを行う
昭和62年11月18日	イギリス・ウォーリック大学法学部において労働法セミナーを行う
平成4年3月14〜27日	労働法制研究会第3部会（日本労働研究機構）の労働時間制度運営実態の現地調査のためイギリスへ出張
平成7年4月12〜24日	労働問題リサーチセンターの助成を受けイギリスおよびアメリカ合衆国の産業医に関する現地調査のため両国へ出張
平成8年2月26日	スエーデン・ルンド大学法学部において労働法セミナーを行う
平成8年4月2日	フランス・パリ政治研究学院において労働法セミナーを行う
平成8年4月29日	イギリス・リーズ大学法学部において労働法セミナーを行う
平成9年4月4〜14日	全国労働基準関係団体連合会の委嘱を受け賃金債権の保護に関する現地調査のためイギリスに出張
平成11年12月2〜12日	日本労働研究機構の委嘱を受け雇用情報の保護とアクセスに関する現地調査のためイギリスに出張
平成14年10月2〜18日	日本労働研究機構の委嘱を受け個別紛争処理制度に関する現地調査のためイギリスに出張

平成15年9月6～17日 日本労働研究機構の委嘱を受け集団的紛争処理制度に関する現地調査のためイギリスに出張

平成18年6月11～23日 科研費を受け労使協議制と全国最低賃金制度について調査するためイギリスに出張

平成21年5月2～11日 日弁連第51回人権大会シンポジウム実行委員会訪英調査団の顧問として「イギリスのワーキングプア」に関する調査のためイギリスに出張

あ と が き

　小宮文人先生はめでたく古稀を迎えられ、2019年3月31日をもって専修大学法科大学院を定年退職されました。

　本書は、小宮文人先生、本久洋一先生が北海道から東京に赴任後、立ち上げた國學院専修労働判例研究会の参加メンバー有志が参集し、執筆したものです。同研究会は北海道大学労働判例研究会出身の研究者のほか、関東の若手研究者さらには弁護士、社労士、会社員などの実務家で構成されており、毎月1回の頻度で、労働判例等の検討を行っています。多様なメンバーが参加する研究会において、小宮文人先生はいつも、にこやかに自由闊達な議論を促すとともに、的確かつ広い視野から様々なご指導を頂いています。本書は先生から受け続けている大きな学恩への感謝を込め、上梓しました。

　ところで近年、働き方改革関連法に代表されるとおり、「労働立法」の時代を迎えていますが、他方で人事権の行使、労働時間、雇用終了など様々な局面において、新たな法的課題が生じており、改めて労働契約論に立ち戻った検討の必要性が高まっています。本書は「労働契約論の再構成」をタイトルに全5部構成とし、研究会参加メンバーである研究者および実務家が自らの関心テーマごとに労働契約論からの再考を行なっています。

　非常に限られた時間の中、各執筆者は原稿を提出頂き、古稀記念論文集の発刊に至りました。改めて執筆者の皆様にお礼を申し上げるとともに、小宮先生の今後のご健康と一層の活躍を祈念申し上げる次第です。

　最後に快く刊行を引き受けて頂いた法律文化社、殊に本書を企画段階から担当し、大変なご尽力を頂いた同社編集部の小西英央氏に、深くお礼を申し上げます。

　　　令和元年初夏

　　　　　　　　　　　　　　　　　　　　　　　　　　　執筆者一同

■執筆者紹介 （執筆順、＊は編者）

小宮　文人 （こみや・ふみと）　　元専修大学法科大学院教授

辻村　昌昭 （つじむら・まさあき）　淑徳大学名誉教授

高橋　賢司 （たかはし・けんじ）　　立正大学法学部准教授

中川　　純 （なかがわ・じゅん）　　東京経済大学現代法学部教授

南　　健悟 （みなみ・けんご）　　　日本大学法学部准教授

＊淺野　高宏 （あさの・たかひろ）　　北海学園大学法学部教授・弁護士

＊北岡　大介 （きたおか・だいすけ）　社会保険労務士

日野　勝吾 （ひの・しょうご）　　　淑徳大学コミュニティ政策学部准教授

松井　良和 （まつい・よしかず）　　連合総合生活開発研究所研究員

本久　洋一 （もとひさ・よういち）　國學院大學法学部教授

戸谷　義治 （とや・よしはる）　　　琉球大学人文社会学部准教授

新谷　眞人 （あらや・まさと）　　　日本大学法学部教授

國武　英生 （くにたけ・ひでお）　　小樽商科大学商学部教授

松岡太一郎 （まつおか・たいちろう）　弁護士

小山　敬晴 （こやま・たかはる）　　大分大学経済学部准教授

平川　　宏 （ひらかわ・ひろし）　　JFE ライフ(株)常務取締役